盛唐危机

潘孝伟 /著

天津出版传媒集团

天津人民出版社

图书在版编目(CIP)数据

盛唐的危机 / 潘孝伟著. -- 天津 : 天津人民出版社, 2021.1
ISBN 978-7-201-17022-0

Ⅰ. ①盛… Ⅱ. ①潘… Ⅲ. ①中国历史–唐代–通俗读物 Ⅳ. ①K242.09

中国版本图书馆 CIP 数据核字(2021)第 008138 号

盛唐的危机
SHENGTANG DE WEIJI

出　　版　天津人民出版社
出 版 人　刘　庆
地　　址　天津市和平区西康路 35 号康岳大厦
邮政编码　300051
邮购电话　(022)23332469
电子信箱　reader@tjrmcbs.com

责任编辑　李佩俊
装帧设计　卢炀炀

印　　刷　天津新华印务有限公司
经　　销　新华书店
开　　本　710 毫米×1000 毫米　1/16
印　　张　27
字　　数　400 千字
审 图 号　GS(2020)6947 号
版次印次　2021 年 1 月第 1 版　2021 年 1 月第 1 次印刷
定　　价　68.00 元

引　言

"渔阳鼙鼓动地来，惊破霓裳羽衣曲。"——这是唐代大诗人白居易《长恨歌》中的核心诗句；似乎是对盛唐倾国之恋乐极生悲的一声叹息，却更像是描述盛唐危机爆发的点睛之笔。

盛唐的历史，辉煌浪漫，充满瑰丽的梦幻色彩，波澜壮阔而又悲壮惨烈，令人荡气回肠。

正处于鼎盛时期的大唐帝国，仿佛一夜之间便陷入一场山崩海啸般的政治危机：渔阳兵兴，中原鼎沸，山河破碎，生灵涂炭，乘舆播迁，魂断马嵬……这岂止是帝妃的爱情悲剧，分明是大唐王朝的政治悲剧，更是广大民众的社会灾难。

国难当头，各族军民同仇敌忾，伐叛戡乱。"裹疮犹出阵，饮血更登陴"，浴血苦战，气壮山河。

然而重重危机，危机重重！大唐帝国，路在何方？

…… ……

煌煌盛唐，却由大治变成大乱，这中间究竟发生了什么？

《左传·襄公十一年》有云："《书》曰：'居安思危。'思则有备，有备无患。"

套用17世纪英国伦敦圣保罗大教堂主教约翰·多恩的祷告词：

不要问警钟为谁而鸣；它为你敲响！

目录

第一卷

开元二十四年——盛唐历史的拐点

盛唐的危机

公元 618 年，大唐王朝在隋朝灭亡的废墟上建立起来。

从 618 年到 907 年，唐朝历时 289 年，大致上又可分为初唐、盛唐、中唐和晚唐四个时期。

盛唐，即唐朝鼎盛时期，自 712 年至 756 年，相当于唐玄宗统治的 44 年。它先后主要有开元和天宝两个年号，因而也称开元、天宝时期。

玄宗，是唐朝第八位皇帝李隆基（685—762 年）的庙号，他谥号为至道大圣大明孝皇帝，史称唐玄宗或唐明皇。

开元二十四年（736 年），是唐朝建国第 119 年，也是唐玄宗登基 24 周年。唐朝的国运如日中天，唐玄宗的人生也如日中天。然而这一年似乎又注定要成为盛唐由治转乱、由前期转入后期的历史拐点。

就在这一年里，先后发生了三件事情，颇耐人寻味：

一是安禄山被赦免死罪；

二是张九龄被免去首相职务；

三是李林甫开始主持朝政。

历史表明，这三件事情恰恰成为盛唐历史拐点的不祥之兆。

安禄山免死：边疆战争升级的信号

开元二十四年（736 年），唐朝东北边防军与契丹、奚族的战争仍时断时续，一直牵动着朝廷的神经。

这年三月，幽州、平卢节度使张守珪又一次出兵讨伐契丹和奚。不料，这次领兵的将领——左骁卫将军、平卢讨击使安禄山——却轻敌冒进，以致损兵折将，丢盔弃甲，大败而归。

依据军法，安禄山已经犯下死罪。张守珪不得不报呈朝廷。

中书令（首席宰相、中书省长官）张九龄接到奏状，立即签署意见，应按军法处决。

报请唐玄宗批准后，旋即下发敕书，命张守珪就地执行。

岂料安禄山临刑之时，一个闪念，突然大喊一声："大夫不想剿灭奚和契丹吗？① 为何诛杀禄山！"

实际上，安禄山骁勇善战，屡建军功，是张守珪麾下的一员爱将，又是张的义子（亦称养子或假子）。

绝望中挣扎的一声呼喊，强烈触动了张守珪的心弦，这位素重义气的著名边军连帅，内心深处怜惜将才之情再也无法控制。

可是，安禄山轻敌丧师，按军法不可不诛，更何况皇帝的敕令也已下

---

① 节度使张守珪官拜御史大夫，秩从三品，故军中尊称大夫。又，唐代中期以前，习惯上也尊称将帅为大夫。

达,不杀禄山,难逃抗旨的罪名,军中也恐难以服众。

思来想去,张守珪最后决定,将安禄山押送东都洛阳(唐玄宗率群臣东巡暂住这里)。他又附上一封奏状,详细说明原委并反映安禄山的才能与功绩,听凭朝廷处置。

也许皇帝会赏识安禄山的骁勇而网开一面呢?张守珪心存侥幸地想。

张九龄批阅新奏状,再次明确表示:"守珪军令若行,禄山不宜免死。"

新奏状连同张的批语也再次上报唐玄宗。

此时,边疆战事犹酣,军中正是用人之际。唐玄宗果然怜惜安禄山"勇锐"之才,不禁萌生特赦的念头,令革去官职,回军中戴罪立功。

张九龄入宫面奏,重申:"守珪军令若行,禄山不宜免死。"

"况且,安禄山是狼子野心,面有逆相;臣请因罪戮之,冀绝后患。"张九龄又补充说。

原来,大约早在开元二十二年(734年),张守珪曾派安禄山入朝奏事,中书令张九龄接见了安。事后,他不无担忧地对侍中(宰相、门下省长官)裴耀卿说:"将来在幽州滋事生乱者,必是此胡儿!"

根据心理学家的说法,第一印象对人的认知具有重要的影响。而新近的不良印象,又恰恰强化了张九龄对安禄山认知的负面效果。

但唐玄宗却不以为然:"卿岂能以王夷甫看待石勒的故事,便臆断安禄山难以控制呢?"

王夷甫,名衍,是西晋末年的宰相,也是清谈盟主,其浮华的作风加速了西晋的灭亡。石勒,羯族人,后来起兵消灭了西晋军队的主力,建立新政权,史称后赵。

据说,王衍在京城洛阳偶然遇见跟随同乡伙伴前来贩货的少年石勒,直觉感到这位年轻人气度不凡。回府后,他仍放心不下,恐有后患,遂派人前去抓捕,结果扑了空,石勒已经离去。

按照社会心理学的观点,主体对客体的认知印象,不仅取决于客体

所具有的条件和特点,更重要的还取决于主体自身的需要、观念以及价值选择和评价的特点。

这,恐怕就是为什么看待同一个安禄山,唐玄宗和张九龄会产生迥然不同印象的根本原因。

迫不得已,张九龄最终还是遵照唐玄宗的旨意,重新下发一纸敕令:安禄山勇而无谋,遂至失利。论其轻敌,合加重罪,但听说此前奋勇杀敌有功,况且边境敌寇未灭,军令理应权变。故而可以暂时免去官职,令其以白衣将领的身份回军中效力,[①]由主将酌情安排。

就这样,安禄山侥幸死里逃生,时年33岁。

张九龄认为安禄山"面有逆相",恐不免言过其实;但他曾经接见过安禄山,敏锐地察觉出此人的"狼子野心",则未必是危言耸听。

以张九龄的睿智,或许在他的心中已经产生一种不祥的预感:唐玄宗志在扫清八方边患,却进而形成喜好武功、"欲威服四夷"的倾向,前景堪忧;而刻意赦免安禄山,则又等于释放出边疆战争升级的危险信号。

更令张九龄担忧的是,像安禄山这样有野心的军事将领,一旦迎合唐玄宗的尚武心理,挑动边衅,邀功固宠,以至于尾大不掉,图谋不轨,那么灾难性的后果就更加不堪设想。

不幸的是,张九龄一语成谶!

后来,正是这位被唐玄宗赦免死罪的安禄山,刻意挑动边衅,邀功固宠,最后野心膨胀,起兵叛乱,成为唐朝盛世的"终结者"。

张九龄罢相:开明政治的终结

"海上生明月,天涯共此时。"——唐诗名句之一,作者便是张九龄。

张九龄(约673—740年),字子寿,韶州曲江县(故治在今广东韶关

---

① 古代无功名官位者穿白色衣服,故名白衣。此处则指解除安禄山的功名官职。

市曲江区西北)人,他聪敏好学,才气过人,善文辞,堪称华星秋月之章。武则天末年,荣登进士第。

唐朝沿袭并发展了隋朝创设的科举制度,分为常举和制举。常举亦称常科,有秀才、进士、明经等众多科目;初由吏部主持考试,后改由礼部主持。制举也称制科,是特诏临时举行的考试,名目繁多,由皇帝亲自主持。

在常举诸科目中,进士科仕途最优,难度也最大,考试及第被誉为"登龙门"。

但唐代常举及第只是获得一个出身,即有做官的资格,尔后还须再参加吏部的铨选,合格方能获得官职;或者也可以再应试制举,文策高第者可授以美官。

张九龄进士及第,再经铨选合格,初任校书郎之职;后又参加制举考试,对策高第,迁左拾遗。

之后,他历任中书舍人等朝廷清要之职,多年以大手笔起草诏令。其卓越的器识、人品和锦绣文章,深为首相张说所亲重,被推荐为集贤院学士,以备皇帝顾问。

再后来,张九龄一度出任地方官职。张说去世后,唐玄宗召拜张九龄为秘书少监、集贤院学士,知院事(主持集贤院事务),继张说之后,张九龄成为文学之士的新领袖。再迁中书侍郎;常密有陈奏,多见纳用。

开元二十一年(733年)十二月,张九龄服母丧尚未期满,就被唐玄宗召回,起复原职——中书侍郎,与新任黄门侍郎裴耀卿并同中书门下平章事(宰相),由他主持朝政,时年60岁。

5个月后,裴耀卿晋升侍中;张九龄则晋升中书令,成为名副其实的首席宰相。

唐代凡军国政事,一般是由中书省起草诏令,门下省审核,再经皇帝批准,然后交付尚书省执行。三省长官(或主持政务的副长官)——中书令,侍中,左、右仆射——同为宰相之职(后来左、右仆射退出宰相班子);与此同时,又任用若干其他朝廷官员,附加一些名号而跻身宰相之

列,并逐渐固定为同中书门下三品(同三品)或同中书门下平章事(同平章事)的名号。

宰相是辅佐皇帝而统领全国政务的最高行政官员。其集体议政之所名叫政事堂,起初设在门下省,后来迁入中书省。

在政事堂议政的诸位宰相中间,有一位秉笔宰相,称作执政事笔,负责处理日常政务,承接诏旨,召集和主持政事堂会议,具有相对更大的职权,相当于首席宰相(首相)。盛唐时期是以中书令(后改称右相)为秉笔宰相。

初唐时期宰相都是兼职,人数较多,每天午前在政事堂议政,午后各回本司处理公务。进入盛唐,唐玄宗一改传统做法,将宰相人数减至两三位,并由兼职变成专职。政事堂也由过去单纯的议政之所变成宰相的专门办公机构;旋又改名中书门下,实际成为国家最高政务机关,下设五房(5个办公室),协助宰相分别处理国家各项重要事务。

宰相最重要的职权是决策权和人事权,可以皇帝的名义议决国家大事,可任免三品以下、五品以上的高中级官员。

宰相本身则由皇帝任免,直接对皇帝负责。他们每天以不同的形式参见皇帝,面议政事;他们的决策,必须经过皇帝的首肯,方可用皇帝诏令的形式颁发执行。

张九龄清瘦体弱,举止文雅,宽和而有涵容,器识宏远,守正嫉邪,激浊扬清,史称开元贤相之一。

然而,人际关系中难免发生分歧甚或冲突,君臣之间也有可能产生不同的认识,甚至相反的看法。

开元二十二年(734年),唐玄宗有意提拔黄门侍郎李林甫为宰相。张九龄则坦言:"宰相身系国家安危,陛下任用林甫为相,臣恐怕日后会成为宗庙社稷之忧。"

史称张九龄"谔谔有大臣节操",他总是义不容辞地直言劝谏。

李林甫(?—752年),唐高祖的堂弟、长平王李叔良的曾孙,按辈分算是唐玄宗的族叔。据说,李林甫年近二十尚未读书,终日击球或打猎。

后来,他凭借宗室官宦的家庭背景,由门荫入仕,初任千牛直长,开元初,迁太子中允。

李林甫深得舅父姜皎的喜爱。而姜皎则是唐玄宗在藩邸时就结下的忘年交,以排行被亲切呼之为姜七;后来因功封为楚国公,与唐玄宗过从甚密。

姜皎又与侍中源乾曜为姻亲。李林甫便试图通过源乾曜之子,向其父求为司门郎中一职。源乾曜却不以为然:"郎官须是才能声望高的人担任;哥奴(李林甫的小名——笔者注)岂是郎官之材呀!"

开元中期,宇文融任御史中丞,有吏干之才。他认定李林甫与自己属于同一类人才,因而引为同列,历任刑部、吏部侍郎。

唐代吏部每年都要定时对选人(官员候选人)进行面试,量才授职,称作铨选。李林甫身为吏部侍郎(吏部副长官),参与主管此事。那一年,唐玄宗的大哥、宁王李宪私下里向李林甫嘱托 10 位选人,李林甫当场允诺,但又提出,希望从中绌除一人以示公开、公正。

于是张榜公布时,9 位选人堂而皇之列入授职名单,1 人落选而待下一年铨选;公开宣布落选的原因,乃是"坐王所嘱"——违规通过亲王走后门。

斯时,武惠妃正爱倾后宫,两个亲生的皇子——寿王和盛王——也以母爱而备受唐玄宗宠异。李林甫遂通过宦官向武惠妃献媚,表示愿意保护寿王。武惠妃也表示感谢。

起初,侍中裴光庭之妻武氏诡谲有才略,暗中与李林甫有私情。武氏又是武三思的女儿,而武三思则是武则天的娘家侄儿,曾经权势烜赫。

迨至裴光庭去世,武氏便衔哀祈请大内总管高力士,希望能帮助李林甫代其夫位,升任侍中成为宰相。高力士曾是武三思的家奴,但此事毕竟关系重大,高未敢应承。

不久,唐玄宗确定以韩休为相,乃令草诏。高力士闻讯,立即将信息透露给武氏,武氏又旋即叫李林甫提前告诉韩休。

韩休入相后,心中感激李林甫,便向唐玄宗推荐李林甫堪为宰相,武惠妃也不失时机地予以美言。于是,李林甫升任黄门侍郎。

当时,门下省长官侍中已成为专职宰相;门下省事务由副长官黄门侍郎主持,而任此职者,大多又进而以同三品或同平章事的名号,跻身宰辅之列。

李林甫不善文辞,但通晓音乐,素无学术却具备吏干之才。他相貌温和,性情沉密,工于心计,善于钻营。他不但主动对武惠妃献媚,也对有权势的宦官托庇深交,就连唐玄宗身边的普通宦官和宫女,他也未尝不厚以金帛为赂。由是唐玄宗的动静心思,他几乎了如指掌,出言进奏也就总能迎合唐玄宗的心意,故而获得唐玄宗的欢心,眷遇益深。

可是在张九龄看来,像李林甫这样虽有吏干之才却心术不正、狡诈钻营的人,一旦窃居关系国家安危的相位,焉能以国家利益为重?相反,却极有可能弄权误国!

唐玄宗则不以为然,仍决定擢升李林甫入相,官居礼部尚书、同中书门下三品。

一年后,张九龄与唐玄宗在选任宰相的重大问题上,再一次发生意见分歧。

是时,幽州、平卢节度使张守珪频频大败契丹军队,缓解了东北多年的边患。唐玄宗龙颜大悦,又想擢升张守珪入相。

张九龄再次认为不妥。

"宰相之职,代表皇帝、顺从天意而治理天下,不可用于赏赐军功。"他语重心长地说,"国家腐败,常因官滥爵轻所致啊!"

"那就挂名宰相如何?"唐玄宗让了一步。

"也不可。"张九龄依然坚持己见,"爵号与车服待遇不可随意授人,这是君主所要严格掌控的东西。况且,守珪才打败了契丹,陛下就要授以宰相称号,假如一旦扫平东北边患,陛下将以何种官职来酬赏他呢?"

…… ……

不久,张守珪来洛阳献捷,官拜右羽林大将军兼御史大夫,依旧担任东北边军节将。

如何把握宰相等清要官职的人选标准,在唐玄宗与张九龄之间暴露出观念上的一些分歧,所幸尚未造成冲突,至多在君臣关系上投下一点阴影而已。但不幸的是,开元二十四年(736年)秋冬之交,冲突还是未能避免地发生了。

事情是因牛仙客的调任提拔而引起的。

牛仙客(675—742年),泾州(故治在今甘肃泾州县北)人。他起初担任县政府的小吏,诚信廉洁,勤于公务,以政绩和军功逐步升迁河西判官、代理河西节度使直至节度使。

在河西节度使任上,他依旧清勤不倦,开源节流,以致仓库盈满,器械精利。

事迹传到唐玄宗这里,他又派人查验如实。玄宗龙颜大悦,欲提拔牛仙客入朝担任尚书之职。

尚书,是唐朝最高行政机构——尚书省——下辖六部的长官,秩正三品。

唐玄宗又就此事征求宰相们的意见。

张九龄则又坦言不妥:"尚书,即古之纳言,是协助皇帝处理政务的官员。唐家多以担任过宰相或历任内外重要官职、卓有品德声望的人担任,而仙客本是河西小吏出身,如今若擢居清要之职,那么朝廷官员将会怎样看待此事?"

"既然如此,那就赐予实封,可以吗?"唐玄宗又退而求其次。

唐代封爵并无领地,所谓"食邑若干户"也徒有虚名,唯加"实封"者,才真正享有封户的租税收入。

"也不可。"张九龄还是不赞成,"唐遵汉制,非有功不封。边将训兵秣马,储蓄军用物资,本是职责常务;陛下赏赐他钱帛就可以了,独不宜裂土封爵。请圣虑思之。"

唐玄宗勃然不悦:"事情总要依卿的意思办吗?"

张九龄急忙顿首谢罪:"陛下使臣待罪宰相,事有不妥,臣理应尽言;违忤圣情,合当万死!"

"卿嫌仙客出身寒微吗?卿又有何显贵门第?"唐玄宗依然怒气未消。

"臣生于岭南微贱之家,仙客则是中原人士。然而陛下器重臣的文章博学,擢用臣荣登中枢台阁,起草诏令,已有多年;仙客本是河湟胥吏出身,几乎目不知书,若委以中枢清要之职,恐怕会有失众望。"张九龄从容言道。

事情遂议而未决,君臣不欢而散。

像往常一样,李林甫当场一言不发,却退而言道:"但有才识,何必辞学。天子用人,何有不可?"

李林甫私底下的话很快又传到唐玄宗那里,让他感到还是李林甫通情达理。不过,顾虑到仓促擢用牛仙客担任尚书恐遭舆论质疑,唐玄宗决定还是暂且赐予牛仙客陇西县公的爵位,食实封300户。

若论私交,张九龄与牛仙客既无近仇也无宿怨;相反,就在一年前,他还应邀为牛去世的父亲撰写过碑文,其中也对牛仙客的政绩称赞有加。

显然,在能否提拔牛仙客担任尚书的问题上,争执的各方都并非出于个人恩怨,实则反映出统治集团内部在清要官职的择人标准上存在的观念差距和利益分歧。

进士及第的张九龄,像前宰相张说一样,既有卓越的文学才能,又有治国安邦的政治才干,代表的是那些科举出身的文学之才的观念和利益。

门荫出身的李林甫,素无学术却擅长实际行政事务,代表的则是那些吏道杂流出身的吏干之才的观念和利益。

而唐玄宗,身为有作为的大国之君,倒是承袭了祖母武则天的作风,能突破传统门阀观念的局限,不拘一格任用人才。他在位期间,先后任用过31位宰相,其中,科举(含进士)出身者19人,由其他途径晋升者12人;凡是对唐朝有用的人才,无论是文学、儒学之才还是吏干之才,都有可能历践清要乃至跻身宰臣之列。

张九龄所代表的择官观念,既是唐代仕途结构之中官与吏的现实差别的产物,又是科举制度方兴未艾背景的反映。

所谓"同明相照，同类相求"。反之，在当时的历史条件下，不同群体态度之间的对立，也令科举入仕的张九龄同样未能摆脱儒学、文学之士对吏干之士的一些偏见。

李林甫其人便不爱读书，素无学术，言语陋鄙，仅能秉笔而已。他参与主持吏部铨选时，有一位选人的试卷答案引用了"杕杜"一词，出自《诗·唐风·杕杜》，意指孤立的杜梨树。但李林甫却不认识"杕杜"，指着它对吏部侍郎韦陟说："此云杖杜，是何意思？"韦陟低头不语，不知该如何回答。

太常少卿姜度是李林甫的舅子。其妻生下一个男孩，李林甫手书贺帖："闻有弄獐之庆"云云，以示庆贺。其实，"弄獐"应作"弄璋"，语出《诗·小雅·斯干》，意思是希望男孩具有玉一般的美好品德，是祝贺生男孩的颂词，或雅称生男孩。而李林甫却把玉器之璋写成野兽之獐，令贺喜的客人纷纷掩口窃笑。

张九龄能言善辩。他在御前与诸学士讲议儒家经典大义，讨论重大时政问题，论辩风生；每次与宾客谈论儒学，更是滔滔不竭。在治国理念、文化修养、思维方式诸多方面，张九龄与李林甫之间的差距如此之大，以至于他曾对宾客说："李林甫议事，如同醉汉言语，不值一提。"

李林甫推荐任用的户部侍郎萧炅，也是一个缺乏文化素养的官员，他曾当着尚书左丞严挺之的面，将"伏腊"念成了"伏猎"。

《礼记》中的"伏腊"一词，"伏"指夏季的伏日，"腊"指冬季的腊日，是古代的两种祭祀名称，也是两个节日，合称"伏腊"。

嗣后，严挺之向中书令张九龄提及此事，仍鄙夷而愤然言道："尚书省内岂能有'伏猎'侍郎！"由是萧炅出为岐州刺史。

实际上，儒学、文学之士与吏干之士间的群体隔阂，既源于知识、经验、观念、兴趣的相左以及利益的矛盾，也来自刻板印象的影响。正如社会心理学所指出的，基于相近的目的、利益而形成的群体归属感和认同感，会使其各个成员在面对群体外部的一些重大事件和原则上，都自觉保持一致的看法，甚至不顾其看法是否符合事实以及正确与否，而在拒绝看似不公平的提议或决定时，也常难免情绪化的色彩。

不过，作为一位深谋远虑的政治家，张九龄又敏锐地感知到隋唐以后地主阶级社会以科举为入仕正途的历史趋势；而科举也注定会成为制度化地吸纳社会知识精英、提高文官队伍人文素质的助推器。盛唐前期的历史已然证明，众多科举出身的人才进入官员队伍乃至宰相班子，先后成为积极推行改革的政治精英。

戴尔·卡耐基在《挑战人性的弱点》这本书里指出，"不尊重他人的意见"，乃是人性的弱点之一，"尤其是那些身居高位者，因为他们更加碍于面子"。

如果说，盛唐前期唐玄宗励精图治，尚能耐心听取不同的意见，那么伴随天下大治的出现，伴随历史的脚步愈益接近盛唐后期，唐玄宗认为大功告成，便日渐骄傲自满，也越来越厌烦与自己相左的意见。

偏偏忠言利于行，却常常逆耳。

故而盛唐著名史学家吴兢在《贞观政要·慎终》里指出："人臣事主，顺旨甚易，忤情尤难。"——臣子面折廷争，难就难在既要具备超常的勇气，又要善于把握分寸，注意方式方法。

张九龄位尊首相，以国事为重。他人品正直，风度儒雅，很有主见，既有宰相之才，又有宰相之德，议论政事必极言得失，引荐之臣皆正人君子。在治国理政方面，他与唐玄宗之间产生一些歧见，本身并不奇怪，何况他的许多观念也不乏远见卓识。可是，张九龄的书生气较重，性情也比较急躁，甚至容易激动，且经常直言不讳，这在帝制时代的官场上则不幸成为一大弱点，在皇帝面前更是一大忌讳。

张九龄和李林甫同列相位，却意未相与，薰莸不同器。但张九龄以文才词学入仕，多年草拟诏敕，并入主集贤院，今又身为中书令主持国政，甚承恩顾，这就迫使李林甫也不得不在表面上尊重他，背后则伺机在唐玄宗面前与他唱反调。而张九龄，作为一位文人政治家，政治才干游刃有余，政治忠诚度也无可挑剔，但在与人相处的警觉性和灵活性方面却稍嫌不足。

开元二十四年（736年）十月，洛阳皇宫里发生了"闹鬼"现象。唐玄宗打算结束已将近三年的第五次东巡，提前返回长安（唐朝首都，今陕西西安市），于是又召集三位宰相前来商议。

张九龄和裴耀卿都认为，目前秋收尚未完毕，车驾返京兴师动众，势必扰民误农，建议推迟到十一月启程。

裴耀卿（681—743年），绛州稷山县（故治在今山西稷山县）人，字焕之。科举出身，历任长安县令和济、宣、冀等州刺史，皆有善政。入为户部侍郎，迁京兆尹，擢升黄门侍郎、同平章事，旋又进位侍中。曾充任江淮、河南转运使，勤于国事，成功改进了漕运。

这时，张、裴二相的话又让唐玄宗怅然不悦，遂议而未决。

李林甫仍一如既往，早已暗中探知唐玄宗的心意。他仍旧当场未表态，待张、裴二相退出，便假装足疾，留在后面。

唐玄宗询问缘故。

"臣并非有疾，是有事上奏。"李林甫不慌不忙地答道，"长安、洛阳，本是陛下的西宫、东宫，往来行幸，何必选择时间。假如沿途供顿妨碍秋收，只需蠲免所过农村的租税就可以了。"

这番话正中唐玄宗下怀，龙颜大悦；于是下令启程。

张九龄、裴耀卿俱随车驾返回西京长安。不久，厄运终于不期而至。

开元二十四年（736年），蔚州刺史王元琰贪赃之事败露。唐玄宗下令三司——刑部、大理寺、御史台——立案审理。

孰料此案却牵扯到尚书左丞严挺之。

严挺之，名浚，以字行，华州华阴县（故治在今陕西华阴市）人。进士及第，又擢制举。历任中央和地方的一些重要官职，雅有吏干，施政严整，办事公允。张九龄入相，引用严挺之为尚书左丞（时为尚书省实际长官之一），并参与主持吏部铨选，深受好评。他与张九龄同属清流雅望，声应气求，引为知己。

后来，张九龄又想推荐严挺之入相，特意提醒他，李尚书（指礼部尚书、同中书门下三品李林甫）深承圣恩，足下应登门造访，亲近亲近。

前因萧炅贬职之事,李林甫已对严挺之衔恨在心;可偏偏严挺之素来恃其意气,不肯屈居人下,更鄙薄李林甫的人品,非公事始终不愿私下造访其门。李林甫恨之益深。

王元琰之妻崔氏,是严挺之的前妻,可能是受她的请托,严挺之竟贸然出面谋求化解王的案情。

李林甫获知此事,迅速通过他人间接密奏。

唐玄宗闻讯,迅即召集宰相讨论。

"王元琰不无贪赃之罪,严挺之嘱托相关人员帮王元琰开脱,是在徇私情。"唐玄宗一锤定音。

但张九龄仍不懈替严挺之辩解:"崔氏是挺之前妻,已经改嫁,而挺之也已再婚,应不算私情。"

"卿不知道,虽然离婚,却仍有来往。"唐玄宗当即反驳。

…… ……

唐代的婚姻伦理,主流仍是贞节观念,强调女性从一而终。但实际上,在唐代社会风气相对开放的背景下,妇女上至公主下及百姓,离婚再嫁却是司空见惯的现象;夫妻离异再婚之后,双方家庭也仍有可能保持比较亲近的关系。

其实,严挺之营救王元琰,无论是否涉及私情,本身就已涉嫌干扰司法;而张九龄替严辩解,则也不无袒护之嫌。

这件事情让唐玄宗十分反感。他不由得联想起以前的一些事情:为什么那样反对牛仙客?为什么引荐严挺之而今又袒护他?为什么张、裴二相常常政见一致,彼此呼应?……看来,张九龄和裴耀卿难脱"阿党"之嫌!

阿党,就是偏护私人小集团。

于是,唐玄宗断然下令,免去张九龄、裴耀卿的中书令、侍中职务,分别改任尚书右仆射和尚书左仆射,秩从二品;任命李林甫为中书令,牛仙客为工部尚书、同中书门下三品。

这一天,是开元二十四年(736年)十一月二十七日。

同时,严挺之出为洺州刺史,王元琰流放岭南。

随着盛唐最后一位德才兼备、犯颜直谏的宰相黯然退出政治中心，唐玄宗时代的开明政治也悄然终结。

83 年后，唐宪宗与大臣谈及盛唐时期的历史，宰相崔群有一段精辟的议论："天下安危，在于政策、法令的制定；国家存亡，在于文武官员的任用。……世人以为安禄山的叛乱，成为唐玄宗时代治世与乱世的分水岭；臣却认为，张九龄罢相，李林甫主政，则治世与乱世本已区分开来了。"

张九龄罢相的第二年四月，又因监察御史周子谅事件的牵连，遭到李林甫的排挤，左授荆州大都督府（故治在今湖北荆州市）长史。

大约两三年后，张九龄奏请回乡扫墓。开元二十八年（740 年）五月，竟病逝于曲江，享年 67 岁。

噩耗传到京城，唐玄宗不胜哀痛，下诏追赠荆州大都督，谥曰文献。

张九龄遭贬谪将要离京时，曾作《感遇》诗以寄托忧国忧民之情。其中一首写道：

> ……
> 紫兰秀空蹊，
> 皓露夺幽色。
> 馨香岁欲晚，
> 感叹情何极？
> 白云在南山，
> 日暮长太息。

——兰草遭遇秋天，芬芳将尽。我的人生已到晚年，忧国之心更加深切。小人就在君主之侧，我虽已年衰，仍为朝政深深叹息。

李林甫主政：保守政治的开端

人的观念，不外乎是外界现实在人的头脑中的能动反映。

开元之初，面对多年的弊政乱象，人心思治，唐玄宗任贤用能、虚怀纳谏、集思广益、锐意求治，历经二十余年，史称"海内富实""天下大治"。

但到了这时，在唐玄宗看来，治国理政只剩下如何保业守成的问题，也就是如何继续贯彻执行 20 多年来所制定的一系列方针、政策、制度、法令的问题，无须再煞费苦心去继续进行重大的改革变动了。

伴随开元之治的出现和皇位的长期稳固，歌功颂德之声萦绕耳畔，唐玄宗也愈益迷信自己的英明正确，所谓"享国既久，骄心浸生"（《唐鉴》语）。他越来越轻视变革改良之音，越来越忽视不同的观点，越来越厌恶批评的意见。

的确，事业上的成功容易导致成功者的骄傲自满；而骄傲自满，本质上还是缺乏自知之明。

当唐玄宗进行战略性的政治换挡——由励精求治转向保业守成——之际，他所需要的首相，便是那种既能有效守成、又会无条件按照皇帝的"剧本"行事的人选。

官员价值的大小，取决于君主的需要。纵观当时满朝文武、资深官员，谁是最合适的人选呢？

实践表明，非李林甫莫属。

李林甫拥有很强的行政管理能力，是一个非常精明务实的行政官僚和制度专家。他管理国家行政事务，以谨慎、规范、简明、务实见长，独断专行却又按章办事，沉稳保守。

李林甫还会刻意迎合和善于顺从唐玄宗的旨意，并在唐玄宗身边营造出一种于己有利的信息渠道和气场氛围，仿佛君臣二人的想法总是"不谋而合"，有时甚至会令唐玄宗有点"惊喜若神"。

李林甫持衡拥璇 16 年，严格遵照唐玄宗的旨意，对盛唐前期改革和

推行的法令、规章制度、行政程序进行了近乎全面的继承、精简和总结，虽不免蹈常袭故，但也凸显出治国理政的守成色彩和行政活动的规范化、制度化特点。

作为盛唐承旨主编《大唐六典》的第四位首相，他最终领衔撰成了这部中国现存最早的行政法典。

他奉诏主持修订和删减国家法令——律、令、格、式，分类汇总成册，并且创造性地编成《事类》40卷，成为一部唐朝法典分类实用手册。

他还成功地简化了国家财政预算管理的程序。由他提议，中央财政部门将国家预算内收支常规项目汇编成册，名叫《度支长行旨》，分发各地政府；各地再结合执行中央每年简单编制的年度具体税收指标（名叫当年"旨条"）。这样一来，中央财政部门每年编制并下发各地的旨条，便由过去的每年50多万张纸锐减到几百张纸，平均每州不过一两张纸而已。

…… ……

因此，旧、新《唐书·李林甫传》也公认，他"每事过慎，条理众务，增修纲纪，中外迁除，皆有恒度"；"练文法，其用人非谄附者一以格令持之，故小小纲目不甚乱，而人惮其威权"。

李林甫还有一个好习惯，常备一件书囊，记录"常时所要事目"，类似工作日志和备忘录，每天晨起上朝，都会随身带上。

然而这种循规蹈矩的背后，似乎又透出盛唐后期政治上的一股沉沉暮气。

既定的秩序，是维护社会发展的必要条件，但又容易养成执政者故步自封的习惯。不幸的是，盛唐前期改革创新的成就，竟悄然化为后期墨守成规、故步自封的樊篱。

一般说来，最高统治者对客观形势和条件有什么样的认识，就会有什么样的治国理念，也就会有什么样的政治路线和治国方略，从而也就会有什么样的用人和纳谏的取向。

大致而言，唐玄宗开元前期，励精图治，注重物质文明和制度文明的

建设;开元中、后期,进一步注重精神文明的建设;开元末年至天宝时期,则倾向于保业守成。

与此大体对应的是,唐玄宗先后任用的著名宰相:姚崇最善于变革,宋璟最重视法制,张嘉贞最注重吏治,张说最擅长文治,宇文融最善于理财,韩休、张九龄最敢于直言极谏,李林甫最惯于按章办事、保守持重。

显然,专制君主无论是用人还是纳谏,绝非仅仅受到其个人才能与感情好恶的影响,更是服从和服务于他的治国理念以及国家的政治路线、任务和方略。

所以与其说盛唐后期唐玄宗用人和纳谏产生了严重失误,毋宁说当时国家发展战略出现了严重失误,前者只是表象,后者才是实质。

然而历史表明,对人的命运或对国家的命运造成重大乃至决定性影响的选择,却常常要到若干年之后才会显现出结果。

安史之乱爆发后,唐玄宗逃到蜀郡(故治在今四川成都市)。他曾和给事中裴士淹谈到故相李林甫,说:"这个人嫉贤妒能,无人能比。"

"陛下真的知道这一点,为何还重用他那么久呢?"裴士淹大惑不解。

唐玄宗沉默无语。

他有难言之隐。

李林甫缺少宰相宽和之德,却不乏宰相守成之才。盛唐后期,唐玄宗需要的正是像李林甫这样擅长守成又无条件顺从皇帝旨意的首相。相对于这一政治大局,在唐玄宗当时的眼里,李林甫的嫉贤妒能又算得了什么! 从某种意义上讲,这也恰是唐玄宗和李林甫之间的一种政治利益交换。

当然,唐玄宗也并非瞧得起李林甫的人品。他援用李林甫,虽恩意甚厚,却礼遇渐轻,不要说与当初姚崇、宋璟所受到的敬重甚或敬畏无法相比,就连以前张九龄所受到的那份尊重,李林甫也难以企及。

唐玄宗曾对侍臣说:"九龄的文章,唐初以来无人能比;朕终身学习他,仍不得其一二。此人真是文坛元帅。"

当年早朝,百官趋列两班,唐玄宗见张九龄风威秀整异于众僚,又不

禁对左右赞道："朕每次见到九龄，都使我顿时精神振作。"

张九龄左迁离开长安以后，唐玄宗依旧看重他的人品风度，每逢宰相推荐公卿大臣，唐玄宗总会忍不住问一声："这个人的风度像九龄吗？"

然而，张九龄终究遭到贬谪，李林甫终究受到重用。这，与其说是出于唐玄宗个人的好恶，还不如说是现实政治的需要，是盛唐历史拐点的选择。

第二卷

萧墙之祸——唐玄宗挥之不去的梦魇

人的意识，本质上乃是被意识到了的存在，而人的存在就是他的实际生活过程。（参阅《马克思恩格斯全集》第 3 卷）

唐玄宗李隆基降生到人间，就面临大唐王朝政治上的多事之秋。公元683 年的冬天，李隆基出生前两年，祖父唐高宗病逝于东都洛阳，祖母武则天把三皇子李显扶上皇位，史称唐中宗。

孰料不到两个月，武则天便突然废黜唐中宗，改封庐陵王，幽于别所；同时又立最小的儿子即四皇子李旦为皇帝，是为唐睿宗（也就是李隆基的父亲），但国家政事皆取决于皇太后武则天。

李隆基 5 岁那年（690 年），临朝听政已有数年的太后武则天发动"革命"（实为政变），将国号由唐改为周，正式登基，尊号圣神皇帝。

唐睿宗则降为皇嗣，赐姓武氏。李隆基及其兄弟也改为武姓，并迁出皇宫，在神都洛阳择地开府居住。他们均由亲王降为郡王（李隆基由楚王降为临淄郡王），之后又从宫外迁入皇宫，并禁止与外界联系，形同幽闭。

武则天重用娘家侄儿们，对李隆基的家族构成严重的威胁。在他 7 岁时，母亲惨死于宫廷斗争，外祖父母一家亦横遭政治诬陷，被贬职或流放。

李隆基童年和少年时代遭遇的政治灾难和丧母之痛，想必导致他的创伤反应和哀伤反应，并形成记忆而成为他刻骨铭心的痛苦；这种心灵难以承受之痛，又可能使他产生一种强烈的不安全感，深藏在潜意识之中。

到他二十岁之后的八九年时间里，唐朝更进入宫廷政变的高发期。刀光剑影，腥风血雨，太子、亲王、郡王、皇后、公主、外戚、朝臣、禁军将士，都相继卷入争夺皇位的惊涛骇浪之中。李隆基本人，也正是凭借武力政变，逐步控制国家政权的。

然而从此，这一场接一场喋血宫闱的萧墙之祸，连同潜意识中的不安全感，便成为唐玄宗李隆基的心腹之忧，成为其挥之不去的梦魇。

权力的巅峰，风光无限，却也风险无限。恰如莎士比亚的历史剧《亨利四世》里的台词所言："幸福的卑贱者啊，安眠吧！戴王冠的头是不能安于枕席的。"

"花萼相辉"的背后

唐代宫廷政变，都是以皇室重要成员为首，或是政变者打着皇室重要成员的旗号发动的。

前车之鉴，必须防患于未然。

唐玄宗刚刚亲政而皇权尚未巩固之际，便果断安排兄弟诸王离开京城，分散到各州担任有职无权的刺史，以防再生肘腋之变；直到几年以后，政局稳定下来，才陆续又将他们召回京城。

此后，唐玄宗虽继续保持兄弟手足之情，却始终没有消除政治上的防范之心。

一个饱经宫廷政变之祸的专制君主，其关乎皇位安全、政局稳定的神经，是异常敏感和脆弱的。

唐玄宗同父异母兄弟六人，他排行老三。老大是宁王李宪，原名成器；老二是申王李捴，原名成义；老四是岐王李范，原名隆范；老五是薛王李业，原名隆业；老六是隋王李隆悌，早夭。

唐玄宗与同胞兄弟，从小到大出则同游，学则同业，同开府第，一直友爱相处。他们当年在长安的藩邸——五王宅，位于长安外郭城东墙春明门内大街北侧，是一片住宅区，原名隆庆坊，后避唐玄宗名讳改称兴庆坊。

开元二年（714年）七月，宁王等兄弟请献兴庆坊作为离宫。唐玄宗考虑后表示同意，始以全坊之地改建宫殿，名曰兴庆宫。之后又数次扩

建，从开元十六年（728 年）起，这座离宫就变成唐玄宗居住和听政的皇宫。

在兴庆宫的西南隅，有两座长方形的二层楼房，转角相邻构成曲尺形，皆跨出宫墙，分别面临南边和西边的街道。朝南的一座，题名"勤政务本"之楼，喻意勤于政务，关心民情；底层面积 500 多平方米，是唐玄宗处理政务和举行国宴的场所。朝西的一座题名"花萼相辉"之楼，喻意兄弟友爱，则是唐玄宗举行家宴与兄弟诸王娱乐的场所。

唐玄宗新赐兄弟的王府，分别位于兴庆宫西侧的胜业坊和安兴坊，与花萼相辉楼隔街相望。这样的布局，外示兄弟望衡对宇、欢情自接，实则也便于随时掌握诸王的动向。

唐玄宗听政之暇，时常登上花萼相辉楼，召集兄弟同榻宴饮，博弈赋诗，或讨论儒家经典和治国之道，或自执丝竹，演奏乐曲。有时，唐玄宗也与众兄弟一同击球或打猎；有时，也亲临诸王府，赐金分帛，尽情欢乐。每逢大哥诞辰，唐玄宗必亲赴其宅祝寿，往往留宿尽欢。在这些私人场合，礼仪悉如家人，其乐融融。

唐玄宗是一个重感情的人，他不幸童年丧母，更加重视兄弟之情。诸王有时患病，他会为之担心以至于寝食难安。大哥李宪曾卧病在床，他命中使（宦官使者）送医药及珍膳，相望于路。五弟李业突然生病，他正临朝听政，闻讯仍焦急地派中使前去慰问和了解病情。退朝后，他又亲为祈祷，亲手煎药，以致回飙吹火，不慎烧到胡须，左右惊慌扑救，他却毫不介意，说："但愿薛王饮此药而病愈，胡须何足惜。"

不幸的是，自开元十二年（724 年）到二十二年（734 年）之间，唐玄宗的二哥、四弟和五弟竟然相继病逝。唐玄宗悲伤恸哭，甚至悲不能食，先后均破例册赠太子称号。

唐玄宗对宁王李宪尤为尊重，私下场合始终称呼其大哥。不幸，开元二十九年（741 年），李宪也因病辞世。噩耗传来，唐玄宗号叫失声，悲痛万分。御笔书写悼词，置于灵座之前，曰："隆基白：一代兄弟，一朝存殁；家人之礼，是用申情；兴言感思，悲涕交集。……"更破例追谥让皇帝

称号。

唐玄宗对兄弟诸王的亲情友爱,是真心的;但他对兄弟诸王的政治防范,也是真实的。

兴庆宫内靠南边,有一片椭圆形的湖泊,东西长915米,南北最宽处214米,与龙首渠的支渠相通,名曰兴庆池。因传说湖中曾有黄龙出现,故又名龙池。湖面碧波荡漾,荷菱藻茨生意盎然;沿岸杨柳依依,树影婆娑,还有数十丛翠竹连成一片,露出地面的竹笋也相互靠近,密密如栽。

某一天,唐玄宗与诸王闲步于湖畔竹林之中,不禁触景生情,说:"人世间父子兄弟尚有离心离意,而这些竹和笋却互不疏远;人若怀有二心,萌生离间之意,看看这些竹和笋,便可以为鉴。"

兄弟们心领神会,皆唯唯称是。

唐玄宗对兄弟诸王嘘寒问暖,赏赐不断,锦衣玉食,声色娱乐,但却从未任以职事,也从未赋予任何实权。诸王每天早晨从侧门进宫朝见;退朝回府后,便相邀奏乐纵饮,或击球斗鸡,或猎于近郊,或游赏别墅。凡是诸王游玩的地方,都会不断有中使奉命前来"劳赐侍候"。

世人多以为,盛唐天子常棣之恩为近古无比。殊不知,实时监控却如影随形,"花萼相辉"的背后,总是隐藏着一双警惕的眼睛。

李宪是唐睿宗的嫡长子,肃明皇后所生,在唐睿宗登基之初被立为皇太子。后来唐睿宗被迫退位,太后武氏临朝称制;再后来唐睿宗之兄唐中宗复辟,几年后遇害。临淄郡王李隆基发动政变,拥戴其父唐睿宗复辟;李宪遂涕泣固让太子之位于三弟李隆基。

唐玄宗李隆基君临天下以后,宁王李宪更加恭谨畏慎,从不议论和干预朝政,也极少与外人交往。

唐玄宗的家族擅长音乐:父皇唐睿宗善于弹奏琵琶,大哥李宪善于吹笛,四弟李范也善弹琵琶,而唐玄宗更是精通音乐。

李宪特别喜爱龟兹音乐。龟兹故地在今新疆库车,其音乐传入中原后在北周时期已开始流行,至唐代更是盛于朝野。乐曲用十余种西域乐

器演奏，大多急促激越欢快。

据说有一年夏天，李宪在家里兴致勃勃地亲手制作一件龟兹乐器，名叫都昙鼓，忙得满身大汗。

这点区区小事，居然也飞快传到唐玄宗那里。他高兴地说："天子兄弟，自当陶醉于音乐啊！"

李宪风流蕴藉，好以声色自娱；夜宴设乐，歌妓舞女相伴，他偶尔也不免"酒酣作狂"——含蓄地释放一下长期压抑的心情。

其实，李宪也并非那种事不关己便视而不见的人。开元七年（719年）秋季的某一天，唐玄宗乘步辇从大明宫和兴庆宫之间的夹城复道经过，无意中看见一名卫士把剩饭倒入水沟。他顿时勃然大怒，下令将卫士杖杀。

左右莫敢劝阻。同行的李宪却委婉进谏："陛下从复道窥见卫士一点过失就要杀他，臣恐怕将会人人自危。况且，陛下厌恶倒弃食物，意在勤俭惜物，为何性命至重却反而轻贱于残汤剩饭呢？"

唐玄宗恍然大悟，急忙制止，说："宁王及时对我提醒，否则要误杀卫士。"

唐玄宗始终警惕诸王与朝臣的交往。以他对兄弟们的了解，深知他们或"恭谨畏慎"，或"性弘裕"，或"好学工书"，或"好学"而"孝友"，均无政治野心；但是，他却难以排除有野心的大臣鼓动或挟持诸王图谋不轨的可能性。

开元元年（713年），宰相张说因唐玄宗任命姚崇为相，担心于己不利，便私下谒见岐王李范，大概是希望引为后援。

此事旋即被姚崇发觉并及时密奏。

张说曾是唐玄宗当太子时的侍读（相当于辅导老师），尤为亲近尊重；可是在原则问题上，唐玄宗却毫不留情，果断将张贬为相州刺史（事过多年才又入朝为相）。

开元八年（720年），又发生了一桩让唐玄宗忌讳的事情。

岐王李范，好学，工于书法，雅爱文章之士，不论贵贱皆尽礼接待。这

年八月，他和光禄少卿、驸马裴虚己游乐宴会，竟不慎阅读议论了谶纬图书。

此事迅速被人密奏。

谶纬是中国古代一种预言吉凶的神秘化的图书，时常被人用来附会妄言社会的安危和政治的治乱，也常被改朝换代者所利用。因此，私藏或议论谶纬，亦是唐玄宗的一大政治禁忌。

他断然下令，令胞妹霍国公主与裴虚己离婚，裴被撤职并流放岭南。

此案同时又牵连到另外几名文士官员，因平时和岐王饮酒赋诗，违反了唐玄宗的相关规定，也都受到贬职处分。

微妙的是，唐玄宗对李范依旧"恩情如初"。他对左右说："我兄弟友爱出于天然，必无异意，只是趋竞之辈强相托附罢了。我终究不会以纤芥之故责及兄弟。"

话虽如此，但兄弟诸王内心的震撼想必都不会轻松。

不料几年后，还是发生了另一件牵涉亲王的犯忌之事。

事情是由唐玄宗的生病引起的。

唐玄宗向来身体健康，开元十三年（725 年）偶染微恙，不免引起外界的关注。东宫内直郎韦宾竟不慎与殿中监皇甫恂私下里议论到唐玄宗病情的吉凶。

古人多禁忌，唐代也不例外，而统治者尤甚，以至于有些霸道。《西阳杂俎》记载，唐朝甚至禁止人们吃鲤鱼，凡是敢贩卖鲤鱼的，都要处以"杖六十"的刑罚。原因就在于，鲤与李同音，触犯国姓之讳。

皇帝处于国家政治活动的核心，健康状况总是会引起朝野的关注，但它恰恰又是政治上最敏感最忌讳的话题之一。

孰料这桩触犯大忌的言行也遭人告发。龙颜震怒，下令杖杀韦宾，左迁皇甫恂为锦州刺史。

而韦宾正是薛王李业的妻弟。王妃韦氏虽事先不知情，却仍惶恐不安，主动降服待罪，就连李业也不敢再入宫谒见唐玄宗。

皇室兄弟之间的关系再蒙阴影。

唐玄宗闻讯,急令召见。李业来到殿前阶下,仍然惶恐犹豫,不敢进殿。

没想到,唐玄宗却步出殿堂,走下台阶,依旧亲切地握住五弟的手,说:"我若有猜忌兄弟之心,天地神明所共咎罪。"

随即设宴为李业压惊,又慰谕韦氏,令其恢复王妃地位。

太子李瑛之死

祸起萧墙,前车之鉴。

唐玄宗坚信,宫廷政变的危险,主要来自某些有野心的大臣暗中和皇室成员的政治勾结。所以,唐玄宗不惜贬逐自己原先亲近的政变功臣,并严密监控兄弟诸王,就连自己的儿子,特别是作为储君的太子,他也严加防范。

唐玄宗共有 30 个儿子、29 个女儿。开元之初,诸皇子年幼,都住在宫中。开元中期,皇子相继长大,于是就在长安城东北角,连接苑城的坊内建造宫室,分院居住,名曰十王宅;后来皇子增多,又改称十六王宅,并一直沿用成为固定名称。

诸王宅各院,分别安排 400 多名宫女提供生活服务,还配备文士教皇子读书,并任用宦官管理事务,同时监视皇子的行动。

再后来,皇孙渐多,又增设了百孙院。

十王宅或十六王宅,实属画地为牢,诸皇子生活优裕,却形同软禁。其内部可以自由交往,但不得与外界联系,更不能参与政事,即便身兼军政要职,实际上也都是遥领挂名而已。

至于皇太子,身为法定皇位继承人,住所也并非是在独立的东宫,而是伴随唐玄宗的居处就近而设,泛称别院。唐玄宋对太子的监控则更甚于其他皇子。

开元初年,宫廷内部一度呈现出久违的宁静。可是不久,随着武惠妃的得宠,这份宁静又被打破。

唐朝的后宫，如同中国古代其他朝代一样，女人也是成千上万。她们分属不同的阶级和阶层，地位和处境也有不同的差别，而确定或改变命运的关键因素，则往往取决于能否获得皇帝的关注或宠幸。故此，争宠、固宠、钩心斗角就成为后宫中最常见的现象；而这种现象又大致发生在同一层次的女人之间，尤其是更多发生在后妃之间或妃嫔之间。

武惠妃比唐玄宗小14岁。她是恒安王武攸止的女儿，而武攸止则是武则天的堂侄子。她出身名门，史称婉顺贤明，知书达礼；入宫后，渐承恩宠，以至于宠倾后宫。

伴随地位的愈益突出，武惠妃的欲望也愈益膨胀，竟然萌生倾夺皇后之位的野心，不时挤轧王皇后。

王皇后的家庭门第远不如武惠妃。其父王仁皎，当初官居左卫中郎将，秩正四品下。唐玄宗当临淄郡王时，聘王氏为妃；王妃的孪生兄长王守一则是唐睿宗的女婿，也是唐玄宗的当年好友。

当年唐玄宗冒险发动政变，平定唐中宗遗孀韦皇后之乱，王妃也颇预密谋，赞成大业。唐玄宗继位后，便册立王妃为皇后。王守一也因参与平定太平公主之乱有功，迁殿中少监，封晋国公，待遇优渥。不过，外戚王氏家族却始终没有获得过真正有权势的职位。

武惠妃宠冠六宫，"阴怀倾夺之志"，自然引起王皇后的强烈不满，以至于当面顶撞唐玄宗，出言不逊。

不理智的言行导致唐玄宗越来越大的反感。开元十年（722年）八月，他私底下和秘书监姜皎商量，打算以王皇后未能生育为由，予以废黜。

姜皎出身于官宦世家，是李林甫的舅舅。当初唐玄宗为临淄郡王时，就与他结为密友。姜皎比唐玄宗大12岁，时任尚衣奉御。唐玄宗登基后，仍与姜过从甚密，赏赐不可胜数。姜皎也曾参与平定太平公主之乱，以功拜殿中监，封楚国公。

没想到姜皎竟不慎将禁中秘语泄露出去，引起轩然大波。王守一等一些权贵高官公开追究，奏请严惩姜皎。

唐玄宗顿时陷入被动境地。他怒而下令，谴责姜皎"假说休咎，妄谈

宫掖"，遂处以杖刑，流放钦州。姜的一些亲党也连坐遭到撤职流放的处罚。

姜皎在贬逐途中，因伤势严重而去世，终年49岁。

这一结果反过来又引起朝廷一些舆论的同情，唐玄宗也不禁怀念旧勋故交之情，特令迎枢还京，以礼葬之，并遣中使慰问其家属。后来，又两度追赠姜皎为泽州刺史和吏部尚书。

尽管唐玄宗矢口否认废黜之事，却仍难缓解王皇后惶恐不安的心情。

"玉颜不及寒鸦色，犹带昭阳日影来。"

王皇后向唐玄宗忆及往事，声泪俱下："陛下难道不念及阿忠当年脱下半臂，换面粉为陛下做生日汤饼吗？"

阿忠，指皇后之父王仁皎。半臂即半袖衫。汤饼就是唐代的水煮面条或面片；当时大概已有过生日吃汤饼祈寿的习俗。

王皇后一贯待人宽厚，颇得宫中人们的好感，故而未遭其他人的暗算。但她忧心如焚，终因行事不慎，还是招致滔天大祸。

王守一认为，胞妹的皇后地位不稳主要还是因为没有子嗣。于是他便私下邀请和尚为王皇后祭祀求子，并让皇后佩戴一枚木质挂件，上面书写天地及唐玄宗的姓名，祷祝："佩此有子，当与则天皇后为比。"

这无疑也是一个触犯唐玄宗忌讳的举动。不幸的是，它还是泄露出去并被人告发。

唐玄宗追查属实，于是旧怨新恨叠加爆发。开元十二年（724年）七月，下制：王皇后废为庶民，别院安置。王守一贬为柳州别驾；行至蓝田驿，追赐死。

"春草昭阳路断。"废后王氏忧愤交加，三个月后，溘然长逝。

似乎是触动了唐玄宗的恻隐之心，他下诏，依照一品礼仪，隆重安葬。

宝应元年（762年），唐代宗即位，废后王氏终获昭雪，复尊为皇后。

王皇后谢世两年后，似已渐渐淡出人们的记忆，于是唐玄宗欲册立

惠妃为皇后的设想，便提上了议事日程。

早在王皇后被废为庶民时，唐玄宗就特赐武氏号为惠妃，宫中礼遇一如皇后。可此时却没有料到，唐玄宗的想法竟遭到一些朝臣的强烈反对。主要理由是，武氏家族曾经"干乱朝纲，递窥神器"；况且，当今太子并非惠妃所生，而惠妃又有亲生的皇子，"若惠妃一登宸极，则储位实恐不安"。

前车之覆并不遥远，唐玄宗身边的许多大臣，就是当初铲除诸武势力的参与者或支持者。重新提起这个敏感的政治问题，的确连唐玄宗也难以回避，他只得暂时打消册立惠妃为皇后的念头。

既然没能当上皇后，武惠妃便又把希望寄托在亲生儿子——寿王李瑁——的身上，试图帮他取代太子李瑛的地位。

李瑁（约 719—775 年），初名清，唐玄宗第十八子，宫中常呼为十八郎，秀美聪慧。因母亲武惠妃频妊不育，故出生后便由宁王李宪收养于府中。开元十三年（725 年），李瑁 6 岁，封为寿王，始入宫中。

皇太子（简称太子），是中国地主阶级社会专制君主（皇帝）的法定继承人。其事关国家最高权力，也涉及皇室内部的权力分配，故而人选的确定和继承过程，历来都具有秘密性，也常带有残酷性。

于是，一场更大的宫闱悲剧又徐徐拉开了帷幕。

开元二十四年（736 年）十一月，唐玄宗刚刚结束第五次东巡，率亲属及百官从洛阳回到长安。

有一天，太子李瑛和鄂王李瑶、光王李琚在内宅会面。言谈中，共同情不自禁触及一个敏感的话题。

李瑛是唐玄宗的第二个儿子，开元三年（715 年）被立为皇太子。其母亲赵丽妃出身于音乐世家，有才貌，善歌舞，当初也是个艺人，在临淄郡王李隆基出任潞州别驾时得幸。

李瑶是唐玄宗第五子，开元二年（714 年）封为鄂王。

李琚是唐玄宗第八子，开元十二年（724 年）封为光王。

李瑶和李琚皆有学识才华，同住在十六王宅，最相亲近。瑶母皇甫德

仪,琚母刘才人,也都是唐玄宗当郡王时以美貌得幸。

及至武惠妃承恩,这三位妃嫔均遭唐玄宗疏薄(赵丽妃已于开元十四年辞世)。第十八皇子李瑁,因母亲得宠而受到唐玄宗的钟爱,同样非其他皇子所能相比。

于是,太子及二王同病相怜,便聚在一起发发牢骚。

讵料此事却被驸马杨洄探知,并迅速报告武惠妃。

杨洄是唐玄宗和武惠妃的女婿,娶咸宜公主。遵照惠妃的旨意,他早已暗中监视太子的动静。

机不可失。武惠妃旋即向唐玄宗哭诉:"太子暗中结党,企图谋害妾母子,同样也指责至尊(指唐玄宗——笔者注)。"

"人必先疑也,而后谗入之。"(苏轼语)阴险的指控,刺痛了唐玄宗的那根敏感而脆弱的神经,于是导致"一杯水中出现暴风雨"。

唐玄宗赫然而怒,他迅即召集众宰相,商议废黜太子及二王之事。

中书令张九龄明确反对。他说:"陛下纂嗣鸿业将近三十年,太子以下诸皇子常不离深宫,日受圣训,未闻有何过错,陛下为何一日之内废弃三位皇子?敬请陛下思之。况且,太子作为皇位继承人,事关国家大局,不可轻易动摇。……臣待罪左右,不敢不详悉。"

张九龄还列举了历史上一些相关的惨痛教训,言辞恳切,咸中肯綮。

唐玄宗默然无语。

情绪容易被外因点燃,乃是由于内心存在易燃之物。针对太子及二王的指控,虽是捕风捉影,却会刹那间成为高度敏感的问题;而张九龄的谠言切谏,则仿佛产生一种脱敏效应,帮助唐玄宗浇灭无名之火,对他失控的情绪按下"暂停键"。

李林甫依旧一言未发,惘然而退。既而他又私下里对唐玄宗亲信的宦官说:"主上的家事,何须询问外人!"

李林甫居心叵测。他早已间接向武惠妃表态,愿保护寿王李瑁,而惠妃也心领神会,并暗中协助李林甫登上相位。

李林甫间接充当着陷害太子的同谋,但此时的他,资历、声望和地位均不如张九龄,不敢也不愿当面与张唱反调,便在背后迂回表达赞同废

黜太子的态度。

事后，武惠妃派宦奴牛贵儿秘密前往张九龄府中疏通。牛委婉转达惠妃的意思："太子有废必有立；相公只要支持废立之事，便可长处宰相之位。"

牛贵儿没想到，他当场就遭到严词斥责。

尔后，张九龄又如实面奏。唐玄宗不禁为之动容。

一场政治风波就这样暂告平息。

不久，张九龄与裴耀卿同时罢相，李林甫继任中书令，主持朝政。一股祸及太子李瑛的政治恶浪再度掀起。

开元二十五年（737 年）四月，武惠妃派人召唤太子李瑛、鄂王李瑶、光王李琚，谎称"宫中有贼，请穿戴盔甲前来护卫"。

太子及二王不知有诈，遵命行事。

与此同时，武惠妃又告诉唐玄宗："太子与鄂王、光王谋反，披甲而来。"唐玄宗迅速派人察看，果如其言。

杨洄又火上浇油，指控太子及二王与驸马薛绣一同秘密策划"异谋"。

薛绣是太子妃的兄长，娶唐玄宗的女儿唐昌公主为妻。

异谋，泛指有异常举动的阴谋，其中也不排除密谋政变的嫌疑。

树欲静而风不止。欲加之罪，何患无辞！

按照认知心理学的说法，人本来就天生缺乏核实能力。更何况这桩政治指控又和披甲行为正相吻合，虽然似是而非，但却阴险地直击唐玄宗的神经痛点。——相比五个月前所谓"指斥至尊"的指控，这无疑要严重得多。

果然，龙颜震惊，雷霆大发。

在一些神经和脑科学家看来，"情绪才是我们人体的底层操作系统，理性是运行在这个系统之上的应用软件"（乔瓦尼·弗契多《情绪是什么》，意大利）。愤怒其实常常是内在恐惧的一种外在表现，是暗示着我们在抵御或逃避外界的某种伤害。而震惊与震怒叠加，则是最难控制的

负面情绪，一旦失控，理智便无能为力。

唐玄宗召集宰相李林甫和牛仙客，再次商议处理太子及二王之事。

李林甫应声答道："这是陛下的家事，臣等不适合参议。"

阴险的暗示性表态，无异于火上浇油，却又不动声色地推卸掉动摇"国本"的责任。

大奸似忠。

唐玄宗于是拿定了主意。他断然命令宦官在宫中宣诏，将李瑛、李瑶、李琚废为庶民，薛绣流放瀼州。

不知是盛怒之下的疏忽，还是故意避免节外生枝，唐玄宗居然真的把废黜太子的举动当成皇家私事草率处理。而按照国家的制度，这应当作为一件国家大事慎重处置，并且要在朝廷公开宣布。

太子及二王有口难辩，被降为平民逐出皇宫，临时安置在长安城东驿，犹如三只可怜兮兮的待宰羔羊。

驿，也名驿舍、馆驿等，是唐代中央政府在大道沿途设置的交通接待站，具备食宿条件和交通工具，作为官方传递文书之用，也供出行的使者、官员在旅途凭符券使用。遭贬谪的官员或流放的前官员，一般也可在此食宿。而所谓追赐死的悲剧，也就时常发生在这些驿中。

匪夷所思的是，唐玄宗竟然一不做，二不休，旋即又下令，将三位皇子同时赐死于城东驿中。薛绣也在流放途中追赐死。

受冤案株连，李瑛的舅家、前太子妃的娘家、李瑶的舅家等，均遭到贬职或撤职流放的处罚。

极度担心政变的危机意识，潜意识中的强烈不安全感，令唐玄宗即使面对似是而非的所谓政变阴谋和异常举动，也不禁产生惊骇与狂怒叠加的情绪反应，从而就像狂风暴雨，一时吹灭了理智之灯；而绝对强势的地位，更助长了他毫无顾忌的冲动情绪和过激行为。

直到宝应元年（762年），太子及二王的冤案才得到平反昭雪，唐代宗追赠李瑛为皇太子，追复李瑶、李琚为鄂王、光王。

至亲骨肉夺命相残，是世上最可悲的事情之一。有一个令人吃惊的

统计数据：唐朝历代储君①死于非命者，竟约占总数的 45%。②

显然，"靠一切人们所固有的'人性'这个属性而越出本身存在的现实条件"，不过是一种难以实现的奢望。③

皇帝与储君的关系，本质上也是一种政治关系，核心仍然是国家权力问题；在专制君主的权力和利益——它往往又与国家利益交织在一起——面前，血缘亲情也会变得苍白无力。

立谁为新太子？

太子之位空缺，宠冠诸子的寿王李瑁，似乎已成为不二人选。

没料到，太子及二王遭诬陷同日冤死，震惊朝野，舆论哗然；尤其是，太子身为合法的皇位继承人，却被轻率地废杀，实际上造成了一桩非同小可的政治事件。

武惠妃替亲生儿子争夺储位，一手炮制了这起血腥的宫廷冤案，如今却面对着舆论的广泛关注和对太子等人的同情，她心中的压力可想而知。据说，她又崇奉佛教，而佛教以慈悲为本以及因果报应之说，想必会更加重她的精神压力。

终于，这位素称"婉顺贤明"的女人，承受不住巨大的心理压力，精神失常了。

妖由人兴。病态的幻觉，使武惠妃多次惊恐地"看见"前太子及二王的冤魂前来作祟。

人们慌忙找来巫师，祈祷消灾，但忙碌了一个月，也无济于事。开元二十五年（737 年）十二月，就在持续的精神恐怖中，武惠妃撒手人寰，年仅 38 岁。

斯时，距离前太子及二王含冤而死，才短短八个月。

---

① 储君就是皇帝的合法继承人，也称皇嗣、皇储，主要是皇太子。
② 参阅胡戟：《唐代储君》，中国唐史学会年会论文，打印稿。
③ 参阅《马克思恩格斯选集》第一卷，第 183 页。

唐玄宗下制，追谥武惠妃为贞顺皇后，隆重葬于敬陵（在今陕西长安大兆乡）。①

前太子李瑛死后，储宫虚位，未定所立。李林甫奏称："寿王年已成长，宜登储位。"

可是这一次却出乎李林甫意料，唐玄宗竟未置可否。

现代一些科学实验表明，在人的大脑内部，总是进行着理智与情感之间的对抗。

李瑁的确是唐玄宗最钟爱的儿子，他从小就懂礼貌、守规矩，有孝心。选立李瑁为太子，既是武惠妃的夙愿，也符合唐玄宗的心意，又得到中书令李林甫的支持。然而，面对朝野舆论的压力，怒气渐消的唐玄宗毕竟也不能无动于衷。假如真要册立李瑁为新太子，那么有关"寿王以母宠子爱，议者颇有夺宗之嫌"的传闻，立刻就会变成不争的事实。

而更为难言之隐的是，唐玄宗一直提防朝廷大臣与皇室成员交往结党，尤其忌讳宰相与太子结成亲密关系。当初中书令张九龄极力保护太子李瑛，或许也成为他不久就被罢相的一个未公开的原因，如今中书令李林甫又全力拥戴李瑁为太子，焉能不引起唐玄宗的高度警惕？

显然，李瑁虽然"宠冠诸子"，可是立为太子却难免有政治风险。

那么，究竟立谁为新太子呢？

诸皇子按年龄为序，长子庆王李琮，其母刘华妃未曾受过特别宠幸；李琮又在一次游猎时被野兽抓伤而毁容，凭形象也难以继承皇位；更何况，他还缺少生育能力，后继无人。

次子李瑛即废太子，已死。

第三子忠王李玙（711—762 年），初名嗣升。母亲杨氏，华州华阴县人，其曾祖父杨士达是隋朝宗室宰相。

① 1200 多年后，敬陵被盗，厚重精美的石椁被偷运国外，后被中国警方追回。详见阿莹：《乐游原下的绝世壁画》，中国作协创研部选编：《2015 年中国散文精选》，长江文艺出版社，2016 年。

李玙生于唐睿宗景云二年，唐玄宗为太子之时。李玙出生后，卜云"不宜养"，乃命太子妃王氏（即后来的王皇后）代为抚养。王妃未能生育，视李玙如同亲生。

开元十二年（724年），李玙13岁，养母王皇后遭废黜忧愤而亡。五年后，生母杨妃也不幸病故。

废太子李瑛去世后，诸皇子中间，除李琮之外，数李玙最为年长，史称其仁孝恭谨，聪敏好学，英姿仪表雅类唐太宗。而且此时，他既无后宫妃嫔的背景，又无外朝权臣的特殊关系。所以，他应当算得上是一位最合适的太子人选。

可是唐玄宗依然犹豫不决。

尽管惠妃病故，已无后宫顾虑，但李玙能否被拥护李瑁的外朝势力所接受，唐玄宗的心里还是没有底，陷入少有的犹豫之中，以致忽忽不乐，食欲不振。

这一切，都被他的心腹宦官高力士看在眼里。

高力士（684—762年），本姓冯，名元一，潘州（故治在今广东高州市东北）人。曾祖父曾任高州总管，父亲曾任潘州刺史。武则天长寿二年（693年），冯元一9岁，父亲遭诬陷成罪，籍没其家，他也受到株连，阉割为奴，改名力士。

五年后，他被带到神都洛阳，送入宫中，因聪明伶俐而成为武则天身边的宦官。再后来，他被有武氏家族背景的宦官高延福收为养子，遂改姓高。

高力士成年后，相貌端正，身材颀伟，精明能干，颇有见识，还善于骑射。

早在唐中宗时期，他就倾心结交时为临淄郡王的李隆基，唐睿宗复辟后，身为太子的李隆基奏请调派高力士为自己的侍从。先天二年（713年），高力士参与唐玄宗李隆基铲除太平公主集团的斗争，因功超拜银青光禄大夫，行内侍同正员。开元初，加授右监门卫将军，知内侍省事，成为掌管皇宫的禁卫和内务的大总管之一。

高力士向来言行谨慎细密而无大过,忠心耿耿,愈益受到唐玄宗的器重和信任。他经常在禁中值班,俨然如同唐玄宗的机要秘书。凡是四方进奏文表,必先送他初阅;小事便自行处理,大事则上呈御前。唐玄宗说:"力士值班,我便睡得安稳。"

高力士常住宫中,极少回宫外私宅。最初,他是在唐玄宗寝殿一侧的帘帷内休息;后来,唐玄宗就在寝殿旁边为他修建了一座宅院,并内设一间修功德处,供他休息时念经拜佛之用。

唐玄宗比高力士小1岁,虽是主仆关系,但却渐成知己,每日相处,如同家人。在公开场合,唐玄宗不呼高的名字,而是称之为将军(高历任右监门卫将军、骠骑大将军等)。唐肃宗当太子时,称呼高为二兄;诸王、公主称他为阿翁;驸马们则称呼他为爷。

高力士累次加官晋爵,权势显赫。而他对唐玄宗也是始终如一地忠心追随,完全吻合自己的诺言——"竭诚尽节,上答皇慈"。

但,高力士的竭诚尽节却不同凡响,乃是顺从而不谄谀,直言谏诤而又不冒犯皇帝的尊严。

开元之初的某一天,中书令姚崇为序进郎吏的事来请示唐玄宗。只见唐玄宗端坐在御座上,仰眼望着殿宇,一言不发。姚崇不禁忐忑不安,最后惶恐趋出。

站在一旁的高力士也疑惑不解。姚离开后,他便小心奏言:"陛下初承鸿业,宰相请示政事,即宜当面言其可否。而今日姚崇奏事,陛下却视而不见,臣恐怕他会恐惧不安。"

唐玄宗答道:"朕既然将国政委任姚崇,军国大事应当面奏,朕与他共同商议决定。至于郎吏的任用升迁之类小事,姚崇独自不能裁决,还要拿来烦扰我吗?"

姚崇返回中书省后,仍然惶恐不安。过了一会儿,高力士奉旨宣事来到中书,顺便把皇帝的本意转告了姚崇,姚崇这才恍然大悟,转忧为喜。

高力士就是这样,对唐玄宗"顺而不谀,谏而不犯",对朝臣士大夫则态度谦和,能恰如其分地传达唐玄宗的旨意,并善于协调君臣之间的关

系,从不倚势弄权。故而他既深得唐玄宗的信任,又不会遭到朝臣士大夫的反感。

是时,高力士已然察觉到唐玄宗的心思。

"大家①吃不下饭,是御膳不合意吗？"高力士试探地询问。

"你是我家老奴,岂不能揣知我的心思？"唐玄宗却直截了当地反问。

"莫非因为嗣君未定吗？"高力士又试探地问了一声。

"正是。"

"大家何必虚劳圣心,选立年长的皇子,谁敢有争议？"

"你说得对呀！你说得对呀！"唐玄宗高兴得连声赞道。

主仆彼此心照——"推长而立",指的就是三皇子李玙。

在皇后无嫡子的情况下,从庶子中间选立年长者为皇储,完全符合中国传统的宗法制度。这不仅能防止诸皇子争夺皇位的隐患,也能使力挺李瑁的李林甫无话可说,还会让朝野有关"夺宗之嫌"的舆论悄然平息。

储位遂定。高力士与唐玄宗的想法不谋而合,就像一阵徐徐吹来的清风,驱散了唐玄宗心头的雾霾。

唐玄宗将最终决定告诉了李林甫:"忠王仁孝,年又居长,当守器东宫。"

开元二十六年(738 年)六月初三日,唐玄宗宣布,立忠王李玙为太子。

七月初二日,唐玄宗莅临大明宫宣政殿,隆重举行册立皇太子的典礼。

李玙时年 27 岁,之后改名绍,又更名亨。他就是后来唐朝的第 9 位皇帝,庙号肃宗。

"靴子"终于落地。但这只"靴子"却让李林甫又惊又惧,从此埋下与新太子为敌的伏笔。

---

① 大家,是唐代宫中内侍近臣及后妃对皇帝的称呼。

"弗保朝夕"

在现实社会生活中,每个人都是以角色的面目出现的,而复杂的社会系统,又决定了每个人所"扮演"的角色都具有多重性,乃是多重角色的统一体。

在中国君主专制时代,皇太子既是皇帝的儿子,也是皇帝的臣子,还是皇帝的法定政治接班人,但却可能又是皇帝的潜在政敌。因而,作为太子,他总是无奈而又小心谨慎地生活在父皇的阴影之下。

李林甫在议立储君的大事上押错了宝。他忧惧新太子李亨将会于己不利,于是决定先发制人,利用唐玄宗一贯对太子势力严厉戒备的心理,寻找机会,制造事端,从而一次又一次掀起冲击太子地位的惊涛骇浪。

树欲静而风不止。

在文武大臣中间,有三个人素来与太子李亨关系亲近,他们分别是韦坚、皇甫惟明和王忠嗣。

韦坚(?—746年),字子全,京兆万年县(故治在今陕西西安市)人。其父官居银青光禄大夫、兖州刺史,妹妹是太子李亨的妃子。

韦坚由秘书丞历奉先、长安令,以才干闻名。开元二十五年(737年),他负责转运江淮租赋,岁增巨万,充实国库,得到唐玄宗的赏识。天宝元年(742年),他升任陕郡太守、水陆转运使,主持转运各地的粮食物产到京师,政绩卓著,承恩日深。天宝三载(744年),加兼御史中丞,一时成为宰相的热门人选。

韦坚是李林甫的舅舅姜皎的女婿。起初,李林甫与他甚为亲昵,而如今,面对这位逐渐权倾宰相的政坛"黑马",李林甫便难以容忍了。更何况,韦坚又是太子李亨的内兄,还与宰相李适之交情颇深,而李适之却与李林甫关系不睦。

于是,李林甫便伺机建议唐玄宗,将韦坚调入朝廷,升任刑部尚书(秩正三品),让另一位也颇有理财能力的官员杨慎矜接替他的使职。

唐玄宗准奏。

明升暗降。韦坚的财经实权和继续创造漕运政绩的机会，就这样被李林甫不动声色地剥夺了。他怏怏不乐，颇有怨言。

另一位大臣皇甫惟明，曾担任忠王友，是李亨当忠王时的僚属。王友，是亲王府的一项官职，秩从五品下，职责是在亲王左右陪侍规讽。

后来，他逐步升迁，官拜陇右节度使兼河西节度使，手握重兵镇守西北，抗击吐蕃颇有功绩。

皇甫惟明向来就对李林甫专权误国的行为愤愤不平。天宝五载（746 年）正月上旬，他入朝奏捷时，便在唐玄宗面前批评李林甫并称赞了韦坚。

内线很快就把消息传给了李林甫。李便进一步派人暗中监视皇甫的动向。

转眼间到了正月十五的上元节。平地风波，李林甫果真抓到了皇甫惟明（还有韦坚）的"把柄"。

唐代西京长安（故地在今陕西西安市），规模宏大。宽阔笔直的大街纵横交错，把长安城划分为 108 个长方形的居民区（东西长度大于南北），统称坊，并各有名称。各坊的四周均有夯土围墙，一般在四面各开一门。坊内有十字形街道，连接四个坊门，又向周围延伸出一些小巷，称作曲。

各坊内分布着大大小小的各式建筑物，居住着贵戚、官吏和平民；有的坊内还有官衙，而各类宗教寺观则几乎遍布各坊。唐代城市依旧是半封闭管理，实行传统的宵禁制度。在长安，直通 12 个城门的 6 条主要大街，都设置了街鼓。每天日暮，击鼓 800 下，谓之净街鼓，提醒居民尽快返回坊内；鼓声停止，便依次关闭所有的城门和坊门。夜晚，街衢茫茫不见行人，唯有巡逻的士兵。直到次日黎明，又击鼓 3000 下，重新打开城门和坊门，恢复交通。

"晓声隆隆催转日，暮色隆隆催月出。"唐代长安每一天的城市生活，就是这样有节奏地在隆隆的鼓声中开始，又在隆隆的鼓声中结束。

夜晚擅自在坊外活动者属于犯禁，要受到重罚。不过，人们依然可以继续在各自的坊内自由活动。各坊都设有旅栈、饮食、零售等服务业，还有娱乐及宗教场所，即便在夜晚也方便开展商业、社交、娱乐活动。

长安东城区的崇仁坊，是人流量最大也是最热闹的坊曲之一。它西邻皇城东面的景风门，与尚书省的选院最近，东南则紧邻东市，南面又靠近妓院集中的"红灯区"——平康坊，因而成为每年各地进京参加铨选的选人，①优先选择旅居的坊曲，以至于昼夜喧呼，灯火不绝。

初唐末期，朝廷一度在每年正月十五日前后几天解除宵禁，让全城居民上街赏灯狂欢。盛唐后期，唐玄宗也颁布敕令，重新规定每年正月十四、十五、十六三天，解除宵禁。

每年正月十五日上元、七月十五日中元、十月十五日下元，是道教三元神的诞辰祭祀活动日。上元又称上元节，也就是后来的元宵节。大约临近隋朝时，上元节已由道教的祭祀活动逐渐演变成大众的狂欢节，燃灯、赏灯、赛灯构成这个节日最具特色的核心内容。而据说，元宵灯会的起源，又与汉代上元之夜佛教的燃灯法会有关联。

从此，由西京长安到东都洛阳，从长江下游的扬州至河西走廊的凉州，全国各地的城市都开放夜禁，欢度上元节，"灯烛华丽，百戏陈设"，"车马骈阗，士女纷委"。

唐代的中国人，自信而乐观。他们继承了节日原有的祭祀、祷祝、信仰、禁忌等传统仪式风俗和意义，又赋予节日以更多的聚会娱乐的新意。一年一度的上元节，淡化了与道教或佛教的渊源关系，变成全社会的狂欢节。

正月十五上元节，长安万家灯火，万人空巷。无数绚丽灯饰美化了京城的夜景；盈千累万的人，不分男女老少贵贱，纷纷结伴出门，尽情享受每年一次的视觉盛宴。广场上，灯光月色交相辉映，人们载歌载舞，通宵达旦地欢笑娱乐，共度中国式的狂欢节。

唐诗云："月色灯光满帝都，香车宝辇隘通衢。""谁家见月能闲坐，

---

① 铨选就是指官员的选用；选人即候选之人。

何处闻灯不看来。""欢乐无穷已,歌舞达明晨。"……

好一个载歌载舞的狂欢节,好一座火树银花的不夜城。

天宝五载(746年)的上元节,流光溢彩的狂欢之夜,却暗藏杀机。

这天晚上,李亨也兴致勃勃地出宫赏灯,顺便接见了内兄韦坚。之后,韦坚又到崇仁坊内著名的景龙观,与皇甫惟明会面畅谈。

道观,是道士居住和进行道教活动的主要场所,如同寺院与僧侣的关系一样。唐代的道观和佛寺,建筑结构一般也是院落式的布局,与官署、私宅具有大致相同的建筑风格。而佛寺道观又与世俗社会联系密切,成为善男信女以至于社会大众常来常往的公共场所。

不料,李亨、韦坚和皇甫惟明的行踪,全被杨慎矜的侦探所察知,并迅速上报李林甫。

李林甫稍加思索,觉得在政坛上初露锋芒的杨钊(即杨国忠)怙宠敢言,遂援之为党,让他与杨慎矜一同启奏。二杨认为,刑部尚书韦坚私下里谒见太子,又与两镇节度使皇甫惟明私密会面,似有密谋拥立太子抢班夺权的嫌疑。

这一似是而非的指控耸人听闻,非同小可,它又一次触及唐玄宗挥之不去的梦魇。

唐玄宗立即下令,逮捕韦坚与皇甫惟明。

李林甫趁机安排亲信王鉷、吉温,协同杨钊办理此案。

最终,尽管"谋反"证据不足,韦坚和皇甫惟明还是分别被贬为缙云太守和播川太守。

宰相李适之因好友韦坚遭到暗算,也忧惧不安,主动上表辞去相职。

李林甫可谓一箭数雕。

岂料半年之后,节外生枝,又让李林甫意外获得剑指太子势力的良机。

情况是这样,韦坚的弟弟——将作少匠韦兰和兵部员外郎韦芝——愤然出面为韦坚申冤,但却不慎援引了李亨的话来作证。结果弄巧成

拙，导致龙颜震怒。

李亨慌忙上表，声称自己与韦妃情义不睦，请求离婚；同时声明，不能因为韦坚兄弟是皇亲国戚就违法不究。

唐玄宗对李亨好言慰抚，准许离婚。

李林甫又乘机煽动，使案情迅速扩大，造成了一场政治"地震"：不但韦坚的弟弟遭到远贬的处罚，而且株连亲友数十人纷纷被贬，就连前宰相李适之也未能幸免；同时韦坚也再次被贬为江夏员外别驾，旋又撤职流放岭南。

然而，一波未平，一波又起。同年十一月，太子良娣（太子妃妾的称号）杜氏的姐夫柳绩，突然举报岳父的"罪行"。

左骁卫兵曹柳绩是一个狂疏浮险、利欲熏心之徒。他与岳父杜有邻失和，便迎合李林甫的心意，出面告发赞善大夫杜有邻私下里议论图谶，还诬告他串通李亨，指责唐玄宗。

唐玄宗接到举报，当即命令李林甫查办。李林甫遂指派亲信酷吏会同御史审理。

杜有邻等人锒铛入狱。十二月，杜便在狱中赐死；其他涉案人犯也都被杖杀于大理寺内（柳绩本人也未能逃脱）。此案一时震惊朝野。

与此同时，又有一批被李林甫视为政敌或潜在对手的名士官员，竟然也受到株连，或贬或死。李亨亦被迫宣布与杜良娣离婚。

可是对太子势力或潜在拥护者的追杀并未止步。第二年正月，根据李林甫的奏议，唐玄宗又派遣御史酷吏分赴各地，对那些与太子李亨关系密切的流贬官员，包括皇甫惟明和韦坚父子兄弟，逐一赐死。李适之在贬所闻讯，也惊慌地服毒自杀。

可是，剑指太子李亨的政治大案还在持续发酵。李林甫利用唐玄宗对太子势力高度戒备的心理，不断掀起的政治恶浪，又凶猛地扑向西北边军连帅王忠嗣。

天宝六载（747年）十月，河西、陇右节度使王忠嗣不愿贸然强攻石

堡城，因而违抗圣旨惹恼了唐玄宗。这件事情又让李林甫觉得有机可乘，动了杀机。

当初，王忠嗣童年时代作为忠烈遗孤，曾被唐玄宗收养于宫中，与忠王李亨关系亲密，为总角之交。

李林甫便利用这件陈年往事，暗中指使济阳别驾魏林出面，诬告王忠嗣。魏谎称，当年他担任朔州刺史，曾听时任河东节度使的王忠嗣说过，自己曾与忠王李亨同养于宫中，情意相得，如今欲尊奉已为太子的李亨，云云。

微文深诋，如同火上浇油，果然引得唐玄宗勃然大怒。他下令召王忠嗣入朝，交付三司（刑部、大理寺、御史台共同组成的法庭）审讯。

尽管"谋反"证据不足，王忠嗣仍被定成死罪，幸亏其部将哥舒翰竭力申辩搭救，最终才以"阻挠军功"的罪名贬为汉阳太守。

不断飞来横祸，躺着也中枪，使李亨元气大伤。他的政治生涯长期面临变数，头顶上仿佛时刻高悬着一把"达摩克利斯之剑"。

许多年以后，已经君临天下的唐肃宗李亨，对心腹谋臣李泌提起当年"弗保朝夕"的险恶处境，依然流露出刻骨铭心之痛。

李亨生性谨慎，被立为太子之后，更是如临深渊，如履薄冰，每天生活在恐惧、焦虑和压抑之中，才三十多岁就已经鬓发斑白。

有一天早朝，唐玄宗猛然发现李亨这个模样，也不由得心中恻然。他告诉李亨："你且回别院，我会去看你。"

随后唐玄宗果然来到李亨的住所。只见庭宇未扫，乐器上面也积满灰尘，既无歌伎也无舞女，一片冷清凄凉的景象。

唐玄宗又不禁为之动容。

"太子居处如此，将军为何没有让朕知道？"唐玄宗回过头问高力士。

"臣曾想上奏，是太子不允许，说不要麻烦圣上挂念。"高力士回答。

…… ……

祸福倚伏。李亨毕竟不同于前太子李瑛，他具有清醒的政治头脑，并且汲取了李瑛之死的惨痛教训，在险象环生的逆境中，始终韬光养晦，谨

言慎行，以痛苦的忍耐保全自己，换取希望。

所以，一次又一次剑指李亨的"谋反"指控，就连唐玄宗也将信将疑："我儿住在深宫，何路与外人交通？此必妄言。"

于是，李林甫想借唐玄宗之手扳倒李亨的阴谋便一次次破局。

李林甫自以为早已破解击垮最大政敌的密码，殊不知，在视李亨为显在或潜在政敌的问题上，他与唐玄宗虽有共同利益，但实际上却存在着临界点上的"温差"：一个是意在彻底铲除李亨及其支持者；另一个则是旨在削弱李亨的羽翼，并向其发出警告信号，但却不再轻易剥夺太子的地位而自毁"国本"。

而更深藏玄机的是，当初唐玄宗不立李瑁而选中李亨，实则也是防止皇储与权相的政治结合，进而更使之达到相互制衡的政治效果。

分而治之，正是专制君主驭臣权术的一个惯用手法。

人类的行为和动机是何等的错综复杂，同样的行为可以有不同的动机，同样的动机也可以表现出不同的行为。

这场涉及三位局中人——唐玄宗、李亨、李林甫——的"无季节的政治博弈"，乃是典型的非零和博弈与零和博弈的混合形态。尽管李林甫一直用心揣摩唐玄宗的脾性和心思，但是复杂的政治环境，强势的专制君主，终究还是有一些让他捉摸不透的玄机。

天宝八载（749 年）九月初三，李亨 38 岁生日。唐玄宗特意赐给他一副步障①，上面写着 6 首《仁孝诗》，并且命高力士在朝堂上向群臣展示。

善听弦外之音的李林甫立刻逢场作戏，带头恭维唐玄宗英明提倡仁孝道德，教子有方。

当然，他也没有忘记当众、也是当着李亨的面，赞美他："谨虚淡泊，威仪可敬。"

帝制时代，政治关系之复杂，政治动机之微妙，常常是只可意会而不可言传。

---

① 步障就是用来遮蔽风尘或外界视线的屏幕。

第三卷

双刃剑：军力布局的外重内轻

盛唐的危机

《资治通鉴》第216卷记述唐玄宗天宝八载（749年）废止府兵制度时，不禁慨叹道："猛将精兵皆聚于西、北，中国（含义同中原——笔者注）无武备矣。"

司马光的一声喟叹，道出盛唐后期军力布局外重内轻的险象。

这种军力布局，是一把巨大而锋利的"双刃剑"。

那么，它究竟是一把怎样的双刃剑？又是如何锻造出来的双刃剑？

府兵制瓦解，中原武备废弛

唐朝建国之初，沿袭隋朝的府兵制度，全国共设置 600 多个折冲府，各有名号。折冲府管辖的卫士分别为 800、1000、1200 人不等，总兵力大约 60 万人。

这些军府绝大多数分布在关中地区以及中原腹地，集中在关内、河东、河南三个道，拱卫西京长安和东都洛阳，其中以长安所在的关中更为密集，约占全国兵力的 40%。

这就造成一种内重外轻的军力布局，所谓"举天下不敌关中，则居重驭轻之意明矣"（《唐会要》卷 72）。

府兵制是一种寓兵于农的兵役制度。折冲府的卫士都是国家挑选的农民，户籍属于所在州县，军籍则归所在折冲府管理。他们轮番担负军事任务，平时则可在家务农，并接受军事训练。

诸折冲府管辖的卫士，习惯上称作府兵。他们基本属于内卫部队，分别归中央政府的十二卫以及东宫六率统领。

府兵的军事任务，主要是轮番到京城担任警卫，其次是在当地维持治安或守护仓库、桥梁、关津、陵园，以及担负边疆警备。此外，府兵也部分地参与出征或戍边，作为军队的中坚力量，与国家临时征发或招募的士兵①配合行动。

---

① 这些士兵称作征人或兵募，也都是义务兵。

府兵兼有现役和预备役的双重性质,作为寓兵于农的义务兵,上番服役时,必须自备粮饷资财,并购置个人和集体的军用物资及兵器。这在当时的经济条件下,确是一笔不菲的开支。

经济负担如此沉重,府兵制度得以实行便有赖于均田制度的保障。

唐代初期,人口较少,荒地较多。国家颁布田令,从收归国有的土地中拿出一部分,分配给少地或无地的农民经营,使之成为发展经济的主力军,也成为国家赋税徭役的重要源泉。

府兵主要就是来自这些自耕农的家庭,另外加上一部分普通中、小地主和富农的子弟。服兵役的年限通常是 21 岁至 59 岁。服役期间,免除本人的租庸调(即赋税徭役)负担。他们也有可能因战功获得国家授予的勋阶,从而提高社会地位,还可以按勋阶得到额外授田,能够合法多占有土地。

可是,随着时间的推移和社会现实的变化,这项曾经卓有成效的兵役制度开始“亮起红灯”。

府兵既是耕战相兼的义务兵,按照制度便允许他们每年有一定的时间在家务农。但在现实中,军事上的不确定性,却有可能随时影响轮番服役的时间,从而耽误府兵的农时。特别是进入唐高宗、武则天时期,边疆军事形势逐渐恶化,致使越来越多的府兵频繁出征或戍边,甚至逾期不归,府兵的家属则长期在缺少强壮劳动力的情况下辛苦耕耘,既要向国家缴纳本身的租庸调,又要负担自家府兵的甲仗衣粮,艰难困苦不言而喻。

而更糟糕的是,社会上的土地兼并之风愈演愈烈,又使越来越多的府兵家庭雪上加霜。

人类不同民族和国家的历史,在共性的基础上,还会“显示出无穷无尽的变异和程度差别”(马克思语),体现出“自己的特点”以及“不完全一样”的“走法”(列宁语)。

中国古代,大致上从春秋、战国之交起,在经济领域内,以土地市场流转为重要特征的地主阶级土地所有制,逐步获得经济支配权和控制权,进而又助推地主阶级在政治领域逐步掌握了统治权,并建立君主专制和中央集权官僚制的国家。这样,就形成了中国特色的地主阶级社

会。——这是一种适合中国古代国情的原创性的社会形态。

而自从地主阶级土地所有制出现以后，就始终与土地兼并结伴而行。私有土地的自由买卖，土地所有者之间自觉或不自觉的竞争，势必导致土地愈益集中，拥有少量土地等生产资料的分散的小生产者，常常处于弱势，从而易于成为被兼并者。

因此，如果反用法国摩莱里《自然法典》里的话说，那么凡是有"私有财产的地方"，就会有"因私产而引起的恶果"。

初唐的土地所有制，是私有制与国有制并存，仍以地主土地所有制占主导地位。均田制虽表现为土地国有形式，但具体施行起来，实质上大体还是一种土地私有制。因而社会经济的发展和贫富分化的扩大，势必导致土地所有权的转移，出现土地的兼并和集中。

早在唐高宗初期，土地兼并就已显端倪。尔后，王公百官以及僧俗地主富豪多置田庄，更愈发恣行兼并，莫惧章程。而自耕农和半自耕农，包括府兵家庭在内，经济地位本来就很不稳定，一旦不堪赋役负担或者遭遇天灾人祸，便会被迫贱卖抑或抵押自己的土地。

然而"土地是一切生产和一切存在的源泉，并且它又是同农业结合着的"（马克思语），所以丧失土地的农民也就再也无法维持自耕农经济，再也无力承担赋税徭役。他们被迫逃离家乡，脱离国家控制的户籍，前往异地谋生：或开垦边远荒地，或租种地主土地，或流入城市从事服务业。而丧失土地的府兵家庭，也同样踏上背井离乡之路。

武则天后期，这些所谓的逃户已经成为严重的社会问题，迨至唐中宗时期，更出现"天下户口亡逃过半"的惊人说法。由此造成的严重后果，便是税源减少，国用不足，军府的兵源也日渐枯竭。

后来，唐睿宗和唐玄宗相继整顿府兵制度，缩减兵役年限，但却治标不治本，依旧回天乏术。府兵家庭愈益贫弱，逃亡略尽，最终就连京师卫戍部队的卫士都难以凑齐了。

每个时代都会有每个时代的难题。

任何社会制度，也如同一切现存事物那样，都不过是"历史的暂时的

产物"（马克思语）。它们因适合国情、时代和经济、政治条件而遂行，又因不再适合新的国情、时代和经济、政治条件而瓦解，并为新的制度所取代。——均田制度是这样，府兵制度也是这样。

就如马克思所言，或迟或早"实现的社会变革正是目前制度本身的必然的、历史的、不可避免的产物"[1]。

由于固有兵源的日渐枯竭，同时也是随着社会经济的发展和国家财力的增加，兵役制度的改革方案便适时地提上朝廷的议事日程。

开元十年（722年），宰相张说建议，停止府兵义务轮番守卫京师的制度，改用募兵的办法解决京师警卫问题。可以广泛招募壮士，不拘身份来历，由国家给予优厚的物质待遇，以取代原先的府兵。

建议切合实际，然而在帝制时代，君主固然手握专制大权，但要想改变祖宗成法，却也需要具备承担政治风险的勇气。"它在破除一切对过去的事物的迷信以前，是不能开始实现自身的任务的。"[2]

正锐意改革的唐玄宗，权衡利弊，最终还是采纳了张说的建议。

第二年十一月，朝廷派人在京师及附近州县募兵12万人，依旧分隶十二卫，轮流担负京师的警卫任务。

这支新组建的京师卫戍部队，士兵的名称由过去的卫士改叫长从宿卫，不久又更名彍骑。

从此，寓兵于农的义务兵役制，局部开始被兵农分离的雇佣兵役制所取代。

伴随着盛世的出现，唐玄宗认为，关中及中原地区已然太平富庶。于是他一边着力发展文化教育，乃至于歌功颂德，粉饰太平，一边又刻意限制中原的武备，甚至"包其戈甲，示不复用"，同时还禁止民间习武和挟带兵器，从而意图彻底消除内地动乱之虞。

天宝八载（749年），各地折冲府已经无兵可交，唐廷遂正式废止府

---

① 《马克思恩格斯选集》第二卷，第431页。
② 《马克思恩格斯选集》第一卷，第606页。

兵制度。当初"举关中之众以临四方"的军力布局已成明日黄花,而京师卫戍部队的 10 万雇佣兵,则既丧失府兵"三时农耕,一时教战"的尚武作风,也缺乏日常的军事训练,更缺少沙场的实战经验,犹如染上了"和平病"——锋芒钝化,血性衰减殆尽。

边疆狼烟四起,50 万常备军构筑边防铁壁

马克思指出:"人们自己创造自己的历史,但是他们并不是随心所欲地创造,并不是在他们自己选定的条件下创造,而是在直接碰到的、既定的、从过去承继下来的条件下创造。"①

主要由于特定的地理环境,中国自古以来就常常是在强敌环伺的背景下生存、发展、崛起、复兴,无限的精彩,却又无比的悲壮。

在中国的地理环境中,有一条天然神奇的"线"——年降水量 400 毫米等值线。按照今天的地理名称,它大致从东北的大兴安岭西坡,沿着西辽河上游和燕山山脉,斜穿黄河河套,经黄河、长江上游,直抵西南的雅鲁藏布江的河谷。

虽然汉唐时期西北许多地方的气候比较温暖湿润,但大体上,这条绵延万里的等降水线的两边,东南一侧是湿润区,西北一侧则是半干旱区,从而把古代中国划分成迥然不同的两大类型经济区,即东南的农耕区和西北的游牧区。农耕民族春播秋收,世世代代过着定居的生活;游牧民族放牧牛羊,祖祖辈辈逐水草而居;而长城以外的东北各族,古代则过着半牧半农的生活。

这条看似有形又似乎无形的等降水线,在民族关系和谐与和平时期,它是中原农耕民族和边疆游牧民族互市交流的平台和长廊;而在冲突与战争时期,它又变成农耕民族与游牧民族对峙交锋的边防线。

上下五千年,中国就是一部中原与边疆、农耕与游牧这两大地域、两大族群互动的历史,和平交往与战争冲突,断断续续轮番上演。

---

①《马克思恩格斯选集》第一卷,第 603 页。

导致冲突与战争的基本原因，乃是在于游牧经济的单一结构，在于草原活畜与载畜量的矛盾，在于游牧民族的畜产品对外交换的需求与市场不稳定性的矛盾。如果畜产品与农产品的交换缺乏和平方式与正常渠道，那么就可能发生入侵劫掠的暴力行动。游牧民族的统治者常常利用游牧民族移动的便捷性和社会组织的军事化等特点，"强则进兵抄掠"，连年犯边，"弱则窜伏山林"或款塞请和。

于是，边境时战时和，就成为北方各族与中原汉族之间一种独特的交往方式。

冷兵器时代，在北方的草原和平原上，骑兵乃是野战中最迅猛的突击力量。但汉族定居自足的农耕经济形态，则缺少远征的重要物质条件（骑兵先天不足），也缺乏对外界扩张性的物质需求。其对周边的军事战略便注定形成防御性的基本特征。

面对游牧民族不时的闪电般的抄掠行动，数千年中，农耕民族可谓煞费苦心。中原汉族王朝处于强势时，常会组建强大的步兵、骑兵团，主动出击，甚至远征漠北；处于弱势时，则会退守天然的边界线，修筑长城要塞，分兵把守，烽戍逻卒，万里相继。

三北地区——东北、北方和西北——在古代中国，一直都是地缘安全的主要矛盾和严峻挑战之所在。

空前统一的大唐帝国，疆域全面横跨漫长的等降水线，东到朝鲜半岛，西抵中亚，南至海南岛和南海，北越大漠草原，东北跨过黑龙江。传统的核心区域仍大致位于长城以南、横断山以东的东亚大陆，核心区以北和以西的区域，则依照传统习惯视为边疆地区，古称边境或边地。

唐高祖开国以后，迄于唐玄宗开元时期，百余年间，唐朝先后在周边各少数民族聚居地区，设置了总共800多个羁縻府州，大者为都督府，小者为州。其都督和刺史，均由朝廷委任各族首领担任，皆可世袭。这些羁縻府州均相当于地方民族自治政权，不用向朝廷上缴贡赋，一般的内部事务也归自己管理，但必须接受唐朝边州都督或都护的领导。

唐朝周边各族对富强、开明、统一国家的认同感空前强化，而且唐朝

又处在地球气候的一个温暖期，并未产生北方游牧民族迫于恶劣气候而大举南迁、挤压农耕空间的现象。

不过，毕竟空前辽阔的边疆地区民族复杂，与中原汉族之间的利益矛盾时而缓和时而激化。唐廷与少数民族政权对处理民族关系、民族矛盾的态度和方式也时有变化。而囿于自给自足的小农经济以及保守思想的影响，中原汉族又缺乏与周边各族进行物资交流的动力，抑或基于"夷夏之别"的偏见，唐朝统治集团中的某些人还不屑于同周边各族开展边境贸易，甚至实施贸易禁令……

于是乎，400毫米等降水线的两侧，政治风云便时常变幻莫测。

从唐高宗后期开始，边疆风云骤变，直到武则天时期，北方地缘战略环境长时间面临全方位的军事威胁。西北边境的吐蕃，北方边境的东突厥，东北边境的契丹、奚族，莫不频繁内侵，杀掳人口，劫掠财物，甚至强占土地。

万里北疆，从西到东，狼烟四起，兵连祸结。

唐廷被迫频频调遣大军，远程反击，疲于奔命。

初唐时期，地方行政体制实行州、县两级制。在缘边及襟带冲要之地，则分置总管府，后改名都督府或大都督府，分别统领一州的行政以及数州乃至数十州的军事。长官称作总管或大总管，后改称都督或大都督。都督一般兼任治所所在州的刺史，大都督则多由亲王遥领，而以长史代行职责和权力。

在边疆少数民族地区则是分置大都护府或上都护府，管理辖区内各羁縻州府的军政大事。长官称作大都护或都护，大都护也多由亲王遥领，而以副大都护主持军政及各族事务。

边疆各都护以及汉蕃边境的都督或长史，分别掌管着人数不多的驻军，担负平时的戍边警备任务，应对一些突发的小规模动乱。如果边疆边境地区发生较大的政治动乱或武装侵扰，则由唐廷临时从各地征调兵募、府兵与蕃兵，组建一支或数支行军（即野战兵团或远征军），出征讨伐，兵力常达数万人以上。长官称作行军总管或行军大总管，由朝廷任命重臣，或诸卫府将军，或边州都督担任。他们除指挥行军之外，还有权

调动相关军州的守军，统一作战行动。

但是战事结束以后，这些行军通常都要撤回内地，并且解散回乡或者归府，行军总管也要回京复命并交出兵权。

针对游牧或半游牧民族机动性很强的武装力量，唐廷总是被动地频繁调遣兵力，临时组成行军，实施远程反击，所以常常反应迟缓，费时耗力，顾此失彼，穷于应付。

严峻的形势最终催生了积极防御的战略构想。它以战略上的防御和战术上的进攻相统一，相应调整军力部署和作战形式，拓展防御和作战空间，打造边防体系的升级版，力求显著增强并长期保持威慑力和战斗力。

于是，一种常设的、攻防兼备型的、大规模防御体系，便在万里边疆呼之欲出。

大概是从唐高宗后期和武则天时代起，唐廷就开始逐步减少行军作战模式，转而依托山脉、河流等天然障碍，在蜿蜒万里的边防线上，广泛构筑强固的要塞工事，陆续增加边防驻军，以期最终建成大规模边防的铜墙铁壁。

规模庞大的边防部队，借助坚固的要塞工事，以逸待劳，有利则反攻，不利则固守，形成一种攻防兼备、积极灵活的战略战术，借此将周边的军事威胁强力阻挡或清除在边防线之外。

唐代国防战略上的这一次重大转变，既是应对边疆（边境）安全上的严峻挑战的需要，也因国家经济实力的增强和人口的增长而成为现实。

国家的军事战略引导国防与军队的建设。新型的大规模边防体系的构建，历经高宗、则天、中宗、睿宗，直到玄宗开元初期，基本定型——"大军万人，小军千人，烽戍逻卒，万里相继"。

唐朝沿边陆续建成 8 个战区，之后又分割成 10 个，名之为道，也称作镇。各战区，目标确定，任务明确，汇聚辖区内的军事、财政和民政资源，结合朝廷下拨的军费，以步兵为主、骑兵为辅，全面提升战力，将过去的驻军守备与行军反攻两大军事功能冶于一炉，攻防兼备，从而成为贯彻新的积极防御战略的强大的军事实体。

各镇的长官称作节度使（俗称节将或连帅），岭南镇则称作五府经略使。他们多由缘边的都督（或长史）以及边疆的都护兼任，也有行军大总管或军使转任。

于是，防御型的都督体制便和反攻型的行军总管体制实行并轨，形成攻防兼备型的节度使体制。——这是唐朝在军事体制上实施的一次重大而影响深远的改革。

盛唐后期，十镇节度使（经略使）及其统辖的各边防战区，从东北到北方再到西北和西南，据天宝元年（742年）的部署，依次是：

平卢节度使，开元七年（719年）由平卢军使升级而来。治所初在营州（故治在今辽宁朝阳市），后迁至辽西故城（故地在今辽宁义县），辖境约涵盖今天河北的东北部及辽宁的西南部。兵力员额（以下简称兵额）3.75万人，军马0.55万匹。主要任务是防备和抚宁室韦、靺鞨。

范阳节度使，开元二年（714年）设置，原称幽州节度使，天宝元年（742年）改名。治所在幽州（故治在今北京市西南），辖境约涵盖今天北京、天津及河北的中北部。兵额9.1万人，军马0.65万匹。主要任务是防御契丹和奚。

河东节度使，开元八年（720年）设置。治所在太原（故治在今山西太原市西南），辖境约涵盖今天山西的北部和中部。兵额5.5万人，军马1.4万匹。主要任务是防御东突厥。

朔方节度使，开元元年（713年）设置。治所在灵州（故治在今宁夏吴忠市西北），辖境约涵盖今天宁夏、陕西的中北部、甘肃东部及内蒙古中部。兵额6.47万人，军马1.43万匹。主要任务也是防御东突厥。

河西节度使，景云二年（711年）设置。治所在凉州（故治在今甘肃武威市，一说在永昌县东），辖境约涵盖今天甘肃河西走廊及青海的北部。兵额7.3万人，军马1.94万匹。主要任务是防御吐蕃与东突厥，并隔断两者的联系。

北庭节度使，先天元年（712年）设置，也称伊西或伊西北庭节度使，开元后与安西节度使时有分合。治所在庭州（故治在今新疆吉木萨尔县

北),辖境约涵盖今天新疆的天山以北,西抵中亚的咸海。兵额 2 万人,军马 0.5 万匹。主要任务是防御突骑施、坚昆等。

安西节度使,开元六年(718 年)设置,也称碛西或四镇或安西四镇节度使。治所在龟兹(故治在今新疆库车县),辖境约涵盖今天新疆的天山以南,西至中亚的咸海。兵额 2.4 万人,军马 0.27 万匹。主要任务是抚宁西域各族,防御吐蕃。

陇右节度使,开元元年(713 年)设置。治所在鄯州(故治在今青海海东市),辖境约涵盖今天甘肃的南部及青海湖以东地区。兵额 7.5 万人,军马 1.06 万匹。主要任务是防御吐蕃。

剑南节度使,开元七年(719 年)设置。治所在益州(故治在今四川成都市),辖境约涵盖今天四川的中部、贵州的西部及云南的大部。兵额 3.09 万人,军马 0.2 万匹。主要任务也是防御吐蕃,并抚宁西南各族。

岭南五府经略使,开元二十一年(733 年)设置。治所在广州(故治在今广东广州市),辖境约涵盖今天广东的西南部、广西的东北与东南部以及越南的北部。兵额 1.54 万人。主要任务是抚宁岭南各族。①

诸节度使(经略使,下略)统率的边防军,总兵力的编制员额,在开元初期为 60 万人,开元中期减至 40 万人,后又回升,至天宝初期达到 49 万人,并有军马 8 万匹。

起初,诸节度使的军队仍由兵募和府兵等义务兵所组成,并且按照制度规定,定期轮换戍边服役。可是在现实中,边防形势的变幻无常,新的积极防御战略的实施,致使戍卒时常超期服役,军务繁重,待遇却愈益下降,甚至一些不法边将欲侵吞戍卒的财物而将戍卒虐待致死,也屡见不鲜。于是,越来越多的戍卒便冒险逃亡,再加上各地军府的兵源也逐渐枯竭,因而边疆的防务日益捉襟见肘。

如何解决这一燃眉之急?

---

① 上述诸节度使(经略使)的设置年代,依据王仲荦《隋唐五代史》上册,第四章第二节,注 16;诸镇兵额等数据,依据岑仲勉《隋唐史》上册,"唐史"第二十二节。

马克思指出："人类始终只提出自己能够解决的任务……任务本身，只有在解决它的物质条件已经存在或者至少是在形成过程中的时候，才会产生。"①

诚然，"国不富，不可以养兵"——《商君书》中也早有明言。然而幸运的是，开元中期之后，国家的财力物力愈益丰厚，这就为解决边防兵源短缺的问题提供了必要的物质条件。

开元二十五年（737 年），唐玄宗终于做出决定，将早已在京师卫戍部队中实行的募兵制推广到边防部队。朝廷会同诸节度使，确定各军镇的兵额，然后广泛招募愿意长期戍边的士兵，给予优厚的物质待遇，号称长征健儿。凡是携带家属到边地定居者，还能获得耕地和房屋。

次年，诸道节度使便陆续募足兵员。数十万长征健儿——既有内地汉族人，也有边疆少数民族人——就成为国家长期雇佣的边防职业兵。

天宝年间，近 50 万人的常备军长驻边疆边境，兵强马壮，久经战阵，而朝廷所在的关中以及中原地区，兵力薄弱，且缺乏训练和实战经验。——"边陲势强既如此，朝廷势弱又如彼"，唐廷原先在军事上"居重驭轻"的局面已然不复存在。

开元二十四年（736 年）八月初五，是唐玄宗 51 岁生日。

他的生日从七年前开始，应群臣上表建议称作千秋节，后又改称天长节，放假三天，举国欢庆。

这一次，照例又是百官祝寿，敬献寿礼。中书令张九龄也仿照当时进献铜镜的风尚，向唐玄宗呈献了自己的著作，取名《千秋金镜录》，堪称善颂善祷，将规劝隐寓于颂扬之中。它综述前代国家兴废之根源，论及当今朝政之得失，其中就明确指出内外军力失衡的巨大隐患。

的确，盛唐后期军力布局的外重内轻，犹如一把巨大而锋利的双刃剑：一侧剑刃强有力地遏制住周边一些少数民族统治者咄咄逼人的兵锋，另一侧剑刃却冷森森地逼视着武备空虚的关中和中原。

---

① 《马克思恩格斯选集》第二卷，第 83 页。

"最高明的远见是有备无患。"巴尔塔沙·葛拉西安在《智慧书》里这样说过。

然而片面的"有备",却只能得到片面的"无患"。

节度使权力的扩大

唐代节度使出现之前,御边有都督或都护,以军事守备为重,征战有行军总管,以军事进攻为主。节度使的设置,则一身而二任,攻防兼备,以适应沿边长期积极防御的战略需要。因此,节度使统领的军队以及军事设施的规模、范围,一般都要超过都督、都护乃至行军大总管。

在唐朝的职官系统中,节度使属于一种使职差遣。

国家制度规定的职官系统,具有固定的机构和职权、职责,形成规范化的重要特点。但是,这种规范化的职官体系,又难以长期适应不断变化的社会现实和国家事务,于是临时性的使职差遣,就作为补充形式应运而生。

以专使的名号为官职,最迟在汉朝就已出现,尔后在魏晋南北朝至隋唐时期,又有新的发展。使职的任用不拘一格,突破论资排辈、铨选授任的惯例和常规程序,易于发现和选拔人才;专使专办,拥有灵活处理具体事务的各种职权,有利于提高办事效率;使职通常由皇帝直接任免,也多直接对皇帝负责,有助于加强中央集权。

所谓使职差遣,就是派遣某人担任某一使职,去执行某项公务。凡担任使职的人,一般都有自己的本官,但在差遣期间并不管理本司事务。使职本身没有阶品,任职者所带的职事官衔(如节度使所带的御史大夫等职事官衔)便用于表示其身份地位以及升迁经历。

唐代使职猛增,多达300多种,几乎遍及国家的各个机构部门,并且形成部分使职常设化、固定化、系统化的趋势,在国家政权中的地位逐步上升。

边疆的局势复杂多变,构成巨大的安全隐患和军事威胁,促使唐朝设置节度使一职,以便及时发挥使职差遣的优长,有效贯彻皇帝的旨意,遂行积极防御的战略方针。

唐高宗时期,都督的职衔上出现使持节的名号,始谓之节度使,但还

没有成为官名。唐睿宗时期，开始设置河西节度使，才使之成为正式的官衔。及至唐玄宗初年，又陆续在缘边地带设置众多的节度使，遂逐步取代军州都督或行军大总管，成为各边防战区的军事长官。

皇帝任命节度使，都会赐以旌节，而且是双旌双节。旌，大概是用深红色的丝帛制作的旗帜，长约5丈，绘制了虎形图案，并附加一些装饰品（可能是用牦牛尾和彩色的鸟雀羽毛制成）。节，大概是在长竹竿上悬挂三个彩绘木盘，上下相距数寸，也附加了一些装饰品（可能也是用牦牛尾等物品制成）。

旌节属于节度使的一种仪仗，也是皇帝授予重大兵权的象征和凭证。旌以专赏，节以专杀，节度使据以节制调度战区内的诸军将领和兵马。

节度使责任重大，权力也相应逐步扩大：

他们统率众多的军镇戍所和兵马，拥有巨大的兵权。

他们兼领战区内的支度、营田诸使职，负责处理财务、屯田、盐业、货运等事务，并可支配中央财政下拨的军用物资和经费，拥有庞大的财权。

他们统辖战区内的一些州府，拥有丰富的人力资源和土地资源；有的还兼领所在行政大区——道——的采访使，握有对所属州县官员的监察处置权。

如此巨大的权力和丰富的资源，长期掌握在诸节度使的手里，的确是唐朝开国以来所未曾有过的现象。但是假如不这样做，那么50万常备边防军就无法获得适时的统一指挥，就无法获得必要的后勤保障，也就难以实施积极防御的国防战略，难以增强攻防兼备的作战能力。

时势使然。但是，这并不意味着唐玄宗已然放松了对节度使的约束和控制。

实际上，对节度使的任免调动之权，一直都掌握在唐玄宗的手里，概莫能外。节度使麾下高级军官和幕僚的任免变动奖励处罚，重大的军事行动，招募新兵，废置军镇，也都要及时向朝廷报告或奏请批准。各战区的财务，也同样要执行中央财政部门审核同意后的开支计划，并接受审计检查。

不过，复杂多变的边疆边境形势，长期存在的安全隐患和军事压力，漫长的边防线，庞大的防御体系，大规模的边境战争，所有这一切，都要求诸节度使全面深入地熟悉敌情、防务乃至地理环境，都需要各战区的协调配合以至于统一指挥军事行动。这样一来，就造成节度使有可能长期任职或兼统数镇的现象。

尽管如此，这种久任或者兼统，也依然处于唐玄宗的掌控之中，况且，这种现象也并非后人所想象的那样普遍。

据统计，盛唐时期先后任职的 82 位节度使，任期 6 年以上者，只占总数的 9.5%，还不到十分之一；兼统两道以上者，也仅占总数的九分之一弱，且大多兼统时间不长。①

显然，盛唐节度使的绝大多数，并没有足够的时间和条件来培植自己的私人势力。

当然，这也不意味着唐玄宗及其朝廷就可以高枕无忧。问题的关键是，处在以自然经济为基础的君主专制的大环境中，边镇节度使结合募兵的军事体制，很有可能会异化成孵化政治野心家的温床，特别是当皇帝无意中放松警惕、措置失宜的时候。

① 参阅王敏：《唐代开元天宝时期十道节度使与中央的关系研究》，硕士学位论文，厦门大学历史系，2006 年。

第四卷

『忆昔开元全盛日』

盛唐的危机

忆昔开元全盛日，
小邑犹藏万家室。
稻米流脂粟米白，
公私仓廪俱丰实。
九州道路无豺虎，
远行不劳吉日出。
齐纨鲁缟车班班，
男耕女桑不相失。

这是盛唐大诗人杜甫《忆昔》诗歌的片断，它为唐玄宗时代的盛世图景涂饰了一抹亮丽的底色。

"春来无树不青青，似共东风别有情。"

大唐王朝，这个被《哈佛中国史》称作"世界性的帝国"，曾经经历过怎样的黄金岁月？

而盛唐人，又是怎样打造出来这样的历史新高？

盛唐气象

大唐帝国堪称当时世界上最富强文明的国家，处于中国历史上一个因开放兼容、创新发展而极具个性色彩的黄金时代，而盛唐更是中国古代最为雄奇浪漫的一首史诗。

唐玄宗开元前期，"励精治道，铲革讹弊"，朝野上下，创造出许多可圈可点的新成就，综合国力空前跃升，社会呈现出生机勃勃的面貌。

况且，唐朝又处在地球气候的一个温暖期，气候环境总体上也有利于农业经济的繁荣。——诚可谓，天佑大唐，天助中华！

唐朝的疆域空前辽阔，全国的行政区划，共有 331 个州，1528 个县，820 个羁縻府州。

盛唐时期人口迅猛增长，截至天宝十四载（755 年）的官方统计数据，全国已经突破 5000 万人口的大关。如果加上未予统计的大量隐户，更可能已超过 7000 万人，甚至接近 8000 万人口。[①]

如此庞大的人口规模，不仅相当于甚至大于中国汉代盛世，更远超当时世界上其他任何国家。

人口资源，在农业经济时代，乃是衡量社会生产力水平的一个重要标志，也是国家财政收入的主要来源，在当时的冷兵器时代，它又构成国家军事力量的坚实基础。

---

① 参阅费省：《唐代人口地理》第三章第三节，西北大学出版社，1996 年。

天宝年间,全国实际耕地面积,大约已增至 800 万顷到 850 万顷之间(唐制,1 顷约合今 80.8 亩)[①]。它不但高于汉代盛世的耕地总面积,而且人均耕地面积(按当时全国在籍人口计算),也达到 10~15 亩,约合今 8~12 亩,远超当今中国。

耕地资源,无疑也是衡量农业经济时代社会生产力水平的一个重要标志。

盛唐时期,平均每个农业劳动力年产粮食约 2400 斤(粟),同样高于汉代盛世 2000 斤的水平;全国人均粮食占有量也多达 700 斤。[②]天宝八载(749 年),国家各类仓库储存的粮食接近 1 亿石。

虽然盛唐后期财政支出呈现大幅增长的势头,但国家财政仍处在入大于出、富有结余的良好状态。[③]

盛唐时期,赈灾救荒活动次数多、规模大,国家仅在京师一带开仓赈灾的粮食,每次都多达 100 万石至 200 万石。

手工业——丝织、印染、制瓷、制茶、矿冶、造船、造纸、印刷、金属器皿制造等——门类众多,遍布各地,技艺精湛,分工细密。

商业贸易空前繁荣。长安、洛阳、扬州、成都、广州,是全国排名前五位的大城市,也是中外商贾经营财富的热土。

陆路交通,以长安为中心,5 条交通干道辐射东西南北,四通八达的道路网络连接全国各州县。

水路交通,以大运河为南北大动脉,沟通长江、淮河、黄河三大水系。

海上交通,以今江浙为中心,北连今山东、河北沿海,南接今福建、广东沿海。

通往边疆和东亚、东南亚、中亚、西亚以至欧洲的交通干线则有 7 条,包括著名的陆上与海上丝绸之路,构成唐代中国对外经济、文化交流的国际大通道。

丝绸之路,作为连接亚欧大陆的贸易道路系统,是古代沿线各国各

---

① 参阅汪篯:《唐代实际耕地面积》,《汪篯隋唐史论稿》,中国社会科学出版社,1981 年。
② 参阅胡戟:《从耕三余一说起》,《中国农史》1983 年第 4 期。
③ 参阅陈明光:《唐代财政史新编》第五章第五节,中国财政出版社,1991 年。

唐 时 期 全 图（二）

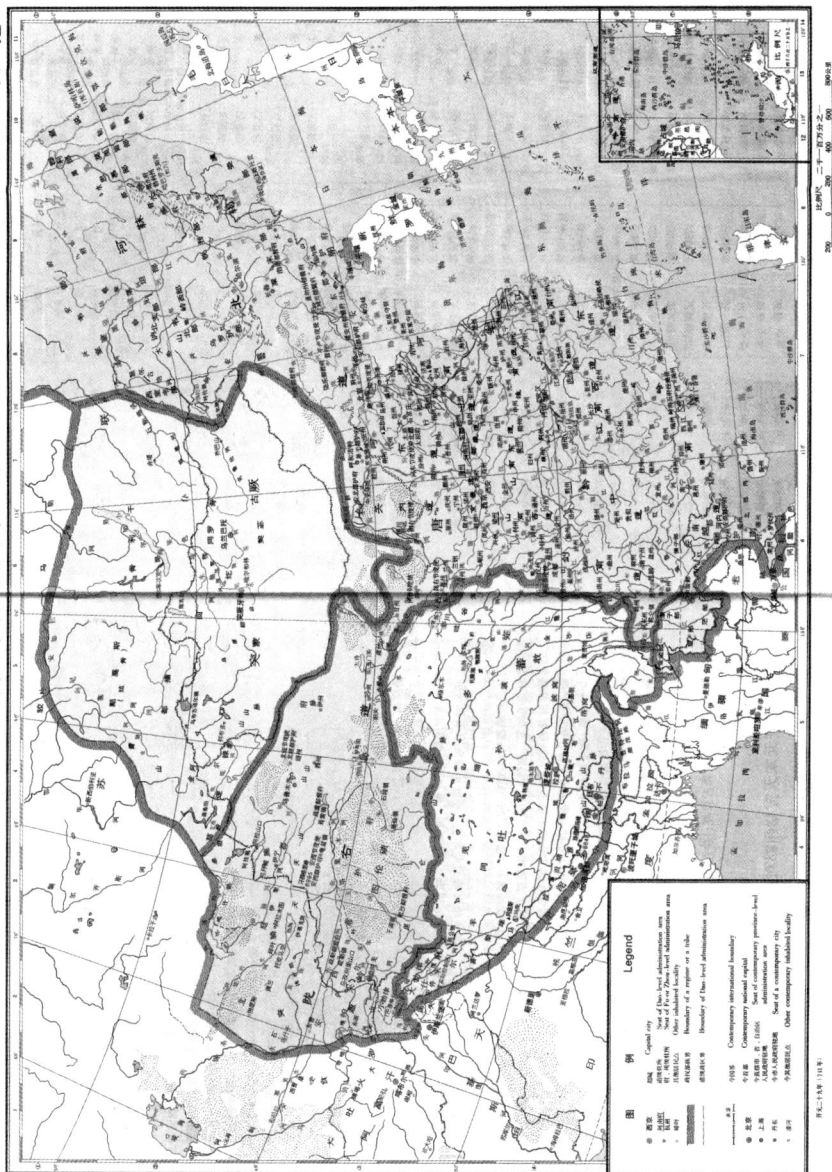

盛唐时期疆域全图（引用自谭其骧主编《简明中国历史地图集》）

第四卷「忆昔开元全盛日」

067

民族共同创造的辉煌成果，是合作共赢的经典之作。其中，帕提亚帝国和萨珊帝国均功不可没，而西汉张骞出使西域，则使之全线贯通。从此，这条洲际大通道日渐兴旺，直到隋唐时期达到繁荣鼎盛。

1877年，德国地理学家李希霍芬将其命名为丝绸之路，后来，它又被称为沙漠绿洲丝绸之路，以区别于中国古代通向国外的其他三条丝绸之路——草原丝绸之路、西南丝绸之路和海上丝绸之路。而中国的丝绸，既是丝路上的一种主要商品，也成为一种硬通货。

唐代国家交通通信组织称作驿，也叫馆驿、驿传等。

中央政府在水陆交通主干线上，一般每隔30里设置一所驿，分为陆驿、水驿和水陆相兼的驿。它作为官方的交通通信接待站，专为出行的使者、官员提供食宿和交通工具，同时发挥传递各类公文书的通信功能。

盛唐时期，全国总共设置1639所驿，与四通八达的陆路、水路相结合，构成了庞大便捷的交通通信系统，也成为朝廷发挥政治信息沟通功能的"神经"网络。

除了中央政府建立的驿，各州县政府也在大小道路沿线，逐渐普遍地设置了馆，用于招待过往的官员或官方的宾客，从而补充扩大了驿的功用，以至于从盛唐起，馆驿便常常连称。

官方馆驿之外，还有大量的私营旅店。盛唐东西南北的大道沿途，皆有店肆以供商旅，且社会治安良好，行走各地都无须携带护身武器。

唐朝首都长安，位于关中秦川，故址在今陕西西安市。它创建于隋朝之初，原名大兴城，是隋帝国的首都。唐朝建立后也定都于此，更名长安，并不断扩充修建，使之更加宏伟壮丽。

长安城区的面积约84平方公里，人口约100万，远超西汉首都长安城的规模，也堪称当时世界上最大也是最繁华的国际化大都市。

"秦川朝望迥，日出正东峰。远近山河净，逶迤城阙重。"

长安由外郭城、宫城和皇城三大部分组成。宫城和皇城位于外郭城北部的中央，宫城在北，皇城在南。宫城的北墙与外郭城的北墙重叠，城外则是西内苑和禁苑。

隋大兴、唐长安城内坊里、官衙、王府和寺观的分布图

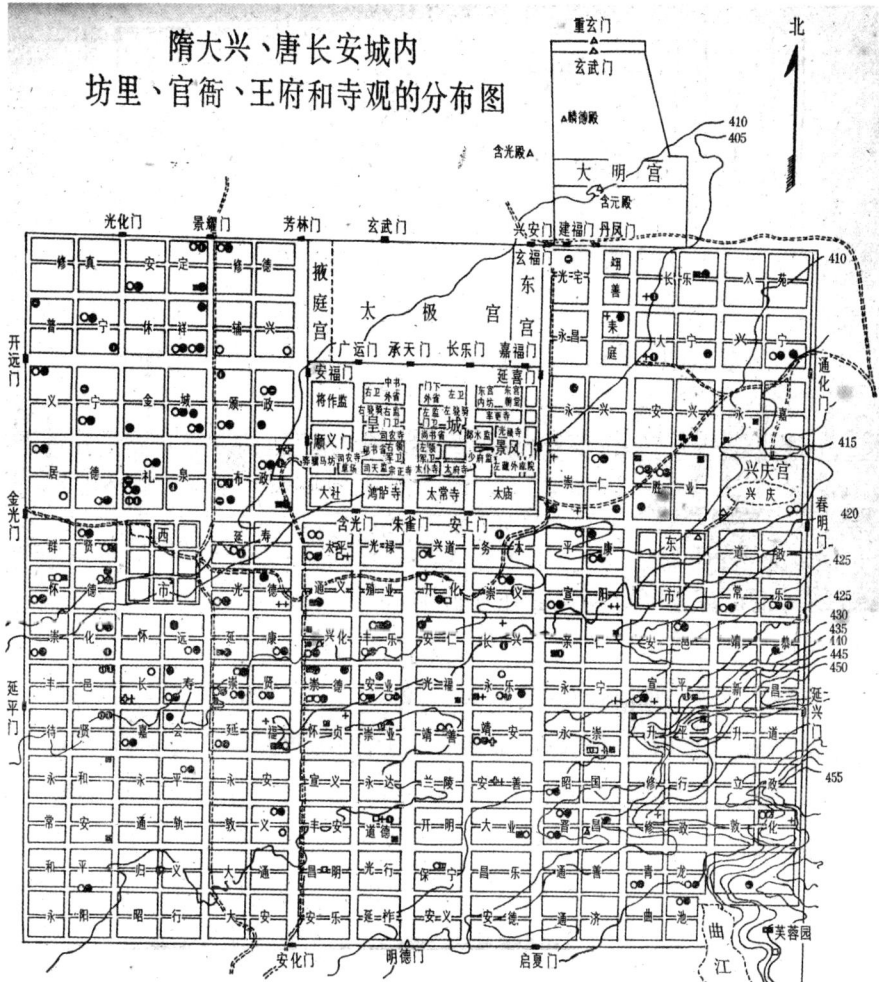

唐朝长安城平面图（引用自武伯纶《西安历史述略》）

图例：

♣ 隋官署　　□ 隋离宫、苑、王府　　■ 隋宗室宗庙　　○ 隋佛寺　　⊕ 隋道观

✝ 唐官署　　□ 唐离宫、苑、王府　　■ 唐宗室宗庙　　● 唐佛寺　　○ 唐胡寺　　● 唐道观

△ 发掘点　　▲ 唐代遗物　　○⊢□ 符号相连表示同一地点前后沿用，以位置较清楚者为限。

比例尺

0　　1000　　2000 米

长安城布局整齐,层次分明。纵横25条大街,笔直宽阔。外郭城南边正中的明德门有5个门洞,其他城门均为3个门洞,一律入由左,出由右。水渠纵横,池塘棋布,沿街遍植树木,全城绿化。

外郭城也称作罗城,版筑夯土的城墙高约5米。它囊括太极宫、兴庆宫以及皇城,也是官民住宅区和工商业区之所在。

宫城是太极宫所在地,城墙高约10米。宫城之外,东北方还有大明宫,东南方有兴庆宫。这三座皇宫先后是皇帝及其家属居住的地方,也是皇帝处理朝政的主要场所。

皇城亦名子城,位于宫城南面,东、西两边城墙与宫城的城墙相连,北边无墙,以宽阔的横街与宫城隔开相望(也如同长方形广场)。它是中央政府各行政机构集中的地方。

长安城以宽达150多米的朱雀门大街为南北中轴线,分为两个城区,东城区属于万年县,西城区属于长安县。官员每天黎明前就要赶到皇宫门前等候上朝,所以他们都尽量住在靠近大明宫和兴庆宫且地势较高的东城区,普通民众则大多住在西城区。

唐代社会并不讳言财富,而且尊崇富商的社会地位,所谓“至富可敌贵”,应是唐代的一种流行观念。长安城内的东市和西市,乃是手工业和商业的两大中心,这里店铺、货栈、旅舍鳞次栉比,汇集四方珍奇,中外商贾云集。

西市的商业更加繁华,素有“金市”的美誉。许多胡商,包括粟特人、波斯人、大食人等,在此设置邸肆,经营珠宝玉器以及酒吧等生意。而在酒吧充当服务员的西域美女,即所谓“胡姬当垆”,便成为唐人饮酒风俗中的一道独特的景观。李白《少年行》诗云:“五陵年少金市东,银鞍白马度春风。落花踏尽游何处,笑入胡姬酒肆中。”

完善立法,以及行政法典的完备,也构成盛唐强大国家的有力保障和重要特色。五次修订法典,新修法典多达7部,30卷的《大唐六典》作为中国现存最早的行政法典,堪称“一代典章,厘然具备”。

盛唐的教育,既有官办学校,也有私立学校,遍及中央与各州县乃至广大乡村。设在长安和洛阳的国子监,乃是国立最高学府,在校学生总

数最盛时达到6000多人。

开元九年(721年)完成的国家藏书目录——《群书四录》,200卷,分成经、史、子、集四大部类,收录图书48169卷(一说开元年间整理国家藏书53915卷)。

开元十五年(727年),著名天文学家僧一行(俗姓张,名遂),主持编修完成了《大衍历》,推动中国古代历法体系臻于成熟,胜过唐初由印度传入的《九执历》。

著名天文学家南宫说,配合新编历法,还主持进行了一次大规模的大地测量,并发明了名为复矩图的测量仪器。这是世界上首次运用科学方法对地球子午线进行的实测。

另一协助修订历法的著名天文仪器制造专家梁令瓒,也在前人成果的基础上,创制出水运浑天铜仪,成为古代天文仪器制造的一大成就。它以水力驱动机械装置,转动铜仪以演示日月恒星的运行轨迹,并能自动报时。

唐朝是中国古典诗歌创作的高峰,群星璀璨,活力四射。唐朝的开明与开放,唐人的见多与识广,唐代社会洋溢的无比自豪的成就感,令诗歌几乎成为当时中国人的新标配,渗透到社会生活的方方面面。

科举应试的举子,试前会把自己的诗歌文章制成卷轴,呈送礼部主考官员抑或公卿名士,寻求推荐,以利于及第,谓之行卷。

酒宴上饮酒吟诗,号称文字饮,也即雅饮。

婚礼上的诗歌创作更是名目繁多,几乎无婚不诗。

衙署厅堂,寺院道观,馆驿旅店,风景胜地,以至于酒肆娼馆和一些寻常人家,其墙壁上或诗板上,几乎无不留下人们题写的诗歌。

佳篇名作更是被吟诵传抄,不胫而走,许多诗歌佳作都被宫廷或民间艺人谱曲入乐,或利用当时流行的曲调填入新词,广泛传唱,成为那个时代的流行歌曲。

根据盛唐著名诗人王维《送元二使安西》谱成的《渭城曲》,便是唐诗入乐的经典之作:"渭城朝雨浥轻尘,客舍青青柳色新。劝君更尽一杯酒,西出阳关无故人。"

歌曲意境清新而略带伤感，富有艺术感染力，在唐代社会上长期流传，成为别席离筵上的绝唱。因每每末句复唱三次，故又名《阳关三叠》。

唐代诗歌之盛，上自帝王，中及文臣武将、文人学子，下到市井小民，乃至一些仆夫、妓女、小偷和强盗，几乎莫不爱诗识才抑或作诗自炫。许多诗人因一句之工而声名鹊起，因一篇之善而名噪一时。

盛唐时期的诗坛，更是人才荟萃，名家辈出：

李白，天才横溢，"笔落惊风雨，诗成泣鬼神"，雄健豪放、浪漫奇特的诗篇，奠定了他作为伟大浪漫主义诗人的历史地位，有"诗仙"之称。

杜甫，功力深厚，"语不惊人死不休"，忧国忧民、沉郁顿挫的诗作，成就了他作为伟大现实主义诗人的历史地位，有"诗圣"之称，而其诗歌也获得"诗史"的美誉。

王维，多才多艺，"最传秀句寰区满"，其诗歌，恬淡自然而意境高远，颇具禅味，故有"诗佛"之称。他作为唐代山水田园诗派的杰出代表，对后世也影响深远。

王昌龄，以擅长七绝而名重一时，被后人誉为"开天圣手"。其边塞诗，句奇格俊，雄浑自然，豪气冲天。

王之涣，也是著名的边塞诗人。其诗歌，或情致雅畅，或气势奔放，或意境深远。

岑参与高适，俱以边塞诗闻名而并称于世。他们的诗歌，具有豪迈的情怀与阳刚之美。

…… ……

盛唐的书法和绘画，也是姹紫嫣红，鸾翔凤集：

颜真卿，善于楷书和草书，"笔力遒婉，世宝传之"，其楷书，端庄雄伟，别具一格，人称"颜体"。

张旭，草书狂放不羁，被视为神品，世称"草圣"。

怀素，也以狂草出名，有"字字恐成龙"的赞美。他与张旭并称，世谓"颠张醉素"。

李思训，书画号称一时之绝，尤以山水画著名，笔法遒劲，咫尺万里，被后世尊为山水画的"北宗"之祖。

吴道子，绘画笔法雄劲超妙，富于生气和变化，有"吴带当风"之美誉。其作品不仅冠绝于唐代，也对中国水墨画技艺做出了重大革新，故被尊为"画圣"。

王维，特妙水墨山水画，婉丽清雅，幽深之致，超越前人。苏轼称赞他是"诗中有画，画中有诗"，后世也尊他为"文人画"的鼻祖。

曹霸与韩干，师徒二人均以画马著称于世。韩干画马，"画肉不画骨"，一反传统，独具风格。

…… ……

盛唐的音乐歌舞，同样是济济群英，万紫千红。音乐家、歌唱家李龟年，笛子演奏家李谟，琵琶演奏家贺怀智，箜篌演奏家张野狐，女歌唱家永新、念奴，女舞蹈家公孙大娘，等等，都是当时最耀眼的艺术明星，歌声舞技惊艳全场。

唐代比较常用的乐器就多达数百种，包括各种吹奏乐器、弹奏乐器和打击乐器。其中打击乐器的比重明显上升，显著增强了音乐的节奏感，呈现出磅礴的气势。每当擂响大鼓，配合西域龟兹音乐，仿佛"声震百里，动荡山谷"。

而唐玄宗的梨园弟子们演奏的法曲，优美雅致，宛如天籁之音，《霓裳羽衣》乐舞，清雅飘逸，轻灵柔美，更令人恍惚若临仙境。

盛唐的史学成就亦斐然可观。刘知几和吴兢，长期参与官方修史，成绩显著，他们分别撰写的《史通》和《贞观政要》，更堪称史学名著。

盛唐的宗教界，以佛教的成就最为卓越。大和尚鉴真，学究三藏，精通律学，是江淮远近闻名的授戒大师，后来东渡日本，成为日本佛教律宗的开山始祖。

中国化佛教的重要宗派——禅宗，在盛唐之际伴随南禅的活跃而勃

兴。儒、佛、道文化交融,渐成古代中国新思潮的主流。

盛唐的体育活动丰富多彩,击球(古代马球运动)、蹴鞠(古代足球运动)、竞渡(龙舟竞赛)、拔河,等等,竞争激烈,并且与民间的传统节日习俗相融合,呈现出大众化的势头。

官方主办的节庆综艺联欢活动,音乐、歌舞、杂技表演荟萃一堂,盛大欢腾,观众喧阗。正月十五的上元节,京城更是流光溢彩,连续三天汇成集体狂欢的海洋。流行于各地民间的踏歌,以脚踏地为节拍,连臂成行,边踏步边唱歌,别具特色,活力四射。

大唐帝国一统江山,风景如画,民族众多。州县制、都护制、羁縻府州制、册封、和亲、朝贡、互市……各种各样的政治和经济形式,把周边各族和唐王朝及内地汉族联系在一起,7 条交通干道,连接着大唐帝国的五湖四海、天南地北。

以汉文化为主体、多元文化交融的"多元一体"格局,更加扩大和稳固,周边各族——东北方的契丹、奚和靺鞨,北方的突厥、回纥,西北方的西突厥与西域各族,西南方的吐蕃、南诏,等等——都和中原的汉族一起,创造着灿烂的中华文明,共同托起盛唐的太阳。

大唐王朝,一个向世界开放的国家。她以无比的自豪和自信,拥抱世界,如同海纳百川,她也赢得各国的尊重与向往,与唐朝建立各种联系的友邦,不下七十余国。

无数的外交使节、留学生、商人、艺人和宗教人士,来往于各国与中国之间,络绎不绝。他们来自东亚的日本和朝鲜半岛,来自中亚的昭武九姓,来自西亚的波斯和大食,来自东南亚乃至拜占庭,以及地中海沿岸的国家。

有唐一代,中国对朝鲜半岛和日本列岛的积极影响尤为显著。日本国派到中国的遣唐使团共计 19 次,其中第 9 至 11 次是在盛唐时期,分别达到 557 人、594 人、220 多人,形成遣唐使团的历史高潮。使团成员

中,有大使、副使等"中国通"官员,有各类相关的技术人员,还有众多经过选拔的留学生和学问僧。

盛唐时期来华的日本留学生吉备真备和学问僧玄昉,归国时也都照例带回大量的中国典籍。前者借用汉字楷体,创造了日文字母的片假名;后者则成为日本佛教法相宗的第四代宗师。

日本奈良时代前期恰与盛唐同步,其都城平城京(故址在今奈良)的建设布局,几乎就是唐朝长安城的缩小版。日本奈良正仓院收藏的大量唐朝文物中,第一名品——螺钿紫檀五弦琵琶,便是盛唐时代的中国乐器。

盛唐高僧鉴真应日本圣武天皇的邀请,最终于天宝十二载(753年)东渡扶桑。他在奈良东大寺,为圣武太上皇、光明皇太后、孝谦天皇等四百多人授戒,并开始传播佛教律宗。他把中国佛教的一些典籍、佛像、法器带到日本,还将中国的建筑、雕塑、医学、书法等传统文化介绍给日本。他在奈良参与建造的唐招提寺(由孝谦天皇赐额),颇具盛唐建筑风格,是日本最早的律宗戒院,也是日本现存最古老的木结构佛教建筑群之一,已被日本确定为国宝。

在盛唐对外文化交流史上,浓墨重彩的另一篇,就是中国的先进造纸技术一路向西,辗转传到中亚、西亚以至于欧洲,从而为世界文明的进步做出了重大贡献。

大唐帝国活力无限,魅力四射,这不仅仅源于对中国传统文明的继承发扬,而且来自于对外国异族文明的兼容并蓄。

外国的使节、留学生、商人、艺人、宗教人士,络绎不绝地来到唐帝国,带来了五光十色的异域物产:家畜、飞禽野兽、兽皮羽毛、植物木材、食物香料、药材、矿石珠宝、染料、纺织品、金属制品、世俗与宗教器物、图书、乐器……

又是他们,带来了光怪陆离的异国情调、异域生活方式、别样的思想观念和宗教文化、奇特美妙的音乐歌舞……

当然,还是他们,也带回去唐帝国的精美的丝绸、瓷器、茶叶、图书经

典、世俗与宗教器物、典章制度与思想观念……

唐朝的长安、洛阳、扬州、广州,胡商云集,蕃客如织,并且形成外侨聚居的国际社区——蕃坊。他们带来的外国宗教——景教(基督教聂斯脱里派)、祆教(拜火教)等——同样在唐帝国境内自由活动,甚至得到唐玄宗的青睐。

长安更是荟萃中外文明的国际化大都市,社会习俗以中国传统文化与浓郁的胡俗及外来文化相融合,共同演绎时尚潮流,凸显唐朝文化的多元一体和前卫特色。"胡食""胡服""胡音""胡乐""胡骑""胡妆""胡商""胡姬""胡风""胡俗"……异国情调,异域色彩,异族风尚,成为盛唐社会的一道道亮丽的风景线。

大唐帝国向世界敞开怀抱(现在已有外国友人称之为"唐朝精神"),条条大道通中国。唐朝的国际影响力之大,以致海外各国相沿成习,把"唐"当作中国的代称,把中国人及其事物都与"唐"字联系到一起——唐人、唐姓、唐衣、唐舶、唐货、唐语、唐人街……

中国是一个具有超长文明历史、超大规模社会、超级应变能力的国家。盛唐,雄心时代,中国故事吸引全亚洲的目光,大唐帝国赫然成为多元文明交流促进的热土、共同发展的"公共空间"大境界。

煌煌盛唐,锦绣江山,气象万千。诚可谓,"河清海晏,物殷俗阜"(《开天传信记》),"国容何赫然"(李白诗)!

虽然唐朝对外界的开放兼容,尚局限于商贸和社会生活领域,对外商贸和向外文化辐射的主动性也仍显不足,但唐朝,尤其是盛唐——唐朝国势全盛时期,毕竟拥有充裕的国家实力、充分的民族自信、充足的文化根基和文化定力,才能够那么大胆、那么快意地融汇中外汉胡文明,推陈出新,形成中国特色、中国豪情、中国气派,从而继西汉王朝之后,又一次辉煌实现中国人的光荣与梦想。

励精图治之路

……

是谁笑成这百层塔高耸，

让不知名鸟雀来盘旋？是谁

笑成这万千个风铃的转动，

从每一层琉璃的檐边

摇上

云天？

——林徽因《深笑》

盛唐，高歌猛进，与世界共舞。但，古今中外，任何一个盛世都来之不易。

穿越历史，让时空倒回公元 705 年的唐帝国。这年正月，81 岁的女皇武则天，衰老病重，三皇子唐中宗趁机复辟。十一月，武则天谢世。五年后，唐中宗也与世长辞，皇后韦氏效仿婆婆武则天生前故事，企图临朝称制。

临淄郡王李隆基秘密联络禁军将士，冒险发动宫廷政变，诛灭伯母韦后及其集团，迫使傀儡皇帝唐殇帝退位，拥护其父唐睿宗重新登上皇位。

25 岁的李隆基，因大功被立为皇太子。两年后，唐睿宗传位于李隆基，改元先天，史称唐玄宗。翌年，他又果断铲除擅权干政的姑母太平公主及其党羽，全面掌握了国家大权，改元开元。

这确是大唐王朝的多事之秋——从神龙元年（705 年）以来，短短八年半的时间，政变就相继发生了 7 次，皇帝也更换了四五个。

政局何其动荡！

唐玄宗领导的这个庞大的国家，不仅困扰于强烈动荡的政治危局，而且还面临武则天末年以来的种种弊政乱象：吏治败坏，奢侈成风，户

口流散，农业衰退，财政赤字……

人心思治。开元之初，朝臣靳恒就在《请勤政事疏》内明确言道："人思陛下，企望太平久矣！"

朝野上下，热切企盼国家安定、经济发展，这正是引起盛唐伟大历史变迁的强大的社会动力。

时势造英雄。"如爱尔维修所说的，每一个社会时代都需要有自己的伟大人物，如果没有这样的人物，它就要创造出这样的人物来。"[①]

乘长风破万里浪。唐玄宗的确是时代的幸运儿，但他又以强烈的自尊自信和超群的胆略胆识，证明自己也并非完全依赖幸运之神。

弗朗西斯·培根在《人生论》中说过，青年长于创造，长于猛干，长于革新。而唐玄宗27岁登基，春秋正富，更何况他胆识过人，具有自我实现发展的远大政治抱负。

形势逼人。对任何一个新的最高统治者来说，巩固政权都是优先考虑的当务之急，而这就需要政治上的稳定。

先天二年（即开元元年，713年）十月十三日，一场大阅兵，拉开了盛唐励精图治的大幕。

20万大军列阵于骊山脚下，戈铤金甲耀照天地，旌旗连亘五十余里。唐玄宗一身戎装，骑着骏马，手持长枪，英姿勃发，检阅三军。

武力乃是政治权力的首要基础。无论是巩固皇权还是改革弊政，都需要牢牢控制军队以为后盾，都需要激励士气"以振国威"。

…… ……

就在这次称作讲武的阅兵大会上，出乎意料的是，唐玄宗以"军容不整"的罪名，断然解除了兵部尚书、同中书门下三品（宰相兼军事长官）郭元振的职务。

郭元振（656—713年），是四朝老臣，也是一代良将，却不幸成为唐玄宗整肃军纪、树立权威的牺牲品。最终他免死流放，旋又改任饶州司马，竟病死在途中。

---

① 《马克思恩格斯选集》第一卷，第450页。

按照惯例,天子行幸,周围300里内的地方长官,都要来行在(皇帝行幸所至的地方)谒见。而这一次,唐玄宗还特意密召同州刺史姚崇来见。

姚崇(650—721年),本名元崇,字元之,陕州硖石县(故治在今河南三门峡市陕州区东南)人。其父在唐太宗时官居巂州都督。姚崇以门荫入仕,后又制举及第,历任地方和中央官员,政绩卓著。他经历武则天、唐中宗、唐睿宗三朝,出将入相,再秉衡轴,两起两落。第二次罢相是在唐睿宗时期,因上言保护太子李隆基而得罪太平公主被贬。他性格倜傥,崇尚气节,有宏略伟才,为政简肃,敢于直言极谏。

那一日,唐玄宗正围猎于渭水之滨,姚崇奉旨赶到,拜于马下。

"卿懂得狩猎吗?"唐玄宗问。

"臣幼年丧父,居于广成泽,年少时目不知书,唯以射猎为事。后经张憬藏指点,遂发愤读书。今虽官位过忝,至于驰射,老而犹能。"姚崇答道。

于是,他呼鹰放犬,驰逐狩猎,动作娴熟,恰到好处。唐玄宗十分满意。

围猎完毕,唐玄宗对姚崇言道:"朕久不见卿,想听听卿对国事的看法。"

姚崇于是针对国家大事侃侃而谈。唐玄宗听其所言,兴致勃勃而不知疲倦。

"卿可以入于宰相之列。"唐玄宗说。

讵料姚崇却婉言推辞。

"卿可任兵部尚书、同平章事。"唐玄宗继续说道。

这正是姚崇过去担任过的相职。他没有再推辞,却也没有谢恩,这再次出乎唐玄宗的意料。

回到行宫,唐玄宗召集宰臣,赐坐。

这时,姚崇起身跪奏:"臣刚才奉诏而未拜谢,是想上奏十条建议,若不可行,则臣不敢奉诏。"

"卿都说说看,朕当量力斟酌,然后决定可否实行。"唐玄宗回答。

于是姚崇娓娓而谈。他历数武则天及中宗、睿宗时期诸多弊政,并简

要提出改革的方向及一系列切实可行的举措：

以仁义之道施政；

三四十年内不再发动边疆边境战争；

禁止宦官参与政事；

皇亲国戚不得担任中央要职，并且废除任命官员的非正常渠道；

与皇帝亲近的人违法，也不可宽贷；

杜绝正常租税之外的贡献；

停止建造寺观宫殿；

对大臣以礼相待；

提倡臣下犯颜直谏；

永远铭记外戚乱政的历史教训。

姚崇面陈十事，胸有成竹，切中时弊。唐玄宗当众一一表示赞同。这十项建议，桩桩件件，无不引起唐玄宗的强烈共鸣，甚至因触及刻骨铭心之痛而潸然泪下。

这位志向远大的年轻君主，太渴望唐朝的兴盛，太渴望国家的长治久安。

姚崇蹈舞三拜，口呼万岁。左右无不为之动容。

人心思治，机缘巧合，成全了唐玄宗，也成全了姚崇，更成就了盛唐大业。

翌日，唐玄宗正式任命姚崇为兵部尚书、同中书门下三品。不久又升任中书令，主持国政。姚崇时年 63 岁。

黑格尔在《历史哲学》里说过："只要看一下历史就会明白，人的行动出自他们的需要，他们的激情，他们的性格和才智。"

唐玄宗和姚崇，都是属于那种主动积极型的政治家，革故鼎新，雷厉风行，具有超群的政治勇气和政治远见。姚崇的一系列改革建议，不仅全面符合唐玄宗当时的政治需要，而且注意提醒他怎样去实现，以致开元之初诸多的国事难题迎刃而解。故而姚崇才能一言九鼎，深深打动唐玄宗的心灵，故而姚崇才会成为对唐玄宗一生中政治影响最大的人。

诚可谓，平治天下，舍崇其谁？

后来,这十条顶层设计的改革蓝图,便一度被君臣奉为圭臬,成为开元新政的指导性纲领。

大唐的国运国势,即将迎来一次划时代意义的"华丽转身"。

百废待兴。但眼前的头等大事,当属巩固皇权,稳定政局。尤其是近年来大臣与宗室联手发动政变,几乎已成风气,不能不引起唐玄宗和姚崇的高度警惕,而那些当年冒险参与唐玄宗政变的主要功臣(他们也不乏才略与胆识),更成为唐玄宗与姚崇重点防范的对象。

有一天,姚崇在便殿朝参。散朝时,他落在别人后面,似乎有点跛脚。

唐玄宗不免关心地询问。

姚崇答道:"臣伤了脚。"

"是不是很痛?"

"臣心中有忧,痛不在脚上。"

唐玄宗又问何故。

"岐王是陛下的爱弟,而张说是朝廷辅佐大臣,却秘密乘车出入岐王府邸。"姚崇从容说道,"臣恐怕岐王会受到误导,故而心中忧虑。"

张说(667—731年),字道济,又字说之,洛阳(今属河南)人。武则天时期,应制举对策乙等,历任清要之职。唐睿宗时期,升任宰相,兼任太子李隆基的侍读,深见亲敬。旋因参与唐玄宗平定太平公主之乱,晋升中书令,执掌朝政,封为燕国公。

对姚崇的这番话,唐玄宗心领神会,不禁愀然作色。

张说旋即罢相,出为相州刺史,充河北道按察使。

由此看来,骊山阅兵之时发生的那段插曲并不简单。郭元振身为宰相并主管军事,也同样"有翊赞大功",却因"军容不整"突遭贬逐,惊动满朝文武,恐怕这正是唐玄宗贬谪功臣而迈出的第一步。

杜渐防萌。在国家大事上,姚崇的思想和行动,与唐玄宗不谋而合。曾经翊赞唐玄宗政变的功臣——刘幽求、钟绍京、崔日用、王琚等,也紧随其后都因种种"过错",逐一从高官显爵的位置上遭到贬谪。但是按照姚崇等人的意见,对这些政变功臣也都低调温和处理,并未惊动

朝野。

　　显然，贬逐功臣之举，并不是像旧史所说的那样，归咎于姚崇的"嫉妒""疑阻""忌惮""阴加谗毁"云云，而是缘于在维护皇权、稳定政局的首要问题上，姚崇与唐玄宗已然达成高度的共识和默契。

　　贬逐功臣不久，唐玄宗又借群臣（实为姚崇等人）奏请的名义，同时也是遵循唐朝的先例，将宗室诸王相继疏散到各地，担任有职无权的刺史。

　　后来随着时间的推移，政局趋于稳定，皇权业已巩固，唐玄宗又念及当初翊赞之功，便陆续为那些被贬的功臣恢复名誉，重新起用或给予优厚待遇，张说也再度担任中书令。与此同时，外任刺史的诸王也先后奉诏返京。

　　开元前期，唐玄宗急于求治，尤其注意宰相的选用。

　　遴选大臣，取决于政治路线的需要，也关乎国家的稳定和发展。而宰相，作为最高行政长官，辅佐皇帝，统领百官，综理全国政务，更是关系到国家治乱安危的全局。

　　其时，唐玄宗仍在大明宫居住和听政，中书省、门下省、御史台等近臣和机要官署也在大明宫内办公，位于含元殿北边、宣政殿的围墙外侧。竟有几次半夜时分，唐玄宗突然派身边的宦官前往中书省，将值班的官员召入寝殿，令其当面草诏，任命他看中的宰相人选。

　　盛唐前期，唐玄宗精心选任的一些宰相，可谓皆得贤才，又各有所长：姚崇尚通（注重变通），宋璟尚法（注重法制），张嘉贞尚吏（注重吏治），张说尚文（注重文治），李元纮、杜暹尚俭（注重节俭），韩休、张九龄尚直（注重直谏）。

　　盛唐前期，唐玄宗选用其他官员，也唯才是用，必推精当。

　　开元四年（716年），宰相卢怀慎临终遗表，郑重推荐宋璟、李杰、李朝隐、卢从愿四人，认为他们都是国家栋梁之材。而当时，这四位官员皆因小过贬在外州。嗣后，他们均受到唐玄宗的重用（当然也有其他因素）。

　　唐玄宗也非常看重县级长官的特殊作用。他在《劝奖县令诏》里明确

指出："抚字之道，在于县令。"——社会治理的成败，关键就在于县令这一级地方长官。

开元四年（716年），唐玄宗接到密奏，反映今年吏部考察选用官员太滥，其中就包括许多未经简择的县令人选。

唐玄宗迅即在殿庭举行了一场特别考试，考题就是关于安抚民心、"惠养"百姓的对策。参加考试的新任县令共200余人。

结果，有四五十人的成绩不合格，甚至还有交白卷的，一律免去新任县令之职，回家乡重新读书学习；成绩较差的20余人，依旧担任其原有职务；其余成绩较好的，保留新任县令之职，而成绩名列榜首的韦济，则擢授醴泉县令。

醴泉县（今陕西省礼泉县）隶属于京兆府，位于京师重地。韦济上任后，"以简易为政"，深得民众好评。后来，他历任中央和地方的高官，所莅皆推行善政。

主持这次铨选的吏部副长官都因失职而左迁。

唐代，"重内官（京官），轻外职（地方官）"，在官场渐成风气。唐玄宗决心扭转这一不良风气。开元二年（714年）下制，挑选一批优秀的京官出任地方长官，同时选调一批政绩卓著的地方长官担任京官，并且申明，京官与地方官交流任职，作为一项制度将常态运行。

此后若干年，唐玄宗又三番五次颁发敕令，督促这项制度的落实，进而还把是否有地方官职的经历，作为选任京官的优先条件或必要资历。开元八年（720年），遵照唐玄宗的旨意，朝廷将公卿门第出身的一些京官调任地方官职，多达一百余人。

开元初期，唐玄宗甚至多次亲自选用刺史和县令，并且多次下诏表扬各地政绩卓著的清官良吏。他在《整饬吏治诏》中规定，诸道按察使，每年十月要将各州县长官的考核情况上报，并由吏部长官总审核，作为地方长官任免升降的重要依据。

开元二十一年（733年），唐玄宗又将全国原有的10个道（监察区）细分为15个道，并且各设一名采访使。采访使的职责，是监察和处置各州县的官吏，直接对皇帝负责，除了变革旧章须上奏批准之外，其他事

务均可酌情处理,先行后奏。

唐玄宗激浊扬清,大力支持御史对贪官污吏的监察。开元三年(715年),京兆尹崔日知贪暴不法,御史大夫李杰准备纠弹崔日知,不料反遭诬陷。侍御史杨玚当廷启奏,声称:"若纠弹之司让奸人构陷得逞,则御史台(中央监察机关——笔者注)可以废除了!"

义正词严。唐玄宗当即下令,让李杰照旧任职,贬逐崔日知为歙县丞。

"兼听则明,偏信则暗。"这是贞观年间大臣魏征回答唐太宗的一句名言。

然而帝制时代,议政、谏君、进言之难,谈何容易!

唐玄宗亲政之后,迅速下制,"求直谏昌言",力图恢复贞观时期君主虚怀纳谏、群臣直言极谏的政治风气。此后盛唐前期20多年,"广开言路,博采群谋",上至宰辅,下及百姓,上书切谏或上陈时政者,不可胜数。

最著名的事例,则莫过于唐玄宗亲政之初欣然接受姚崇的十大施政建议,也莫过于开元初年的两场蝗灾,唐玄宗力排众议,支持姚崇的灭蝗举措。这都是开元新政中,关乎国家和民生安危的著名事例。

而姚崇,他向唐玄宗建言献策的方式常常也十分高明。他深知,专制君主虽然需要有人辅佐,但却不愿意被人超过,尤其不喜欢在智力上被别人超越。因此,他的谏言忠告总是显得十分委婉,仿佛是在提醒唐玄宗本来就知道、只不过偶尔忘记或疏忽的事情。就此而言,同为开元名相、股肱之臣,唐玄宗对姚崇的印象便明显好于对宋璟的印象。

宋璟(663—737年),邢州南和县(今属河北)人。博学,工于文辞,进士及第。历武则天至唐玄宗四朝,先后担任中央和地方重要官职,两度出任宰相,仕途上两落两起。为人正直,为官清廉,为政多有善举,注重法制,政治原则性很强,敢于犯颜直谏。

后来,宰相张嘉贞翻阅政事堂档案,看到前宰相宋璟"危言切议"的事迹,不禁失声叹息。而唐玄宗也对宋璟"素所尊惮",常常"屈意听纳",

曾经手诏褒奖："所进之言，书之座右，出入观省，以诚终身。"

开元二十一年（733 年），尚书左丞韩休升任黄门侍郎、同中书门下平章事。他也是一位勇于犯颜直谏的大臣。是时，宫中宴乐或御苑游猎，稍有过分，唐玄宗就会不无担心地问左右："韩休知道吗？"果然，事后韩休谏净的奏疏便送达御前。

某日，唐玄宗引镜自照，默然不乐。左右心领神会却又大惑不解："自从韩休入相，陛下消瘦很多。何苦戚戚不乐，却不将他贬逐？"

岂料唐玄宗却回答："吾貌虽瘦，天下必肥。萧嵩（时任中书令——笔者注）每次奏事，必定顺从我的旨意，事后我却睡不安稳；韩休敷陈治道，多直言不讳，事后我倒会睡得安心。我任用韩休，是为社稷着想啊！"

伟大的事业会激励所有参与者的心灵。开元前期，君臣锐意兴革，励精求治。那也是一个激情燃烧的岁月。

唐玄宗"忧勤国政"，有时候竟然"不解衣以待旦"——几乎是通宵达旦地谋划处理军国大事。有时半夜醒来，突然想起重要的政事，他也会立刻派人督促值班官员办理。官员临时呈送的重要奏章，宫门值班人员也都要迅速上报，不准延误。若逢道理精辟、大有益于治国理政的章疏规讽，他还会精选藏入金函，置于座右，并时常取出阅览，未尝懈怠。

历史的经验教训不可忘记。先天二年（开元元年，713 年），晋陵尉杨相如上疏，以隋炀帝和唐太宗对比，议论时政，指出："隋氏纵欲而亡，太宗抑欲而昌。"

唐玄宗览而善之。

其实，杨相如更是借隋讽今，语有所指。——武则天后期迄于中宗、睿宗两朝，统治集团已然奢靡成风。

唐中宗的女儿安乐公主，有一条百鸟毛裙，是用各种鸟雀的羽毛织作而成，并镶嵌了珠宝，正看、侧视，阳光下、阴影中，毛裙均显出不同的色彩。据称价值高达 1 亿钱。于是高官富豪争相效仿，以致奇禽异兽被网罗杀获，几乎扫地无遗。

中宗朝的大臣宗楚客，因罪抄没家产，就连向来生活奢侈的太平公主看到宗的豪华府第，也不由得慨叹："见到他的居处，我们真是虚度此生啊！"

上层社会生者奢靡，死者亦厚葬成风。宏大精美的墓园，骄侈丰盛的陪葬品，攀比奢靡，递相效仿，甚或不惜倾家荡产。

"今风教颓替，日甚一日，府库空虚，人力凋敝，造作不息，官员日增。……"唐睿宗景云二年（711 年），也是唐玄宗即位的前一年，右散骑常侍魏知古在奏疏中，发出这样忧心忡忡的呼声。

于是，才有开元初年禁抑上层社会奢靡之风的行动，雷厉风行，甚至矫枉过正。

唐玄宗下令，把宫内一些珠玉锦绣堆集在殿庭前面，放火焚毁，并将乘舆服御及金银器玩销毁，以供军国之用。他还规定，后妃以下皆不得穿戴锦绣珠玉。

接下来，他也对官员及其家属的服饰、酒器、马具的材质档次作了限制性规定。他甚至严禁天下采取珠玉、刻镂器玩、织造锦绣，违者决杖一百，受雇工匠降一等治罪。

他还禁止厚葬，并按简俭原则，规定了各等级的丧葬标准。违者决杖一百，官员杖后贬授远官，州县长官未能举察，也同样贬授远官。

他又下令，王公贵戚不得以珍物进献；宫室修造务从节俭；金玉器物、各种雕镂，均一切禁断，以绝浮华。

如此矫枉过正，只因积重难返。

恩格斯指出："无论不从事生产的社会上层发生什么变化，没有一个生产者阶级，社会就不能生存。"[①]这句话也印证了中国古代民本思想的经典表述："民惟邦本，本固邦宁。必在安民，方能固本。"——开元中期唐玄宗发布的制书里，便重温了这句至理名言。

安民固本的首要之举，就是关注民生，重视生产。

①《马克思恩格斯全集》第 19 卷，第 315 页。

唐玄宗崇尚道家学说,主张以"清静无为"之道来治理农业和农民问题。他频频颁诏"劝农务穑",告诫地方政府,在农桑之时,不得以力役不急之务妨夺农功。他还酌情减免农民的租调徭役,禁止隔年勾征。

他又利用中央集权的政府力量,组织各地继续兴修水利工程,前后共计46处,约占唐代水利工程总数的17%。[①]

积极备荒救灾,差不多贯穿于盛唐的始终。而最为惊心动魄的救灾活动,当属开元初年的那场灭蝗斗争。

开元三年(715年)五月和四年(716年)夏季,黄河中下游地区连续爆发了超大范围、超强程度的蝗灾。蝗虫遮天盖地,声如风雨,所过之处,庄稼顷刻食尽。

诸州县官吏束手无策,灾区农民纷纷烧香礼拜,设祭祈恩。目睹蝗虫食苗,人人惊恐万状,却都不敢触碰蝗虫。

蝗虫大起,赤地千里。而广大灾区正是全国经济重心之所在,也是国家财政收入的主要来源之地。

灾情火速传到京城,紫微令(即中书令)姚崇急忙上奏。他引用儒家经典和历史经验,认为蝗虫不足畏惧,若齐心协力捕杀,定可消除。他又指出,飞蝗具有趋光特性,若夜晚广设火堆,并在火边掘坑,且焚且瘗,除之可尽。

唐玄宗同意姚崇的建议,立即派遣御史分赴灾区各地,督促指导灭蝗之事。

…… ……

不料,汴州刺史倪若水却上奏,举出历史上所谓除虫不尽而为害更深的先例,声称蝗虫乃是天灾,自宜修德应对。因此他公然拒绝御史,拒不从命。

姚崇闻讯大怒,当即下发公文,驳斥倪的谬论,并且警告:"今坐看蝗虫食苗,何忍不救! 因以饥馑,将何自安?"

---

① 统计数据分见许道勋、赵克尧:《唐玄宗传》,人民出版社,1993年,第287—289页;韩国磐:《隋唐五代史纲》(修订本),人民出版社,1979年,第154—155页。

倪若水不敢继续抗拒，于是在全州施行焚瘗之法，灭蝗多达14万石。

孰料一波刚平，一波又起。正当灾区灭蝗如火如荼之际，朝廷上却掀起一片喧议。许多官员竟然也认为驱蝗不妥，就连黄门监（即侍中）卢怀慎，这位与姚崇对掌枢密、素来清谨谦让的人，也忧心忡忡地提醒姚崇："蝗虫是天灾，岂可用人力制服？外界议论咸以为非。况且杀虫太多，有伤和气。请公思之。"

人们由于恐惧才会迷信，而恐惧则是因为无知。——法国霍尔巴赫在《神圣的瘟疫》里说得很有道理。

姚崇立即正面回应。他又列举历史上有效救灾的著名事例，强调"志在安民"的道理，并一针见血地指出，若放纵蝗虫食苗，则所在皆空："山东百姓，岂宜饿杀？！"——太行山以东的广大百姓，怎能眼睁睁地让他们都饿死？！

义正词严，掷地有声。

最后，他坚定表示："若救人杀虫，招致灾祸，崇愿意独自承受，决不连累别人。"

极其严重的蝗灾，引起君臣的高度关注。面对朝臣反对灭蝗的声浪，唐玄宗一时也陷入犹豫之中。他再次征询姚崇的意见。

灭蝗救灾，一波三折。

姚崇力排众议，坚持灭蝗。他痛斥"庸儒执文，不识通变"，并且再次援引前朝历史上坐视蝗虫为害的惨痛教训，指出："今山东蝗虫所在流满，黄河南北无多储粮，倘不收获，岂免流离？事系安危，不可胶柱鼓瑟，纵使除之不尽，犹胜养以成灾。"

在御前，姚崇慷慨陈词："臣闻安农，非伤义也。农安则物丰，除害则人丰乐，兴农去害，有国之大事也。"

老臣姚崇，这位开元之初的名相，始终务实地将目光聚焦于时弊和民生，故而享有"救时宰相"的赞誉。

事关重大，风险也相应增加。面对迂腐无知的反对声浪，面对唐玄宗的犹豫不定，姚崇最后又义无反顾地表示："陛下好生恶杀，此事请不烦

出敕,乞容臣出牒处理。若除虫无果,臣在身官爵并请削除。"

唐玄宗为之动容。他再次下定决心,坚持灭蝗除害。

"我与贤相讨论,已定捕蝗之事,敢议者处死!"关键时刻,唐玄宗发出了坚定不移的声音。

依据朝廷新制定的救灾奖惩办法,御史们继续督促灾区政府组织民众灭蝗,全年累计捕杀蝗虫一百多万石。超级蝗灾逐渐止息。

芸芸众生,有幸避免了一场特大饥荒。

开元前期,边疆边境战争明显减少,但是缘边常年保持的兵力,依旧多达 60 多万人。

开元十年(722 年),主管军事的宰相兼朔方节度使张说,奏请裁军 20 万人,还乡务农。

张说曾长期担任边防军的主将,善于以怀柔为主、武力为辅,妥当处理与各少数民族的关系,使防区内外得以保持安定的局面。

但要一次性裁军 20 万人,却让唐玄宗颇以为疑。

"臣久在疆场,具知边防之事。军将拥兵,多是为了自卫以及杂使营私,若御敌制胜,则不在于多拥闲冗,从而妨碍农务。"张说恳切奏言,"陛下若有怀疑,臣愿以阖家百口为担保。"

唐玄宗不禁为之动容。他终于接受建议,果断裁军 20 万人,归于农桑。

与此同时,唐玄宗又采用张说关于局部改革兵役制度的建议,在京师卫戍部队中,率先以募兵制取代过时的府兵制,使军队适应形势的变化而开始步入职业化的轨道。

唐朝作为中国地主阶级专制国家,同样是实行人治而非法治,在国家治理上,同样表现出以政策为主、法律为辅的基本特点。但是,它也沿袭了中国传统的法制精神,高度重视法律建设,形成符合时代国情、完备健全的法规体系。

唐玄宗先后五次下令,删辑、修订、整理、编定各类法规,重点则是行

政法规。他还采纳姚崇的建议,恢复唐太宗"以宽仁治天下"的原则,废除武则天时期以来的酷刑,完善死刑的审批程序,并强调,立法和执法,必先从近、亲入手而后及于远、疏,严格约束皇亲国戚权贵。

逆取顺守,长久之术。唐玄宗敢于以武力政变夺取天下,也懂得要用文化教育、特别是要用强化统治思想的手段来治理天下。

"任何一个时代的统治思想始终都不过是统治阶级的思想。"[①]战国时期,中国加速进入地主阶级社会。从秦代开始,迄于清代,始终都是地主阶级全面占据统治地位,因而占据统治地位的思想自然也就始终是地主阶级的思想。它本质上反映和维护地主阶级(也是统治阶级)的根本利益,并通过政治宣传而实行社会化、普遍化。而这个地主阶级思想体系的主导和主流,便是与时俱进的儒家思想文化(准确地说则是从汉武帝时期开始的)。

这正如马克思和恩格斯也将资本主义社会称作"资产阶级社会"一样,其统治思想当然也就是作为统治阶级的资产阶级的思想。

唐代处于中国地主阶级社会上升期的鼎盛阶段,统治思想则是以儒家思想为主,辅之以道教(道家)思想和佛教思想,构成所谓"三教鼎立"的局面。唐朝统治者大体上都是尊儒、崇道、礼佛,只不过在不同时段各有偏重而已。

唐玄宗时代,则是三教并用而更加崇尚道教(道家),并且在新形势下尝试新的阐释和运作。

李唐皇室攀附道家创始人也是道教尊奉的教主——老子(李耳)——为远祖,追尊他为太上玄元皇帝。道教也就"搭便车"而获得异常崇高的地位。

亦真亦幻。老子是人,又是"神",其名著《老子》(也名《道德经》),是道家哲学思想,又是道教的教义。

唐玄宗自称听政之暇,常读《老子》《庄子》等道家和道教的经典著

---

①《马克思恩格斯选集》第一卷,第270页。

作。他还亲自注释《老子》，并颁行全国，每家必备一本。

唐玄宗总结《老子》的要点，认为主旨就在于修身、治国之道，也就是要以"淳朴清静"作为个人修养的道德原则，以"清静无为"作为治国理政的指导方针。

显然，盛唐前期唐玄宗崇道的侧重点是在于道家思想，这正符合当时节用戒奢、休养生息的社会政治需要。

作为对社会思想控制的一种重要形式，唐玄宗广泛设立了道家专业学校——京师的崇玄学和各州的道学，主要以道家经典教授学生；科举考试也增加了《老子》策论，进而还增设了道举，使之成为科举取士的一个新科目。

唐玄宗重视道学和道教，但也未曾忽视儒学。

儒学是西汉以来地主阶级社会统治思想的主流。不过在现实中，在唐代社会影响相对较大的却是佛教，其次是道教，而儒学则相对处于低潮。可是，儒学作为中国古代传统的意识形态，它既适应小农经济的家庭生活方式与生产方式，又适合政治上高度统一的地主阶级专制王朝的需要，因而依旧受到地主阶级有识之士乃至官方的高度重视。

唐玄宗尤其注重儒家经典之一的《孝经》，他也亲自注释《孝经》并颁行全国，同样要求每家必备。而且规定各级学校必须加强对《孝经》御注本的教学，并由州县长官亲自倡导督促。

"孝"是中国传统文化的核心价值观念之一，自古就深刻影响着中国人的心理特质。在中国古代"家国同构"的社会背景下，孝亲的延伸便是忠君，所谓"忠臣多出于孝子之门"。而如何巧妙地将"忠君"的政治思想牢固地奠定在"孝亲"的伦理意识的基础上，这正是唐玄宗着重宣扬孝道的意图之所在。

儒、道之外，佛教作为一个外来宗教，它和中国本土宗教——道教——一样，本质上都是具有精神"麻醉"作用。所以耐人寻味的是，宗教永远是政治的必需品（巴尔扎克语）。尽管唐玄宗在开元之初曾经限制佛教过度膨胀，以免损害国家利益，可是他却并没有反对佛教的正常发展。开元时期传入中国的佛教密宗，就引起了他的浓厚兴趣，他甚至亲自注释佛教的重要经典《金刚经》，并颁行全国。

如此重视唐朝的主导意识形态，并且不厌其烦地亲自注释经典，唐玄宗乃是希望将这些经典的哲学、伦理和宗教思想当作"心灵鸡汤"，去滋补（实质上是控制）天下臣民的心灵。

唐玄宗大兴文治，不仅仅体现在对主导意识形态的强化上，而且也表现为对教育和文化事业的重视与推动：

学校遍及中央和各州县以至于乡村，并且由官府办学扩大到私人办学；

大规模地修订国家馆藏图书目录以及整理国家馆藏图书典籍；

将科举进士科的杂文考试内容确定为诗赋；

编修新历法——《开元大衍历》，并颁行全国；

宫廷音乐推陈出新，空前繁荣；

…… ……

战国时期，中国由领主阶级社会（也即封建社会）加速向地主阶级社会（也即君主专制社会）过渡，从秦朝统一开始，中国便全面进入地主阶级社会，直到清朝灭亡而结束。

中国地主阶级社会，作为一种超越封建文明的社会形态，适合中国古代国情，具有中国特色，在世界上独领风骚一千多年，直到资产阶级社会（也即资本主义社会）在西方崛起并影响及于世界各地。

而唐朝，正是处在中国地主阶级社会上升时期的鼎盛阶段。

每个时代的人们，都是"他们本身历史的剧中人物和剧作者"（马克思语）。虽然遗憾的是，人民群众的历史创造活动，绝大多数总是在旧史记载中湮没无闻。

黑格尔在《历史哲学》中说过，没有热情，世界上一切伟大的事业都不会成功。

所以，人生有"梦"，才可能更精彩，国家有"梦"，才可能更辉煌。

第五卷

盛唐天子的浪漫人生

在中国漫长的地主阶级社会，有民本思想却缺乏民主观念，有法制却缺少法治。国家权力自上而下，官僚体制层层制约，上行下效，推行专制化的人治。

虽说"治乱安危，存亡荣辱，非一人之力"（《慎子》），但作为最高统治者的皇帝，权力地位至高无上，通常会对国家的治乱存亡产生重大的影响作用，也会对上层社会的风气发挥巨大的示范效应。特别是像唐玄宗这样的强势帝王，政治影响力就更加显著。

唐德宗时期，著名政治家、历任翰林学士和宰相的陆贽，在《奉天论前所答奏未施行状》中，有一段对唐玄宗的评论，说："玄宗躬定大难，手振宏纲，开怀纳忠，克己从谏，尊用旧老，拔群才，大臣不敢壅下情，私昵不敢干公议，朝清道泰，垂三十年。"然而天下大治以后，"谓化已行，谓安可保，耳目之娱渐广，忧勤之心稍衰。侈心一萌，邪道并进。……"

可以说，在唐代人反思"开元、天宝治乱之殊"的诸多评论中，陆贽的分析最为全面和中肯。

封禅大典

早在开元之初，吏部尚书崔日用就含蓄地提出封禅"告成之事"。但此时正值变革求治之始，远非"升中告成"之日，因而唐玄宗手诏褒奖，却婉拒封禅之议。

及至开元十二年（724年），太平盛世略具轮廓，唐玄宗也隐约萌生踌躇满志之心，朝野上下又出现更大范围的有关"封禅"的热议。

封禅，是中国古代帝王在泰山举行祭祀天地的盛大活动。在泰山上筑坛祭天，报答昊天上帝的恩惠，称作封；在泰山下的一座小山（梁父山或社首山）辟场祭地，报答大地之神的恩惠，称为禅。它在宗教色彩之外，还具有特殊的政治意义，所谓颂扬"天下大治"，标榜"帝王受天命、告成功之为"（张说语）。

《史记·封禅书》曰："自古受命帝王，曷尝不封禅。"相传上古时期，就有许多次封禅活动。而史书上的明确记载，则首推秦始皇的封禅大典。后来，又有汉武帝、汉光武帝、唐高宗等封禅之典。其他意欲封禅的帝王，包括唐太宗，则因种种缘故而未能实现。

开元十二年（724年）十一月，唐玄宗第二次率领亲属百官从长安来到洛阳。就在朝野此起彼伏的颂扬赞美声中，唐玄宗半推半就地宣布，来年十一月举行封禅大典。

中书令张说奉诏主持修订封禅礼仪。他是现任首相，又是当时的文坛领袖，为文俊丽，用思精密，时称"大手笔"。开元之治，承平岁久，他志

在粉饰盛世，首建封禅之议。

开元十三年（725年）岁末，万事俱备。十月十一日，唐玄宗从洛阳出发，随行队伍包括皇亲国戚、文武百官、周边各族与亚洲各国的君长或使臣，以及仪仗队、禁卫军、后勤人员，等等，羽卫整肃，旌旗招展，浩浩荡荡。满载物资的车队连绵数十里，几万匹骏马按不同毛色各列一队，远远望去犹如云锦一般，车驾沿途停顿时，人畜帐篷遍布方圆数十里。

十一月初六日，大队人马抵达泰山脚下。唐玄宗进入行宫休息，并斋戒洁身。

初九日，天晴转暖。泰山巍峨耸立，峰峦连亘，松柏苍翠，云气叠起，那么的神奇秀美，那样的气势磅礴。

日至正南，唐玄宗骑着一匹白色的骡子，率众登山。行至半山腰的谷口，按照计划留下大多数随从官员，他只带领宰相、诸王以及操办祭祀的人员和侍从等，继续登上山顶。

仪仗队和禁军环列山下，山路沿途则布置卫兵，以传递圣旨，传呼时辰。

当晚，君臣就住宿在山上。

初冬之夜，风雨骤降，寒气袭人，旋又息风收雨，气温略有回升。山上山下，燃火相属，宛若繁星从天空连接到地上。

初十日，清晨，泰山之巅。天清日暖，祥风助乐，丝竹之声飘向天外。

君臣肃立于圆形祭坛前，祭祀昊天上帝，并以唐高祖的神灵（牌位）配享。

在庄严肃穆的音乐声中，进献佳酿美食，依次由唐玄宗首献，邠王李守礼亚献，宁王李宪终献。

祭文曰："有唐嗣天子臣某，敢昭告于昊天上帝：天启李氏，运兴土德。……中宗绍复，继体不定。上帝眷祐，锡（赐）臣忠武。底绥内难，推戴圣父。恭承大宝，十有三年。敬若天意，四海晏然。封祀岱岳，谢成于天。子孙百禄，苍生受福。"

随后，书写着祭文的玉牒被封藏于祭坛的石座下面。

旁边的燎坛上堆积着巨大的柴垛，柴垛上堆放着许多牺牲和玉帛等祭品。柴垛被点燃，烈火熊熊，浓烟缭绕，在朝阳、云霞、晓岚的照耀和映衬下，飘摇升腾。

群臣激动无比，高呼"万岁"。从山顶到山腰再到山脚，欢呼的声音，似春雷滚滚，似浪涛翻腾，几乎声动天地，响遏行云。

在山顶祭天的同时，留在半山腰的官员，也在下坛完成了祭祀五帝百神的仪式。

祭祀完毕，君臣下山。

十一日，唐玄宗又在社首山的方形祭坛上，祭祀皇地祇（即地神），并以唐睿宗的神灵（牌位）配享。献祭之后，便将牺牲玉帛等祭品埋入地下。

社首山是一座小山，位于泰山脚下西南方。唐高宗曾仿照"周成王封泰山，禅于社首"的传说，首次在社首山举行祭地仪式，而没有像秦皇、汉武那样禅于梁父山（也是泰山下的一座小山）。

至此，封禅盛典圆满完成。

开元十三年（725年）岁末，封禅大典——"一个冬天里的童话"，似乎是国家兴革图治已然大功告成，从此可以安享太平盛世了。

小富即安——中国传统的小农意识，不幸也成为盛唐的政治"安眠药"。

《山水图》取代了《无逸图》

开元四年（716年）秋，侍中卢怀慎重病卧床，预料将不久于人世。他与中书令姚崇同朝为相，素以清俭谨慎闻名，也不乏政治卓见。

大臣宋璟、卢从愿上门问候。临别时，卢怀慎握住二人的手，语重心长地说："圣上求治心切，然而享国岁久，便会渐渐倦于勤政，将会有奸佞之人乘隙而入。公弟牢记在心！"

之后，宋璟接替姚崇担任中书令。他亲手抄录《尚书·无逸》一文，并相应配上图画一幅，献给唐玄宗。

这是一篇著名的历史文献，记载了西周初年成王亲政时，周公姬旦对他的谆谆告诫，重点是强调，当政者不可贪图安逸，要始终保持忧患意识。

年轻有为的唐玄宗，郑重其事地将这幅《无逸图》挂到内殿，出入观省，常感叹至理名言，咸记在心。

转眼间20年过去了，唐玄宗时代已进入开元末期。匪夷所思的是，这幅悬挂在内殿的《无逸图》竟然朽坏了。宫中人员便随意用一幅《山水图》取而代之。

这件几乎毫不起眼的小事，却仿佛成为一个噩兆。

随着开元之治的出现，年近半百的唐玄宗志足意满，曾经"长于创造、猛干和革新"的热情逐渐消退，他转而将精力更多地投向兴趣爱好，投向浪漫奢靡的私生活。

按照美国心理学家麦奎尔的说法，减少紧张乃是人的一种情感需要。也许，在唐玄宗看来，宫廷政变的惊心动魄已是陈年往事，励精求治的紧张劳神也已成为过去时，如今身为太平天子，想必他自认为有一百个理由让自己放松身心，也有一千种条件来从事自己的业余爱好。

好像还有人说过，具有忙里偷闲本领的人，往往是拥有广泛兴趣和强烈个性的人。而唐玄宗也恰恰属于这种人，他性格务实却又浪漫，多才多艺，极具个性。

音乐，这是唐玄宗平生最大的业余爱好。他精通音律，擅长作曲，善于吹奏笛子、弹奏琵琶等多种管弦乐器，尤其喜爱和善于打击羯鼓。

羯鼓出自古代羯族。形状好似涂了油漆的小木桶，鼓面大概是用羊皮制作，放置在一个小牙座上，用两根木槌敲击（故又名两杖鼓），声音铿锵响亮、强烈急促。

唐代，羯鼓作为内传西域音乐的打击乐器之一，可以单独敲击表演，也可能在乐队中起到指挥作用，故而被唐玄宗称为"八音之领袖"。

唐玄宗对音乐痴迷到令人难以置信的程度。据说某日坐朝时，侍立于侧的高力士忽然发现，唐玄宗在悄悄地用手指上下抚按腹部。散朝后，他便关心地询问，是不是圣体欠安？讵料唐玄宗却回答，是怀揣着玉笛，以手指隔衣上下抚按，在默默地复习新创作的乐曲。

唐代的宫廷音乐，上承隋朝，也有雅、俗之分。

雅乐是在祭祀、朝会等正式场合演奏的音乐，属于隆重的典礼仪式的组成部分。它用中国古代的一些传统乐器——钟、磬、琴等——演奏传统乐曲，乐曲庄严、典雅，却略嫌凝重、呆板和保守。

俗乐也即燕乐，亦名宴乐，是在宴会娱乐等非正式场合演奏的音乐，并伴以舞蹈。它博采周边各族与亚洲各国传入的乐曲和乐器，并逐渐与中国内地传统音乐相融合，其乐曲，或清新优美，或欢快奔放，或激昂震撼，风格多样，富于变化。

唐玄宗则将俗乐分为坐、立两部。堂上坐奏者，谓之坐部伎，以丝竹乐器演奏，音乐幽雅典丽；堂下立奏者，谓之立部伎，演奏以打击和吹管乐器为主，音乐效果气势宏大。

坐、立两部演奏不同的曲目，或者伴以相应的舞蹈，既有中原传统乐舞和北朝隋唐传入的胡乐，也有唐玄宗主持改编或创作的乐舞。它们均以曲名来划分乐部，不再像过去以国名和地点来划分，标志着汉族音乐与周边各族及外国传入的音乐已经融为一体。

唐玄宗还把对俗乐的管理职能从太常寺划归教坊。教坊，也是宫廷乐舞管理机构，掌管俗乐的教学、排练和演出等事务。

唐玄宗网罗天下音乐人才，宫中从事音乐歌舞艺术的乐工和内人（即艺人和宫女）数以千计，其中也有来自中亚的胡族艺术家。

唐玄宗又在禁苑的梨园附近，设置了专习法曲的音乐机构，称作法部。他从坐部伎内挑选乐工300人，从事法曲的学习、研究、创作、排练和演出。酷爱法曲的唐玄宗，甚至亲自参与法部音乐的教授和兼任乐队指挥，因而法部的优秀乐工便号称"皇帝梨园弟子"。

法曲，又称法乐，也是隋唐宫廷音乐的一部分，属于俗乐。隋代以前，

在佛教法会上演奏的一些含有西域音乐元素的乐曲,后来渐与中原传统的清商音乐融合,遂发展成为法曲。其曲调和配器都非常清雅,是由多段曲子组成的大型歌舞乐曲。唐代又糅合了道教音乐的成分,至盛唐达到法曲创作和演出的高潮。

唐玄宗雅好度曲。他创作了许多乐曲,都由梨园法部或宜春北院等皇家艺术团体排练和演出。

唐代法曲的巅峰之作——《霓裳羽衣曲》,据称就出自唐玄宗之手。

当时在创作过程中,大概是由方士罗公远设计出特殊情境,采用诱导方法,使唐玄宗进入催眠状态,经暗示而产生催眠幻觉,仿佛神游月宫,看见身穿霓裳羽衣的仙女们伴随美妙的音乐翩翩起舞,从而激发出新的音乐创作灵感。醒来后,他终于完成了这部倾情之作。[1]

据专家研究,《霓裳羽衣曲》大概是以中原传统的清商乐曲为基调,融入源自古印度婆罗门佛曲的音乐元素,且带有几分道教音乐的韵味。它简直就像是唐代儒、佛、道文化相辅相成的意识形态在音乐领域里的一次辉煌的实践。

中国古代服装,上装称作衣,下装称为裳。霓裳,似指美若七彩霓虹的长裙;羽衣,大概是用鸟羽制作或装饰的上衣。霓裳羽衣应该就是舞者的仙女装扮。唐玄宗以此作为曲名,心中显然是存在道教所渲染的仙境和仙女的形象。

后来,宫中根据这首乐曲,又编排出相应的舞蹈,据说,主要编舞者便是擅长舞蹈的杨贵妃。

一首如梦如幻的曼妙乐曲,一部伴随这首"仙曲"而飘飘欲仙的舞蹈,盛唐音乐舞蹈的经典之作——霓裳羽衣乐舞——横空出世。

"舞低杨柳楼心月,歌尽桃花扇底风。"

盛唐后期的唐玄宗,在音乐领域倾注了太多的精力,也投入了太多

---

① 参阅肖华、贾谊诚:《漫谈"唐明皇游月宫"——介绍中国最早的催眠术》,上海心理学会编《心理学科普(集锦)》,内部刊物。

的财力和物力。"只愁歌舞散，化作彩云飞。"

击球运动，是唐玄宗的另一项业余爱好。

击球也称打球或击鞠，就是骑在马上持杖打球，也即古代的马球运动。在唐代丰富多彩的体育活动中，击球乃是最热门、也是最具时代特色的运动项目。

击球运动是唐太宗时期由西蕃（唐指西域或吐蕃）人传入中原的。它最初作为显贵们的体育新宠，在宫廷和京城兴起，尔后在天宝年间，又经唐玄宗下诏推广，迅速风靡中原。

击球运动冶娱乐、社交、习武诸功能于一炉。在唐代，它既适应上层社会日渐盛行的娱乐和社交风气，又适合军队迅速发展的轻骑兵的训练需要。而唐代颇为宽松开放的社会政治环境，丰厚的物质财富，骑马时尚的形成，也均为击球运动的蓬勃开展提供了有利的条件。——这一切，便是击球运动风靡唐代中原的奥秘之所在。

唐朝历代皇帝中间，热衷于击球运动的超过半数，甚至产生出几位击球高手，而唐玄宗就是其中的佼佼者。唐中宗景龙年间，在禁苑的梨园球场上，曾经举行了一场著名的击球比赛。由唐玄宗（时为临淄郡王）等四名权贵组成的皇家球队，对阵吐蕃迎亲使团球队十人，最终打成平局。年轻的临淄郡王跃马挥杖，"东西驱突，风回电激，所向无前"。

盛唐时期，唐玄宗依旧热衷于观赏禁军的击球比赛。天宝六载（747年）十月，唐玄宗还在华清宫的球场上公开举行了一次著名的击球赛。年过花甲的他，依然兴致勃勃地策马执杖，与禁军球员同场竞技。时人阎宽在《温汤御球赋》中，以生花妙笔记录了这一隆重热烈的场面和精彩的瞬间。

唐玄宗痴迷音乐，酷爱击球，而且擅长书法，善于骑射，能作诗，懂绘画，喜好斗鸡，爱看歌舞以至于马舞和象舞，还喜欢举办音乐宴会、游乐活动以及大规模的文艺杂技表演盛会。

人性多欲，却不知，"热闹中空老了多少豪杰"。

人的行为动机，总是处在连续不断、难以完全满足的状态，财富，权力，荣誉，地位，富贵荣华，声色犬马，令人目眩，引人向往，诱人追逐，甚至梦寐以求长生不死。

盛唐后期，可谓"开元天子万事足，唯惜当时光景促"（刘禹锡诗）。因而唐玄宗迷信神仙符瑞，追求长生之术，几乎达到狂热的地步。

而这，又与道教密切相关。

宗教在一个社会的实现程度，取决于它满足这个社会，尤其是执政者的需要的程度。中国古代社会盛行宽泛的神灵崇拜。而唐代的泛神崇拜，又与道教、佛教相互影响、渗透与融合，从而也为道佛二教的兴盛提供了广阔深厚的社会背景和基础。尤其是道教的道祖老子（李耳）还被李唐皇室尊为远祖，这既替唐王朝罩上了一圈神圣的宗教光环，也使道教登上了近乎国教的权威地位。

道教诞生于东汉时期，发展到唐代，已经成为一个比较系统成熟的宗教。作为中国古代本土主流宗教，它原本就最适合一贯重视现世功利的中国人的需要。它继承并发展了中国古代的神话传说和神仙思想，认为通过一系列的道功、道术的修炼，包括炼丹法以及服饵、导引行气、胎息辟谷、存神诵经等，最终可以达到长生不死乃至得道成仙的神奇效果，即使不能长生和成仙，至少也能延年益寿。

道教思想的核心就是神仙思想，而修炼的最高目标便是长生不死乃至得道成仙。这正好符合太平盛世上层社会人士的重要需求，他们的生活富裕而悠闲，会情不自禁地企盼健康长寿，甚至梦想长生久视。

伴随道教在唐代的兴盛，神仙信仰也更加广披社会，深入人心，几乎成为一种时尚。耐人寻味的是，最信仰神仙之说的，却首推那些在政治上大都有所作为的皇帝，他们多在执政后期喜好神仙，追求长生。唐玄宗便是其中最突出的一位。

盛唐前期，唐玄宗年富力强，锐意进取，注重以道教和道家的清静寡欲思想作为修身治国的指导方针。他向来健康少病，且熟谙医药，讲究

养生之道。虽说也关注神仙方药，但是对那些神乎其神的现象却持怀疑态度，甚至公开宣称："仙者，凭虚之论，朕所不取。"

然而时过境迁，随着御极多年和太平盛世的出现，唐玄宗的视线也开始转向长寿乃至长生的目标。他越来越迷信神仙，酷好"长生轻举"之术，时常下诏征召各地的奇人异士，诸如张果（俗称张果老）等人，自称有长生秘术，或究知仙术、深于道术，等等，都先后应召入宫，优礼甚厚。

开元二十九年（741年）四月某日，唐玄宗于凌晨四更时分起床，来到大同殿。

大同殿位于兴庆宫西北正门——兴庆门——内，在正殿——兴庆殿——的南边。这里供奉着玄元皇帝（老子）的玉石雕像。

唐玄宗焚香顶礼，端坐静意。恍如梦境之中，他突然见到了玄元皇帝，告诉他："汝当庆流万叶，享祚无穷。"——你会万代幸福，国运长久。

神的启示，先祖的祝福。不管这是一次美梦还是一种幻觉，反正宰相等人听说此事，都免不了要拜贺奉承一番。

无独有偶。天宝四载（745年）正月初六日，又一次出现唐玄宗"通神"的奇迹。

这一天，唐玄宗在宫中的内道场向神灵祭祷，声称是"为百姓祈福"。据他事后自我描述，祭坛的香案上放着一幅黄色丝绢，上面有他亲笔祷辞，突然，这条丝绢竟飞向天空，又听到空中传来一个声音，说："圣寿延长！"——盛唐天子福寿绵长，已然获得上帝的保证。

这究竟是又一次宗教幻觉还是又一次自导自演的喜剧小品？反正无人敢于置疑。相反，太子及宰相等人又一次煞有介事地上表祝贺，并且请求载入史册。

不仅是时常凌晨起床前往大同殿焚香礼拜，凡涉及神仙、符瑞、炼丹、祈福之事，唐玄宗都乐此不疲，简直是走火入魔。

而那些诡谀之臣、投机钻营之徒，也纷纷随之起舞，极尽造神造假庆贺吹捧之能事：今日称梦见玄元皇帝的"真容"，明天说发现"灵符祥瑞"，所谓"上玄元之尊"，"献宝符之瑞"，群臣表贺无虚月。还有人制作了唐玄宗的白石雕像，侍立于老子雕像旁，供人们瞻仰膜拜。于是乎，此

处设道观,彼处建神像,度道士,造精舍,采药饵,炼金丹,滋于岁月,天下名山命道士、宦官合炼醮祭,相继于路。

唐玄宗欣然接受群臣敬献的皇帝尊号,也越来越长,越来越虚荣,越来越神化,盛唐天子的头上仿佛闪耀着神圣的"光轮"。

早在盛唐之初,就有靳恒这样的有识之士,提醒唐玄宗"居安虑危"。可惜的是,这种宝贵的警醒之声,渐渐地,在唐朝统治集团陶醉于"太平"盛世的氛围中,在盛唐天子的钧天之梦中,却显得那么孤独,那么微弱,那么不"和谐"。

倾国之恋

要理解盛唐后期的历史,就不能不关注唐玄宗私生活的巨大变化,因而也就不能不涉及一个与他关系密切的女人和故事。——一个被后人解读过无数次的女人,一个被后人演绎过无数次的爱情故事。

她,就是历史上著名的贵妃杨玉环。

诚然,唐玄宗与杨贵妃的故事在后人眼里,无论多么浪漫,多么煽情,多么家喻户晓,也毕竟属于宫廷私生活的范畴。

然而问题的关键在于,有关李杨之间的私事——不论是载于正史还是见于笔记小说——却又并非一般意义上的绯闻八卦,假如抛开他们的这些"私事",那么盛唐后期的历史就难以全面理解。正像恩格斯在《流亡者文献》里讲过的那样:"路易十五与杜芭丽或彭帕杜尔的关系是私事,但是抛开这些私事,全部法国革命前的历史就不可理解。"①

开元二十五年(737年)十二月,武惠妃病逝。

痛失爱妃让唐玄宗伤感失落,郁郁寡欢,感情上一时出现了空白。

白居易在《长恨歌》中有"后宫佳丽三千人"之说,然而,这个数字尚

---

① 《马克思恩格斯选集》第二卷,第 598 页。

不及实际人数的十分之一。

有唐一代，22位皇帝，数唐玄宗在位时间最长（44年），而且正处于盛世，"财用富足，志大事奢"。他曾派遣宦官出使各地，密号花鸟使，专事选美纳于后宫，以致"宫嫔大率至四万"，民间骚动嗟怨。

按照唐朝的礼制，后妃作为皇帝的法定配偶，总共122名，各有名称和品级。皇后是皇帝的正妻，其他为妃嫔。

后宫的服务机构——六局，即尚服、尚食等部门以及所辖各司，则有大量的宫官（均为女性）。另外还有更多从事各项具体生活服务与音乐歌舞表演的宫人（也即宫女）。

选择宫嫔的标准，以年轻貌美为主，抑或容貌与才艺并重。后宫所有的女性，从理论上讲，都是皇帝的性伴侣，可实际上，数量庞大的宫女群体中间，只有极少数人有可能得到皇帝的眷顾，从而成为皇帝的姜妇，或者有幸被提拔为各级宫官，分掌宫内各项事务。而绝大多数人，都注定要凄凉地虚度年华，终其一生。

匪夷所思的是，尽管当时后宫佳丽如云，竟无一人能重新燃起唐玄宗心中爱的火焰。

其实，唐玄宗的内心深处，早就有了暗恋的梦中情人。

她是谁？

她就是唐玄宗的儿媳、寿王李瑁的爱妃杨玉环。

不妨让时空倒回开元二十二年（734年），东都洛阳。

这年正月，因关中歉收，漕粮不足，唐玄宗又按惯例，率领妃嫔、皇子、公主以及文武百官等，从长安来到洛阳。

这是唐玄宗第五次也是最后一次巡幸洛阳，竟一直住了将近三年。期间，唐玄宗与武惠妃为他们的爱子李瑁选娶王妃。

访寻，推荐，征召，挑选……一时间，东都佳丽云集，群芳竞艳。

最终，待字深闺的洛阳美女杨玉环脱颖而出，成为寿王妃的最佳人选。

历史充满了偶然性。人生何尝不是这样呢？

盛唐的危机

杨玉环（719—756年），祖籍是蒲州永乐（故治在今山西芮城县西）。玉环是她的小名。其父杨玄琰，任蜀州（故治在今四川崇州市）司户参军，秩从七品下，掌管全州的民政等事务。

开元七年（719年）六月初一日，杨玉环就诞生在蜀州。她是杨玄琰最小的女儿，上头还有一个胞兄和三个胞姐。

杨玉环幼年时，不幸父母相继辞世，叔父杨玄璬便把她接到洛阳抚养。

杨玄璬时任河南府（即东都，故治在今河南洛阳市）士曹参军，也是七品僚佐，掌管全府的交通等方面的事务。

蜀州的绿水青山，曾经陪伴幼年的杨玉环，滋养了她活泼而有灵气的性情。来到繁华的洛阳，她更眼界大开，学会了许多知识和技艺。渐渐地，她出落成了一个含苞欲放的青春美少女。

"一顾倾人城，再顾倾人国。"

豆蔻年华，恰逢唐玄宗最后一次东巡洛阳，并在此地为寿王选妃。——幸运之神就是这样悄然而至，向她含笑招手。

可是盛唐时代，崇尚门第阀阅的流风余俗犹存，特别是，唐玄宗和武惠妃为皇子选妃，不仅注重年龄、相貌和人品，而且还讲究女方的门第。

凑巧的是，杨玉环也算得上是名门望族的后代，虽然已是遥遥华胄。

她的家族源于弘农（约当今河南西部）的望族，其远祖与武则天母亲的家族均出自弘农杨氏。高祖杨汪是隋朝名臣，官至尚书左丞、大理卿、国子祭酒，赐爵平乡县伯。曾祖杨令本，曾任唐朝金州刺史。

故此，在《册寿王杨妃文》中，便称杨玉环出自"名家"和"公辅之门"。①

人世间就是这样，不乏令人惊叹的机缘巧合，而机遇又总是青睐那些自身条件充分的人。

经过亲王纳妃礼仪的5道程序之后，开元二十三年（735年）十二月

① 关于杨玉环身世及杨氏家族情况，详见许道勋、赵克尧：《唐玄宗传》第十二章第一节，人民出版社，1993年。

二十四日,唐玄宗委派礼部尚书、同中书门下三品李林甫和黄门侍郎陈希烈为正、副使,持节至杨家,举行册妃典礼,宣读册文,杨玉环拜谢圣恩,恭受册书。

嗣后,又经过7道礼仪程序,才最终完成亲王纳妃的全过程。时间大约已经到了开元二十四年(736年)初。

斯时,李瑁与杨玉环都是17岁,一个是英俊聪慧的青葱少年,一个是才貌双全的花季少女,携手步入婚姻的殿堂。

开元二十四年(736年),真的是一个匪夷所思的年份:

这一年,张九龄罢相,李林甫主政,保守政治取代开明政治。

也是这一年,安禄山侥幸免死,为其东山再起提供了一线生机。

又是这一年,绝代佳人杨玉环款步走进皇家王府,同时她也袅娜进入盛唐天子的视野。

而杨玉环的堂兄杨钊(即杨国忠),便成为盛唐最后一位权相,他与三镇节度使安禄山的矛盾冲突,则提前点燃了安史之乱的导火线。

盛唐国家命运的重大改变,似乎就是这样机缘巧合地聚焦于历史的拐点。

历史,的确不乏这样的"偶然情况",而历史的必然性恰恰就存在于偶然性之中,并通过大量的偶然性表现出来。

马克思说过:"如果'偶然性'不起任何作用的话,那么世界历史就会带有非常神秘的性质。这些偶然性本身自然纳入总的发展过程中,并且为其他偶然性所补偿。但是,发展的加速和延缓在很大程度上是取决于这些'偶然性'的……"[1]

武惠妃过早离开了人世,让唐玄宗悼惜久之。

人不能缺乏爱,就像不能缺乏维生素一样。——好像是美国心理学家马斯洛说过类似这样的话。

---

[1]《马克思恩格斯选集》第四卷,第393页。

奇妙的是，仿佛上帝关闭了一扇恩爱之窗，却又打开一道希望之门。

唐朝上承魏晋南北朝民族大融合的遗风余韵，社会风气比较开放，尤其是在胡化色彩浓郁的初唐和盛唐。本是汉胡联姻的李唐皇室，在婚姻观念和妇女贞操问题上也持有较为宽容的心态。

当年，李世民的弟弟李元吉死于玄武门之变，李世民继位后（是为唐太宗）便将弟媳——美女杨氏——纳入后宫为妃。

之后，唐高宗也将父皇唐太宗生前的妃嫔武氏迎入自己的后宫，并且立为皇后，她就是后来的女皇武则天、唐玄宗的祖母。

不过这次情况却略有不同。唐玄宗如果直接把儿媳夺为己有，则不仅史无前例，而且李瑁正值青春年华，夫妻相爱。这即使是在风气开放的盛唐，也不能不顾忌舆论的压力。

唐玄宗犹豫不决，也难以启齿，他一直忽忽不乐。

身边的高力士终于嗅出了几丝微妙的气息。——是否因为唐玄宗对后宫佳丽都未表现出真正的喜欢？是否因为唐玄宗曾经注视杨玉环时所闪现的一种特殊眼光？是否还有其他的蛛丝马迹？——谁也不知道，恐怕只有精明的高力士心里清楚。

于是高力士试探地建议，"召见"杨玉环。

这正合唐玄宗的心意。

开元二十六年（738年）十月，武惠妃去世十个月后，唐玄宗又按惯例前往骊山温泉宫（即后来的华清宫）避寒。大概就在此时此地，他第一次秘密召见了寿王妃杨玉环。

十几天后，唐玄宗便匆匆返回长安兴庆宫。耐人寻味的是，不久，就在临近开元二十七年（739年）正月初二——太后忌日——的时候，唐玄宗突然颁布了一道诏敕——《度寿王妃为女道士敕》[①]。

---

①卞孝萱师的《唐玄宗杨贵妃五题》认为，《新唐书·玄宗纪》和《杨太真外传》称开元二十八年十月唐玄宗度杨玉环为女道士之说实不可信。《度寿王妃为女道士敕》系中书舍人孙逖所撰，而《旧唐书·孙逖传》说，自开元二十七年四月至二十九年六月，孙逖因父丧免职在家，怎能于开元二十八年为玄宗撰《度寿王妃为道士敕》？此敕必在开元二十五年十二月武惠妃死后，二十六年玄宗幸温泉宫之时所撰。度杨氏为女道士距武惠妃死不可能长达两年十个月。

敕文宣称,寿王妃杨氏平日"精修"道教,这次太后忌日将临,为了为太后追福,自愿度为女道士。皇帝觉得"雅志难违",同时也为了推动弘扬道教的风气,特遂其"由衷之请",度为女道士。

道士就是职业从事道教活动的人。唐代道士身穿黄色道士服,头戴黄色束发之冠,故而也称男道士为黄冠,称女道士为女冠或女官。

唐代道教兴盛,几乎相当于国教。皇室及上流社会中,"妇女勤道"渐成时尚,公主出家入道也并非罕见。唐睿宗替逝世的太后武则天追福,就曾度金仙公主和玉真公主——唐玄宗的两个胞妹——为女道士。后来,唐玄宗替逝世的唐睿宗追福,也曾度女儿万安公主为女道士。

在这样的社会背景下,寿王妃替太后追福而自愿加入道士籍,自然无可厚非,而唐玄宗批准她的"由衷之请",当然也是名正言顺。

于是乎,寿王妃杨玉环便稀里糊涂地离开爱巢,又莫名其妙地当上了女道士,号曰太真。

既然入了道士籍,也就自动解除了与寿王李瑁的婚姻关系。

杨玉环和李瑁的伉俪之情持续了三年时间,却未曾生儿育女。史称李瑁的儿子均在天宝中封为郡王,应是与其他配偶所生,与杨氏无关。而杨玉环入宫时,唐玄宗也才50岁出头,身体健康,但年轻的杨玉环仍然没有怀孕生子。——看来,她可能是患上了不育症。

唐玄宗长住兴庆宫,为方便与杨玉环(时名杨太真)幽会,专门在大明宫为她设了一座道观,名叫内道观,也称内太真宫,还安排了其他一些女道士,侍奉杨玉环修习道教经典和礼仪,并为她提供生活服务。

明修栈道,暗度陈仓。就在太后忌日的悼念追福活动结束后,杨玉环便奉旨经过夹城复道秘密前往兴庆宫,单独谒见唐玄宗。盛唐天子"如得至宝"——多年的梦中情人终于化为现实。

是时,唐玄宗54岁,杨玉环20岁。

盛唐时期,长安城共有三座皇宫——太极宫、大明宫、兴庆宫,合称三大内。

太极宫即宫城,位于长安城的中轴线最北部,南临皇城,北连禁苑,

始建于隋朝。它作为天子宫禁,称为大内,简称内,相对于东北边后建的大明宫,又称西内。

唐高祖和唐太宗曾先后在这里居住和听政。著名的"玄武门之变"就发生在宫城北面的玄武门内。

大明宫位于禁苑东北边的龙首原上,相对于太极宫的方位,称为东内,也叫北内。它始建于唐太宗时期,并由唐高宗续建完成。唐高宗开始在这里居住和听政。之后,除了武则天住在洛阳,唐玄宗开元中期以后住在兴庆宫,其他的皇帝都先后住在这里。

兴庆宫位于长安城东面的春明门内,在太极宫和大明宫的南边,故而称作南内。其平面呈长方形,南北稍长,面积约 1.35 平方公里。中间一道东西方向的隔墙,将它分成两大部分,北部是宫殿区,南部是园林区。

宫殿区域,以兴庆殿为正殿,是唐玄宗举行朝会和听政的场所。园林区域,以龙池为著名景点,勤政务本楼和花萼相辉楼为著名建筑。

兴庆宫原本是作为离宫而建设的,后来才用作正式皇宫,从开元十六年(728 年)起,成为盛唐新的政治中心。它呈现不对称的设计布局,四周均有围墙,但西南角则以勤政楼和花萼楼与外面的大街相连,没有贯穿南北的中轴线以及外朝、中朝、内朝的区别,正门——兴庆门——也是破例朝西而不是朝南开。除了兴庆殿之外,建筑大都设计成楼式风格,新颖、雅致、豪华,美轮美奂。——这一切,都恰恰符合唐玄宗的浪漫性格,并具有奇特的视觉冲击力。

太极与大明两宫紧邻且内部相通,而兴庆宫却相距较远。于是在开元十四年(726 年)扩建兴庆宫时,就沿着外郭城东墙,向北平行修筑了一道内墙,从兴庆宫直通大明宫,称作夹城或夹罗城。它与郭城的东墙构成一条复道(内通道),专供皇帝及皇室成员隐蔽通行。

开元二十年(732 年),又将夹城向南扩建,一直延伸到芙蓉园(一作芙蓉苑)。这是一处皇家园林,也是唐玄宗的行宫之一,亦称南苑。它位于长安城东南角的丘陵地带,因筑城不便,被隔在城外,四周皆有围墙,青林重复,绿水弥漫,柳荫四合。它南接曲江(一名曲江池),而后者则是长安著名的公共游览胜地。

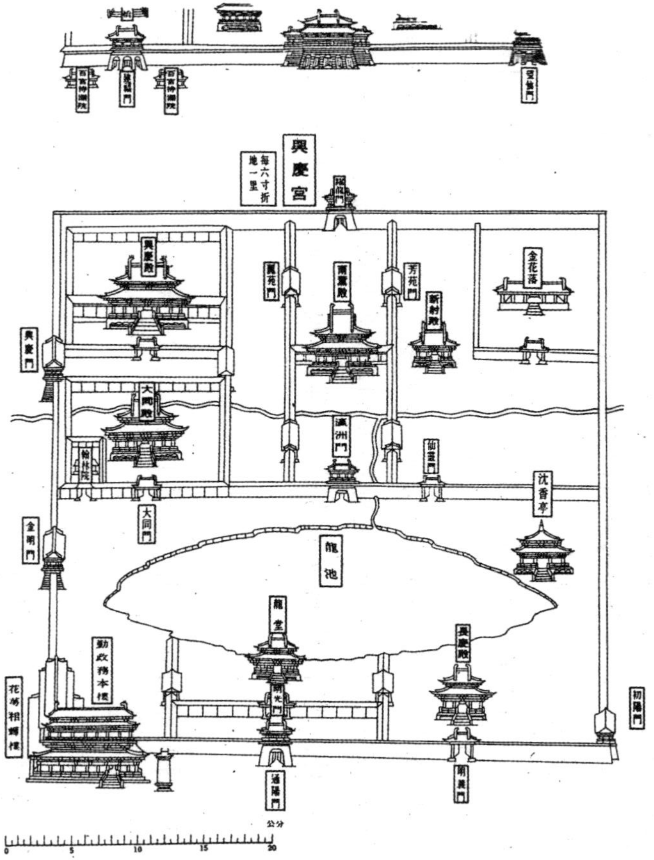

兴庆宫平面图（引用自日本平冈武夫《唐代的长安与洛阳地图》）

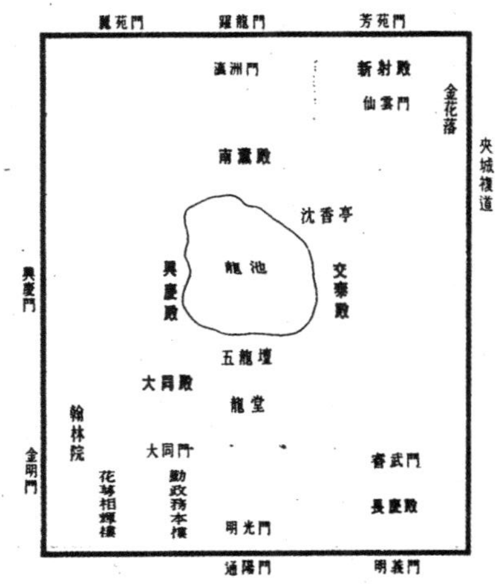

第三七图 兴 庆 宫 图（二）

第三六图 兴 庆 宫 图（一）

起初，杨玉环住在大明宫的内道观，经常是通过夹城复道来兴庆宫与唐玄宗幽会，也可能会经过复道同去芙蓉园游览，冬季，则照例是陪伴唐玄宗前往骊山温泉宫避寒。

日久天长，李杨的情人关系逐渐成为公开的秘密。杨玉环便索性脱去女冠服装，换上了妃嫔服饰，常住兴庆宫，宠倾后宫，礼遇实同皇后（皇后之位仍空缺）。不过她一时尚无正式的妃嫔头衔，只有一个不伦不类的半公开身份——太真妃杨氏，而宫中人员则习惯性地称呼她为娘子。

娘子，是唐代对已出嫁女子的一种通称；小娘子，则是用于对未婚少女的通称。

"天生丽质难自弃，一朝选在君王侧。回眸一笑百媚生，六宫粉黛无颜色。"（《长恨歌》）

杨玉环 "天生丽质""姿色冠代""姿质丰艳"。——她的容貌艳丽秀美，体形丰满匀称，并且保持着未生育女子的体型优势。这完全符合唐代女子以丰艳为美的主流人体审美观，堪称当时典型的美女。

杨玉环"善歌舞，通音律"。——她精通音律，能歌善舞，还擅长击磬和弹奏琵琶。她怀抱琵琶演奏于梨园之中，音韵凄清，飘出云外；她醉舞一曲《霓裳羽衣》，宛若春风荡漾，风情万种；她跳起胡旋舞，又仿佛回雪飘摇，旋转如风。

"罗袖动香香不已，红蕖袅袅秋烟里。轻云岭上乍摇风，嫩柳池边初拂水。"——杨玉环评价侍女张云容优美舞姿的这篇诗作《赠张云容舞》，也透露出她对舞蹈艺术的深厚造诣以及独特的艺术感悟能力。

杨玉环"智算过人""动移上意"。——她颇有机谋，善解人意，智商和情商俱佳，再加上共同的艺术爱好，心有灵犀，以至于能对唐玄宗产生显著的影响力，堪称唐玄宗的红颜知己。

这样的绝代佳人，怎能不拨动风流浪漫的唐玄宗爱美的心弦？怎能不激起多才多艺的唐玄宗的艺术共鸣？怎能不令唐玄宗感觉"如得至宝"？

社会心理学研究表明，男人大多喜欢相貌身体具有吸引力的情侣，

而女人则大多喜欢有抱负有作为的情侣。唐玄宗"仪范伟丽","性英断多艺,尤知音律";他历经刀光剑影而成为盛唐天子,并领导开创了大唐辉煌的新天地。如此琴心剑胆、奋发有为的男人,怎能不引起爽朗浪漫、精明过人的杨玉环的倾心崇拜(这恰是萌发爱情的一个重要的感情基础)。而唐玄宗主动射出的爱情之箭,又怎会不击中青春美女杨玉环的芳心。

年龄并非鸿沟,相知相似方为关键。社会心理学指出,人们喜欢那种和自己有相同品味或习惯的人。相类似的人,往往能够彼此吸引对方,朋友之间是这样,恋人之间也是这样。

在爱情和婚姻方面,适合或最适合自己的,就是好的或最好的,也是有可能或最有可能持久的。世界上所谓"好的"或者"最好的",其实就是"合适的"或者"最合适的"。

由此看来,唐玄宗和杨玉环的爱情故事,恐怕并非出于旧史的臆测抑或文学的杜撰。

"柔情似水,佳期如梦。"

大约在天宝三载(744年),春深似海,百花争妍。兴庆宫内,龙池碧水如镜,湖畔的沉香亭前,牡丹争奇斗艳。那一天,唐玄宗偕太真妃来到沉香亭,设乐置宴,观赏牡丹。

亭,是中国传统园林中常见的一种建筑。但是唐代的亭,却并非五代以后才出现的小亭子,而是仍如前代那样,大多是形制较大、功能较多、美观又实用的建筑式样。有的复式亭子,一层是开放式结构,二层则是半封闭式的结构。故而禁苑中的那座著名的望春亭,又名望春楼。

唐代的亭子,不仅可以供人们观赏、休憩,还是宴会、娱乐的优雅场所。国家修建的公共园林——曲江风景区,便沿湖建造了许多亭子。

牡丹,是唐代人最钟爱的花卉,雍容华贵,姿色香韵俱佳,号称"国色天香"。刘禹锡有诗曰:"唯有牡丹真国色,花开时节动京城。"它是皇家园林花卉的首选,而名贵品种也引得富贵人家重金争购,以至于在社会上掀起一阵阵的"牡丹热"。

那一天在宴席上，著名乐师李龟年手持檀板，与梨园弟子们准备奏乐演唱。唐玄宗突然打断："今日观赏名花，面对妃子，怎么可以再听旧歌词。"于是命李龟年速去宣召翰林待诏李白，填写新词。

此时，李白正醉卧酒肆。他昏沉沉奉旨进宫，左右用凉水泼洒面部，才使他稍稍清醒。只见他即景生情，略加思索便援笔赋之，三首《清平调》婉丽精彩，一挥而就。

唐玄宗十分满意，遂命调抚丝竹，李龟年手持檀板打着节拍，用原有曲调演唱新词：

> 云想衣裳花想容，
> 春风拂槛露华浓。
> ……
> 名花倾国两相欢，
> 长得君王带笑看。
> 解释春风无限恨，
> 沉香亭北倚栏杆。

太真妃手持玻璃七宝杯，一边品酌西凉葡萄酒，一边欣赏着《清平调》歌曲，脸上露出惬意的笑容。

李白（701—762 年），字太白，号青莲居士。祖籍是陇西成纪县（故治在今甘肃秦安县西北），先祖于隋末流徙西域。据郭沫若等学者考证，武则天长安元年（701 年），李白就出生在西域的碎叶城（故地在今吉尔吉斯斯坦托克马克附近，时属唐朝安西都护府管辖）。他在童年时，随父亲迁居绵州昌明县（故治在今四川江油市南）的青莲乡。

李白生活在一个富裕的家庭里。他天资聪颖，饱读诗书，妙笔生花。成年后，志气宏放，喜好政治外交方面的纵横之术，饮酒赋诗，击剑任侠，轻财好施。

20 多岁时，他辞亲远游，两入长安，漫游黄河、长江流域，饱览大好

河山。他才华横溢，创作出大量雄健豪放、奇特浪漫的诗歌，妙绝时人，逐渐成为伟大的浪漫主义诗人。

天宝元年（742 年），李白 41 岁，经诗友、道士、翰林待诏吴筠推荐，征召进京。在长安，年过八旬的贺知章与李白欣然相见，与之交谈，犹如繁花之论，阅其诗作（据说其中就有那篇雄奇奔放的《蜀道难》），更是不由得惊叹："这简直就是天上贬谪到凡间的仙人！"

贺知章（659—744 年），历任礼部侍郎、秘书监、集贤院学士，也是一位著名诗人，唐诗名句之一"不知细叶谁裁出，二月春风似剪刀"就出自他的笔下。他的性格同样旷达不羁，当时竟然解下随身佩带的金龟，在酒肆权充抵押，换取美酒与李白开怀畅饮，遂成忘年之交。

"谪仙人"誉满京城。贺知章迅即又向唐玄宗极力推荐李白，就连御妹玉真公主闻讯也极口揄扬。

唐玄宗旋即召见李白。李白纵横议论当代世事，并且上呈颂文一篇。唐玄宗非常赏识，赞道："卿是布衣，名为朕所知，若非素蓄道义，何以及此。"特赐美食，并亲自为李白调羹。随即任命李白供奉翰林。

供奉，就是凭借自己的技艺，在宫中的翰林院待诏侍奉皇帝。李白便是以文学之士的身份供职于翰林院。

大诗人李白素有青云之志，善贾而沽。当初在宣州南陵（故治在今安徽南陵）家中，欣闻征召，异常兴奋，心中顿时升起大展宏图的希望——"仰天大笑出门去，我辈岂是蓬蒿人"。

进入长安，李白以其诗作才华而名动京师，旋又待诏翰林，常出入宫廷，受到唐玄宗的宴见，恩礼殊厚。原以为能够鹏程万里，结果万万没有想到，在西京两年有余，他也不过同样只是一名御用文学侍从而已，却从未在政治上得到重用，也未能"游说万乘"，实现"辅弼天下"的远大抱负。

渐渐地，李白失望了。他常常与一些朋友诗酒唱和，终日沉饮，乃至醉于酒肆。杜甫在《饮中八仙歌》里写道："李白一斗诗百篇，长安市上酒家眠。天子呼来不上船，自称臣是酒中仙。"

李白酩酊大醉之时尚且对唐玄宗率真狂傲，更遑论去仰那些权贵的

鼻息。于是他在翰林院里也渐遭排挤，而当时主持翰林院的学士张垍，便是开元文士领袖、已故宰相张说之子，又是唐玄宗的乘龙快婿。

"安能摧眉折腰事权贵，使我不得开心颜！"——大约在天宝三载（744年）夏秋之交，李白便毅然上书，辞职回家。最终，唐玄宗赐金放还。

李白辞官漫游，重新开始"浪迹江湖""浮游四方"的生活。这一潇洒、豪放、浪漫的举动，透露出李白骨子里所追求的那份自尊和自由。

的确，李白未免太任性，而任性却从来都不属于官场，即便是在浪漫开放的盛唐时代。

花朝月夕，良辰美景，不知不觉便到了天宝四载（745年）。距离当初杨玉环度为女道士并改名太真，已经过去6年，曾经身为寿王妃的陈年旧事，也似乎渐渐被人们淡忘。于是乎，女道士杨太真重返世俗世界，继而实现变半公开的皇帝情妇为正式皇妃的角色转换，已然时机成熟。

女道士还俗结婚，在唐朝皇室中间也早有先例。当年唐玄宗的姑母太平公主也曾度为女道士，后又还俗出嫁。武则天当初在唐太宗死后，也是先入寺为尼，嗣后又还俗进入唐高宗的后宫。

天宝四载（745年）七月，册立太真为妃的前十天，在长安，唐玄宗替寿王李瑁迎娶了一位新王妃——出身高门的韦氏。

李瑁谨慎孝顺，平淡一生，卒于唐代宗大历十年（775年），享年56岁。

剩下的问题是，究竟给杨玉环一个什么样的名分和称号呢？

如果立为皇后，跃登宸极，则恐怕会遭到朝臣的质疑，弄巧成拙，再现当年唐高宗立武氏为皇后的风波。

如果立为妃嫔之首的惠妃，又恐怕会让人联想到杨玉环过去的婆婆武惠妃，以致贻笑天下。

于是乎，贵妃称号就成为一个最佳选择。

唐初，因袭隋朝后宫制度，并在贵妃、淑妃、德妃三夫人之外，设置了贤妃，合称四夫人，都是正一品，位于皇后之下。开元中，又取消四夫人而恢复三夫人，依次改名惠妃、丽妃、华妃，仍为正一品。

如今，为了杨玉环，唐玄宗决定重新恢复贵妃称号，地位依旧仅次于皇后。

天宝四载（745年）八月初六日，唐玄宗60寿辰的第二天，隆重宣布："册太真妃杨氏为贵妃。"

宫中当时仍无皇后，杨玉环身为贵妃，便实际处于皇后地位，宠冠六宫。她在宫中的称呼，也由娘子改为贵妃。

俗话说，"一人得道，鸡犬升天"。杨玉环进册贵妃，杨氏家族并承恩泽。其已故父母杨玄琰和李氏，胞叔杨玄珪，胞兄杨铦，从兄杨锜，以及三个胞姐，或追赠官爵，或晋升高官，或封为国夫人，相继纡金佩紫，赐第京师，宠贵赫然。

但耐人寻味的是，杨贵妃的那位胞叔兼养父杨玄璬，却不在推恩之列，竟神秘地销声匿迹了，就仿佛这位当年寿王妃杨玉环的父亲、河南府士曹参军，与现在的贵妃杨太真毫不相干——似乎此杨太真非彼杨玉环也。

不过，几年以后，杨玄璬之子杨鉴，即杨贵妃的从弟，终究也因推恩而擢任湖州刺史。

唐玄宗与杨贵妃，花晨月夜，夫唱妇随，心有灵犀，相得益彰。

唐代弈棋之风炽烈，翰林院也设置了棋待诏，网罗围棋高手，切磋棋艺，并侍奉皇帝下棋。据说某一年夏天，唐玄宗在宫中对弈。琵琶名家贺怀智弹奏乐曲助兴，杨贵妃也抱着一只康国进贡的叭儿狗，站在旁边观看。渐渐地，她发现棋局对唐玄宗越来越不利，于是就不动声色地放开怀里的小狗，任其跳上棋盘搅乱了棋子。唐玄宗发出会心的微笑。

当然，天下也没有从不发生矛盾的夫妻。

中国古代，自从进入文明社会以后，男人相对于女人就一直处于强势地位，而上层社会男人的婚姻实际上则是一妻多妾制。

唐玄宗身为大唐盛世的帝王，又是一个健康而浪漫的男人，后宫更是佳丽云集。纵然对杨玉环一直保持着特别的爱情，但实际上他也难以把自己对异性的情欲始终锁定在同一个女人的身上。直到天宝年间，杨

玉环久已入宫，唐玄宗依旧派人将民间的一些年轻美女"选入"宫中。

爱情和情欲，有联系也有区别，甚至，它们会在某些人的身上微妙地并存着。

而杨玉环，作为相对弱势的一方，为了维护自己的爱情和权利，也难免会产生排他性的心理，以至反映于外在表现，特别是在进册贵妃、代行皇后职权、总管后宫女性之后。旧史所谓"专宠""妒媚""妒悍"云云，正是对杨贵妃这种排他性心理及其外在表现的一些特定说法。

杨贵妃智算过人，自然会设法防范唐玄宗的情欲甚或爱情转移。她可能会暗中阻止其他妃嫔的正常进幸，甚至会将那些能引起唐玄宗喜欢的美女悄然调离唐玄宗的视线，以至于终生幽闭深宫。这些举动，不论是传闻还是事实，在白居易的诗作《上阳白发人》以及自注中，都有明明白白、令人唏嘘的描述。

但杨贵妃的"妒悍"，终究还是引起唐玄宗的不悦，以致发生口角乃至酿成家庭风波。

天宝五载（746 年）七月，册立贵妃将近一年，在唐玄宗与杨贵妃之间发生了一次比较激烈的口角。唐玄宗一怒之下，命人将贵妃送归其胞兄杨铦家中。——这在古代就颇有点休妻（离婚）的味道。杨氏家族一片惶恐不安。

出乎意料的是，当天下午却有宦官奉命护送贵妃的日用器物来到杨铦府第，并以御膳赐予贵妃。

原来，贵妃以"微谴"送归娘家之后，唐玄宗很快就怅然若失，直到中午仍思之不食。他烦躁不安，甚至将左右侍从当作笞挞撒气的对象。

"多情自古伤离别。"

高力士见状，便试探地建议，可否把贵妃的日用器物送往杨铦家中？

唐玄宗当即同意，并且吩咐将御膳也分送贵妃。——这一象征性的举动，顿时缓和了帝妃之间的紧张气氛。

到了夜晚，高力士见唐玄宗的情绪稍稍平静但仍心神不宁，便又伏地启奏："请迎接贵妃归院。"

唐玄宗顺势准奏。

杨贵妃连夜入宫。她立即伏地请罪，唐玄宗欣然慰抚。

翌日，杨贵妃的姐姐——韩国夫人和虢国夫人——欣然献食。唐玄宗设宴作乐，并且赏赐左右侍从。"第一家庭"的风波迅速平息，杨贵妃宠遇逾隆。

四年之后，讵料风波再起。

天宝九载（750年），帝妃之间再次发生更加剧烈的争吵。杨贵妃异乎寻常地情绪失控，言语激烈，严重顶撞了唐玄宗。

唐玄宗怒不可遏，再次下令将贵妃送归杨铦宅第。

宫闱之事多隐秘。这一次"送归外第"的风波，似与虢国夫人不无干系。

虢国夫人是杨贵妃的胞姐之一，因在家族同辈中排行第三而被称为三姐，又随夫姓而称裴氏。她与大姐崔氏、八姐柳氏皆有才貌，出入宫掖，并承恩泽，分别封为虢国夫人、韩国夫人和秦国夫人。

虢国夫人可能是大死孀居，早年在蜀中就与堂兄杨钊发生暧昧关系。她不但相貌美丽，而且性格张扬风流，生活奢靡，善于交际。她自炫美艳，常常素面朝天，在贵妃胞姐中最得唐玄宗的恩宠。中唐诗人张祜的《集灵台》云："虢国夫人承主恩，平明骑马入宫门。却嫌脂粉浣颜色，淡扫蛾眉朝至尊。"

有一次在华清宫，唐玄宗甚至骑马走出宫门，说是要去虢国夫人的宅第。结果，被禁军主将陈玄礼以安全为由劝阻。

天宝八载（749年）十月，唐玄宗又偕贵妃去华清宫避寒，杨氏姐妹照例随行。次年正月回京，二月就爆发了这场严重的家庭风波。

真相扑朔迷离，但却似乎与唐玄宗、虢国夫人之间的绯闻漏泄不无关系。[1]

花心畸恋。西班牙的《阿贝赛报》网站曾经报道，一个来自亚洲的心

---

[1] 详见许道勋、赵克尧：《唐玄宗传》，人民出版社，1993年，第369—375页。

理学家小组研究指出，漂亮的女人能让男人丧失思考能力，从而接受她们提出的对他们而言毫无益处的请求。

社会心理学研究又表明，人际间的亲密关系，尤其是异性之间的亲密关系，往往会有一定程度的排他性。——纵然是倾国倾城、机敏过人的杨贵妃，也不免会"吃醋"。

人们常常以爱来掩饰自己的嫉妒。——尼采大约这样说过。但是，这种在爱情掩护下的嫉妒，却仍然严重损害了唐玄宗不容侵犯的尊严。一连僵持了几天，都未见他的态度软化。

杨氏家族比上一次更加惶恐不安，焦急万分。

这时，已在朝廷担任要职的杨钊（即贵妃堂兄杨国忠），慌忙找户部郎中吉温商量。吉温本是宰相李林甫手下的得力干将，眼见杨氏家族"恩宠声焰震天下"，已经有意向杨家靠拢。他向来工于心计，便利用自己与高力士的亲密关系（应该也会透露来意），得以入宫谒见唐玄宗。

吉温奏称："妇人智识浅陋，有忤圣情。然而贵妃久承恩顾，何惜宫中一席之地，使其就戮，怎忍心让她出宫遭受外界的嘲笑呢！"

……　……

正话反说，果见奇效。唐玄宗再也无法继续克制自己失落的心情，就连饮食也难以下咽。他旋即命宦官张韬光送御馔去杨家，赐予贵妃。

杨贵妃涕泪交流："妾忤圣颜，罪当万死。珠玉珍异皆圣上所赐，不足以奉献，唯有发肤是父母所生。"说着，她便剪下一绺长发，托付张韬光献给圣上，"希望持此以表达妾万一慕恋之诚"。

中使迅速回宫复命。唐玄宗手持贵妃一绺青丝，也不由得挥涕悯然。他吩咐高力士，召回贵妃吧。

最终，唐玄宗与杨贵妃还是互相宽容，重归于好。

宽容，是由于相互挚爱，重归于好，是因为彼此依恋。

风波平息不久，唐玄宗还先后莅临秦国夫人和杨钊的宅第，并且赏赐巨万财物。看来，调解这次冲突，不仅杨钊立下功劳，同时八姐柳氏也起了作用。

耐人寻味的是，三姐虢国夫人却一直没有露面，虽然她一贯性格张

扬,而且唐玄宗也没有像上次风波平息之后那样同桌宴请杨贵妃的姐姐。

中国古代男尊女卑,婚姻感情的主导权长期操控在男人的手里,更不用说专制君主的淫威。唐玄宗贵为盛唐帝王,身边佳丽如云,其中具有正式名分的后妃,见于史籍者有 19 人,但他一生中最心爱的女人,先后只有赵丽妃、武惠妃和杨贵妃。

赵丽妃,美貌而且能歌善舞,出身低微,早年得幸,深受宠爱。其子李瑛也以母宠而立为太子。但后来,武惠妃渐承恩宠,赵丽妃逐渐失宠,大概抑郁而终。

的确,酷爱音乐艺术的唐玄宗,总是特别喜欢能歌善舞的美女。他的女儿寿安公主的生母,可能来自中亚地区的曹国(九姓胡之一),也许是随西域进贡而入宫的胡旋女,称作曹野那姬。她同样是一个美女,且擅长中亚的胡旋舞,因而博得唐玄宗的欢心。曹野那系胡人姓名的汉文音译。似乎她入华不久,汉化程度不深,也未见被册封妃嫔的记载,仅以姬(古代妇女的美称)相称。①

武惠妃,唐玄宗最心爱的第二位妃嫔,虽不善歌舞,但出身名门,富于教养,善解人意且颇有心计。直到中年病故,仍让唐玄宗悼惜不已。

杨贵妃,更是号称中国古代四大美女之一,国色天香。但她也不是只有颜值获得高分。尽管时有小鸟依人之态,却更兼有赵丽妃的艺术天赋和武惠妃善解人意且不乏心计之长。故而她倍受唐玄宗的宠爱,纵然两度发生家庭风波,也能化险为夷,未曾削弱伉俪之情。

显然,杨贵妃正是最适合唐玄宗的情侣。尤其是盛唐后期的唐玄宗,年事渐高所造成的脆弱感,长期处于权力巅峰所造成的孤独感,同胞兄弟和武惠妃相继去世所造成的失落感,莫不让他愈加离不开杨贵妃这样的红颜知己。

红颜易得,知己难觅,情之所钟,正在于红颜知音。——于是乎,才有《长恨歌》所谓"后宫佳丽三千人,三千宠爱在一身"的传奇咏叹。

---

① 详见葛承雍:《曹野那姬考》,《新华文摘》2008 年第 7 期。

　　根据社会心理学的观点,唐玄宗与杨贵妃的爱情,大概属于浪漫式的和朋友式的,也是占有式的。而依照美国心理学家罗伯特·斯坦伯格的爱情三角理论来看,李杨的爱情似乎又是一个动态变化的过程,即由浪漫之爱发展成圆满之爱,又转换为友伴之爱。

　　"晓来风,夜来雨,晚来烟。是他酿就春色,又断送流年。"

　　好像是海涅说过,恋爱本身就是疯狂。于是《长恨歌》里才有所谓"芙蓉帐暖度春宵,从此君王不早朝"的说法。这固然是一种文学性的夸张描写,可是唐代人关于盛唐后期唐玄宗"好声色,与贞观之政不同"(《旧唐书·杨嗣复传》)的评论,却是道出了一个不争的事实。

　　孟子说过,生于忧患,死于安乐。假如唐玄宗当时真的以为生活和历史都已变成浪漫的抒情诗,那么,这就难怪会成为他晚年的"生命中不能承受之轻"。

第六卷

传奇般的政治发迹史：解读安禄山

盛唐的危机

开元二十四年（736年），那是安禄山人生中最灰暗的一段时光。他失律当斩，却侥幸免死，以白衣将领的身份回军营效力。

一切几乎归零。

然而，安禄山毕竟是安禄山。他没有消沉，也没有畏缩，因为他胸怀镇遏"边患"、建立军功的雄心壮志（而这正是张九龄所担心的"狼子野心"）。他以十倍的努力、二十倍的小心、三十倍的狡诈，梦想着有朝一日能洗刷前耻，东山再起。

仿佛是命中注定，几年以后，安禄山果真否极泰来，奇迹般地走出低谷，乃至一路吉星高照，扶摇直上。

开元二十八年（740年），他升任平卢兵马使。从此一发不可收，几乎是连年加官晋爵，及至天宝十载（751年），48岁的他，已经官拜御史大夫（秩从三品）、骠骑大将军（秩从一品），兼任平卢、范阳、河东三镇节度使，以及河北、河东两道采访使，封为东平郡王（开唐朝将领封王之先例），赐铁券（可免死罪的特权）。三年后，又加尚书左仆射（秩从二品），并兼领闲厩、陇右群牧等使，知总监事。

这就相当于一人兼领今东北、河北、山西的边防军事指挥权，以及今河北、山东、山西的行政监察权，同时还掌握着军事辖区内的财政物资乃至国家养马场等庞大的资源。

这在盛唐的军界可谓独步一时，也超过唐初以来任何一位将领的权力范围。

真好像苍天也为安禄山的人生之舟扬起了幸运的风帆。

是运气，但又并非全靠运气。

边疆节度使的蕃将化

凡是存在的社会事物,必有其赖以存在的社会条件,正是盛唐后期的历史过程所造成的条件和局势,使得一个名不见经传的胡族市侩,有可能最终扮演了搅乱中原的角色。

唐王朝是一个空前统一的多民族的专制帝国。唐初以来,在军事领域里有一个传统,就是除了汉将(汉族将领)以外,也兼顾提拔任用蕃将(泛指北方少数民族将领),并从中涌现出一些战功显赫的著名蕃将。

与汉将相比,蕃将有其特殊的优势。他们自幼生活在北方草原环境,造就了剽悍勇武的素质,人称是骑在马背上的民族。而且他们对北方边疆各族居住的地理环境、生活方式乃至作战特点也都相当熟悉,故而带兵作战也易于避实击虚,夺取胜利。

盛唐时期,军事上依旧是汉将与蕃将并用。伴随募兵制的推行,边防军的士兵群体中更增加了少数民族的比重。越来越多的少数民族士兵,骁勇善战而逐步升任下、中级军官,战功卓著者更跻身高级将领行列,其中佼佼者如高仙芝、哥舒翰、安禄山,都先后升任节度使,统率劲旅,威震边疆。

不过,在天宝六载(747年)以前,由蕃将节度使掌握的军镇还只占少数,而汉将王忠嗣则兼统两镇乃至四镇兵马。可是这年十一月之后,却局势大变:沿边十镇节度使,竟有六七个相继由蕃将担任(或兼任),统辖的兵力约占边军总兵力的80%,囊括了全部精锐主力。而且,这种

局面一直延续到天宝十四载(755年)安禄山叛乱之时。

这是唐朝在边军节将选用政策上一次空前的重大调整,令人瞩目。原因何在?

原来,在唐朝官员人事制度上,有一个出将入相的传统:忠厚强干的文臣,常先后出任军队主将,运筹帷幄,决胜千里;而战功卓著者,又往往再入朝升任宰相。

但李林甫主持朝政以后,深感汉族大臣出将入相的传统于己不利,而少数民族将领则不会构成威胁,因为他们的汉文化基础薄弱,甚至目不知书,难以入朝为相。

当时,李林甫之所以处心积虑地陷害名将王忠嗣,原因之一就在于忌惮王忠嗣有入朝为相的可能。史称李林甫"尤忌忠嗣",说的正是李林甫的这块心病。

于是李林甫就适时地试探着向唐玄宗提议:"文士为将,怯于战斗,不如任用寒族蕃人。蕃人善战有勇,寒族即无党援。"

李林甫的建议不无假公济私之嫌,但妙就妙在,一贯善于揣测并迎合唐玄宗心意的他,提出的这个建议又适逢其会。

盛唐后期,唐玄宗凭借强大的综合国力,志在荡平八方边患,乃至"欲威服四夷"——力图对周边少数民族的贵族统治集团形成强大的威慑力。这已经成为盛唐新的国防战略的核心目标,而任用那些骁勇善战且效忠于唐廷的蕃将,正符合这一战略需要。

况且,蕃将既勇决习战,又与中原汉族人缺少密切关系,特别是出身寒微的蕃将,更与汉族上层社会毫无瓜葛,也就难以和汉族高官结党营私,更遑论与皇家成员串通政变。

显然,广泛重用蕃将,以至于边疆节度使的蕃将化,实属唐玄宗与李林甫君臣意愿的殊途同归,乃是军事和政治形势使然。

天宝六载(747年)末,边疆节度使实现蕃将化,恰恰就发生在汉族节度使皇甫惟明、王忠嗣相继涉嫌"太子党"的政治大案之后,这难道是偶然的巧合吗?

于是,安禄山(胡族)、高仙芝(高丽族)、哥舒翰(突厥族)、安思顺(胡族),相继担任(或兼统)边疆节度使,从而掌控了从东北到西北的强藩重镇。

边疆战争的升级和节度使的蕃将化,造就了安禄山政治发迹的机遇期。

混血胡儿,互市牙郎

安禄山(703—757 年),营州柳城县(故治在今辽宁朝阳市)人。本姓康,父亲是中亚地区九姓胡族(粟特人),母亲阿史德氏是突厥族。

阿史德氏是以卜为业的巫师。她婚后未孕,便向突厥人所信奉的战神轧荦山祈祷,嗣后果真生下一子,遂取名为轧荦山。

柳城是营州治所所在地,也是各族杂居之地,其中就包括九姓胡人。这些胡人的祖籍故乡是在中亚的乌浒河(今阿姆河)与药杀水(今锡尔河)流域的粟特地区,共有 9 个城邦,即康、安、曹、石、米、何、史、火寻、戊地等一些小国。据说,他们的祖辈原来居住在中国祁连山北边的昭武城(故地在今甘肃临泽县西北),后为匈奴所迫,遂移居中亚,支庶分王各地,合称昭武九姓,亦称九姓胡。

这些胡人属于高加索人种,相貌的主要特征是高鼻,深目,双眼皮,多胡须。他们住在古代丝绸之路沿线地区,以农业为主,兼营畜牧,并且擅长经商。信奉祆教(拜火教)或者佛教。

昭武九姓当初臣属于强大的突厥汗国。突厥全盛时期,疆域东到辽海,西至里海,南抵阿姆河以南,北过贝加尔湖,控制着中西交通以及丝绸之路。从北朝到隋唐,许多胡人逐渐向突厥腹地迁移。后来随着突厥汗国的衰落,又迁徙落户于中国北方沿边以及长安、洛阳等地,其中营州一带就是他们的一个聚居地。

他们分别以国为姓,商业活动在唐代达到极盛。同时,他们长期与突厥等民族杂处融合,作为中亚商业民族的后裔,在文化习俗乃至血统方面又打上了游牧民族的印记。

不过,更多的胡人依旧生活在中亚地区,分属九姓政权,在初唐和盛

唐时期都归附唐朝，分设为羁縻府州。

轧荦山童年丧父，随母亲生活于突厥部落。后来，其母改嫁另一个胡人，名叫安延偃。

开元初年，安氏家族遭遇不幸，破落离散，轧荦山也随安氏子弟逃出突厥部落，前往岚州（故治在今山西岚县北边的岚城），投奔时任岚州别驾的安贞节。

轧荦山孤贱年少，获得安氏家族的同情和照顾，并与继父的侄儿安思顺（安波注将军之子）等人结为兄弟，遂改姓安，更名禄山。[1]

在盛唐的节度使中间，安禄山简直就是一朵"奇葩"。

按照社会心理学和社会学的观点，人的个性、人格，既受到环境与社会关系的影响，也受到自身的生理、心理条件的制约，是个人在社会化过程中，自身与生活环境、社会关系相互作用的产物。

安禄山是胡族和突厥族的混血儿，家庭出身寒微，童年丧父，母亲以巫师为职业，也许是装神弄鬼、巧舌如簧，尔后又出现了一个陌生的胡族继父。生长在这样的家庭，又寄居在突厥人的部落里，安禄山从小就没有受过正规的文化教育，更谈不上儒家伦理道德的熏陶。

这种种因素，莫不影响到安禄山的童年和少年成长的路向：有可能导致强烈的自卑感，有可能从小就学会察言观色，有可能会养成一种冷酷的性格，有可能会从生父身上继承胡人经商的基因，并从继父身上学会经商民族的聪明和精明。

也许，他的童年、少年时光缺少爱的"童话"，但却不缺乏游牧民族剽悍勇猛的"野性"，而他的青年时代则恐怕会比一般人更渴望着，渴望着通过追求卓越而获得补偿并超越自卑。[1]

---

[1] 轧荦山和禄山这两个名字，都是粟特语的音译，意思是光明、明亮。但前者是一个已经突厥化的粟特词语，后者则是来华粟特人常取的胡名，汉译更符合汉名的习惯。参阅钟焓：《安禄山等杂胡的内亚文化背景——兼论粟特人的"内亚化"问题》，《中国史研究》2005年第1期。

[2] 根据奥地利心理学家阿尔弗雷德·阿德勒的观点，人的自卑感（并非自卑情结）是与生俱来的，只不过各人的程度不同而已。它是一个人在追求优越地位时的一种正常的发展过程，常通过追求卓越而获得补偿并超越自卑。

安禄山成年后，长得白皙、魁伟、剽悍。他最初的职业是诸蕃互市牙郎，又称牙人、牙侩、牙子，也就是北方边境各族商业贸易经纪人。他聪明，冷酷，精明而多智计，善于察言观色、揣测人情，并且通晓 6 种以上少数民族语言。

凡从事牙郎职业的，既要信息灵通，又要伶牙俐齿。安禄山凭借童年以来社会化过程中的环境、背景和经历，加上父母双方民族遗传基因的烙印所共同塑造的个性、素质和天赋，便使他在那个多民族混居的东北边境地区，颇为适合充当边贸中介的角色，而这一段牙郎职业生涯，又进一步磨炼、丰富和强化了他的性格、素质和能力。

骁勇善战，邀功固宠

大概是在开元二十一年（733 年），一个偶然的机会，30 岁的安禄山进入了东北军营。他和同乡史思明（原名窣干）均担任了一种下级军官——捉生将，任务是带兵潜入少数民族营地抓俘虏。

凭借自己的能力以及对周围地理环境与风土人情的熟悉，安禄山每次都能出色地完成任务，以致引起节度使张守珪的注意。

张守珪（？—739 年），陕州河北县（故治在今山西平陆县西南）人。他身材魁梧，性情慷慨豪爽有节义，善于骑射，智勇兼备。最初从军北庭，久在边疆，由西北到东北，先后抵御突厥、吐蕃、契丹，屡建战功，逐步升迁至辅国将军、右羽林大将军、御史大夫，兼任幽州、平卢节度使。

当时张守珪就决定破格提拔安禄山为偏将。安禄山也不负厚望，以其骁勇善战而逐渐闻名于军中。

张守珪对安禄山更加赏识，遂依照那时的风俗，将安收为养子，成为心腹爱将。安禄山积累军功，升任员外左骁卫将军、平卢讨击使。

开元二十四年（736 年），安禄山不慎跌入其人生的低谷。但他没有气馁，依旧在义父、节度使张守珪的麾下，以白衣将领的身份带兵作战，重新积累军功而官复原职。

然而世事难料。开元二十七年（739年），张守珪隐瞒部下败状并谎报战功之事败露，遭到朝廷追究，最终以其旧功减罪，贬为括州刺史。不久，他便病逝于括州任上。

安禄山突然失去了政治靠山。但他还是凭借自己的新战功，晋升平卢兵马使，从此掀开其人生的精彩篇章。

安禄山不仅骁勇善战，还善用人才、善抚士众，且号令严肃，将士们皆能拼命效力。他还熟悉东北边疆的山川地形以及各族杂居的风土民情，又依靠着国家愈益强大的边防兵力和雄厚的财力、物力。因此，在同契丹、奚族的军事较量中，他能长期占据优势，掌握主动权。

于是，唐玄宗对安禄山的器重也与日俱增。这已不是仅仅像过去那样"惜其勇锐"，而是更加赏识他的所谓"战必克平，智能料敌"的军事才能。

市侩职业出身的安禄山，在长期的军事生涯中不乏实干精神，更懂得如何表现，且有充分的耐心进行政治上的"长线投资"。

安禄山常令心腹部将刘骆谷入京奏事，并带回朝廷的旨意。刘频繁往返于京师、范阳之间，也在京城逗留较长时间。他留心观察沿途的社会状况，伺察朝廷的动静，随时将重要情报传送范阳的安禄山总部。

安禄山逐渐摸透了唐玄宗喜好边功、"欲威服四夷"的强势帝王心态，并认准了唐玄宗崇奉道教、迷信神仙和祥瑞的心理，从而不断投其所好。

他屡次妄言祥瑞。天宝四载（745年）即奏称，臣身负重任，誓灭东夷（奚和契丹），人神协从，灵芝瑞应，云云。

他不断制造"边功"，向朝廷报捷，甚至不惜挑动边衅，杀掠无辜。天宝九载（750年），他入京献俘，多达8000人的奚族"战俘"，想必便包含了大量被掳掠的平民。而唐玄宗却非常满意，钦定其考课为"上上考"。

考课，是朝廷对各级官员政绩的考察和评级，上上考是最高等级，获此殊荣者寥若晨星。

安禄山俨然头戴胜利者的"桂冠"，备受荣宠，权势飙升。

一个人在专制君主那里受宠的程度，取决于他能满足君主需要的程度。所以，邀功固宠又并非安禄山猎取荣华富贵的唯一诀窍。

寒族无党，政治投机

"蕃人善战有勇，寒族即无党援。"——这是唐玄宗和李林甫的共识。

唐玄宗在《封安禄山东平郡王制》中称赞安禄山："性合韬钤，气禀雄武，声威振于绝漠，捍御比于长城。战必克平，智能料敌……"

这篇制文不乏溢美之词，但却印证了"蕃人善战有勇"的观点。

尽管相比于王忠嗣的军事才能与威望，安禄山难以望其项背，可是，王忠嗣最后仍像皇甫惟明那样，落到削夺兵权、降级贬职的不幸下场。

原因何在？

关键原因，就在于王忠嗣和皇甫惟明一样，先后都莫名其妙地背上了所谓太子党的嫌疑。

这一点，唐玄宗心里清楚，李林甫心里也清楚，而密切关注朝廷动向的安禄山，亦不可能不明白。

虽然安禄山与朝廷重臣天然缺少千丝万缕的关系，与太子李亨更是毫无瓜葛，但是，他仍然不惜冒险与太子交恶，也要押上一个更大的政治赌注。

天宝六载（747年），安禄山入朝，内宴承欢。唐玄宗命他谒见在座的太子李亨。

岂料安禄山仅仅拱手参见，却并未下拜。左右问，为何不拜？安禄山竟佯装糊涂："臣是胡人，不懂朝廷礼仪，不知太子是什么官？"

"他是储君。朕百年之后，将传位于太子。"唐玄宗笑着解释说。

"臣愚蠢，以往只知道陛下，不知道太子，今当万死。"安禄山仿佛恍然大悟，于是装模作样地重新拜见了太子。

安禄山的这一番刻意表演，宛如貂蝉唱歌——有声有色，就连唐玄宗也信以为真，对他的"纯诚"倍加赞赏。

安禄山深知拍马奉迎以表忠心的必要性，也熟谙花言巧语的撒谎之道。

天宝二年（743年），安禄山以新任平卢节度使的身份入朝。他煞有

介事地奏称，去年七月，臣辖区内发生虫灾。臣焚香祷告说，臣若对陛下不忠，就让害虫吃掉臣的心；若是对陛下忠诚，就让害虫消失。祷告完毕，只见飞来许多大鸟，将田里的害虫全部吃光了。这是上天显灵，请陛下吩咐载入史册。

诸如此类低俗狡猾的"拍马屁"谎言，安禄山说起来居然面不改色心不跳。实际上这正是属于他的一种"专利"，也是他为当时的唐玄宗提供的"私人定制"。

在一次宫廷宴会上，他以一副似乎毋庸置疑的"痴直忠厚"的样子，向唐玄宗表白："臣生在蕃戎，承蒙陛下荣宠过甚。臣无特殊才能可用，愿以此身为陛下而死。"

唐玄宗当众不动声色，内心则想必认为这个胡儿的确憨实可爱。

然而鲁迅在《而已集·小杂感》里却说过这样一句话："自称正人君子的必须防，得其反则是盗贼。"——套用这句话，是否也可以说，自称忠臣的必须防，得其反则是奸佞。

安禄山身材高大魁梧，年轻时就已趋于肥壮。当年张守珪嫌其体肥，使他畏惧而不敢饱食。张贬离幽州后，安禄山旺盛的食欲便无拘无束，体重也随之扶摇直上。年过四十，他的体重已然高达330斤（唐制），约合今200公斤，肥胖的大肚皮几乎垂过膝盖，每天穿衣服时，都需要侍从蹲下身子顶起肥大的肚腹，才能让人替他系上腰带。

他每次从范阳（即幽州，故治在今北京西南）乘驿赴京，途中均要不断地更换驿马，以防坐骑不堪重负。沿途馆驿皆高价选购能负重两三百公斤的骏马，还专门在马鞍前面附加了一个小鞍，用于承载安的大肚腹。

唐玄宗曾经指着大腹便便的安禄山，开玩笑地说道："这胡儿腹中有什么东西，长得如此肥大？"

安禄山应声作答："别无他物，唯有一颗赤心啊！"

巧言令色，马屁拍得及时、精准、精彩而煞有介事。

然而俗话说，拍马屁的人都是为了骑马的。难怪《资治通鉴》揭露安禄山，是"外若痴直，内实狡黠"。

善伺人情，贿赂逢迎

生物都有天敌，而国家也有天敌。人的天敌是病毒，国家的天敌则是腐败。

在中国古代，拍马奉迎、行贿受贿之类的官场腐败现象，时隐时现，时轻时重，差不多成为君主专制政治体制的一大顽疾，也暴露出人性的严重弱点——虚荣和贪婪。

一个人的行事风格，是特定社会环境下的个人性格的写照。盛唐后期的政治风气正由相对清廉向绝对腐败转变，而安禄山便适逢其会，在官场上使出已往市侩的浑身解数，得心应手，游刃有余。

开元二十九年（741年），御史中丞、河北道采访使张利贞来到平卢军区（故治在今辽宁朝阳市）。

唐初，全国划分为十个道，相当于监察区，不定期地派遣使臣巡察。盛唐开元末，又将十道调整为十五个道，并各设采访处置使一名，简称采访使。他们根据朝廷规定的六条标准，分别监察各道的州县官吏，考察政绩，上奏弹劾违法乱纪行为。

这一次在平卢，负责接待事务的人就是上一年刚刚升任平卢兵马使的安禄山。这好比瞌睡送个枕头——正是时候，他巧言奉承，贿赂巴结，就连张利贞的随从人员也都得到了金帛礼品。皆大欢喜，一举搞定。

张利贞入朝时盛赞安禄山的人品和才能。不久，安禄山便升任营州都督，兼任平卢军使等一系列重要职务，第二年，又晋升平卢节度使。

天宝五载（746年），礼部尚书席建侯兼任河北道黜陟使，奉旨巡察河北，黜陟官吏。

此时，安禄山已升任范阳长史，充范阳节度使兼平卢节度使。想必他是故伎重演，又一次不失时机地砸下重金。结果，这位黜陟使大人回京复命时，同样满口赞誉安禄山："公直无私，严正奉法。"

安禄山必然是料定了贪官们的本性——哪个猫儿不吃腥？因而凡是往来于朝廷和范阳之间的大臣或中使（宦官使者），莫不喜获安禄山的丰

厚贿赂,也莫不对他赞美有加。不仅张利贞推美于前,席建侯表荐于后,并且就连前范阳长史充范阳节度使、现任户部尚书裴宽,右相(中书令)李林甫,也都对安禄山交口称誉,而这些人,均是唐玄宗信任的朝廷重臣。

在政治"投资"上,安禄山不失时机地"补仓",获利丰厚。他迅速蹿红于政坛,在唐玄宗心目中的分量更加与日俱增。

当然,安禄山对唐玄宗的贡献也是源源不断。奇禽、异兽、杂畜、珍玩等搜刮聚敛而来的钱财,进贡几乎不绝于路,致使沿途郡县疲于递运。

安禄山还敏锐地意识到,要想长期邀宠于唐玄宗,有一条捷径至关重要,那就是取悦杨贵妃。

恰好,随着唐玄宗对他这个"憨态"可掬的胡人越来越喜欢,越来越信任,他便开始被当作皇室亲属看待,能够参加宫廷宴会。唐玄宗还让杨贵妃的胞兄胞姐与他叙为昆仲姊妹,俨然视同外戚。

天宝六载(747 年),安禄山进而提出,想要做贵妃的养儿。

养儿,也称养子、假子、义子。认养儿,本是唐代一种风俗,尤其盛行于北方少数民族。

安禄山正恩宠特深,因而唐玄宗很爽快地就答应了他的请求。斯时,杨贵妃 28 岁,安禄山已经 44 岁。——取悦邀宠,安禄山确也是"蛮拼的"。

安禄山进宫谒见帝妃,总是先拜杨贵妃,后拜唐玄宗。起初唐玄宗甚感奇怪。安禄山则答道:"臣是蕃人,习惯先母后父。"——一句"卖萌"的回答,又一次逗乐了唐玄宗和杨贵妃。

不过,"先母后父"的说法,倒也不是安禄山信口胡诌。他有突厥血统,且成长于突厥部落中,而唐代突厥族社会,的确还遗留着过去一些母权制的习俗。

就这样,安禄山与帝妃之间又平添了一层"母子""父子"的角色关系,赫然拉近了彼此间的心理距离。安禄山每次来京,出入禁中必宴饯结欢,还时常陪同贵妃进餐。唐玄宗对他也像对待亲属一样随意,有时候还叫他即兴表演一段胡旋舞。安禄山大腹便便,但跳起熟悉的胡旋

舞,却依旧旋转自如,韵味十足。

胡旋舞源自西域九姓胡,南北朝时期传入中国,唐初开始流行于宫廷。盛唐时期,昭武九姓多次向唐朝贡献胡旋女。她们或在地面上表演,或在大木球上表演,伴随节奏明快的西域弦鼓音乐,身体不停地左右旋转舞蹈,欢快而健美。

与胡旋舞同样著名的西域舞蹈还有胡腾舞和柘枝舞。前者以俯仰腾跃、环行急蹴为特点,后者以婉转绰约、轻盈飘逸为特色。它们都在唐代宫廷内外盛行一时。

共同的乐舞爱好,更加拉近了彼此之间的感情距离,况且安禄山又异常机灵,应对敏捷,言语诙谐,常常逗得帝妃开怀大笑。于是在对安禄山的认知态度上,唐玄宗和杨贵妃便不约而同形成积极印象,以至于产生"晕轮效应",对安的所有行为和能力均持正面的评价。

天宝十载(751年)正月初一,长安亲仁坊。在唐玄宗为安禄山新建的豪华府第内,安禄山迎来48岁生日。帝妃分别赏赐贵重的服饰和金银珠宝器物以及精美的酒馔,为他庆生。

正月初三,安禄山生日第三天,杨贵妃竟然在宫中为他举行了一场洗儿礼。宫女们用一件特大的锦绣褓褓将安禄山肥胖的身体包裹起来,然后用彩辇抬起来玩耍逗乐,欢呼动地。

欢笑声惊动了唐玄宗。他派人打听,回奏是贵妃在为禄山举行三日洗儿礼。

三日洗儿是唐代流行的一种风俗。它在婴儿诞生第三天举行,用器皿盛汤水为婴儿洗浴。据唐代著名医学家孙思邈在《备急千金要方》里说,宜取桃根、李根、梅根各二两,以水煮沸,然后去渣留下汤水洗浴,可以祛除不祥,终身不生疮疥。洗浴之后,再用褓褓把婴儿包裹起来,抱给亲友们观看,长辈还要赠送钱物,叫作洗儿钱。

当时唐玄宗过来一看,也不禁捧腹大笑,随即赏赐洗儿钱,共同欢乐一番。

盛唐社会"胡风"盛行,宫中也是时常喧笑戏闹,不太拘于礼节。杨贵

妃为安禄山补办洗儿礼，不无恶作剧的味道，但却符合时俗，恐怕也是在助力唐玄宗笼络安禄山。

而安禄山更是不拘礼节，在他的人生词典里，甚至看不到"廉耻"二字。他尤其善于逢场作戏，只要能博得主子的欢心，纵然卖萌犯贱，也"爽歪歪"地在所不辞。

鲁迅说得好，有趣和肉麻也只隔一张纸；"只要有利于己的，什么方法都肯用，这正是流氓行为的模范标本。"①

天宝年间，有一位宫廷艺人名叫黄幡绰，诙谐幽默，颇得唐玄宗的宠信。有一次，唐玄宗开玩笑地问他："什么样的儿子得人怜爱？"

"自家亲生的儿子得人怜爱。"黄幡绰脱口而出。

是时，杨贵妃与唐玄宗的养儿安禄山恩宠浸深，而太子李亨却受到父皇的猜忌，终日提心吊胆。

唐玄宗一时陷入沉默。

擅长妙语解颐的黄幡绰，万万没想到，这一次的冷幽默竟让皇上笑不起来了。

也许在黄看来，眼前的现实近乎一种荒谬的逻辑（而这正是制造幽默的根据）。然而却仿佛雾里看花，宫廷艺人可能永远都弄不懂君主专制政治的玄机，也就难以猜透盛唐天子的难言之隐。

"事物的荒谬不是它不该存在的理由，而宁可说是它存在的条件。"——弗里德里希·尼采在《太有人性的人》里这样说过。

---

① 《鲁迅全集》第 2 册，人民文学出版社，1981 年，第 328 页。

第七卷

悲壮惨烈的边疆战争

盛唐的危机

　　大唐王朝是一个多民族的统一国家,大唐天子既是中央王朝的皇帝,也被周边少数民族尊为天可汗。

　　但是,幅员辽阔的大唐帝国又存在着错综复杂的民族关系。各民族的政治、经济利益,既有融洽互利的一面,也有矛盾冲突的一面,而一些严重的利益冲突,便有可能导致暴力和流血的战争。

　　虽说唐代处于中国历史上的温暖期,并未发生导致北方游牧民族大规模南下的气候变迁因素,可是问题的关键却在于,只要"民族内部的阶级对立"尚未消失,那么,由此可能造成的"民族之间的敌对关系"也就不会彻底消失。(参阅《马克思恩格斯选集》第一卷)

　　唐代边疆(边境)战争,既是边疆少数民族与中原汉族的利益矛盾激化的严重结果,也是中央王朝与周边少数民族政权对彼此的政治关系或经济利益处理不当的极端产物。尽管战争并不是唐代民族关系的本质和主流,但其后果却是悲壮而惨烈的。

河西、陇右：吐蕃东扩与边境战争

在中国西藏的雪域高原上，很早就生活着一个名叫吐蕃的民族。它是藏族的直系祖先，源于雅鲁藏布江流域，是由古代的西羌等众多民族长期融合而形成的。它建立的政权即称为吐蕃。

从隋代到唐初，吐蕃势力勃兴，并将政治中心由山南迁到逻些（故地在今西藏拉萨），逐步实现了中国青藏高原的统一。它效仿唐朝制度，吸收中原的生产技术和科技知识，迎娶唐朝公主，接受唐朝的册封，国力愈加强盛。

但吐蕃处于青藏高原的地理环境中，作为半牧半农的经济形态，需要更多更好的牧场，需要更靠近发展水平较高的汉族农耕地区，需要更多先进的生产资料、生活资料乃至于奢侈品。于是，其贵族统治集团更深远的战略意图就在于：逐步控制西域（广义上指今新疆和中亚地区），并且占领河西走廊，切断唐廷与西域的联系；同时，巩固其东部边境地区（相当于今青海东部及四川、云南西部），并就近与汉族进行互市贸易，抑或伺机掠夺边境实际控制线唐朝一侧的人口和财物。

早在初唐时期，吐蕃统治者就自恃兵强马壮，连年犯边，甚至威胁到关中京师的安全。因此，从河西到陇右再到剑南（故地在今河西走廊、青海湖以东直到四川西部），唐朝逐步建立大规模的防御体系，防御吐蕃的常备兵力，至天宝初年已达到 18 万人。

唐朝河西、陇右边防军采取积极防御的战略战术，固守坚城要塞，

并且伺机集中优势兵力对吐蕃军队进行反击，逐渐扭转了战场上的被动局面。

"青海长云暗雪山，孤城遥望玉门关。黄沙百战穿金甲，不破楼兰终不还。"

在河陇主战场上，著名的石堡城争夺战，就是唐军与吐蕃军长期激烈攻防较量的一个缩影。

唐高宗时期，吐蕃攻灭吐谷浑，占据其地（故地在今青海北部和新疆东南部）。继而，吐蕃军队又越过赤岭（今青海湖东、湟源县南的日月山），占领药水河流域。大约到了唐玄宗开元初期，吐蕃军就在药水河上游东岸一处险峻的山岭上，修建了一座永久性的营垒工事，屯兵据守，号称铁刃城。

这座铁刃城就是唐朝所称的石堡城，故址在今青海湟源县日月乡的石城山上。石城山的海拔高度约 3600 米，实际高出药水河床约 300 米。山崖顶上有大、小方台，考古未发现城墙遗迹，仅有营房基址和烽火台遗迹，还采集到了唐朝"开元通宝"铜币以及泥质灰陶片等遗物。[1]

历史文献与现代考古相互印证表明，石堡城所在山顶的大、小方台，可能主要是依托岩壁峭竖的山崖为天然屏障，并加修了一些防御工事。虽未修建城墙，但其东、南、西三面都是悬崖绝壁，纵然有山沟可以艰难攀登，但也是一夫当关、万夫莫开的险绝地形。北面虽无悬崖，且有山沟石路盘曲而上，可达山顶，长约三四里，但也是山陡路险，易守难攻。

果然是一座高大险固的天然石头要塞。它西距赤岭 20 里，地处唐蕃交通线上，控扼赤岭山口至药水河谷的咽喉冲要，成为唐蕃实际控制线上深入唐军一侧的重要制高点。

吐蕃军队凭险自固，恃以窥边，直接构成了对唐朝陇右的严重威胁。

盛唐前期，陇右、河西边境战争的形势朝着有利于唐军的方面逆转。开元十七年（729 年），朔方节度使李祎奉旨突袭并攻占了石堡城。

---

[1] 参阅王昱：《石堡城唐蕃争夺战及其方位》，《青海科学研究》2010 年第 6 期。

唐玄宗喜获捷报。他下令设置振武军,领兵一千,战马五百,分守石堡城及其周边要害之地。河陇诸军进而乘胜越过实际控制线,向西反攻,拓地千余里。

吐蕃屡遭失败,频频遣使请和;金城公主(唐中宗时和亲远嫁吐蕃赞普)也上表沟通,协助打破坚冰。最终,唐玄宗接受了吐蕃递出的"橄榄枝",化干戈为玉帛。

双方高层级会谈达成和平协议。吐蕃依旧承认唐朝的宗主权,赞普(国王)依旧接受唐朝的册封。开元二十二年(734年),双方在赤岭山口的东南、西北两侧,分别竖立分界碑,刻《和约》于其上,重申:"舅甥(指唐蕃双方——笔者注)修其旧好,同为一家。"

然而,结束任何战争的和约,也只能是计算和记载这次战争结果所造成的力量的实际变化(列宁语),却无法完全约束吐蕃贵族统治集团的扩张战略和掠夺政策。

开元二十四年(736年),吐蕃果然背信弃义,又一次进军北上,侵犯"唐之西门"——小勃律(故地在今克什米尔西北部),企图重新打开进出西域的通道。

唐玄宗接到小勃律的告急文书,迅即致函吐蕃赞普,令其撤军。但吐蕃拒不受诏,并于次年二月攻占小勃律。

唐玄宗极其愤怒,却无奈鞭长莫及,一时难以驰援。他决定就近对河陇边境的吐蕃军实施报复性打击,于是下达作战命令。

此前,在双方和解的气氛下,河西节度使崔希逸已与吐蕃守将相约,各自撤销了边境守备,如今口血未干,竟要毁约开战,的确是左右为难。可是君命难违,最后,崔希逸还是被迫发兵掩袭,大破吐蕃军。

赤岭分界碑两侧短暂的和平宁静被击得粉碎,战火复燃,并且从陇右(故地在今青海及甘肃西南)一直延烧到剑南西境(故地在今四川西部)。

开元二十九年(741年)春,金城公主逝世。吐蕃遣使告哀,并再次请和。

唐玄宗断然拒绝。

唐蕃边境战争继续进行，此起彼伏。同年十二月，吐蕃袭占石堡城，并且倾力加强防守，几乎固若金汤，仿佛重新在实际控制线的唐军一侧撕开一道裂口，插入一把利剑。

唐玄宗愤怒不已。随后几年间，唐军与吐蕃军交战虽多次获胜，但是攻夺石堡城却惨遭失败。

天宝三载（744 年），边境形势意外出现重大转机。长期威胁唐朝北方边境的东突厥汗国被回纥所灭，回纥汗国尽有突厥之地，雄踞漠北，但却没有对唐朝构成威胁。与此同时，东北边境契丹和奚族的军事力量，也在唐军的打击和威慑下丧失已往的锐气。

北顾之忧既已解除，唐玄宗便集中力量对付西边咄咄逼人的吐蕃。于是，收复小勃律和石堡城，就成为唐朝对吐蕃反击战的两场重要战役。

天宝五载（746 年）正月，唐玄宗任命陇右节度使皇甫惟明兼领河西节度使，再次调集河陇兵力对吐蕃展开反击。但不久，皇甫惟明涉嫌"离间君臣"之罪，遭到贬逐。唐玄宗遂调遣河东节度使王忠嗣出任河西、陇右节度使，并权知朔方、河东节度事。

王忠嗣（705—749 年），原名训，太原府祁县（故治在今山西祁县）人，家居华州郑县（故治在今陕西渭南市华州区）。父亲王海宾，曾任太子右卫率、丰安军使，骁勇善战，开元初，在对吐蕃反击战中不幸阵亡。唐玄宗追赠其左金吾大将军，并将其 9 岁的儿子王训收养于宫中，赐名忠嗣。

王忠嗣成年后，雄毅寡言、谨严持重而有武略。唐玄宗曾同他谈论军事，不禁赞叹："尔后必为良将。"

王忠嗣初任河西、河东兵马使，智勇善战，逐级升迁，历任朔方、河东节度使。他先后指挥对奚族和突厥族的反击战，胸中甲兵，战无不胜，又在缘边数千里要害之地修筑城堡要塞，将防御纵深向北拓展几百里。

他卓有远见，以持重安边为要务，依托强大的军事防御系统，适当开放边境贸易，营造出一派塞外晏然的和平景象。因此，"当代称为名将"。

"一身转战三千里,一剑曾当百万师。"王忠嗣身佩四将大印,劲兵重镇,控制万里,这在唐朝边军连帅之中,堪称空前绝后。他镇守河陇伊始,就分析敌情,运筹帷幄,指挥作战,大获全胜,迅速稳定了河陇的边防局势。

但唐玄宗依然念念不忘石堡城。他又下诏询问攻取方略。

王忠嗣坦诚奏言:"石堡城险固,吐蕃又倾力加强防御,若顿兵于坚城之下,势必牺牲数以万计的士卒才有可能攻取之,臣恐怕得不偿失。建议养精蓄锐,待时机有利再夺取,此乃用兵之上策。"

的确,利用有利的地形障碍和坚固的工事,兵力较少的守备部队也可以抗击兵力优势很大的敌人,要攻破一支凭险固守的军队,比进攻一支暴露在平原上的敌军困难得多(《战争论》的作者和《战争艺术概论》的作者都这样说过)。尤其是在冷兵器时代。

然而,或许在政治家唐玄宗看来,石堡城的得失,不仅事关陇右的安全,而且也是对"吐蕃丑逆"之"悖慢无礼"的回击,涉及朝廷威望的得失。而在军事家王忠嗣的眼里,不择时机地强攻险固的石堡城,则是用兵之下策,更关涉成千上万名士兵的生命。

可悲的是,王忠嗣"持重安边"的观念和举动,却不符合盛唐后期唐玄宗"欲威服四夷"的战略意图,甚至也令河西、陇右一些热望功名富贵的将士大失所望。

果然,王忠嗣的奏疏让唐玄宗大为不满。

果然,天宝六载(747年)十月,王忠嗣的部将董延光就带头越级向唐玄宗献策请战。

唐玄宗大喜,迅即下令王忠嗣调拨兵马,支持董延光攻夺石堡城。

王忠嗣被迫奉诏行事,但却未按惯例悬立重赏。——他实在不忍心激励士兵去白白送死。

这时候,王忠嗣最得力的部将之一、河西兵马使李光弼见势不妙,急急忙忙赶到节度使府求见。

他脚步匆匆,快速穿过大门、中门、庭院,尚未进入厅堂,王忠嗣就已

经看见了他。

"李将军有什么事吗？"王忠嗣迎面亲切招呼。

李光弼快步上前施礼,说道:"请允许我说一说军事上的想法。"

"李将军有何想法？"

"前几天,大夫因为把士兵放在心上,似有不赞成董延光的意思,虽说是在奉行诏令,实际却不想助力这次攻城行动。试想,大夫将数万之众交给董延光指挥,但却未立重赏,如何激发部队的勇气？"李光弼直言不讳,"军中仓库财帛充足,何必吝惜几万段绢帛之赏,以杜绝董延光的谗言啊！他若出师不捷,势必归罪于大夫。"

"李将军,忠嗣主意已定。平生最初的愿望,何尝想过能达到这样高的地位？以目前的边防形势看,夺得一座石堡城未必就能遏制住吐蕃,得不到它也未必对国家有多大的危害。忠嗣怎能用数万士兵的生命去换取一城,以保住自己的官位呢？……"王忠嗣的语气平静而坚定,末了又话锋一转,"尽管如此,忠嗣也知道将军是在爱护我。"

一席话让李光弼深为感动。"原先光弼是担心此事会连累大夫,才斗胆表达忠告。大夫能有古人的高风亮节,实非光弼所能企及。"他说。

言毕,李光弼恭恭敬敬地退了出去。

这一年,李光弼39岁,比王忠嗣小3岁。李光弼就是后来与郭子仪齐名的中兴名将,平定安史之乱的元勋功臣。

《孙子兵法》曰:"非利不动,非得不用,非危不战。"(对国家无利就不采取军事行动,无必胜的把握就不随便用兵,不到危急时刻则不轻易开战。)"故进不求名,退不避罪,唯人是保,而利合于主,国之宝也。"(故此,进不企求战胜的名声,退不回避违抗命令的罪责,只以将士的生命为重,而又符合国君的根本利益,这样的将帅才是国家的宝贵财富。)

后来,董延光未能攻克石堡城,果然奏称王忠嗣拖延军事行动,李林甫也乘机进行政治诬陷。王忠嗣——这位盛唐良将、国家之宝——最终还是遭到贬谪,离开了他为之出生入死、呕心沥血的边防前线。

然而,唐玄宗并未停止反击吐蕃的脚步。

天宝六载（747年），安西副都护高仙芝远程奔袭小勃律，从吐蕃手中夺回了唐之西门。

天宝七载（748年），新任陇右节度使哥舒翰，在青海湖的龙驹岛上修筑应龙城，戍卒2000人，也如一把利剑，插入实际控制线的吐蕃一侧。

天宝八载（749年）五月，唐玄宗又一次下发攻夺石堡城的作战命令。

北线无战事。唐玄宗得以抽调朔方与河东的部分兵力到西线，会同陇右、河西军队主力，再加上铁勒的同罗军队，共同组成6.3万人的攻城部队，由哥舒翰统一指挥。

哥舒翰（？—757年），突骑施的哥舒部人，属于西突厥别部，世居安西。其父官居安西副都护，其母是于阗国的公主。他家境富裕，性情豪爽，仗义疏财，善结人缘，爱读《春秋左传》与《汉书》，汉化程度较深。年过四十，赴河西，仗剑从军，有勇有谋，抗击吐蕃屡建战功，逐步升至陇右节度副使兼河源军使，成为王忠嗣最得力的部将之一。

但这次攻坚战的确异常艰难。石堡城虽小，却非常险固，居高临下，易守难攻。况且吐蕃守军又增加了兵力，贮藏了充足的粮食，准备了大量的檑木巨石。而在那个冷兵器时代，攻城手段本来就很有限，何况高踞300米悬崖之上，以绝壁为城墙，令唐军更加难以展开兵力，也无法发挥云梯等攻城器械的作用，充其量只能正面使用车弩、抛车等远距离杀伤性武器助攻。

果不其然，一连几天，唐军的强攻频频受挫。而顿兵于坚城之下，挫伤锐气，乃是兵家之大忌，何况还要防备吐蕃援兵来袭。

哥舒翰焦急万分。他紧急召见前线指挥官——朔方将领高秀岩与河东将领张守瑜，怒气冲冲声称要砍掉他们的脑袋。高、张二将慌忙求再宽限三日。

军令如山。两位将领匆匆赶回前线，日夜督战。

不难想象，唐军只能以山崖北坡的山沟石路为主攻方向，并可能从其他三面崖壁攀缘助攻。战士们冒着倾泻而下的檑木、巨石、箭矢，何其

艰难地攀缘仰攻,夜以继日,前仆后继……

终于,这座险固的空中要塞被唐军攻陷,幸存的400名吐蕃士兵成了俘虏。时在天宝八载(749年)六月。

这场攻坚战,是何等的艰难而惨烈——6.3万人的部队伤亡过半,触目惊心!

王忠嗣当初的担心不幸言中。就在同一年,远在数千里之外的汉东郡(即随州,故治在今湖北随州市),将军溘然长逝,享年44岁。

不过,事情总是辩证的,在一定的条件下,坏事也有可能产生好的结果。唐军再度收复石堡城,驻军守卫,重新控制前沿制高点,扼住交通咽喉,威慑吐蕃占据的九曲之地。

九曲位于黄河上游。唐中宗时期,吐蕃以金城公主的名义,获得九曲之地。这里水草丰美,宜于屯兵畜牧,居然变成吐蕃在陇右兴兵入寇的后方基地。

天宝十二载(753年),哥舒翰再次发动对吐蕃反击战,一举收复九曲地区。

"横行青海夜带刀,西屠石堡取紫袍。"陇右节度使哥舒翰威震青海,战功显赫。同年八月,他兼任河西节度使,先后赐爵凉国公和西平郡王。

然而,"一将功成万骨枯。"——天宝八载石堡城攻坚战,仍不免操之过急,伤亡过大。

安西、北庭——唐朝的西域边疆

唐朝的西域边疆,分别统辖于安西、北庭两大都护府。

西域,这个在古代让中国人神往的充满异域风情的地方,是从西汉起对玉门关(遗址在今甘肃敦煌市西北)以西地域的统称。狭义的西域,在唐朝称作安西、北庭之地,大体上相当于现在的中国新疆;广义的西域,则还包括中亚地区,甚至远及西亚、南亚、东欧和北非。

公元7世纪下半叶,唐军和吐蕃军在安西四镇(故地大致在今新疆

天山以南)展开激烈争夺。直到武则天长寿元年(692 年),唐军收复四镇,疆界遂不断西移。唐朝官方文献中的西域一词,也逐渐由初唐所指敦煌以西地区,转变成特指葱岭(今帕米尔高原)以西地区,不再包括安西四镇等地区。①

初唐和盛唐时期,唐王朝声威远播西域,不仅有效管辖安西、北庭的广袤国土,而且势力范围一直延伸到中亚腹地,远达咸海之滨。

唐太宗时期,设立安西都护府于西州的交河县城(故治在今新疆吐鲁番市西北),成为唐朝在西域的最高行政和军事机构。唐高宗时期,安西都护府西迁至龟兹(故治在今新疆库车县),更有利于管辖广袤的西域边疆。

武则天时期,又增设北庭都护府于庭州(故治在今新疆吉木萨尔县北),辖境约相当于今天山以北、阿尔泰山以西、咸海以东的广大地区。而安西都护府则专力管辖天山以南、昆仑山以北、帕米尔高原以西的广大地区。

在葱岭以东、天山以南的绿洲地区,安西都护府治下的龟兹(今新疆库车)、焉耆(今新疆焉耆)、疏勒(今新疆喀什)、于阗(今新疆和田),成为唐朝守卫西域、保护丝绸之路的四个军事重镇,驻军 3 万人,号称安西四镇。②

唐朝轮番征点中原壮丁到西域戍边(盛唐后期改为长驻雇佣兵),源源不断地调运绢帛等物资充作军费,还在西域广置屯田(军垦农场)生产军粮,广设监牧(军用牧场)养殖羊马。

今新疆吐鲁番市西北约 10 公里处,有一座交河故城。它就是当年安西都护府的官署所在地。

今新疆吉木萨尔县以北约 20 公里处,也有一座吉木萨尔故城,俗称破城子。它就是当年北庭都护府的官署所在地。

---

① 参阅荣新江、文欣:《"西域"概念的变化与唐朝"边境"的西移——兼谈安西都护府在唐政治体系中的地位》,《北京大学学报》2012 年第 4 期。但为了行文方便,这里仍主要沿用上述狭义的西域概念。

② 焉耆曾与碎叶(故址在今吉尔吉斯斯坦的托克马克附近)交替作为四镇之一,直到开元七年(719 年)才固定为焉耆。

今新疆乌鲁木齐境内，还有一座乌拉泊故城。它曾经就是唐朝的一座屯田城（军垦农场行政区）。

今新疆塔什库尔干塔吉克自治县城北边，又有一座石头城遗址。它曾经就是揭盘陀国的都城，古代丝绸之路上的一处重要站点，也是唐代中国西陲第一哨——葱岭守捉（边防戍所）——所在地。

…… ……

历史沧桑。它们一起诉说着大唐王朝富强文明的辉煌岁月，它们共同见证了大唐帝国捍卫西域边疆的英雄年代。

"共问寒江千里外，征客关山路几重？"

安西、北庭——大唐的西域边疆，对当时绝大多数中原人而言，还是那么遥远，还是那样陌生而又神秘。于是，便有"春风不度玉门关"的遗憾，便有"西出阳关无故人"的感叹。[1]

然而，尽管西域路途遥远，但毕竟也是唐朝的疆土，是陆上丝绸之路的通道，又是防御吐蕃和大食（阿拉伯帝国）的战略要地。

于是乎，就有数以万计的中原男儿，受国家的轮番征点，一批又一批，穿越河西走廊，迎着圆圆的"长河落日"，遥看直直的"大漠孤烟"，风尘仆仆奔赴西域，屯垦戍边，浴血征战。"其有涉河渡碛，冒险乘危，多历年所，远辞亲爱，壮龄应募，华首未归。"（唐玄宗诏书）

即使到了盛唐后期，边防军已由征兵制转为募兵制和本土化，但是作为补充形式，从中原征发百姓戍边或参战，也仍然时有发生。

沙碛悠然，远辞亲爱。盛唐著名诗人高适的一首《塞上听吹笛》，即含蓄道出了边防将士心中那缕剪不断的乡愁：

霜净胡天牧马还，
月明羌笛戍楼间。

---

[1] 玉门关和阳关遗址，分别在今甘肃敦煌的西北和西南，西汉所置，唐代依旧同为中原通往西域的门户。一说唐代玉门关迁至敦煌以东，遗址在今甘肃瓜州县东北，已被水库淹没。

借问梅花何处落，

风吹一夜满关山。

霜后的边塞，秋高气爽，空旷幽静。银色的月光洒向旷野上高耸的戍楼，传出了羌笛吹奏的乐曲《梅花落》。那笛声悠扬而苍凉，隐含着一缕幽忧的思乡之情，飘荡于边塞戍楼之间，又仿佛朔风吹散的梅花，一夜间飞撒万重关山。

但盛唐毕竟是一个充满激情、自信而奋发有为的时代。人们鄙视京师卫戍部队里的那些碌碌无为的职业军人，所谓"不肖子弟为武官者，父兄摈之不齿"（《唐会要》）。而同时，人们又敬佩那些守护疆土的边军将士，崇尚"铁马冰河""功名万里"的大丈夫志向：

忘身辞凤阙，报国取龙庭。岂学书生辈，窗间老一经。（王维）

不然拂剑起，沙漠收奇勋。老死阡陌间，何因扬清芬。（李白）

少小虽非投笔吏，论功还欲请长缨。（祖咏）

古来青史谁不见，今见功名胜占人。（岑参）

汉家烟尘在东北，汉将辞家破残贼。男儿本自重横行，天子非常赐颜色。（高适）

秦时明月汉时关，万里长征人未还。但使卢城飞将在，不教胡马度阴山。（王昌龄）

…… ……

这正是盛唐人的英雄情结，盛唐人的爱国情怀，纵然是铁衣远戍，马革裹尸，也不失慷慨豪放的英雄本色：

葡萄美酒夜光杯，

欲饮琵琶马上催。

醉卧沙场君莫笑，

古来征战几人回？

王翰的这首《凉州词》,几分悲壮,几分豪放,又几分浪漫。——盛唐边军将士的雄豪之气,跃然于纸上。

天山以南:唐与吐蕃争夺战

大唐西域,安西、北庭之地,那壮丽的画一般的景观,那奇特的诗一样的风情。

它有雪山、河流、湖泊、草原和森林,也有戈壁、绿洲、火焰山与火山云。它有天山飞雪,瀚海冰封,"忽如一夜春风来,千树万树梨花开",又有"胡琴琵琶与羌笛","葡萄美酒夜光杯"。……

啊,"江山如画","无限江山"!

然而,西域的自然地理环境也有严酷的一面——"寒风如刀,热风如烧","平沙莽莽黄入天"。

同样的,西域的政治"气候",也是既有风和日丽般的"夷夏一家",又有狂风暴雪似的兵戎相见。

盛唐之时,吐蕃与唐朝曾签订和约,承认唐朝的宗主权,河西、陇右边境一度"惠风和畅"。

可是,吐蕃统治集团对西域的战略需求,却并没有因为一纸和约而放弃,靠近吐蕃的天山以南地区,一直都是吐蕃与唐朝争夺的焦点之一。

西域边疆,巍巍天山连绵逶迤,横亘东西。山脉南北,一边是塔克拉玛干沙漠,一边是古尔班通古特沙漠。黄沙莽莽,浩瀚苍凉。但其中和周边却散布点缀着大大小小许多绿洲:雪峰冰川消融而形成的清泉河流,水草丛生,树木成荫,绿色的田园,错落的城镇,宛如茫茫沙海中的绿色岛屿,千姿百态,生机盎然。

正是凭借着这些绿色生态环境,西域各族自古就建立了一个个分散的城邦小国。安西都护府属下的安西四镇,便是分散于塔克拉玛干沙漠周边的四个绿洲小国。

早在唐高宗、武则天时期，吐蕃就染指西域，招致唐军的反击，安西四镇两度失而复得。

西域民族众多，关系复杂，西突厥余部以及后来兴起的突骑施，同唐朝也时有矛盾和冲突。这些因素就给吐蕃的介入提供了契机，以致多次与西突厥余部或突骑施连兵抗唐。

吐蕃人从青藏高原向北进入天山以南的绿洲地区，有三条主要道路——东道、中道和西道，其中以中道最捷近。可是自从唐朝增加兵力重点防守中道以后，吐蕃军队就只能选择其他两道，特别是西道。[①]

开元二年（714年），吐蕃军再次由西道北上，强行向小勃律"借道"进入西域，并于次年联合大食军队，进攻拔汗那，扶植阿了达为伪国王。

拔汗那国（故地在今中亚费尔干纳盆地）也是唐朝的羁縻州，与唐朝关系密切。

拔汗那战败，国王逃到龟兹，向安西大都护求救。

正出使西域的监察御史张孝嵩对都护唐休璟说："不救拔汗那，便无法继续号令西域。"

于是，一支由汉、蕃步兵和骑兵组成的远征军，在张孝嵩指挥下，长驱西进，会合另一支唐军，展开反攻，大败阿了达的伪军，并将吐蕃势力逐出拔汗那（大食部队因其国内问题已先期撤离）。

开元十年（722年），吐蕃派兵进攻小勃律，企图打通进军西域的西道。

小勃律故地位于今克什米尔西北部，吉尔吉特河流域，处在吐蕃北上进入西域的交通要道上，具有重要的战略地位。

小勃律自唐初以来就与唐朝通好，并接受唐朝的册封。受到吐蕃的攻击，小勃律也是急忙向安西都护求救。信中说："勃律是唐朝的西门，倘若失陷，则西域皆会面临吐蕃的威胁。请都护考虑。"

时任安西大都护的张孝嵩，迅即派遣疏勒副使张思礼率领步、骑兵

① 参阅王小甫：《唐、吐蕃、大食政治关系史》第一章第三节，第三章第二节，北京大学出版社，1992年。

共4000人,兼程驰援,最终与小勃律部队内外夹击,大败吐蕃军。

开元十四年(726年),安西大都护杜暹对待突骑施措置失当,致使突骑施发兵攻打安西四镇。第二年,吐蕃军也攻陷河西瓜州(故治在今甘肃瓜州县),然后挥师西进,与突骑施合兵围攻安西城(龟兹治所及安西都护府官署所在地)。

形势危急,就连西夷僻守捉这样的边防哨所也都遭到攻击。西州(故治在今新疆吐鲁番市)以西的天山南路,烽火不绝,西州都督府也一而再地紧急下符,督促下属各军事单位警戒备战。

面对危局险情,安西副大都护赵颐贞沉着应战。他率兵坚守安西城,并指挥部队重点击败了吐蕃军。随后,突骑施部队也不得不解围而去,并寻求与唐朝和解。

远程奇袭小勃律

开元二十五年(737年),吐蕃不顾唐廷的劝阻,悍然攻占唐之西门——小勃律,强行打通吐蕃进军西域的西道。继而,吐蕃又以重兵驻守小勃律北边的连云堡,并且控制了葱岭以西的诸山地小国,对唐朝西域边疆和丝绸之路构成严重的威胁。

此后七八年间,安西边防军三度进兵葱岭及其以南地区,但都无功而返。

天宝三载(744年)之后,边防形势峰回路转,柳暗花明。

东突厥汗国灭亡,解除了唐朝北顾之忧,也减轻了河西方面遭受的军事压力。调任河陇军区的名将王忠嗣,对吐蕃军队发起攻势,数战皆捷,形成高压态势。

西域地区,安西边防军也在葱岭以西,对吐蕃占领军发动了第四次远征。指挥这次战役的将领,就是军中新锐——高仙芝。

高仙芝(?—755年),高丽族。其父高舍鸡从军河西,逐步升迁至安西四镇将领。高仙芝少年时代便随父亲来到安西,之后因父亲的战功而获得游击将军官衔(武散官,从五品下,非实职)。

高仙芝善于骑射,作战骁勇果断,常克敌制胜。几年后,他便担任了实职将领。尔后,他又受到安西大都护、节度使夫蒙灵察的器重,及至开元末年,已官拜安西副大都护、都知兵马使、四镇节度副使。

高仙芝英俊健美,性格内敛,平时甚至显得有点懦弱迟缓,以至于父亲曾担心他难以适应复杂竞争的社会环境。

但这一次远征,却让高仙芝的军事素质和潜能发挥得淋漓尽致。

天宝六载(747 年),高仙芝奉命兼任行营节度使,率领 1 万步、骑兵,远程奔袭小勃律。

"扬眉剑出鞘!"

部队于三四月间从龟兹(故治在今新疆库车县)出发。其时,安西步兵也有私马随行,满载粮草物资装备,和骑兵共同组成了一支机动性与耐久力兼备的远征军。

唐军一路西行,登上群山陡峭、深谷险峻、常年积雪、空气稀薄的葱岭高原。将士们克服头疼胸闷的高山反应,长时间艰难行军,抵达特勒满川(今瓦罕河)流域的识匿国。

识匿国也称五识匿(故地在今阿富汗东北部和塔吉克斯坦东南部交界地区),已经接近吐蕃重兵把守的连云堡。

部队稍作休整后,高仙芝决定兵分三路,快速行军,相互策应,在七月十三日辰时(上午 7—9 时)之前,会师连云堡。

连云堡,即护密国的娑勒城(一作婆勒城)。它位于娑勒川(一作婆勒川,即信图河,大概是今昔尔哈特的南方支流)的南岸,故址大概在今昔尔哈特镇附近。它据山濒水,编木为城,控扼附近的萨尔哈德和巴罗吉勒山口,也即通往小勃律及邻近地区的咽喉要道。城堡内有吐蕃守军大约 1000 人。

在连云堡西南 15 里处,还有吐蕃军依山构筑的兵营工事,与城堡互为掎角,有守军八九千人。

七月十三日凌晨之前,唐军三路人马相继秘密抵达娑勒川北岸,与

连云堡隔河相望。

趁着天空尚未破晓,高仙芝指挥部队悄然涉水过河,奄至城下,迅速集合成战斗队列,并按照指令,分头行动。

辰时,唐军分别发起攻击。

盛唐时期,军中刚刚兴起一种新型武器——陌刀。它是在传统的长刀(安装长柄的大刀)基础上,仿照汉代斩马剑而改进制作的,形制由原先一侧有刃改为两侧有刃,全长约两三米,重约八九公斤。

唐军各部队都挑选身体强壮的步兵,组建了陌刀队,由陌刀将带领。平时进行严格训练,战时作为步兵主力,冲锋陷阵,左砍右杀,常令敌人气慑。

这次远征,高仙芝特意抽调中郎将李嗣业和田珍,分任左、右陌刀将。在这关键时刻,他便将陌刀队投入南山战场这个决定点上。

李嗣业率领陌刀队为先锋,向敌方南山营垒展开进攻。吐蕃守军仓促应战,他们依山防御,圆木巨石蔽空而下。

唐军于是正面佯攻,掩护侧面迂回袭击。只见李嗣业手持陌刀和旗帜,奋勇当先,从一处绝险的地方隐蔽攀登,陌刀队紧随其后。……

仿佛从天而降,陌刀队的勇士们由侧面突然冲入敌人阵地,挥舞陌刀左砍右杀。吐蕃守军顿时阵脚大乱,死伤惨重,全线崩溃。

…… ……

还未到中午,唐军就已分别攻陷南山营垒和连云堡,毙伤和俘虏了几乎全部敌人。

"万里奉王事,一身无所求。"李嗣业(? —759年),京兆府高陵县(故治在今陕西西安市高陵区)人。身材伟岸,膂力超群,壮勇绝伦。天宝初,应募到安西,累积军功迁升中郎将。他最擅长使用陌刀,每战必为先锋队长,披坚执锐,带领陌刀队,所向披靡。

这次参战的还有识匿军队。识匿国也与唐朝关系亲密,国王跌失伽延亲自率兵随唐军征战,但却不幸阵亡,大约就在这场连云堡之役。

战后,唐玄宗授予其子都督、左武卫将军之职,拨给俸禄,并支持他

继任王位。

艰难的高原行军和山地作战，唐朝远征军旗开得胜，扫清了前进道路上的最大障碍和后顾之忧。

但是孤军深入险境，前途依然未卜。

担任监军使①的宦官边令诚，再也不敢继续深入敌境。于是，高仙芝便留下 3000 体弱伤病的士兵，由边令诚带领，守卫连云堡以确保退路的安全，他自己则率领精锐步、骑兵，继续前进。

葱岭，东西、南北均长达数千里。传说此地盛产葱类植物，故叫作葱岭；又据说这里山崖葱翠，遂名葱岭。它就是今天的帕米尔高原，号称亚洲万山之宗、世界之脊。其平均海拔在 4000 米以上，而高仙芝部队行军路线所经过的东帕米尔，平均海拔更是高达 6000 米。

葱岭，广袤无垠的高寒地带，群山陡峭，雪峰岿巍，幽谷险峻，冰川广布，空气稀薄，极偶尔会稀罕地发现一处自然美景，一幅由雪峰、翠谷、湖泊和原始森林共同构成的天然画卷。尽管当时已逐渐进入夏季，正是葱岭一年中间最好的时节，但，莽莽高原依然是那样地苍凉，劲烈的寒风依然不时裹挟着雨雪扑面而来。

又是三天的艰苦行军，唐军抵达坦驹岭（在今克什米尔西北，即兴都库什山脉东段的达科特山口）。

山势险峻，冰雪皑皑。海拔近 5000 米的山口，好似凌空而下，长约 40 里的深谷，布满巨大的冰川，寒气袭人。

这里已经到了小勃律的地界，前面南方远处，就是阿弩越城（故地在今克什米尔的古皮斯镇）。

劳师袭远，深入高寒险境，敌情不明，前景莫测。

"大使打算带我们到哪里去？"士兵们站在坦驹岭上，犹疑不前。

这时候，只见前方远处出现一群人，身穿胡服，骑着骏马，正朝这边

---

① 唐初以来，皇帝命将出征，常以御史随军监察，名为监军使，简称监军，职掌监督刑赏，纠察违谬。开元二十年（732 年）起，始以宦官充任监军。

第七卷 悲壮惨烈的边疆战争

赶过来。

"阿弩越民众真诚欢迎唐军到来。"来到身边的这群"胡人"热情言道,"娑夷水上的藤桥也已经被砍断了。"

娑夷水就是弱水,在今克什米尔的吉尔吉特北面,是印度河北岸一条支流。当时河上架设了一座藤制悬索桥,为小勃律通往吐蕃的咽喉要道,也是吐蕃兵驰援小勃律的必经之路。

高仙芝佯装高兴,当即命令,跟随这群前来迎接的"阿弩越人"下岭前进。

其实,这是高仙芝导演的一出戏。他早就担心士兵们不敢贸然下岭,于是秘密派遣20多名骑兵超前行军,装扮成阿弩越人的模样,及时前来迎接。

下岭第三天,阿弩越人闻讯果真前来迎接。部队入城,稍事休整,准备次日继续踏上征程。

但兵贵神速。高仙芝命令部将席元庆,立即率领一千精骑为先遣突击队,抢在吐蕃援兵赶来之前,袭占孽多城。

孽多城(故址在今克什米尔的吉尔吉特),是小勃律的都城。吐蕃占领小勃律之后,以吐蕃女子充作公主,出嫁小勃律国王苏失利之,强行结成政治联姻。又收买了小勃律的五六个首领,成为吐蕃的亲信。

席元庆临行时,高仙芝又面授机宜:"我军一到,小勃律的首领和百姓必会闻风而逃。你要出示皇帝诏书,招抚众人走出山谷,再拿出一些丝织品,以皇上的名义赐给他们。等那几个亲附吐蕃的首领一出来,就立即逮捕,听候处置。"

席元庆遵命,迅速带领突击队轻装驰骋,直奔孽多城。

后来发生的一切,果如高仙芝所料。

唐军大部队随后到达。高仙芝下令处决了那几个首领,迅即又命席元庆再率领骑兵飞驰60里,火速砍断娑夷河上的藤桥。

这座藤制悬索桥长达数十米,当初花费了大约一年的功夫才建成。

临近黄昏,唐军终于砍断了藤桥。恰在这时,闻讯驰援的吐蕃兵马也

蜂拥而至,但他们只能无奈地站在对岸,面对断桥望河兴叹。

逃入山中的小勃律国王夫妇,经高仙芝招谕,也很快出山投诚。

这也是一个闪光时刻。天宝六载(747 年)八月,唐朝远征军胜利班师。

唐玄宗颁诏,改小勃律国号为归仁,募兵 1000 人,组建归仁军镇守。

小勃律国王和王后被押解进京。由于当初是向唐廷求救未成而被迫附于吐蕃,故而苏失利之获得赦免,并获得右威卫将军之职,留居长安。

小勃律重新成为"唐之西门",唐朝对葱岭以西各国的政治影响力也再度恢复。

"横行负勇气,一战静妖氛。"高仙芝部队的远征,后来被英国探险家奥里尔·斯坦因誉为一次古代军事奇迹,其惊险困难程度,远远超过汉尼拔、拿破仑、苏沃洛夫等欧洲名将率领大军越过阿尔卑斯山脉的征战。[①]

在唐帝国的大西北,从青海湖畔到河西走廊,再到天山以南,直至帕米尔高原,唐朝军队与吐蕃军队时战时和,反复争夺战略要地。

盛唐后期,唐军对吐蕃军的多次不同规模的反击战,最终奠定了唐朝对吐蕃的全面军事优势。赫赫战功,先后造就了三位西北边军的大牌将星——高仙芝、哥舒翰还有封常清;赫赫战功,也更强化了盛唐人的英雄主义情结。

战争,既是道义的较量,也是实力的较量。盛唐时期,唐朝对吐蕃反击战的连续胜利,既在于占据道义的高地,也是综合国力强盛的体现。正所谓,"兵不强,不可以摧敌;国不富,不可以养兵"(《商君书》)。

不过,战争毕竟要耗费大量的社会资源,尤其是旷日持久的中等规模以上的战争。诚如《战国策·燕策》所言:"数战则民劳;久师则兵弊。"盛唐从始至终,边防军费一路攀升,40 年间竟然增加了七八倍;北方边境及附近各州县的官仓储粮数千万石,也陆续供应军队以至于消耗罄尽。

---

① 参阅[英]奥里尔·斯坦因著:《斯坦因西域考古记》,向达译,新疆人民出版社,2010 年。

尽管庞大的军费开支尚未导致财政危机，然而那些不必要的军事行动、过度的反击，甚至非正义的讨伐，却分明是严重耗费人力、财力、物力的罪恶渊薮。

无怪乎杜佑在《通典》中慨叹："糜耗天下，若斯之甚！"

唐与大食角逐中亚

隋唐时期，中国和西域各民族、国家的交往，主要就是通过丝绸之路进行的，而处于交通干道上的中亚地区，便具有重要的战略地位。

大唐王朝随着自身在丝绸之路上的经济利益的扩大和深化，其防卫责任也注定要延伸到中亚乃至葱岭以西。

从唐初以来，在大西域就开始了一场空前规模的地缘政治博弈。唐王朝、西突厥、吐蕃、突骑施、中亚诸国、吐火罗以及大食，先后纷纷参与或被卷入这场大博弈，特别是进入盛唐时期，纵横捭阖的政治博弈更达到白热化。而在这盘西域大"棋局"中，大唐帝国与大食帝国则是两个最主要的对手。

公元 7 世纪初叶，在西亚的阿拉伯半岛上，崛起了一个以伊斯兰教为信仰的阿拉伯统一国家，它就是世界史上著名的阿拉伯帝国。唐朝按照音译称之为大食，而在中国史书上，也译作大寔、大石或多氏等。

骁悍强大的大食军队，像飓风海啸一般，席卷亚洲、非洲和欧洲大陆结合部的辽阔地域。他们摧毁了波斯萨珊王朝，继续向印度河流域扩张，继续向西亚和中亚地区挺进。

有着强大武装力量的大食，就像一头闯入瓷器店里的大象，引起西亚、中亚地区一片恐慌。

中亚诸国、西亚的吐火罗（今阿富汗），原本就是依托他们在丝绸之路上的区位优势，积极发展与隋唐王朝的合作共赢关系。此时慑于大食军事扩张的压力，更是纷纷向唐朝紧密靠拢，并成为唐朝的羁縻府州。他们也尊称唐朝皇帝为天可汗，同时谦卑地自称臣或奴。他们希望获得唐朝的政

治庇护和丝绸之路带来的经济利益，而又可以保持民族自治的状态。

各国共同打造的丝绸之路，基调和底色一直都是和平友好、互利双赢，而且中国人也从不干涉丝路沿线各国的内政及其生活方式、传统文化和宗教信仰。所以，相比于大食有可能对他们的各种控制，靠拢唐朝——对中亚、西亚各国而言——显然是一种有利的政治选择。

的确，一个国家的国际空间的大小，既取决于其综合国力的大小，也取决于地缘政治利益的格局和相关各国的互动方式。唐朝的强盛国力和对外友好政策，扩大和巩固了"丝路朋友圈"，古老的丝绸之路成为唐朝对西域外交的力量倍增器，成为联结唐朝与中亚、西亚各国的重要纽带，同频共振，互利互惠。盛唐时期，中亚各国仅以朝贡的形式和唐朝进行的官方政治、经济交往，就不下 56 次。

在西域的地缘政治博弈中，唐朝已经率先赢获外交得分，直接或间接打上了中国的印记。高宗显庆二年（657 年），唐朝在平定西突厥叛乱之后，便于次年将安西都护府的治所从西州向西迁到龟兹，并提升为大都护府，作为扩大治理包括葱岭以东、以西广大地域的最高军政机构。

但大食的持续强势东扩，终究还是使中亚地区变成地缘政治的角力场。

公元 667 年（唐高宗乾封二年），大食军队越过乌浒河（今阿姆河），大败吐火罗与波斯流亡政府的军队。705 年（唐中宗神龙元年），大食名将屈底波出任呼罗珊行省（故地在今伊朗东北部及阿富汗境内）的总督。他再度掀起大规模的河外（即河中）征服战争，兵锋指向乌浒河以东、以北地区众多的唐朝羁縻府州。

但匪夷所思的是，唐朝当时却并未以积极西进的军事行动回应大食的武力扩张。

原因何在？

真相恐怕就在于，当时漫长而艰险的交通与后勤补给线，以步兵为主而缺少强大骑兵配合的军队结构和作战方式，按照"木桶理论"，这都成了唐朝军事上的"短板"。况且，还有吐蕃军队长期严重的侵扰和牵制，再加上中国传统农耕文明的守土意识和非扩张性的疆域观念，以及

防御性的军事战略方针与国防政策。——所有这一切，便共同构成唐朝军队西进行动不易逾越的巨大障碍。

公元 713 年（唐玄宗先天二年，开元元年）前后，大食在印度西部边境和中亚地区确立了阿拉伯人的统治地位。于是 8 世纪上半叶，中亚地区便长期成为唐朝、大食、吐蕃、突骑施等几大政治势力角逐的"舞台"，而古代地缘战略之争，往往又会引起战争。

吐蕃和大食双双插足中亚，令唐朝西域边疆饱受"溢出"威胁的困扰。进入盛世的大唐帝国，不得不开始"亮剑"。

唐玄宗登基后，迅速稳定了国内政局，重振社会经济，积累财力、物力后，便开始对中亚地区的大食、吐蕃势力展开反击。开元三年（715年），唐朝西域汉、蕃大军，分别从天山南北两路分进合击拔汗那，驱逐了由大食和吐蕃共同扶植的伪国王阿了达势力。接着，唐军又乘胜南攻铁门关（故址在今新疆焉耆与库尔勒之间），控制了出入塔里木盆地和南、北疆（按照今天的地理名称）之间的重要通道。

唐军威震西域。大食以及被迫臣服于大食的中亚诸国，纷纷遣使入唐，议和修好。

开元四年（716 年），唐玄宗又力排众议，批准安西副大都护郭虔瓘关于增兵西域的计划，准备继续对大食展开反击。

…… ……

在国际政治中，作为国家实力象征的武装力量，一直扮演着重要的角色。然而，唐朝国防军事战略的基本特点，仍是侧重于防御和威慑力，在西域的防御重点，也始终是针对吐蕃向安西武力扩张所构成的直接威胁。所谓内外有别，远交近攻，而这，就严重牵制了唐朝对大食在中亚武力扩张的遏制、反击的力量和决心，而短暂的有限兵力的远征，充其量也只是迫使大食遣使议和而已。

但严峻而微妙的大西域形势，终究还是迫使唐朝不能不进一步做出相应的战略调整。

中亚各国苦于大食征服者的苛重税收以及对其内政乃至传统文化

的干涉，怀念唐朝的宽松政策和友好交往方式，但是，他们毕竟都国小兵弱，难以助唐抗拒大食的武力。

而恰在此时，突骑施在西域的异军突起，却为唐朝西域边防军事战略的调整提供了一个绝妙的契机。

初唐时期，曾经称雄于西域的西突厥汗国归附唐朝，后又叛唐扰边，被唐军击垮而衰落。西突厥原有的 10 个直系部落，号称十姓，衰弱的十姓余部，依旧归唐朝所任用的西突厥贵族统辖，并分属安西、北庭两大都护府。

西突厥衰微以后，其别部之一的突骑施部落势力渐强，悉并西突厥之地，占据中亚的热海（今伊塞克湖）到夷播海（今巴尔喀什湖）之间的广大地区，并建立了突骑施汗国，以碎叶（故址在今吉尔吉斯斯坦的托克马克附近）为牙庭。

开元之初，突骑施发生内乱，亲唐的归化可汗娑葛被杀。其部将苏禄颇善于绥抚余众，遂于开元四年（716 年）自立为可汗，在碎叶水（今楚河）、伊丽河（今伊犁河）流域重建突骑施汗国。西突厥十姓部众也相继归附，其势益强，雄视西域。

如何对待西域大草原上的这匹雄健的"黑马"？是讨伐还是招抚？前者涉及唐朝传统的西域民族政策，即扶持忠于唐朝的西突厥可汗后裔统率十姓余部；后者则关系到遏制大食势力东扩的国防安全问题。

唐廷一时举棋不定，西域边防军将领也分成了讨伐派和怀柔派。

讨伐派一度占了上风。这便迫使突骑施与大食结盟以抗衡唐朝。

结果，武力讨伐失利。这才促使唐廷下决心转而采取怀柔政策。

开元六年（718 年），唐玄宗委任苏禄为金方道经略大使，封为顺国公，开元七年（719 年），册封苏禄为突骑施忠顺可汗。开元十年（722 年），册封西突厥十姓可汗阿史那怀道的女儿为金河公主，出嫁苏禄。

相对应的，突骑施也遣使入朝贺正，承认唐朝的宗主地位。

突骑施拥有天山以北、中亚的广袤领地，拥有强悍善战的骑兵部队，

转而成为唐帝国在西域边疆的一个强大的民族自治政权，变为助力唐朝阻遏大食武力东扩的西域"长城"。

果然，突骑施军队多次西征，先后击败大食数任呼罗珊总督的军队。忠顺可汗苏禄赫然成为大食军队的克星，被大食人称作"挑战者"。

中亚各国纷纷摆脱大食的控制，重新归附唐朝。

开元十二年（724年），大食呼罗珊总督穆斯棱率兵进攻拔汗那。苏禄迅速派兵驰援。在这场被阿拉伯历史学家称作渴水日战争的决战中，突骑施军队大获全胜，迫使伤亡惨重的大食军队狼狈溃逃。

强大的突骑施仿佛成为大食军队的天敌。唐朝实行册封苏禄可汗以抗击大食的政策，俨如在中亚筑起一道抵挡大食的铜墙铁壁。

当然，如经济学家弗里德曼所说的一句形象的话——"没有免费的午餐"。唐朝借助突骑施的力量抗击大食，自身未派一兵一卒，但却要用绢帛作为酬劳，规定在安西、北庭就近以绢马互市的形式进行交易。

可是，唐朝边军库存的绢帛数量有限，而一些边将又厌烦这种交易，久而久之，就不免与突骑施人发生了矛盾乃至于冲突。

开元十四年（726年），安西大都护杜暹拒不接受金河公主关于执行互市协议的文书，并且强行滞留突骑施使者，不予答复。更不幸的是，突骑施送来交易的1000匹骏马，也在雪地里死亡殆尽。

苏禄闻讯大怒。他断然出兵进攻安西四镇，次年甚至还与吐蕃合兵围攻安西城。

这次严重事件一度震动安西，也不幸加剧了唐廷对这个异姓突厥政权一直存在的猜忌之心。

随着突骑施对大食反击的节节胜利和势力范围的扩大，唐廷对其尾大不掉的疑惧也更日渐加重；而大食施行的离间计，则又使唐朝与突骑施的关系雪上加霜。

大致是在开元十九年到二十四年（731—736年）之间，唐朝与大食、吐蕃的紧张关系一度相继趋于缓和，于是唐朝与突骑施的潜在矛盾便公开地白热化了。结果酿成双方断断续续长达数年的武装冲突，甚至导致

匪夷所思的历史悲剧——一边是突骑施与吐蕃连兵攻掠安西四镇，另一边则是唐朝不惜同大食携手夹击突骑施。

虽然英国政治家本杰明·迪斯雷利说过："没有永恒的敌人，也没有永恒的朋友，只有永恒的利益。"然而，认清谁是我们的敌人或准敌人，谁是我们的朋友或准朋友，依然是政治(包括国际政治)的首要问题。

突骑施遭到唐朝和大食两强交叉火力的攻击，实力严重削弱。开元二十四年(736年)八月，苏禄被迫遣使向唐廷求和，以便集中力量迎战更具实质性威胁的大食军队。

然而，令人扼腕痛惜的是，开元二十四年(736年)和二十五年(737年)，元气受伤的突骑施不幸两次败于大食，精兵劲旅丧失殆尽。

苏禄可汗从吐火罗战场逃回故土，威望扫地，又不幸中风，一臂瘫痪。开元二十六年(738年)，突骑施再次发生内乱，苏禄也惨遭部下莫贺达干酋长袭杀。

自毁西域"长城"！

唐朝在大西域一度错误的民族政策和外交政策，便为大食控制中亚地区扫除了强大的天敌和障碍。这注定要成为唐帝国在中亚地缘政治中难以承受之重。

不料，之后唐朝却一错再错，竟然又武力介入突骑施内部的纷争战乱，终于导致突骑施一蹶不振。衰微的突骑施，后来不得不臣服于崛起的葛逻禄部落。

就在唐朝自毁西域"长城"的悲剧愈演愈烈之时，大食帝国扩张的兵锋重新由乌浒河畔推进到药杀水流域。昭武九姓各国大多又相继被迫转附于大食。

中亚地缘政治格局再次遭到颠覆，唐朝在西域抵御大食武力扩张的努力一误再误，终将化为泡影。

怛逻斯之战

开元二十九年(741年)，大食军队入侵药杀水(今锡尔河)流域，并

对石国展开攻击。

石国是昭武九姓中位于最北边的国家,国都名叫赭支(故地在今乌兹别克斯坦的塔什干)。在《大唐西域记》里,石国被译作赭时国,方圆1000多里,西边濒临药杀水。其土地平敞肥沃,以农业为主,兼营畜牧,盛产水果,出好犬良马。

隋代,西突厥曾两度征伐石国,并把石国的王统由原来的粟特人改换为西突厥人,世袭吐屯(国王)。但其居民仍旧以粟特人为主体。

开元二十九年(741年),昭武九姓大多已经被迫转附于大食,只剩下石国和史国依旧臣属于唐朝。

大食兵临城下,石国伊捺吐屯向唐朝紧急求援。可是唐朝正忙于解决突骑施问题,无暇也无力顾及石国。最终,石国也被迫缔结城下之盟。

石国的王统再次发生变更——世代忠于唐朝的伊捺吐屯降为副王,而新任吐屯特勒(一作特勤),很可能是大食所立。

人世间的行为,有许多并非出于自愿而是出于无奈。在西域复杂的地域政治空间里,石国既难以继续向唐朝一边倒,也难以"政治悬浮",如同昭武九姓其他小国一样,都是小心翼翼地在大国的夹缝中寻求外交平衡。

天宝六载(747年),高仙芝从吐蕃手中夺回小勃律,一战成名,旋即晋升安西节度使。接下来几年,他又东征西讨,每战必胜,令吐蕃无法染指安西。

这几年里,大食帝国也发生了内战,结果是阿拔斯王朝取代了倭马亚王朝。旧王朝的都城在大马士革,崇尚白色,新王朝定都于巴格达,崇尚黑色。唐朝分别称之为白衣大食和黑衣大食。

趁着大食内战之机,唐朝试图对其所控制的中亚地区采取有限的军事反击行动。然而糟糕的是,无论是唐玄宗还是高仙芝,却都严重误判了西域错综复杂的局势,竟然不幸化友为敌。

真是令人扼腕长叹!诚如马克思所言:"由于某种判断的盲目,甚至最杰出的人物也会根本看不到眼前的事物。"(《马克思致恩格斯(1868

安西节度使高仙芝兴师问罪的矛头,瞄准的正是石国。

其实,在昭武九姓中间,石国历来最效忠于唐朝,虽然迫不得已臣服于大食,但却还是"身在曹营心在汉",直到天宝初年,其正、副吐屯都仍在向唐廷朝贡,尽可能地保持着传统的政治联系。

可是,石国在复杂险恶的政治环境下的无奈之举,却遭到高仙芝的负面解读,竟然被看成是"无蕃臣礼"的罪过。

无蕃臣礼,意思就是没有恪尽附属国的义务。

也许,石国除了臣服于大食之外,还与黄姓突骑施关系密切,而后者当时也已成为唐朝打击的对象;也许,当时石国又与拔汗那之间产生了矛盾和怨恨,而后者依旧是唐朝最亲密的属国并求助于安西节度使;[1]也许,是石国在某时或某事上没有接受高仙芝的命令,或者是违背了高仙芝的规定……

真相扑朔迷离。但有一点应是确定无疑的:石国已经臣服于大食,并且现任吐屯特勒出身于突骑施黑姓即车鼻施部,原本也在唐朝压制或打击对象之列。

当然,高仙芝选择打击石国,可能又和它的地理位置有关。石国的国土,东西窄,南北长,大部分处于药杀河以东和以北,孤悬于昭武九姓聚居的河中地区之外,离大食占领军也最远,因而在战役上易于速战速决。

还有可能,在高仙芝看来,打击石国,不仅是对"无蕃臣礼"行为的公开惩罚,同时也是意在震慑臣附大食的九姓各国,遏制大食东扩的势头。

高仙芝的有限军事打击行动计划,想必很快就得到唐玄宗的批准,于是乎,一场人为的灾难,便无可避免地落到石国人的头上。

天宝九载(750 年)夏末秋初,高仙芝出兵讨伐石国。

石国风俗善战,但在唐军兴师问罪、兵临城下之时,石国却主动与高仙芝约定和好,并开门迎接唐军。

高仙芝兵不血刃,挥师进入石国的都城——赭支。

---

[1] 参阅毕波:《怛逻斯之战和天威健儿赴碎叶》,《历史研究》2007 年第 2 期。

可是万万没想到，石国人的真心诚意却未能换来高仙芝的谅解和同情。或许在高仙芝的眼里，无论如何，石国人也要为其"无蕃臣礼"的罪过付出应有的代价。

古往今来，不知道有多少罪恶，就是这样在自认为是"正义的惩罚"的名义下发生的。

经主将高仙芝的默许和纵容，唐军的蕃、汉雇佣兵们，在光天化日之下公然纷纷入室抢劫，把石国的公私贵重财物都当作"战利品"，瓜分私吞。

在被劫财物中，有大量名叫瑟瑟的深蓝色矿石，通常是指天青石，有时也指方钠石，偶尔还有蓝宝石。这是当时石国特有的珍贵矿石材料，也是唐朝人制造上等珠宝、发饰和装饰品的原料之一。

无辜的石国民众号哭动地，一些勇于反抗的石国人则惨遭乱兵杀害。

…… ……

黑格尔曾经指出："人们以为，当他们说人本性是善的这句话时，他们就说出了一种很伟大的思想，但是他们忘记了，当人们说人本性是恶的这句话时，是说出了一种更伟大得多的思想。"——这段话受到恩格斯的肯定，并且作了进一步的阐释。[1]

汉代杨雄在《法言·修身》里也讲过，"人之性也善恶混"。——人具有理性和欲望、善性与恶性的双重本性。而这，乃是基于生物基因本能和社会文化的不同因素而形成的复合体。

就人性之恶而言，如1971年美国心理学家菲利普·津巴多做过的著名心理实验——斯坦福监狱实验——所表明的那样，人是多么容易受到所处的环境、所扮演的角色以及制度、群体效应等因素的影响，从而悄然改变自己的心理和行为，以至于对自己的角色行为习以为常，以至于变成邪恶却不以为然，不以为耻。

更何况"从善如登，从恶如崩"，个人在群体中大多会无形地感受到

① 参阅《马克思恩格斯选集》第四卷，第233页。

一种相互支持的力量,也会变得大胆起来,跟随群体作恶,似乎也能减轻负罪感,正如西谚所言,"没有一滴雨会认为自己造成了洪灾"。

况且盛唐后期,边防军的蕃、汉雇佣兵们掳掠瓜分"战利品"的行为,相互模仿渐成风气,已然是半公开的秘密。

于是,面对财富的诱惑而道德、军纪遭到践踏又不受惩罚的情况下,人性中的那股卑劣的贪欲和攻击性,就在石国和平宁静的土地上,被轻率地错误地激发出来,如同雪崩似的集体狂泻。而人性之恶的毒箭,又总是首先或轻易地射向那些弱者和弱势群体。

主动打开城门的吐屯特勒,随后仍然被押解进京,而唐玄宗也仍然不问青红皂白,就将他当作叛逆者和伪国王,轻率地处死。

石国的王子在混乱中逃出都城,奔走哭诉于九姓诸国之间,引起各国的义愤。大家一致决定,联合大食,准备报复攻打安西四镇。而此时,大食正好刚刚完成新旧王朝的更替,可以腾出双手重新对付唐朝的反击,以确保自己在中亚的既得利益。

唐军讨伐石国,不仅没有震慑昭武九姓、遏制大食东扩的势头,反而迅速演变成一场更加严重的外交败局。一时间,唐朝在大西域的外交关系仿佛自由落体般地急转直下,唐与大食这两大强国直接军事对抗的风险也陡然升高。

凶险的消息传到安西,完全出乎高仙芝的意料。他不由得担心四镇的安全和安西的稳定。

权衡利弊,最后他毅然决定,依旧主动出击,威慑对手,捕捉战机,御敌于国门之外。

他紧急调动安西边防军主力,并召集拔汗那国与葛逻禄部落的军队,共同组成一支3万人的远征军,蕃、汉步骑精锐,出师深入中亚。

与此同时,高仙芝在唐玄宗的支持下,又紧急抽调守卫石堡城的天威军劲卒,赶赴碎叶地区,警戒突骑施势力,以免除安西远征军的后顾之忧。

拔汗那(故地在今中亚锡尔河流域的费尔干纳盆地)有城镇数十,胜兵数万,盛产水果。拔汗那一直与唐朝关系密切,成为羁縻府州之一,曾

出兵协助唐军征讨突骑施，唐玄宗册封其国王阿悉烂达干为奉化王，并封宗室之女为和义公主，出嫁奉化王。

葛逻禄，一译作歌罗禄等，是异姓突厥诸部之一，也是九姓铁勒中间势力最强的部族，其游牧范围，大致相当今阿尔泰山以西、准噶尔盆地以北和伊犁河流域一带。突厥汗国时期分其一部东徙漠北，另一部仍留居西域。

高仙芝剑指大食，而目光却首先锁定怛逻斯。——常胜将军这一次大概是想敲山震虎，引蛇出洞，伺机歼敌。

怛逻斯城坐落在怛逻斯河畔（故地在今哈萨克斯坦江布尔州首府塔拉兹市西边），曾经也是唐朝的羁縻府州之一，在《大唐西域记》里译作呾逻私。其周长约八九里，也是石国的一座大镇，城中杂居着西域各族商贾。这一带也大致如同碎叶地区，树林稀疏，气候寒冷多风，土地适宜种植糜子、麦子和葡萄。

当时，怛逻斯城也有大食军队驻守，并且加固了城防，但是它却远离大食占领军的基地，也远离九姓各国的中心地带。

高仙芝举兵围怛逻斯。果然很快就有一支大食军队闻讯驰援。领军人物是齐雅德·萨利赫将军，系现任呼罗珊总督阿卜·穆斯林的部将，能征善战。而这位新总督，就是当初发起呼罗珊暴动、促成阿拔斯王朝的元勋功臣。

天宝十载（751 年）七、八月间，怛逻斯。

两军对垒于城下，接连相持数日，均按兵未动。

首次正面交锋的强劲对手，唐军与大食军恐怕都需要谨慎地进行临战的最后准备。

5 天后，决战的时刻到来了。

就在怛逻斯城旁，怛逻斯河畔的广阔原野上，两军排兵布阵，随即展开一场大厮杀。……

鏖战正酣，却风云突变。凶猛的葛逻禄骑兵部队突然阵前倒戈，竟然

配合大食军队两面夹击唐军。

犹如惊风骇浪,令唐军将士猝不及防,想必一片惊惶失措。……

但主将高仙芝迅速镇定下来,他毫不动摇。安西与拔汗那联军也随之镇定下来,他们也毫未退缩。

唐朝安西边防军,这支曾经飞兵奇袭小勃律的英雄部队,这群也曾在石国以"正义"的名义干出卑鄙暴行的蕃、汉雇佣兵,此时此地,两面受敌,却再度彰显大唐将士的英雄本色。

敌对双方依旧攻防拼杀,一直战斗到夜幕降临,才各自鸣金收兵。

唐军检点兵力,损失惨重——3万大军只剩下数千人马,精疲力尽。

"战争是充满偶然性的领域。"(《战争论》)然而,怛逻斯之战中的"偶然"却来得更加突然,也更加凶险。

葛逻禄在唐初归附唐朝,东部落是隶属安北都护府,西部落则是先后隶属安西都护府和北庭都护府。

怛逻斯之战以前,唐朝西域边防军就曾多次征调葛逻禄骑兵参战,冲锋陷阵,几乎所向披靡。战后,唐廷则给予丰厚的赏赐。

骑兵部队在冷兵器时代,是一支重要的野战突击和奇袭力量,具有强大的军事威慑力和冲击杀伤力。但是中国古代军队是建立在农耕立国的基础上的,一直是以步兵为主,骑兵为辅,长于守城和攻城,却短于野战突击和远程奔袭。而缺少强大的骑兵部队,正是唐朝军事力量的一大"短板"。

这次西征是面对强敌,高仙芝照例又征召葛逻禄铁骑助战。孰料紧要关头,葛逻禄部队却突然反水。

为什么会这样?

或许,这与不久前的另一桩可悲的往事不无关联。

原来,就在一年前的天宝九载(750年),高仙芝部队在攻陷石国都城之后班师途中,大概又在碎叶(故地在今吉尔吉斯斯坦的托克马克附近)一带,莫名其妙地袭击了突骑施余部,并且同样俘虏了其首领——十姓可汗移拨。

据称，罪名也是所谓"背叛"唐朝。具体的原因，则可能与唐朝错误介入突骑施内部的纷争有关。

然而，这同样也是一桩冤案。天宝八载（749年），移拨才刚刚被唐廷册立为十姓可汗，统率突骑施余部，册文中明确称赞他对唐廷的忠诚和为国守边的功绩。同年，移拨可汗也两次派出使臣，与石国王子、拔汗那王子一同入朝，觐见唐玄宗，并进贡土特产品。

可是没想到，突骑施也像石国一样遭到飞来横祸。移拨可汗也被押送长安，与石国国王一同惨遭杀害。

社会心理学表明，从理论上讲，人是有理性的，讲究逻辑的。但在现实生活中，人们在对行为归因时，却并非总是客观地评价与利用各种信息，以致常常出现偏差和错误，尤其是在解释他人的行为时。

所以，即使是像唐玄宗和高仙芝这样杰出的君王和将领，在对行为归因时也难以完全避免误解、误判以至于误动。然而危险则在于，重量级人物的巨大失误，却会造成严重的后果，甚或导致极其危险的"多米诺骨牌效应"。

如果说，唐军无端讨伐石国，已然激起九姓各国的公愤，那么，肆意袭击突骑施余部，也势必会招致与突骑施有着族缘关系的葛逻禄等部族的怨恨。——兔死狐悲，无异于是把这些民族和国家相继推向大食阵营，想必这也成了葛逻禄人临阵倒戈的根本原因。

《新唐书·玄宗纪》明确记载，天宝十载（751年）正月，"安西四镇节度使高仙芝执突骑施可汗及石国王"，赴长安奏捷献俘。仅仅相隔半年，即同年"七月，高仙芝及大食战于怛逻斯，败绩"。

意料之外，却又在情理之中。

战场形势急转直下，唐朝远征军危如朝露。

右威卫将军李嗣业向高仙芝紧急建议，应当抓紧利用夜幕的掩护，组织部队退出战场，以免全军覆灭的危险。"将军深入胡人地区，后绝援兵……不如尽快退守白石岭，早作突围的打算。"他说。

"你是一员战将啊！"高仙芝仍不甘示弱，"我打算收合余众，明天再

战,争取胜一场。"

"愚者千虑,或有一得。局势危急到这种地步,决不能继续拖延下去了。"李嗣业依然苦苦劝说。

"时来天地皆同力,运去英雄不自由。"常胜将军陷入异常痛苦的抉择之中。

《失乐园》里有一句经典台词:"世间所有的争斗,最痛苦的并不是失败之际,而是承认失败之时。"

然而,"人生失意无南北",失败总是对事不对人,在"失败"的眼里不论英雄。

一面是困兽犹斗的勇气,一面是冷静判断的理智。最终,高仙芝还是同意了撤退。

夜色沉沉,人马拥挤,将士失散。李嗣业又开路又断后,与别将段秀实一同收合散卒,复得成军,终于脱离险境撤回安西。

天宝十载(751年)盛夏,唐朝与拔汗那联军远程抗击大食军队,却意外战场失利,成千上万的将士血洒西域,许多人战死在怛逻斯郊野。[①]

天若有情天亦哀!

怛逻斯之败,与其说是唐朝军事行动的一场失败,毋宁说是唐朝民族政策和外交政策的一次失败,正是唐玄宗和高仙芝当时在处理西域问题上的重大失误,才最终导致唐军在怛逻斯之战中令人痛心的失败。

西域边疆的形势空前严峻。想必是急于缓和与西域各国各族的关系,离间他们与大食的联合,唐玄宗迅速更换了安西节度使。高仙芝加授开府仪同三司(秩从一品),调离安西。

怛逻斯之战后,大食军队很快也从这里撤回撒马尔罕和布哈拉地区,而怛逻斯则改由葛逻禄占领。这,究竟是大食对葛逻禄临阵倒戈的回报,还是决战前夕双方军队的秘密协议,已经无从知晓。

---

① 另有一种说法,称怛逻斯之战的战场不在怛逻斯城,而是在塔拉斯河中上游阿特拉赫城(今属吉尔吉斯斯坦)。参阅林梅村:《怛逻斯城与唐代丝绸之路》。

171

此后，葛逻禄日益强大，势力范围扩至碎叶水流域，尽有碎叶、怛逻斯诸城镇以及突骑施余众。

在怛逻斯侥幸取胜的齐雅德将军，一两年后，竟然死于一场内乱。又过了两三年，其上司呼罗珊总督阿卜·穆斯林，也因某项罪名被大食的哈里发（国王）处决。

战后，唐朝与大食达到新的势力均衡。大食武力东扩，对中亚地区志在必得，但也明智地止步于安西、北庭之前；而唐朝，其实更多的还是聚焦于传统的西域边疆，同时也无余力再对大食实施远程反击。于是，大食巩固了它对中亚大部分地区的控制；唐朝则完全丧失了在中亚的战略纵深和安全缓冲区，但却依旧保持着安西、北庭领土的完整和安全。

战后，唐朝又在一定程度上恢复了对中亚地区的影响力。唐朝扶持石国前吐屯——世代忠于唐廷的伊捺吐屯——重新成为石国的国王，继续保持着传统的友好关系，其他九姓各国也相继恢复与唐朝的政治、经济联系。直到天宝十三载（754年）闰十一月，各国还一起遣使上表，希望能和唐朝同心协力驱逐大食占领军。

怛逻斯之役最终改写了中亚的政治地图，确定了大西域地缘政治的新格局。但这个结果毕竟未伤及唐朝在西域边疆的传统核心利益，因此唐朝与大食的关系也并未跌到"冰点"。几年后，唐朝爆发安史之乱，吐蕃乘机又向西域扩张，并与大食发生对抗。大食遂全面开通了与唐朝友好联系的渠道，还出兵协助唐廷平叛戡乱，收复两京。

然而最不幸的是，伴随唐朝在大西域的战略收缩，以及接踵而来的大规模内战，曾经长期繁荣的沙漠绿洲丝绸之路，终究无可奈何地走向衰落。

怛逻斯一战，唐军意外遭到两个强敌的夹击，损失惨重，还有很多战士不幸被俘。

或许是出于对唐朝先进文明的仰慕和尊重，大食人并没有伤害中国战俘，而是充分发挥他们在生产技术上的专长。而这些中国人，也都毫无保留地把中国先进的蚕桑丝织技术、金银器制作方法以及造纸工艺传授给了大食人。

这些源自中国的先进生产技术，辗转传遍中亚、西亚乃至进入欧洲，极大地丰富了众多民族和国家的文明。尤其是中国的造纸技术和精美的纸张，逐步取代了西亚和欧洲原有的皮纸或草纸，进而为欧洲的文艺复兴提供了一项重要的物质条件。

历史是如此神奇——怛逻斯之战，唐军意外失利，却又意外地产生了世界性的文化影响。

《平胡》："武功今已立"

毛泽东在《论持久战》中指出，进攻（或反攻）乃是主要的手段，也是最有效的防御。

唐朝的国防战略基本上是防御性的，旨在威慑周边潜在的敌对势力，或者抵抗公开的敌对行动。盛唐时期，面对大西北国境内外的两大劲敌——吐蕃与大食，唐朝不得不依靠强大的综合国力，将军事战略由被动防御转向攻防兼备，边疆边境的战争此起彼伏，主战场一直在西北西域，"实亦有其不容已之故"（陈寅恪语）。

与此同时，北方边疆的东突厥（一称北突厥），东北边疆的契丹和奚，西南边疆的南诏，虽然也都是比较强势的少数民族，可是面对唐朝愈益占据优势的边防力量，他们已不构成明显的军事威胁。

但不可思议的是，盛唐的北方、东北和西南边疆也并不安宁。

为什么会这样？

中唐时期的宰相杜佑，在其史学名著《通典》的"兵典序"中，给出了这样的答案："（唐）玄宗御极，承平岁久，天下乂安，财殷力盛。开元二十年以后（也即盛唐后期——笔者注），邀功之将务恢封略，以甘上心，将欲荡灭奚、契丹，剪除蛮、吐蕃。丧师者，失万而言一，胜敌者获一而言万。宠赐之极，骄矜遂增。"

唐代的入仕途径，在科举考试、门荫出身之外，还有流外入流、行伍出身以及入幕等形式。其中行伍出身者，主要是通过军功获得勋官，

抑或擢补低级军官，而自盛唐开始，行伍出身或进入节度使的幕府，通过节度使奏授而获得官职或升迁官职者，更逐渐成为一种常见的入仕方式。

盛唐后期，军队的腐败牵连边疆的民族矛盾，问题愈益严重。边防军中的普通将士，已经由蕃、汉雇佣兵取代了原先的义务兵。他们邀功请赏、邀功晋职以及掳掠瓜分战利品的欲望和行为，并不亚于安禄山之类的某些高级将领，而且愈益成为普遍现象和半公开的秘密。

历任河东与朔方节度使的王忠嗣曾经表示："国家升平之时，身为将领，在于爱惜士卒、安定军心而已。我不愿意耗费国家的人力和物力，去邀取个人的荣誉和地位。"

可是，纵然身为一代良将和名将，他实际上也无法完全抵制军中强烈的个人利益需求，也无力彻底清除军中愈演愈烈的不正之风。将士们"皆日夜思战"，终究迫使王忠嗣也不得不伺机对突厥等边疆少数民族发动一些有限的袭击。于是，将士们或因"战功"而受赏升职，或乘机掳掠瓜分"战利品"，军心则借此维持了稳定。

当然，战争本质上还是政治的继续。正如克劳塞维茨在《战争论》里所言："战争不仅是一种政治行为，而且是一种真正的政治工具，是政治交往的继续，是政治交往通过另一种手段的实现。"

所以，盛唐的边疆、边境战争，实质上也无非是唐朝与周边各族的政治交往通过另一种手段的继续。它根本上取决于其中一方抑或双方的政治需要，而最终决策权则是掌握在各自最高统治者的手里。

中国历史上，文治武功从来都是帝王的最高价值追求，也是古代盛世的重要标志。在这一点上，煌煌盛唐也不例外。更何况唐玄宗又是一位胆识过人、雄心勃勃的盛世帝王。他力求将雄厚的经济实力和地缘政治雄心结合起来，强化边防力量，保护丝绸之路的畅通，扩大唐朝的国际影响力；他志在扫除长期袭扰唐朝的八方边患，维护大唐皇帝暨天可汗的政治权威，确保唐帝国周边各族羁縻府州（相当于唐朝地方自治政权）的稳定和边疆边境的安全。

为此，他既善于采取和平的政策、怀柔的方式，也敢于使用武力的手段，断然拥抱战争，甚至不惜付出巨大的代价。

不妨读一读这位盛唐天子的一篇诗作《平胡》："杂虏忽猖狂，无何敢乱常。羽书朝继入，烽火夜相望。将出凶门勇，兵因死地强。蒙轮皆突骑，按剑尽鹰扬。鼓角雄山野，龙蛇入战场。流膏润沙漠，溅血染锋芒。雾扫清玄塞，云开静朔方。武功今已立，文德愧前王。"（《全唐诗》卷3。）

全诗的字里行间，洋溢着一派雄视四方、压倒一切的帝王气势，却也透露出一股标榜武功、踌躇满志的虚荣心态。

开元二十八年（740年），中书令李林甫等大臣上表，祝贺唐玄宗遥控指挥剑南边防军成功袭取吐蕃侵占的安戎城。表疏中还特意提到唐玄宗当初公开说过的话："卿等但看四夷不久当渐摧丧！"——一副"威服四夷"、踌躇满志的神态跃然于言语之间。

这种"欲威服四夷"（《旧唐书·薛讷传》）的盛唐帝王气势和尚武精神，助力唐朝遏制住了周边一些少数民族统治者武力扩张和侵略内地的势头，也保住了西域边疆免遭大食军队的践踏。然而也是这种"欲威服四夷"的骄矜虚荣心态，又纵容了某些边军主将乃至朝廷重臣轻启战端的行为，成为邀功固宠、邀功请赏者的利益所在和动力之源。

任何事物的存在都有"度"，事物总是包含着自己的反面。所以先哲才会告诫人们："过犹不及"，"物极则反"。

一个强大的国家，固然仍须防范来自周边的威胁，但更须警惕不要被骄矜虚荣的心态所绑架，以免轻率地给自己制造敌人。

"云南五月中，频丧渡泸师"

"年年战骨埋荒外，空见蒲桃入汉家。"（李颀诗）——盛唐后期，边疆、边境战争此起彼伏，悲壮惨烈，已然引起一些有识之士的担忧和含蓄的批评。

"战争——这个人类互相残杀的怪物"（毛泽东语），平时就像那个被所罗门关在瓶子里的魔鬼，当政者，为将者，都不可轻率地"从瓶子里放

出魔鬼"。

但不幸的是,天宝末年,"魔鬼"却又接连两次被轻率地从"瓶子"里放了出来。

这,就是两场悲惨的云南之战。

云南地处唐帝国西南边疆,境内民族众多,主要是乌蛮和白蛮(分别是今彝族和白族的祖先)。滇西原有6个小国,各有君长,不相统属,总称六诏(诏即土语国王的意思)。其中的蒙舍诏位于诸诏南部,故又称南诏。

开元年间,南诏势力勃兴。唐玄宗为了遏制吐蕃染指云南,便支持南诏统一六诏。于是南诏相继兼并其他五诏,威服群蛮,并击退入侵云南的吐蕃军队。

南诏成为以乌蛮和白蛮为主体的诸少数民族统一的地方自治政权,首府从巍山迁到苍山佛顶峰麓的太和城(故址在今云南大理市太和村西)。南诏国王皮逻阁先后受唐朝册封为越国公、云南王,赐名归义。南诏模仿唐朝的官制,使用汉字,信仰佛教,政治中心所在的洱海地区,农业和手工业相对较为发达。

天宝七载(748年),皮逻阁去世,其子阁罗凤册袭王位。讵料不久,云南突然生变。

南诏新国王阁罗凤按照惯例,前去拜会现任云南太守张虔陀。张虔陀其人,性格矫诈,贪得无厌,他居然额外索取贡品财物,甚至还无耻地"性骚扰"阁罗凤的随行妃妾。在遭到拒绝后,张虔陀恼羞成怒,竟然又派人当面辱骂阁罗凤,甚至无中生有地向唐玄宗密奏阁罗凤的"罪恶"。

阁罗凤愤怒至极。于是他便暗中联络吐蕃以缓解宿怨。接下来,就在天宝九载(750年)发兵袭杀了张虔陀,并且乘势攻占云南众多郡县。

当初,阁罗凤曾作为质子入居长安。后来大约是因为王位继承问题,他擅自离京,潜回南诏。这在唐廷看来,显然是一个违规无礼的举动,故而引起唐玄宗的强烈不满,以至于滋生出报复南诏的念头。而今又加上

张虔陀的密奏（实为诬告）在前，阁罗凤的武装叛乱（实为逼反）尾随其后，就如同火上浇油，更加坚定了唐玄宗讨伐南诏的决心。

负责云南防务的剑南节度使鲜于仲通兴师问罪。天宝十载（751 年）四月，他率领 8 万兵马征讨南诏。

剑南边防军的员额只有 3 万人，故而出征部队中的大多数士兵，应是临时从各地征募而来的。

阁罗凤权衡利弊，还是决定遣使谢罪，并承诺归还侵占的地盘。但同时，他也软中带硬地提醒鲜于仲通："吐蕃大兵压境，若不见谅，则只得转附吐蕃，而云南之地便不属于唐朝了。"

但鲜于仲通褊急寡谋，竟断然拒绝阁罗凤求和的诚意，甚至蛮横囚禁了南诏使者，他继续挥师南渡泸水（今金沙江），兵临太和城下。

南诏首府太和城，周长大约八九公里，坐落于点苍山与西洱河（今洱海）之间。该城的主要部分是建在点苍山麓缓坡之上，城墙以夯土筑成，充分利用山势，由山麓延伸到西洱河。城内的巷陌房屋，皆用天然石块建造和铺设。它依山傍水，控扼交通咽喉，易守难攻。

唐军从蜀中出发，跋山涉水进入云南，长途劳顿，水土不服，尚未交战，便已有半数以上的士兵患上了致命的传染病——瘴疠。

所谓瘴疠，实际上就是以疟疾为主的各种温热带流行病。[①] 南诏所在的云南，具有不同于中原的地理气候条件，古称"瘴疠之区"。

南诏在军力上处于弱势，但却占有天时、地利、人和。故而它迎战剑南疲惫患病之师，大获全胜。唐军 8 万之众，病死、战死者不下 6 万人，鲜于仲通率残部侥幸逃脱。

败军之将鲜于仲通乃是杨国忠的亲信，而杨国忠时任御史中丞、兵部侍郎，正深受唐玄宗的恩宠。他利用手中的权力，公然掩盖鲜于仲通的败状，虚报战功，并且举荐鲜于仲通调任京兆尹，成为从三品级别的首都行政长官。而他自己，则借鲜于仲通奏请替换的名义，获准兼任蜀郡

---

① 参阅张竹邦：《话说"瘴疠"》，《健康报》1982 年 6 月 20 日。

都督府长史、剑南节度使，抓到了剑南的兵权。

战后，阁罗凤果真与吐蕃结盟，联兵抗唐，扩大领地，威胁西南边疆达三四十年之久。

不过，南诏与吐蕃结盟以后，却一直存在着利益上的矛盾。唐代宗永泰二年（766 年），阁罗凤立碑于太和城，碑文记载南诏开国以来的事迹，也记述了南诏迫不得已背叛唐朝的经过。

这块大石碑，史称《蒙国大诏碑》，也名《南诏德化碑》，至今仍然屹立在云南大理市南面的太和村旁。

公元 8 世纪末，南诏与吐蕃终于发生武装冲突，遂转而与唐朝重归于好，依旧接受唐廷的册封。

天宝十载（751 年），大唐帝国仿佛遭遇流年不利：

四月，8 万剑南边防军讨伐南诏，大败，几乎全军覆没。

七八月间，3 万安西边防军远征中亚，在怛逻斯与大食军队交战失利，损失惨重。

八月，6 万范阳、平卢、河东边防军进攻契丹，惨败，伤亡殆尽。

这是盛唐边疆、边境战争史上最黑暗的一年。从西南到西北再到东北，三面开战，三面受敌，三面失败。耐人寻味的是，其中竟无一次是和劲敌吐蕃军队的交锋，竟无一场是真正意义上的自卫反击战。

这接二连三的战败，实非偶然。表面上看都是败在军事方面，但归根结底，却是败在边疆民族政策和对中亚外交政策的一度严重失误上。

而更加糟糕和危险的是，当时，皇帝喜好边功，边将邀功固宠，宠臣推波助澜，朝廷上下噤若寒蝉。在这样的政治大环境下，身为最高决策者的唐玄宗，实则难以接收到关于边疆（边境）战争与和平的真实信息，他只可能听到被夸大或被缩小、被扭曲甚或被伪造的信息。

所以，当惊悉南诏与吐蕃联手抗唐，唐玄宗果然只知其一，不知其二。他再次怒而下令，继续征兵，讨伐南诏。

中原百姓听说是云南"瘴疠之区"，都不肯应征。时任右相兼领剑南

节度使的杨国忠,居然派遣御史分赴各地,强抓壮丁,戴上枷锁,押送军营。

数以万计强征入伍的新兵人人愁怨,父母妻儿沿途相送,生离死别,哭声震野。"渡泸及五月,将赴云南征。怯卒非战士,炎方难远行。长号别严亲,日月惨光晶。"(李白《古风·羽檄如流星》)

天宝十三载(754年)六月,侍御史、剑南留后李宓统兵7万,长途跋涉,南渡泸水,再次兵临太和城下。

李宓也是杨国忠的亲信,作为留后坐镇剑南,代行节度使的职权。

南诏王阁罗凤诱敌深入,却闭门不战。

唐军再度深入瘴疠之地,顿兵于坚城之下,远离后方基地,粮草逐渐匮乏。士卒又开始纷纷死于瘴疫,甚或死于饥饿,非战斗减员迅速增加,军心浮动。

李宓无计可施,最后被迫不战而退。南诏军队趁机开城追击,横扫唐军。李宓阵亡,几乎只轮不返。

消息传到京城,杨国忠却公然再次隐瞒败状,仍以捷书上奏。他好像一个输红了眼的赌徒,还打算继续奏请征发天下之兵,第三次讨伐南诏。

杜甫在《兵车行》里借古讽今,有这样一段话:"边庭流血成海水,武皇开边意未已。君不闻汉家山东二百州,千村万落生荆杞。纵有健妇把锄犁,禾生陇亩无东西。"

长歌当哭。这,就是盛唐后期边疆战争与北方农村的现状在现实主义大诗人眼里的悲惨印象。

第八卷

『朱门酒肉臭，路有冻死骨』

盛唐的危机

中国有一句古训："民惟邦本，本固邦宁。"——民众是立国的根本，根本稳固，国家才能长治久安。

正是遵循这条重要的政治准则，唐玄宗君臣迎来了唐朝的黄金时代。

伴随着盛世的出现，统治阶级越来越多地占有社会财富，也越来越深地沉湎于奢侈享乐，可是广大民众的利益却受到越来越严重的损害。

统治者逐渐淡忘了"民惟邦本"的古训。

社会贫富差距愈益凸显，社会贫富对立也愈益严峻。

英国威廉·拉尔夫·莫《直言的小品文集》里，有一句幽默而又残酷的话："整个自然界，都是由'吃'和'被吃'组成的。"

然而，人类社会却绝不应该是这样。

"钱谷之司唯务割剥"

《通典》卷 6《食货·赋税下》记载了唐玄宗天宝年间的国家财政收支总账，其中每年的赋税收入，包括钱、粟、绢、绵、布，总计不下 5700 余万贯(石、匹、屯、端)。天宝八载(749 年)，国家各类仓库储粮共约 1 亿石。

盛唐后期，唐玄宗更加注重擅长理财的官员，并以设置各类财税专使的方式，直接控制着国家的财政税收。

唐玄宗任用的财税专使，皆是奉上欺下，千方百计聚敛，社会财富源源不断地流入国库和内库。

开元末年，唐玄宗任命杨慎矜为监察御史，知太府出纳，掌管国库的税收钱物。他是前任太府卿杨崇礼之子，沉毅而有才干，勤恪清白有其父的作风。而他对各州税收物资的入库验收，则也像他父亲当年一样的苛刻，凡是他认为"不合格"的物资，一律责令相关州县折价赔偿，再转购当地的特产轻货输送京城。

于是乎，天下州县征调税物不绝于岁月。国家财政增加了额外收入，而广大百姓却增加了额外负担。

世界上不知有多少的罪恶，就是这样在"国家利益"的名义下造成的。而杨慎矜监管中央税收有功，官职连续晋升。

其时，唐玄宗后宫用度日益奢侈，赏赐毫无节制，却又不便经常公开从国库中支取。于是大概在开元末年，就有"贵臣贪权，饰巧求媚"，在宫中设置了两个内库，名叫琼林和大盈，实为皇帝的私库。纳入内库的钱

物,表面上说是各州税收以外的"盈余贡献",实际上却是分割国家的赋税,或者干脆就是额外剥削百姓所得,而其收支则不受国家财政制度的约束,专供皇帝用于后宫的宴会、娱乐和赏赐。

天宝元年(742年),长安县令韦坚擢升陕郡太守,兼任水陆转运使,负责向京城转运各地税收的粮食布帛。

他上任后,便着力改扩建关中的漕渠工程,使漕运效率倍增,又在长安禁苑、浐水西岸的北望春宫(也称望春楼或望春亭)东边,开凿池潭,引浐水注入潭中。

天宝二年(743年)三月二十六日,新潭竣工典礼隆重举行。唐玄宗登上望春楼,群臣也奉旨出席盛会。

典礼开始。只见两三百艘小斛底船从新潭一侧鱼贯而进,浩浩荡荡弥亘数里,逐一接受唐玄宗的检阅。

小船上各竖立一块牌子,标明受阅各郡的名称,并装载着各郡的土贡精品,有丝绸、铜镜、铜器、瓷器、珍珠、象牙、翡翠、沉香、纸笔、糯米、海产品,等等,大概都是从江淮以南数十郡,以租税折变方式转购的轻货。

驾船的人,头戴大斗笠,身穿宽袖衫,脚穿草鞋,都是一副江淮农民的装扮。为首的船头上站立着一个人,头上束着红色细罗抹额,身上穿着绿色缺胯衫,袒露着一只胳膊,露出里面的锦半臂。他是陕县尉崔成甫。

唐代官定服饰,分为祭服、朝服、公服和常服,统称冠服。前三种冠服分别用于不同的典礼场合,属于正装,也即礼服。其服饰因人因事而异,但基本特点都是高冠革履,褒衣博带,典雅但却累赘。

常服,古称宴服,也即便服,属于休闲装。它是男人的日常服饰,而从盛唐开始,君臣在常朝时也都改穿常服。它由幞头、袍衫、靴履三大件所组成,吸收了胡人服装的优点,简单,适体,实用。上自皇帝,下至平民,都可以穿戴,不同之处只是在于质地与颜色的区别而已。

幞头是配合束发用的裹头软巾，并不是帽子。它起源于北周，是用整幅的黑色绢帛裁出四脚（四根带子），向后幞发，裹在头顶的发髻上，两脚系在头前，两脚系在脑后。其外观最初比较低平，隋末唐初始用一种名叫巾子的东西，以桐木、丝麻、金属等不同材料制作而成，呈硬性的空心外形，先后出现平头、高头、圆头等不同式样。将它罩在头顶发髻上，再裹上幞头，便形成各式凸起的造型。

盛唐流行的是圆头巾子，系在脑后的两根脚依旧软而下垂，但尊贵者的垂脚比较长一些。

抹额，也叫抹头或帕首，是一条束额的丝巾。红色抹额本是唐代军人经常佩戴的头饰，以致皂衣抹额几乎成为军人的标志之一。

袍衫是常服的上装外衣，圆领、窄袖，衣长过膝，以革带束腰，衣侧开衩至胯部，故而以缺胯为名。士人穿的袍衫，还在近膝处加上一圈横襕，形成上下相连的衣服式样，称作襕衫或襕袍（冬天穿袍，其他季节穿衫）。

袍衫的颜色依据贵贱等级而不同。赭黄是皇帝的专用服色。官员的服装则按照级别由高到低，依次是紫、深绯、浅绯、深绿、浅绿、深青、浅青等几种颜色。军人服装为黑色。平民服装为白色或是黄的本色。士人尚未入仕者，所穿的襕衫、襕袍也是白色。

袍衫里面的上装还有贴身的短衫，也叫汗衫。又有一种名为半臂的短衫，穿在汗衫和袍衫之间，无领或翻领，对襟或套头，袖长及肘，衫长及腰。袍衫里面的下装便是裤子，品种较多。

衣服的材料，尊贵者以丝绸为主，普通的军人和平民以麻布为主，尚未入仕的士子，一般也是穿着麻布或棉布的衫袍。

脚上穿的靴履，常用几块黑皮革拼接而成，有 6 条拼接缝，故名乌皮六合靴，贵贱通用。

唐朝作为古代的开放型社会，汉族与胡族的服饰相互混杂也司空见惯。盛唐后期，上层社会的很多人平常更是爱穿胡服，以翻领、对襟和窄袖为特点，几乎蔚成风气。

就在那天的新潭落成典礼上，在观众兴奋的目光和惊呼声中，崔成甫精神抖擞地站在第一艘船头，高声领唱《得宝歌》："得宝弘农野，弘农得宝耶。潭里舟船闹，扬州铜器多。三郎当殿坐，看唱《得宝歌》。……"

大约一百名妇女，鲜服靓妆，分立于各艘船上，在乐队的伴奏中齐声伴唱。

这首歌是翻唱了民间原有的歌曲，并对歌词稍作改动。

开元二十九年（741 年），在毗邻弘农县的陕州桃林县，发现了一块"宝符"。"得宝弘农野"，指的就是这件轰动一时的往事。

"三郎当殿坐"，本是民间的原唱歌词，这里却恰好借指唐玄宗，他在同胞兄弟中间排行老三，在宫中被妃嫔亲切呼为三郎。

这是一次隆重的新潭竣工典礼，也是一场盛大的江淮以南地区名优产品水上博览会。唐玄宗在望春楼上设宴奏乐，兴致勃勃地检阅这浩浩荡荡的船队。

他下诏，对韦坚以及参与此项工程的官吏乃至民工船夫，都分别予以升职或奖赏，受阅特产分赐贵戚朝臣，新潭赐名广运潭。

盛唐后期，国库里的财物积如山丘，计臣也仿佛一夜成名而蹿红于政坛。这些财税大臣，割剥百姓，聚敛天下，但却深得唐玄宗的器重。其中，以王𫘤和杨钊（即杨国忠）最为黑心，也最为著名。

天宝四载（745 年）唐玄宗下令蠲免百姓一年租税。时任户口色役使的王𫘤，却奏请继续征收百姓应免租税的脚钱（即运费）。在获准执行时，他竟然又加倍征收，然后用这笔资金分别购买当地的轻货，并且征发各郡的百姓运送京城。

王𫘤就是这样恣行割剥百姓，以求媚于皇帝。他公然擅自向内库超额输送大量钱物，以供后宫的宴赐挥霍，还谎称都是国家赋税之外的收入。

王𫘤因此被唐玄宗认定有"富国"之术，宠遇益厚。他在仕途上一路擢升，官至御史大夫（秩从三品）、京兆尹，并且兼领 20 多个财税等方面的使职，威权益盛，中使奉旨赏赐，几乎不绝于门。

另一个同样臭名昭著的计臣就是杨钊,后来赐名国忠。他虽说有杨贵妃的裙带关系,但起初能获得唐玄宗的赏识,还是在于他精于筹算的天赋,而随后不断厚敛百姓的"能力",更成为他一路飙升的主要原因。他甚至把各地备荒赈灾的义仓储备粮都悉数变换布帛,运送京师国库。

民众辛辛苦苦创造的物质财富,就这样越来越多地流入国库和内库。但这样做的后果,却如唐代人刘肃在《大唐新语》里所言——"厚敛以怒天下!"

上层社会:富裕而奢靡

财富的增长,有可能伴随着美德的退化。——英国哲学家、经济学家密尔大致上这样说过。

海量的社会财富源源不绝地流入国库和内库,让唐玄宗产生了国用丰衍、取之不尽的错觉。他日渐"骄于侈乐而用不知节",慷民众之慨,"赏赐贵宠之家,无有限极"。

天宝六载(747年)十二月,唐玄宗命群臣前往尚书省,观赏各郡刚刚运来的特产珍货。尔后,他随手就全部赏赐给了右相(中书令)李林甫。

天宝八载(749年)二月和十二载(752年)八月,唐玄宗两次召集公卿百僚,参观国库里堆积如山的钱物。在一片惊呼声中,唐玄宗轻轻松松就将国库里的丝绢大量赏赐百官,皆大欢喜。

早在开元十八年(730年)二月,唐玄宗便创立了官员春季休假制度。最初是让在京官员休假10天,选择园林胜地游玩宴乐,费用全部由国家财政"埋单"。后来,春季休假就成为定制,并且扩大到全国各地的官员。

天宝八载(749年)正月,唐玄宗再次下令,在京百官赐以绢帛共计2万匹,用于春季休假游乐,京外官员也照样酌情赏赐。

187

范阳、平卢节度使安禄山每次来京，途中停歇之处皆赐以御膳，水陆珍馐，穷极奢侈。唐玄宗命人在长安亲仁坊——靠近东市的黄金地段——挑选一处开阔场地，为安禄山建造新宅。他敕令有关部门，务求华丽，不限费用，甚至提醒督办的宦官："胡人眼界大，莫要被他讥笑。"

这座新府第果然富丽豪华，"宛若天造"。堂皇的院宇，精致的园林，名贵的家具，大量的金银珠宝，就连厨房和马厩里的器物也以金银装饰。

唐代风俗，凡住宅竣工之后迁入新居，都会宴请前来祝贺的亲朋好友，称作暖宅。安禄山乔迁新居、大办酒宴的那一天，唐玄宗又恩准他的请求，临时取消了宫中的击球比赛，命宰相以下的达官权贵改往安府参加暖宅活动。

唐代流行斗鸡活动，唐玄宗更是酷好此戏。宫中设立了庞大的鸡坊，挑选 500 人饲养和训练斗鸡。这些人被称为鸡坊小儿（小儿泛指各种为皇帝服杂役的人员）。其中有一个名叫贾昌的小儿，尤其擅长这项技能，他执鞭指挥群鸡表演，犹如将军指挥部队操练演习。经他饲养和训练的斗鸡，雄健好斗，在斗鸡活动中，对决搏杀总能胜出（当时斗鸡的爪子上都安装着金属芒刺，称为金距）。因此，贾昌 13 岁就当上了鸡坊小儿的首领，备极荣宠。

唐玄宗无论到哪里，贾昌都以笼鸡相随，随时奉命为唐玄宗表演斗鸡。就连东封泰山，贾昌也要率领鸡坊小儿并携带 300 笼斗鸡随行。获准一路同行的贾父，不料却病死在泰山脚下。贾昌又获恩准，扶灵柩回京安葬，一切丧葬之事均由官府出钱料理，并征派民工拉着灵车，一路上前呼后拥。

于是乎，社会上便流传一首民谣："生男不用识文字，斗鸡走马胜读书。……"

…… ……

盛唐后期，全社会创造的财富，不仅越来越多地流向国库和内库，而

且越来越多地流向贵豪之家,越来越多地向上层社会集中。

"卑劣的贪欲……财富,财富,第三还是财富。"(恩格斯语)

1970年10月,在西安南郊何家村发现两瓮一罐文物。经考古鉴定,这是唐玄宗的堂兄、邠王李守礼府中埋藏的遗物。其中金银玉器的总价值,按唐时物价就能购买大米近30万石,大约相当于那时15万个农民一年向国家缴纳的租粟。(参阅《文物》1972年第1期)

实际上,这些出土文物只是邠王府的部分财产,而像李守礼这样富有以及比他更富有的琼府金穴,在盛唐也并非罕见。

在中国地主阶级社会,土地乃是一种支配性的经济权力。于是它便成为无数人梦寐以求的对象,从而也就产生盛唐时期"朝士广占良田"的现象。

宁王李宪,拥有上等农田3000亩,并且享用2000个封户每年缴纳的租税。

刑部尚书卢从愿,广置田园,良田多达数万亩,被唐玄宗视为"多田翁"。

东都留守李澄,丰于产业,位于伊川的大庄园,膏腴之地,水陆上田,修竹茂树,一望无边。当时,人们戏称他与吏部侍郎李彭年皆有"地癖"。

太子太师萧嵩,城南庄园,地即膏腴,亩值千金。

中书令李林甫,田园水硙,利尽上腴,城东一处别墅园林,林亭幽邃,甲于都邑。

…… ……

贵戚朝臣之外,那些有权势的宦官,也拥有京城周边的良田、果园、池沼的几乎半数产权。而高力士资产之殷厚,更非王侯朝士所能比拟。

至于"寺观广占田地及水碾硙",亦同样成为普遍现象。

还有好多普通的大地主也毫不逊色。相州人王叟,庄园广大,有佃农200多户,粮仓积粟多达万斛。

长安的王元宝、杨崇义、郭万金,均号称"国中巨富"。王元宝更被人们称为"王家富窟",朝臣名士往往出于门下,受其资助(这里恐怕难以排除权钱交易的腐败行为)。据说,唐玄宗也曾感叹:"朕是天下最尊贵

的人，王元宝是天下最富有的人。"

记得叔本华在《人生的智慧》里有一个形象的比喻：财富犹如海水，一个人海水喝得越多，他就越感到口渴。

无怪乎杜佑在《通典》卷2《食货·田制下》哀叹："开元之季，天宝以来，法令弛坏，（土地）兼并之弊，有逾于汉成、哀之间。"

古罗马政治家、哲学家西塞罗说过："欲去贪婪，不可不先去奢侈之心。"

开元之初，唐玄宗率先抑制奢侈之心，禁抑社会奢靡之风，那是何等雷厉风行。然而却如鲁迅所言："改造自己，总比禁止别人来得难。"时过境迁，伴随大唐盛世的出现，唐玄宗潜在的奢侈之心又死灰复燃，且愈演愈烈。

18世纪初，荷兰伯纳德·曼德维尔在《蜜蜂的寓言》一书中认为，奢侈刺激经济发展，并非恶德。然而浪费性的奢侈甚或暴殄天物，无论如何都不可能被排除在恶德的范畴之外。

盛唐后期，唐玄宗数次大兴土木，两京建行宫，造殿宇，各千余间；华清宫的改扩建工程，更是规模宏大，造价高昂。

"上有所好，下必甚焉。"难怪唐人丁公著慨叹："国家自天宝已后，风俗奢靡。"（《旧唐书·穆宗纪》）——奢靡，居然成为上层社会满足虚荣心、寻求并享受感官刺激的一种时尚。

早在开元之时，宁王李宪住在长安胜业坊东北隅，毗邻兴庆宫，遂引兴庆宫龙池之水流入府内，疏凿成为巨大的池塘，屈曲连环，号称九曲池。池中垒石为假山，修筑岩岫洲渚及殿宇，广植奇花异木，畜养珍禽怪兽。李宪常与宾客宴饮垂钓于其中。

唐代是私家园林大发展的时期之一，尤以西京与东都为园林荟萃之地。长安南郊的樊川、杜曲、韦曲，方圆几十里，遍布公卿官僚的泉石园池；东郊的灞、浐二水交汇处，则是皇亲国戚的园林胜地。

唐代风气，官员稍有财力便喜欢营造住宅，追求宽敞舒适，尤以拥有池阁园林之美的宅第或别墅为荣。在当时人的眼里，这不仅仅关系到生活品质，而且也成为社会身份和经济实力的一种标志。当然，那些家无

产业、又在政府非重要部门任职的官吏,生活还是比较清苦的;而那些高官显贵以及在朝廷重要机构任职或担任州县主官的人,则大多富有家产,生活奢靡。

盛唐上层社会奢靡而浪漫的生活方式,一如当年罗马帝国贵族富豪那"撒满玫瑰花的床"。

御史大夫兼领20多个使职的王锌,犯罪赐死并没收家产,官吏们奉命清理登记他的家产,竟连续多日都未能忙完。府中有一座自雨亭,檐上飞流四注,夏天置身其中,也会觉得凉爽如秋,府第装修之奢华,就连水井的栏杆也是用珍宝镶嵌,难以估价。

无独有偶。另一位臭名昭著的计臣杨国忠,家里种了几株御赐的牡丹,而花圃的围栏也是以各种珍宝装饰。在花圃旁边,他又用名贵的沉香木建造了一座楼阁,并以名贵的檀香木制作栏杆,以名贵的香料——麝香、乳香——搀入细土搅拌成泥,用来粉饰墙壁,号称四香阁。每年春天牡丹花开,他便在这四香阁中宴请宾客,饮酒赏花。

宗室宰相李适之,时称"酒中八仙"之一,既贵且豪,列鼎而食。家中有9件稀奇贵重的酒器:蓬莱盏,上面绘了象征蓬莱二岛的仙山,斟酒以山没为限;舞仙盏,大概是斟满酒就会显出仙女舞蹈的彩绘;……

吏部侍郎韦陟,系前宰相韦安石之子,门第豪华。家里的饮食尤为奢侈浪费,餐后丢弃的食物甚至也是价值万钱;大厨房里面丰富的饮料食品香气杂陈,以致有人开玩笑地说,若想节食而又能筋骨舒畅,只要有机会进入韦府的大厨房闻一闻香气,就足以饱饫而归。

唐代上层社会盛行酒宴。士子初次入仕抑或是官员晋升,都会盛置酒馔音乐,招待前来贺喜的朋僚,有时甚至皇帝也为晋升的官员赐宴,以示恩宠。这便是各类酒宴中著名的烧尾宴,也是当时的官场习俗之一。

上层社会的酒宴,盛行丰富多彩的酒令,或雅或俗,花样翻新,觥筹交错,且常伴以音乐歌舞,互动热烈,所谓"酒酣欲起舞,四座歌相催"。

朝廷主办的盛大宴会,要动用大规模的宫廷乐舞助兴;各州县政府

举行的宴饮,也有乐伎弹唱侑觞;高官显宦的家宴,亦多以自家拥有的歌舞艺人表演佐饮。

一度时间,公主们还相互效仿,掀起向唐玄宗进食的热潮,而唐玄宗也煞有介事地任命大宦官袁思艺为检校进食使,负责接收和评比进献的美味佳肴。成百上千盘的水陆珍馐,争奇斗艳,互相攀比,而价值之昂贵,一盘甚或抵得上10户中等人家的财产。

唐代上层社会生活的方方面面,都离不开各种香料。朝廷和寺观的各类仪式上要大量焚香;宫殿、衙署、寺观、住宅等公私建筑物,或以香料涂饰墙壁,或以香材建造亭阁,或以各式香炉焚烧香料;至于焚香熏衣,香汤沐浴、饮食、医药、护肤化妆,处处都能见到香料的踪影;人们身上也佩戴着各式香囊和香袋,甚至嘴里亦含嚼香料,开口说话便香气喷于席上,等等。

上层社会的男男女女,几乎整天都生活在香气缭绕的环境之中。于是,在国内传统制作的动植物优质香料以外,世界各地尤其是东南亚的名贵香料,也成为唐代对外贸易的重要进口商品,促使广州跃升为当时世界上最大的香料市场之一,而扬州的香料贸易则紧随其后。天宝年间,广州港内的外国商船不知其数,船上运来的各种香料积载如山。

上层社会不但姬妾成群,就连蓄妓狎妓也蔚成风气。

宰相李林甫,姬侍盈房,车马衣服皆侈靡鲜华。

申王李㧑,冬天风雪苦寒之际,竟然令府中的艺妓们围在自己的座侧以御寒气,并美其名曰妓围。

长安的平康坊,毗邻东市,系妓女聚居之地。京都侠少常萃集于此,每年入京赶考的进士们,也多投递红笺名片,游谒其中。时人谓此坊为风流薮泽。

…… ……

然而若论盛唐后期的豪贵雄盛,则无人能与贵妃杨氏家族相比。

杨贵妃的胞兄杨铦、堂兄杨锜以及三位胞姐,"姊妹昆仲五家,甲第

洞开,僭拟宫掖,车马仆御照耀京邑,递相夸尚"。三个胞姐每年仅获赐的脂粉费,每人就多达百万钱。五家"每有请托,府县承迎,峻如诏敕,四方赂遗,其门如市"。出行则赐宴饯路(送行),归来则赐宴软脚(接风),而"远近饷遗,珍玩狗马,阉侍歌儿,相望于道"。

杨贵妃的三个姐姐也皆有才貌。按照家族平辈的排行,分别为大姐、三姐和八姐,又各随夫姓,称作崔氏、裴氏和柳氏。唐玄宗则亲切称呼为大姨、三姨和八姨(唐人称妻子的姐妹为阿姨),分别封为韩国夫人、虢国夫人和秦国夫人。她们出入后宫,宠贵赫然,甚至插手皇室子孙的婚姻,牵线敛财。

唐代妇女出行,主要是乘坐牛车。杨氏三姐妹乘坐的豪华牛车,每辆造价不下数十万贯钱,不但体积庞大,而且装饰了大量的金翠珠玉,以至于拉车的牛都不堪重负。她们平时也喜欢骑马出行,同样是不惜重金竞购名马,并以黄金和锦绣制作鞍具配饰,极尽奢侈。

杨氏家族的府第壮丽豪华,一堂一室的造价,动辄花费上万贯钱。一旦发现别人宅第的规模或豪华程度超过他们,便会毫不犹豫地拆毁重建,务求胜出。

虢国夫人看中了已故宰相韦嗣立旧宅的风水,于是前呼后拥地来到韦家。她从步辇上走下来,笑语自若地对韦家人说道,听说此宅打算出售,价钱是多少?

韦家人莫名其妙,回答没有这回事。

谁知道话音刚落,就见数百名工匠一拥而上,不由分说地强行拆屋,事后,仅仅补偿韦家十几亩空地而已。

接下来,虢国夫人就在韦氏宅基地上大兴土木,新宅栋宇之华盛,一时无与伦比。所建中堂①,仅涂饰墙壁的费用就多达两千贯钱,还未包括奖励饰墙工匠的玉石丝绸。

杨氏姊妹昆仲五家(杨铦死后杨国忠继之),每年冬季都会扈从帝妃去华清宫避寒,结驷连骑,玉勒雕鞍,锦绣珠玉,鲜华夺目。据说,杨氏家

---

① 唐代上层社会住宅的中堂,是主人会见或宴请宾客的地方,也是住宅的门面。

族车队沿途遗落的钿簪珠翠，灿烂芳馥，香气久久不散。

唐代节日众多，有传统节日，也有新兴节日，既有与农事相关的四时八节，又有岁时节日，还有纪念性节日和宗教性节日。

每逢佳节，各地均有丰富多彩、别具特色的民俗活动。官府也规定了官员的休假制度，有时候还会主办大规模的宴会或大型的综艺表演，"与民同乐"。自信而乐生的唐代人，简直就是把节日变成欢娱笑乐、享受生活或亲近大自然的美好时光。

"飞埃结红雾，游盖飘青云。"众多的节日，更是上层社会家庭进行户外活动、游赏宴会、炫耀富贵的好日子，也是唐朝版公款吃喝、公费游玩的好时光。

赏芳辰，玩清景，郊游野宴蔚然成风。每年春秋季节的中和、上巳、重阳三个节日，更是成为长安郊游赏乐的三大高潮，以致园林树木无闲地。

长安城东南角的曲江，以流水曲折而得名，其周长约 4 公里的景区，乃是唐代西京第一胜景。盛唐之时的曲江，烟波澹荡，楼阁参差，沿岸遍布中央各官署的亭馆台榭。

按照唐朝科举制度，各地进士举子入京考试，一般是在每年正月，放榜则是在二月。遵循惯例，及第的前进士们都会举行各种庆祝活动，其中在曲江的游宴活动尤其热烈隆重，引人注目，这就是唐代著名的曲江会，也称曲江宴或关宴。此外，朝廷的官员们也经常在这片风景名胜区内举行各种宴会。

大约在天宝十二载（753 年）三月初三上巳节，春意盎然，曲江风景区内，烟水明媚，绿树环绕，花卉环周，柳荫四合，彩幄翠帱，鲜车健马，游人如织。

只见众多的贵妇人前来踏青野宴。她们姿色浓艳，肌肤细腻，身穿绫罗衫裙，上面绣着金线孔雀或银线麒麟，佩戴着花叶状的翡翠首饰，扎着镶缀珍珠的腰带。

在其中的那座绘着云彩的大帐篷里,有几位贵妇人正坐在豪华地毯上,举行探春之宴。她们就是杨贵妃的胞姐,御封的国夫人。

案上摆放着从翠绿色的釜中舀出的驼峰羹,水晶盘里盛着白色的鲜鱼……种种美味佳肴,而贵妇们却难得动一动犀牛角制作的筷子。——看来,她们对这些美食都吃腻了。

但是仆人们却仍在用装饰着鸾铃的精致刀具细细地切着肉(真是白费功夫),而远处,宦官们平稳地骑着骏马,还在络绎不绝地送来御厨制作的精美饮食。

大帐篷里面,乐队演奏的音乐,婉转动听;大帐篷外面,众多的侍从,几乎堵塞了周围的交通。

…… ……

荣华富贵,锦衣玉食,暴殄天物。这就是唐诗名篇《丽人行》中描写的情景,也是盛唐后期上流社会生活的一个片断。

信奉老子思想的唐玄宗,竟然渐渐忽视了老子的一句箴言:"不欲以静,天下将自定。"——不抱欲望而趋于平静,天下将会自动安定。

或许更准确地说,不应指望完全消除人的欲望,而是要让欲望处于适度可控状态,则天下自然就会保持稳定。

富裕、和平与开放的时代,多是热衷追求时尚的时代。上流社会对时尚的追逐,却又常常与奢侈挥霍结伴而行。可怕的,不是个别的奢侈或偶尔的挥霍,而是相习成风的奢侈挥霍甚至穷奢极欲。

《丽人行》的作者杜甫(712—770年),字子美,祖籍襄阳,生于河南府巩县(故治在今河南巩义市)。祖父杜审言,系初唐著名诗人,官至国子监主簿、修文馆直学士。父亲杜闲,历任兖州司马、奉天县令。

杜甫家学渊源,幼而好学。开元末,他参加进士科考试未中,遂漫游黄河下游各地。仰望神奇秀美的泰山,他发出了"会当凌绝顶,一览众山小"的豪情壮语。

天宝三载(744年),在洛阳,杜甫与辞官离京的李白相识,结为忘年

之交。次年，他们又在临淄、鲁郡（即齐州、兖州，故治在今山东济南市、济宁市兖州区）一带重逢，诗酒酬唱，过从甚密。二人素有匡时济世之志，却都难得一申所能，杜甫在《赠李白》诗中不禁叹息，彼此就像随风飘零的蓬草，虚度时光。

这年秋天，在石门（故地在今山东曲阜东北），盛唐诗坛上最耀眼的"双子星"——李白和杜甫——依依惜别。从此，虽彼此在诗中寄托思念和友情，但却天各一方，再也没能见面。

中国古代，文人与政治几乎天生有着不解之缘。步入仕途，乃是绝大多数文人的人生追求，即使"身在江海之上"，也依然"心居乎魏阙之下"，而"达则兼济天下"，更是李白、杜甫这一类优秀文人的崇高理想。

天宝六载（747年），杜甫响应唐玄宗选贤诏书，离开河南偃师西北首阳山下的居所，赴京参加考试，时年35岁。结果，他和所有的应试者均暗遭右相李林甫的排斥，全部落选。

杜甫在长安困居多年，仕途无望。他曾住在长安东南杜陵附近的少陵原上，自号杜陵布衣、少陵野老，世称杜少陵。他始终怀着忧国忧民之心，创作出大量深刻反映盛唐后期社会现实的诗歌，享有"诗史"之誉，成为伟大的现实主义诗人。

"春寒赐浴华清池，温泉水滑洗凝脂。侍儿扶起娇无力，始是新承恩泽时。"（《长恨歌》）

杨玉环沐浴的华清池，故址就在今陕西临潼骊山北麓。

骊山雄踞渭河平原，这里的温泉来自地壳深处，含有多种矿物质，水温长年保持在43℃，可供沐浴、治病和冬季室内取暖。因温泉而建宫殿，最早大约可追溯到西周末年，之后历代多有修建。初唐时期，太宗也在隋朝离宫的基础上修建翻新，并赐名汤泉宫，后来，唐高宗改名叫温泉宫。

唐玄宗即位后，除东巡洛阳以外，差不多每年都要到温泉宫避寒，并且对它进行了简单的改建。开元二十六年（738年）末、二十七年（739

年)初,杨玉环度为女道士秘密进入后宫,唐玄宗前往温泉宫的次数和逗留的时间便明显增多。于是,这里就开始成为他处理政务、游赏宴乐的冬宫。

天宝三载(744 年),唐玄宗再次改扩建温泉宫,并且从新丰、万年两县各划出一部分,合并建成会昌县,成为温泉宫的后勤基地。

天宝四载(745 年),杨玉环册立为贵妃,公开亮相,宠冠六宫。天宝五载至六载(746—747 年),温泉宫也进入更大规模的改扩建阶段,继而废除新丰并入会昌,并改名为昭应县(故治在今陕西西安市临潼区)。

竣工后的大温泉宫始改称华清宫。它是盛唐最著名的皇家离宫别苑,也是中国历史上最宏伟的冬宫和温泉宫。

华清宫的平面呈长方形,利用骊山的地势和山前的扇形地带,从骊山北麓由南向北延伸铺展开来。四周以罗城环绕,城中则以缭墙分隔南北内外。

缭墙以内(南边),是皇宫和骊山禁苑。宫殿、庙宇、温泉汤池、亭台楼阁、园林景区,广泛分布于骊山上下,错落有序,鳞次栉比,雕梁画栋,错彩镂金。山上遍植青松翠柏,郁郁葱葱;山下园林,树影婆娑,绿草如茵,鲜花盛开,满目芳菲。

缭墙以外(北边),则分布着朝廷百司衙署以及权贵府第和百官宅邸。

华清宫里,依温泉而建了众多浴池,泛称华清池,也叫温汤。唐玄宗专用的御汤和杨贵妃专用的贵妃汤,合称供奉两汤。其他的温汤,则分别提供皇室成员和达官权贵享用。

御汤的正式名称为九龙殿,也叫作九龙汤或莲花汤。温泉之水涌以成池,依汤池而建宫殿。汤池铺以文瑶密石,中央设有玉质莲花造型的进水口,旁边另有出水口通向下水道。

现代考古还发现,御汤深约 1.5 米,平面略呈椭圆形,四周自下而上用券石砌成四级台阶,而池面第一级台阶则砌成莲花形状。

贵妃汤又名海棠汤,位于御汤右下方。现代考古发现,汤池平面也略呈椭圆形,好似盛开的海棠花。它比御汤小而浅,周边为上下两级台阶,

分别用 16 块和 8 块弧形券石砌成。池底用青石铺成,正中有一个圆形小洞口,当年应安装着莲花形状的进水装置,池底的西北角,也有出水口通往下水道。

骊山风景如画,华清宫的冬天,温泉涌动,暖流如春。

"琵琶羯鼓相追续,白日君心欢不足。此时何暇化光明,去照逃亡小家屋。"(明代高启诗《明皇秉烛夜游图》)——是啊,日夜陶醉于温柔乡的唐玄宗,哪有时间想到那些饥寒交迫的百姓!

唐代上层社会妇女的服饰,也是分为礼服和便服两大类:

礼服系官定服饰,是皇后、妃嫔、公主以及内外命妇参加典礼时所穿的不同服饰,庄重,典雅,却累赘不便。

便服则是这些贵妇人的日常服饰,即休闲服,也是由三大件——衫(襦)、裙、帔——所组成,是一种半露胸式的衫裙装。

平民妇女平时穿的也是这样的衫裙装,只不过材料和做工的档次不同而已。

衫、襦都是短上衣,披在下装的裙腰里,或者穿在裙子外面。衫较薄,襦较厚(襦也即短袄)。衣袖有窄有宽,但以窄袖为多,盛唐上层社会妇女更是以窄小的衣袖为时尚。

裙子是下装,一般都比较长,裙腰高束到半露的胸部。裙子和衫襦上面,都有织文及绣文,或是五彩的画裙。盛唐时期,逐渐流行色彩艳丽、比较宽大的长裙。

帔是披在肩背上的帛巾,或长或短,也称作帔帛、披帛。

衫、裙、帔的制作材料,是丝绸或麻布、棉布,颜色以红、紫、黄、绿居多,组成不同的色彩搭配,而以红裙最为流行。

初、盛唐时期,妇女常常还在窄袖衫外面套上一件名叫半袖的服装。它与男人穿的半臂相比,领口更低一点,多为对襟。

唐代女鞋种类较多,有履、鞋、靴、屐等。履的制作材料是锦、帛、草等,分为高头、小头或平头。盛唐前期仍沿用高头履,履头稍稍翘起,顶端微微后卷,后期逐渐时兴小头履,履头尖小而上翘。

还有用线绳编织的线鞋,疏朗轻便,也是盛唐妇女平时爱穿的休闲鞋。

唐代妇女的发型更是式样繁多,争奇斗艳,不断翻新。盛唐时期,还在唐初以来流行的高髻基础上,时兴起一种义髻,也就是假髻。它一般是用剪下来的头发填充头上的发髻,使之更加充实和高大。也有人甚至用金属丝或薄木制成假髻,再在表面编织剪下来的头发,或加缀珠宝,或加上彩绘,然后戴到头上或者套到发髻上。

头饰,主要有簪、钗之类,以金银玉角等材料制作。盛唐的妇女还喜欢将小梳子或花朵、花枝插在头发上,成为头饰的流行时尚。

唐代妇女也讲究化妆,以白为美。基本妆饰是,面涂白粉为底色,腮施红粉和胭脂,额头上局部涂抹黄粉。

眉毛的化妆:以颜色区别,主要有黑眉和翠眉(即绿眉)两类。从形状区分,主要有柳眉和蛾眉两类。前者是描成细长的眉毛,后者是描成短阔的眉毛。以这些为基础便形成许多不同的眉毛式样,各有名称。而"青黛点眉眉细长",则是天宝末年的"时世妆"。

面饰还有花钿、面靥、点唇等内容。花钿,也称为花子或媚子,就是在两眉间的额头上或是在脸颊上粘贴的装饰品,用金箔等轻薄的材料剪成虫鸟花叶等形状,多为黄、红、绿色。

面靥,是在脸颊或眉心化妆的圆点儿,黑色或者红色。

点唇,是用红色的唇膏涂抹嘴唇,形状也是多种多样,成为妇女面部化妆的点睛之笔。

盛唐还开始流行染红指甲的风气。

此外,佩戴耳环、指环(戒指)、臂钏(手镯),也是唐代妇女的主要妆饰。

妇女的服饰风格和流行趋势,常是衡量社会开放程度的重要标尺之一。唐朝是中国古代社会最为开放和浪漫的时代,女性服饰华丽多变而富有性感,上装常以半露酥胸为美,且爱穿翻领窄袖的胡服。盛唐后期,上层社会的一些妇女甚至喜欢穿戴男装,"靴、衫、鞭、帽,内外一贯",更是形成了一道独特的风景。

杨贵妃同样讲究服饰装扮，既符合盛唐上流社会的习俗和时尚潮流，也吻合唐玄宗的审美情趣。

她喜欢穿黄色的长裙（唐朝对应五行之土运，属黄色），搭配紫色的帔帛（紫色富有浪漫的艺术气息，符合帝妃的艺术气质），"半露胸如雪"，胸前常佩戴着一只丝织蹙金的小香囊，里面装着交趾国（今越南）贡献的瑞龙脑香，异香扑鼻，弥漫十几步开外。

她喜欢以高高的假髻为发饰，上面插着金银珠翠首饰抑或名贵的鲜花，两鬓簪以步摇钗，钗头上的垂饰物一步三摇。

为杨贵妃全方位服务的专职人员，不但有众多的宫女和宦官，还有大约 700 名织锦、刺绣之类的工匠，以及数百名雕刻、镕造之类的工匠，专为贵妃院提供"私人订制"。

杨贵妃善于击磬。工匠为她制造的一台玉磬，是用名贵的蓝田绿玉雕琢而成，并且以金钿珠翠珍异之物作为装饰，还铸造了一对金狮子作为脚座，豪华无比。

一些地方的军政长官也争先恐后地向贵妃进贡奇珍异物。岭南经略使张九章，广陵长史王翼，分别任职于对外商贸最繁盛的广州和扬州，其贡品也尤为珍奇精美。于是，前者晋升三品官衔，后者荣调户部侍郎。

天宝五载（746 年），杨贵妃以"微谴"送归胞兄杨铦府第，随后送来贵妃院的一部分日用器物，就满满装了 100 多辆大车。

杨贵妃生于蜀中，爱吃当地出产的新鲜荔枝。

荔枝性喜温暖，而唐代气候正处于中国历史上的温暖期，不仅岭南盛产荔枝，而且巴蜀也有出产。不过，采摘下来的成熟荔枝，在常温下的保鲜期只有短短四五天，当时不必说四五千里之外的岭南，即便从两三千里之外的巴蜀新鲜运抵长安，也谈何容易！

有人便想到利用官方的交通通信体系——馆驿系统。

于是乎，每年都会有这样一批人员，驰驿运送荔枝，人马接力"快递"，日夜兼程，将巴蜀的新鲜荔枝传送到杨贵妃的餐桌上。

晚唐诗人杜牧在《过华清宫》诗中慨叹："长安回望绣成堆,山顶千门次第开。一骑红尘妃子笑,无人知是荔枝来。"

"一骑红尘"确非虚构,有正史为据。只不过地点有误,唐玄宗每年携贵妃前往华清宫,都是冬季去避寒,而并非是在荔枝成熟的春夏之交。

"哀民生之多艰"

追求"个人的财富",是"文明时代"以来社会发展的主要"动力"(恩格斯语)。当政者确有一万个理由去鼓励和引导人们合法追求个人的财富,可是当政者却没有任何一个理由去放纵物欲横流。

盛唐后期的上层社会,洋溢着一派富足、浪漫、活力四射的气氛,但也散发出一股骄奢淫逸的腐臭气息,并露出政治腐败、社会不公的不祥之兆。诚如孟德斯鸠在《论法的精神》中所指出的:"奢侈与财富不均,永远成正比。"

"长太息以掩涕兮,哀民生之多艰。"——屈原在《离骚》中早已发出这样的伤感和喟叹。

中国地主阶级社会,适合中国古代的国情,适应中国古代社会的经济规律,从而创造出千年雄踞世界之巅的富强文明。然而,就在这个长期创造过古代奇迹的社会里,即使是在汉唐盛世,国家之富也只可能等同于地主阶级之富,却未必等同于农民阶级之富。藏富于国,甚至藏富于官,却未必藏富于民。权力追求利益最大化,总是不断地压缩公共利益的空间,不断地榨取社会低收入弱势群体的财富。

天宝末年,杜甫进献《三大礼赋》,获得唐玄宗的赏识。唐玄宗命宰相召试文章,最终授以杜甫右卫率胄曹参军,秩从八品。这个官职,名义上是管理太子警卫部队的铠甲兵器及营房修缮事务,实际上却是一个闲职。

就职之前,天宝十四载(755年)十一月,杜甫请假从长安赴奉先县(故治在今陕西蒲城县)探亲。到家后,他把近年来的遭遇及见闻感受提

炼成了一首长诗——《自京赴奉先县咏怀五百字》。

观照社会现实，正视社会矛盾，杜甫以其一贯忧国忧民的情怀，在这首著名的长篇史诗中，发出社会危机的预警：

> 彤庭所分帛，
> 本自寒女出。
> 鞭挞其夫家，
> 聚敛贡城阙。
> ……
> 朱门酒肉臭，
> 路有冻死骨。
> 荣枯咫尺异，
> 惆怅难再述。

——达官显贵之家堆金积玉，酒肉多得发臭，可是道路一旁却躺着冻饿而死的尸骨。贫富悬殊，咫尺以内竟然相差万里。

《册府元龟》卷495《邦计部·田制》记载天宝十一载（752年）十一月乙丑诏书，其中披露：

> 王公百官及富豪之家，比置庄田，恣行吞并，莫惧章程。……致令百姓无处安置，乃别停客户，使其佃食……远近皆然，因循亦久，不有厘革，为弊虑深。

——贵族、官僚、富豪之家，长期普遍肆无忌惮地侵占国有土地或兼并农民的土地，致使均田制度日趋瓦解，越来越多的农民丧失土地，无以为生，他们被迫逃亡谋生，抑或租佃地主的土地为生。

杜佑《通典》卷6《食货·赋税下》指出：

> 其时（指天宝时期——笔者注），钱谷之司唯务割剥，回残剩利，

名目万端;府藏虽丰,闾阎困矣。

——国家财税部门只知道征收赋税,而税外收费更是名目繁多,聚敛无度,国库虽然丰足,民间却陷入贫困了。

仅仅这三条权威性的史料,就从不同角度不约而同地揭示出盛唐后期一个严重的社会问题——贫富差距加速扩大,贫富对立也愈益突出。

每个时代都有每个时代的问题。恩格斯说过,"完美的社会、完美的'国家'是只有在幻想中才能存在的东西"[1]。

在中国旧史以及唐人著述中,所谓盛唐时期"家给户足""百姓殷富"之类的说法,均不无粉饰之嫌。事实上,这中间并不包括,至少并不完全包括广大的农民群众,尤其是在盛唐后期。

唐朝作为地主阶级社会,地主阶级乃是这个社会的统治阶级,才是主导时代发展的主要方向、主要内容的社会力量,从而也就决定着社会财富必然向这个阶级流动和集中的总趋势。更何况,中国古代小农生产方式自身的弱点和局限性,本来就导致其难以经受天灾人祸的袭击,也就极少能够单靠勤奋务农便可以发家致富。

对敦煌、吐鲁番古代文书所载天宝年间的物价等资料进行分析,就会发现,当时"一般农民较好者勉强可以维持衣食,稍免冻馁,或者从中分化出极小部分富裕的人;差些的则衣食不赡,以至借债、卖田、破产、逃散四方。只有地主阶级才有数年粮储,才是殷富的"[2]。

大唐盛世并非仅仅是唐玄宗君臣励精求治的结果,更是广大农民群众辛勤劳动的产物。时人元结在《问进士》中言道:"开元、天宝之中,耕者益力,四海之内,高山绝壑,耒耜亦满。"——这应是人所熟知的不易之论。

然而,伴随着经济的快速发展而来的,却是社会收入的两极分化和

---

① 《马克思恩格斯选集》第四卷,第212页。
② 韩国磐:《唐天宝时农民生活之一瞥》,《隋唐五代史论集》,生活·读书·新知三联书店,1979年。

贫富差距的愈益扩大。巨额的社会财富,竟以越来越不公正的方式分配与再分配了。

"采得百花成蜜后,为谁辛苦为谁甜?"物质财富的创造者,竟然成了物质上的贫困者!

于是才有元代张养浩的千年一叹:"兴,百姓苦;亡,百姓苦。"(《山坡羊·潼关怀古》)——古代国家的兴亡盛衰,无不伴随着广大民众的劳苦或痛苦。

意大利经济学家帕累托关于人类社会财富分配规律的研究表明,总是大部分人处在社会底层的贫穷环境中,只有少数人有可能进入小康阶层,而更少的人才有可能成为富人。

历史也的确如此。人类自从进入私有制社会,就一直存在着贫富差距,人类社会发展成果的分配总是呈现出向强势群体集中的趋势,而发展成本的分配则呈现出向弱势群体集中的趋势。正如恩格斯在1877年6月撰写的《卡尔·马克思》一文里所指出的:"过去的全部历史……人类的大多数总是注定要从事艰苦的劳动和过着悲惨的生活。为什么会这样呢?这只是因为在人类发展的以前一切阶段上,生产还是如此不发达,以致历史的发展只能在这种(阶级)对抗形式中进行……"[1]

唐朝历史进入唐玄宗时代,既得利益群体和利益藩篱日趋固化,唐初以来国家的制度逐个和逐步地脱离新的社会现实。尽管改变原有的制度会直接涉及利益调整,会带来政治风险,尽管世上最难分配的是人们的利益,而人们也不会轻易放弃自己的既得利益,但是如何进行顶层设计,实施国家层面的改革,恰当地协调个人利益、阶级利益和国家利益之间的关系,合理调控社会财富分配不公的发展趋势,则政府依然责无旁贷,也并非无计可施。

执政者理应关心民生,但执政者却又容易忽视民生。

反观盛唐后期,政府在社会财富分配与再分配中的宏观调控便日渐

---

① 《马克思恩格斯选集》第三卷,第41—42页。

缺位,财税部门甚至倒行逆施。推崇道家思想的唐玄宗,在盛唐后期的内政治理上,却曲解了老子的"无为"思想,产生保业守成、故步自封的倾向,实则迁就或维护地主阶级特别是贵族官僚地主的既得利益,不敢轻易打破现存利益分配格局。而主政16年之久的李林甫,更是循规蹈矩,很少能与时俱进地致力于制度的变革创新,致使政府效能渐趋弱化,公信力日益下降。

政府不顾显著变化的土地占有状况,视而不见租庸调制度①随着均田制的瓦解已经丧失根基与合理性的现实,依旧墨守成规,继续向日渐丧失土地的农民征收租庸调,甚至税外征敛,并且仍然作为考核地方官员政绩的重要依据之一;而那些广占良田的王公百官及富豪之家,却依旧不同程度地享受着轻税的待遇,甚或依旧享有免税的特权。

于是,税制愈益不合理,税负愈益不公平,富者益富,贫者益贫,逃户不绝,人何以堪!

这正应了《韩非子·心度》里的话:"时移而法不移者乱。"

亚当·斯密在《国富论》和《道德情操论》里指出,财富存在于人民的福祉之中。如果一个社会的经济发展成果不能真正分流到大众手里,那么它在道义上将是不得人心的,而且是有风险的,注定要威胁社会的稳定。

故而孔子也早就说过,"不患寡而患不均"。——社会财富分配不均衡,不公平,比物质匮乏更令人担心,社会贫富悬殊,比社会共同贫穷更加危险。

千百年来,中国的劳动人民的确是勤劳而又温顺。但是,总不能因为他们"像牛一样勤劳",就可以无限地驱使;总不能因为他们"像羊一样温顺",就可以无情地宰割。

"民惟邦本,本固邦宁。"本既不固,焉得邦宁?社会贫富两极分化,必

---

① 租庸调是以通过均田制维持的自耕农经济为基础而设计的赋税制度,不管拥有土地和财产的实际数量,只按人丁征收同等数量的粮食和绢布。

然侵蚀民心。盛唐后期的民心，便在下层社会日渐贫困艰辛、上层社会愈益富裕奢靡的对立中，颓唐涣散。屡禁不止的逃户现象，难道不正是一种变相的反抗吗？

"于无声处听惊雷。"看来，杜甫已经敏锐地感觉到盛唐末年潜在的社会危机。就在他发出"朱门酒肉臭，路有冻死骨"的叹息和呐喊时，安禄山的千军万马，已然趁着社会危机潜伏之机，呼啸南下。

第九卷

『山雨欲来风满楼』

《管子·霸言》云："治乱在上也。"——国家的安定或混乱，社会的太平或动荡，关键取决于执政者的观念和作为。

唐玄宗登基之初，诚恳应允姚崇的十项建议，愿意吸取历史教训，改革弊政，开创唐朝的新局面。

20世纪60年代初，毛泽东读了这段历史，对姚崇的十条谏言给予高度评价，称之为古今少见、简单明了的"十条政治纲领"。（参阅忻中：《毛主席读书生活纪实》，《社会科学战线》1981年第4期；白寿彝主编：《史学概论》，宁夏人民出版社，1983年）

这十条施政纲领，事关唐玄宗时代的改革大局和治国方向。它明确主张：推行仁政，任贤用能，戒欲去奢，广开言路，慎用武力，杜绝税外进献邀宠，停止劳民伤财工程，限制宦官和外戚的权力，等等。

如此深谋远虑而又切合实际，饱含了众多有识之士的忧患意识，闪耀着治国理政的智慧之光。

纲举目张。开元前期到中期，唐朝君臣果然不负众望，认真实施这"十条政治纲领"，拨乱反正，休养生息，富国强军，逐步实现天下大治。

然而，善始易，善终难。随着辉煌盛世的到来，盛唐天子也未能摆脱《诗·大雅·荡》的"魔咒"——"靡不有初，鲜克有终。"

自开元中期以后，姚崇提出的施政纲领，陆续被唐玄宗放弃或违背的竟十有六七，唐朝逐渐偏离正确的治国方向和理政轨道。及至开元末和天宝中，政治保守，谏诤路绝，军力布局外重内轻，用兵过度，土地兼并，税负不公，贫富悬殊，官场腐败，派系斗争，等等，无不成为针对大唐盛世的冷酷杀手。

安而忘危，治而忘乱。

"山雨欲来风满楼！"

"林甫奸宄，实生乱阶"

开元二十四年（736 年）十一月，李林甫晋升中书令，权柄恩宠日盛，直到天宝十一载（752 年）十一月病死，秉国之钧长达 16 年。

久典枢衡，奥秘何在？

——李林甫是保守政治忠实和得力的执行者。他能准确领会并切实执行盛唐后期唐玄宗保业守成的治国理念和理政方针，以其谨慎、规范、严明、务实的行政领导能力和小事风格，适逢其会，基本上维持着国家行政机器的惯性运转，也表面上保持着国家富强、社会稳定的状态。其个人仕途中并无贪污受贿的罪行，施政方面也无横征暴敛的劣迹，而他在政治上的党同伐异，所幸也未曾危及民众的生活与社会的稳定。

——李林甫深知，"政治家最不喜欢人家反抗他的意见"（鲁迅语）。为了保障自己不从权力中心被淘汰出局，他成为盛唐第一个不敢也不想犯颜直谏的首席宰相，甚至惯于和善于时时处处顺旨奉迎。即使在边疆防务问题上，他虽同样秉持着谨慎保守的态度，但也始终不敢也不想反对过度用兵的举动。

——李林甫为确保自己的权位不受干扰和损害，他还惯于和善于借助维护君主利益的名义，阴险巧妙地堵塞言路，排斥贤能，打击异己。

对李林甫前两个方面的做法，唐玄宗一直非常满意，再加上自己一贯抓大放小的执政风格，而且精力又较多地转向"声色"娱乐，于是就将

国家的日常政务（所谓"朝廷细务"）放手交给了李林甫。

而对李林甫后一个方面的做法，只要不影响皇权和皇位，作为君相政治利益的一种交换，唐玄宗通常则是采取睁一眼闭一眼的容忍态度，有时甚至还借李林甫之手达到铲除政治隐患的目的。

虽说人的行为动机是丰富而复杂的，但从根本上讲，唐玄宗和李林甫都是政治上的现实主义者。

李林甫不乏吏干之才和守成之力，但他为一己之私而闭塞言路，排斥贤能，打击异己，则又无可避免地遭到世人的谴责，也被史家认定为"实生乱阶"的奸宄行为。

自从以直言切谏而著称的张九龄被罢免相职，朝廷官员便大多倾向于"容身保位，无复直言"。可是朝中的那些谏官，职责所在，却是要向皇帝反映实情或提出意见和建议。于是李林甫便规定，凡谏官上奏言事，必须向宰相事前请示、事后汇报；还规定，御史上书言事，也要先经上级主官——御史大夫——过目并签名认可。其冠冕堂皇的理由，就是为了所谓保证谏官御史奏事的准确性和必要性。

即便如此，李林甫仍然担心谏官会给他捅娄子。于是他又特意将众谏官召集到面前。

"当今明主在上，群臣顺从圣意尚且唯恐不及，何用多言。"李林甫语气平和，却又隐含着杀气，"诸君没看见宫殿门外的立仗马么，终日默不作声，故而吃着上等的饲料，一旦嘶叫，就会立刻被撤换下去，以后再想不叫，还有可能吗？"

耐人寻味的是，这样明明白白的"封口令"，却冠冕堂皇地标榜着维护君主利益的名义，同时也暗合唐玄宗志得意满而拒谏饰非的心态。

实际上，这是阴险地造成了一种信息不对称状态，无形中便让唐玄宗处于信息劣势地位。但妙就妙在，李林甫总是善于在其一己之私与唐玄宗个人或政治的需要之间，谨慎而精明地寻找到"最大公约数"。

可是偏偏有一位名叫杜琎的谏官，官居补阙之职，刚正不阿而似乎有些"不识时务"，他秉持应有的责任心，依旧向唐玄宗上疏反映实情。

结果,第二天他就被李林甫找个借口贬为下邽县令。

还有一位名叫周子谅的监察御史,似乎更加"不识时务"。他按照惯例,头戴法冠,当廷劾奏牛仙客滥登相位,能力不足。

但这次犯颜相谏,却等于是当众间接批评唐玄宗用人不当。更糟糕的是,他又不慎援引谶书中的迷信预言来支持自己的判断,这无疑更加严重触犯了唐玄宗的禁忌。

龙颜震怒。唐玄宗喝令卫士当众殴打周子谅,拳脚交加,绝而复苏。

唐玄宗余怒未消,又喝令将周拖出殿堂,施以杖刑,并撤职流放。

周子谅伤势严重,刚刚行至蓝田驿,便不幸身亡。

想当初,謇谔之士受到奖励,而今,却连谏官御史也直言贾祸,甚至因谏诤而惨死。于是,满朝文武皆明哲保身,噤若寒蝉,就连谏官御史也三缄其口,集体出现选择性失语。

"上意不下宣,下情不上达。"——这,就是盛唐名臣颜真卿对盛唐后期政治生态的评语。

李林甫秉钧擅权,薄于文雅。他以才识吏干作为选拔任用官员的标准,而把文士只看作文学人才,修史、编书、撰写诏令之类的事务,仍由文士担任,但科举进士出身者,总体上却被排斥在入仕正途之外。盛唐后期,掌权的吏干之士虽然多有较强的行政能力,但却缺少治国理论和经史知识的修养,缺乏政治远见,从而也在某些制度的变更上造成了失误。[1]

天宝六载(747年),唐玄宗一时心血来潮,意欲广求贤能之士。他下诏,天下凡是学有专长的文人士子,皆可赴京应试。

然而首相李林甫的心里,却担心文士们可能会在对策中批评朝政。于是,他便以"举人多卑贱愚聩,恐有俚言污浊圣听"为由,建议先由各郡县初试,再将入围者送到尚书省(中央最高政令执行机构),统一复试。

---

[1] 参阅吴宗国:《唐代进士考试科目和录取标准的变化》,《历史研究》1986 年第 4 期。

第九卷「山雨欲来风满楼」

唐玄宗准奏。

大概是经过了一番精心策划，上下其手，暗箱操作，最后公布结果，居然无一人合格。而大诗人杜甫和著名文士元结，当时就在应试者之中。

事后，李林甫却一本正经地上表祝贺"野无遗贤"。

这简直就是一个黑色幽默。借用鲁迅在《谈皇帝》一文中的话说，也算得上是绝妙的"愚君政策"。

李林甫"愚君政策"得逞的重要前提之一，正是在于当时上下阻隔、信息不对称的政治环境。而这，与其说是李林甫的杰作，倒不如说是唐玄宗骄傲自负导致的自我信息封闭。

外因总是通过内因而起作用。

盛唐后期，社会上产生了一种类似"下沉螺旋"现象的趋势，不论是桂林一枝，还是昆山片玉，举凡知识阶层、民间精英，向上流动的渠道常常横遭挤压或堵塞，即便入仕也往往难以施展抱负，从而迫使人才资源寻找新的流动渠道。

而此时，诸边镇节度使则拥有辟署幕府属吏的权力，且待遇不薄。一些不得志的布衣文人、科举及第的文士，甚或现任官员，便相继投奔节将连帅，担任幕僚，以求报效国家，一展抱负。由此，开始形成唐朝一大政治景观和独特的社会风气。

李林甫相貌温和却城府深阻，公开场合里爱憎喜怒不形于容色。他就像美国电影《教父》里的经典台词说的那样："永远不要让别人知道你在想什么。"

在李林甫的身上，总是会让理智支配一切，而不会任由感情支配行为，总是基于理性的算计来采取相应的手段，以谋取巩固自己权位的利益。凡是才望功业卓著者，或是被唐玄宗看重的人，他总要设法予以压制或排挤，以免有可能对他造成政治威胁。表面上他总是甜言蜜语，实际上却惯于暗箭伤人，故此，"世谓李林甫口有蜜，腹有剑"。

兵部侍郎卢绚，风标清粹，颇受唐玄宗赏识和夸赞。李林甫担心唐玄

宗要重用卢绚，于是召见卢绚之子，谎称交、广之地（今广西、广东地区）正缺长官，而令尊素望清崇，深为圣上所看重。——言下之意，就是有可能要调派卢绚去偏远的交、广地区任职。

卢绚获悉此事，莫辨真假，便急忙按照李林甫的建议，向唐玄宗奏称自己年迈体弱云云，于是改任京城附近的华州刺史，旋又改授太子员外詹事的闲职，躲到东都洛阳去了。

天宝元年（742年），唐玄宗突然又想起了严挺之，便询问李林甫："严挺之现在何处？"又说道："他也是个难得的人才，值得重用。"

六年前，中书侍郎严挺之牵涉王元琰贪污案，贬为洺州刺史，后又量移绛州刺史（旋改称绛郡太守）。

李林甫回府后，又迅即召见严挺之的弟弟。他首先以美官相许诺，接着话锋一转，"圣人对贤兄甚为器重，有必要让他进京谒见圣上，当有大用"。

李林甫建议，弄一份绛郡的公文，就说严挺之稍稍患了风疾（轻度中风），奏请入京就医。

不久，李林甫便收到了这份奏状。他迅即上呈唐玄宗，并且建议，挺之年事已高，又患了风疾，适合授一个闲职，以便就医休养。

唐玄宗见到绛郡的奏状，不由得连声叹息。于是同意了李林甫的建议。

严挺之旋即由绛郡太守转任员外太子詹事（一个编制外的闲职），奉命前往东都洛阳"养病"去了。

误入圈套，有口难辩。严挺之在洛阳，怏怏不乐，抑郁成疾，竟撒手人寰。

天宝元年（742年）七月，左相（原侍中）牛仙客病逝。八月，刑部尚书李适之奉旨接任左相兼兵部尚书。

李适之（？—747年），又名昌，是唐太宗的长子李承乾之孙。他以门荫入仕，历任地方和中央的要职，为政以强干见称，不务苛细，政绩

卓著。

李林甫秉政朝廷,声势煊赫。牛仙客同列相位,依旧循规蹈矩,勤于政事,并且明哲保身,唯唯诺诺。而今,李适之接任左相,行政能力并不在李林甫之下,且与唐玄宗是四服以内的堂兄弟,比李林甫的宗室血缘关系要近得多。同时,李适之还与韦坚是好友,而韦坚则是太子李亨的内兄,其理财的政绩又正受到唐玄宗的赏识。

在李林甫看来,李适之的确是一个不容小觑的政治对手。凭借灵敏的政治嗅觉,李林甫可能还会揣测,唐玄宗任用李适之为相,是不是一种政治牵制?所以,李林甫长时间隐忍不言,谨慎观察,耐心等待着攻击时机。

大约过了两年多的时间,李林甫终于出手。

李适之雅好宾客,饮酒一斗而不乱,经常晚上宴娱,白天处理公务依然干净利索。但李林甫还是抓住李适之喜欢饮酒的生活习惯为由头,背后诬告他贪杯而颇影响政务。

"小报告"似是而非,但却给唐玄宗造成不良印象。

然而,这个黑状也只好比发面的酵母——是个引子。嗣后,李林甫更精心设计了一个阴险的圈套。

天宝五载(746年)正月,他煞有介事地对李适之说:"华山埋藏着金矿,开采可以富国,但圣上还不知道此事。"

李适之的性格向来是简率宽疏,他果然不假思索,便自告奋勇地向唐玄宗反映这件好事。

唐玄宗闻言大悦,转而询问李林甫。

讵料李林甫却回答:"臣早已知道此事。但华山涉及陛下本命,系王气所在,不可开凿,故而臣不敢上言。"

按照风水的说法,以唐玄宗的生辰推算,是"协太华(华山)之本命"。他在《华岳碑》中提到过这件事,而李林甫也知道底细。

这一番话想必让唐玄宗吃了一惊。他深感李林甫虑事周全,而李适之却虑事不周。于是他毫不客气地告诫李适之:"今后奏事,应先与林甫商议,不要太轻率了。"

人心惟危。一念之差，让李适之悔之莫及，从此，他变得谨慎起来，再也不敢轻易坚持己见。

然而，李林甫对李适之的倾轧并未收手，而是瞅准机会，再下一城。

大概是察觉到一些蛛丝马迹，李林甫遂指使他人，告发兵部铨选（考察选用武官）或有集体舞弊行为，随后，他便交给亲信、京兆尹萧炅审理。

萧炅任用酷吏吉温，协同御史，将此事办成"铁案"。涉案官吏多达数十人，上到负责铨选的兵部侍郎（兵部副长官，其中张垍也是李林甫眼中的政敌），下及相关部门的郎官和吏员，而兼任兵部尚书的李适之虽未直接涉案，但作为兵部长官，也难辞其咎。

接下来，李适之的好友韦坚也遭到李林甫中伤而被贬逐，这就如同雪上加霜，更让李适之惧不自安，于是他便决定辞去相职以避祸。

天宝五载（746年），李适之由左相改任太子少保（闲职），骤然门可罗雀。他作诗自嘲，认为已然与世无争。岂料不久，韦坚一案节外生枝，李适之也因此被李林甫诬陷为韦坚朋党，贬为宜春太守。第二年，就在李林甫追杀贬官（实为李林甫的一些政敌）的恐怖气氛中，李适之也在宜春吓得自杀了。

…… ……

清代纪晓岚《阅微草堂笔记·滦阳消夏录》里有句话说得妙："至可畏者莫若人，鬼何畏焉？使君颠沛至此者，人耶？鬼耶？"——旧官场上人害人，比鬼还要可怕得多。

李林甫主政期间，引与共政者皆是唯唯诺诺之辈。他阴计中伤排挤李适之以后，便引荐唐玄宗宠信的门下侍郎陈希列入相。他判断，陈缺少显赫的家世，也不是科举出身，又缺乏行政能力和经验，只不过是一个靠讲解《老子》《周易》并利用神仙符瑞取媚于唐玄宗的人，况且，他也曾巴结过李林甫，应该说是个柔佞易制之辈。

后来事实也证明，陈希烈的确只是一个"签名"宰相。

在盛唐后期统治集团高层的政治博弈中，李林甫屡屡迫使异己或对

手出局,而他多次假公济私,任用酷吏,罗织罪名,打击政敌,更是心狠手辣,斩草除根。

《新唐书·李林甫传》概括言之:"性阴密,忍诛杀,不见喜怒。……公卿不由其门而进,必被罪徙。附离者,虽小人且为引重。……数兴大狱,衣冠为累息。"——党同伐异,公权私用,多次政治清洗扩大化,令士绅屡屡扼腕叹息。

许多年以后,唐人刘肃在《大唐新语》里仍慨然长叹:"林甫奸宄,实生乱阶,痛矣哉!"

李林甫奸宄的得意之作,还表现在对安禄山的扶持、拉拢和控制上。

天宝之初,李林甫关于边镇节度使蕃将化的建议,客观上为安禄山拥兵坐大提供了一层铺垫作用,而李林甫不失时机陷害名将王忠嗣,则既是重创太子势力,也是帮助安禄山清除了一位最具威慑力的劲敌。

安禄山手握重兵,承恩特深,起初谒见右相李林甫时,也同样傲慢无礼。但李林甫却不动声色,假装有事要召见御史大夫王铼。

王铼是李林甫的重要党羽,并以聚敛天下的政绩成为政坛当红"明星",位高权重不亚于安禄山。

很快,王铼便应召入谒。他一如既往,口称相公,趋拜谨甚。

旁观的安禄山不禁大吃一惊,顿失骄矜之色。

李林甫胸有城府,老于世故,具有敏锐的观察力、很强的直觉和判断力,以及情绪解读力,善于理解别人的想法或感受,并进行相应的互动。在与安禄山交谈互动时,他简直就像一个资深的心理学大师,言语温和却扣其心扉,直接洞察安禄山的内心活动,"皆揣知其情而先言之"。

这一招,堪比半空中点灯——高明。安禄山真真切切地感受到,李林甫温和而又犀利的目光,已然透视自己的心灵,好像自己的一思一想都难以逃脱这位权相的法眼——简直一切都无可遁形。

"以为神明。"——安禄山从心理上完全被李林甫的影响力所征服。

从此以后,他每次谒见李林甫,敬畏之感都会让他紧张得大汗淋漓,即使在寒冷季节也是这样。

那年冬天，李林甫将汗流浃背的安禄山亲切地引入自己的办公室内。这里的空间更私密一些，又铺着地衣（即地毯），也更暖和一些。

李林甫示意安禄山坐下，并顺手脱下自己的披袍，覆盖到安的身上。

安禄山受宠若惊，欣然感激，几乎言无不尽，甚至亲密地称呼李林甫为十郎。

唐代，下级对上级都是尊称官职，不可直呼其名。这是中国古代的一种语言禁忌——避讳。同理，晚辈对长辈亦不可直呼其名。在平辈或平级之间，一般也不直呼其名，而是尊称对方的官职或郡望，或任职的地名，或专用称呼，熟悉和亲昵的，则常称对方的字、号或行第。

行第，就是在家族平辈中的排行，以行第相称，也是唐代社会的一种风俗。

李林甫排行第十，故而关系亲密的人有可能称他为李十或李十郎。郎在唐代则有不同的用法，这里既表示安禄山对李林甫的尊称，也含有奴仆称呼主子的意味。

安禄山在范阳，每当部将刘骆谷赴京奏事返回，他都要先问，十郎说了什么？

若有美言相告，安禄山就会欢欣雀跃。若转告："大夫须好好检点行为。"安禄山便会情不自禁地反手撑着坐榻，活像泄了气的大皮球，惊呼："啊哟，我要死啦——"

这件事情不知道怎么就流传了出来。宫廷乐师李龟年曾模仿安禄山的丑态，惟妙惟肖，逗得唐玄宗哈哈大笑。

盛唐后期，利益交换愈益污染政治，权谋斗争几乎充斥官场。诚然，"世界上并没有为作恶而作恶的人；有人作恶是为了要为自己取得利益、乐趣或荣誉。"——《培根论人生》中的这段话，大概也符合李林甫的所作所为，正是强烈的权力欲和名利欲，促使他变得口蜜腹剑。

但李林甫为了自己的私利，排斥异己，打击政敌，终究结怨太多，就连他自己也不免担心招致报复暗杀，日夜如临大敌。

唐朝已往的宰相，多为功勋卓著、德高望重者，不以威权凌驾于人，

也不用担心会有仇家报复行刺,故而出行皆轻车简从,沿途行人通常也不必回避。然而,李林甫出行却不同,步、骑卫队前呼后拥,喝道戒严,不用说普通的行人,就连公卿大臣也要及时趋避。

李林甫在长安的府第位于平康坊南街,紧邻皇城东南角,隔东市与兴庆宫相望,属于繁华地段。

唐代上层社会的住宅一般都是四合院的形式,采取有中轴线和左右对称的平面布局。大致上,由南到北分布着大门、门馆、中门、庭院、厅堂、卧室、廊屋、园林等建筑设施,朱门素壁,环廊曲阁。更复杂的住宅则由多重院落所组成,占地面积很大。

李林甫的官邸,当然也属于多重院落组成的大宅。府中的园林(后花园),按照当时的建筑模式,也应是筑山穿池,竹木丛萃,风亭水榭,梯桥架阁。而其与众不同的则是,整个大宅皆重门复室且紧闭上锁,夹墙暗道四通八达,房间的墙壁都用坚硬的石块砌成,表面再包上一层木板。

唐代官员的住宅都没有安排卫士守护,即便是贵为首相的李林甫,虽然仆人众多,但住宅的安全也只能靠自己小心防备。所以,李林甫总是神出鬼没,每天晚上都要更换住处,有时候一夜甚至更换几个地方,连家人也不清楚他的行踪。

看来,不让别人活得轻松,自己也会活得很累。

李林甫的长子李岫,官居将作监。他目睹自家权势熏灼,不由得恐惧不安。有一天,他陪父亲在后花园散步,看到正在花园里劳作的工匠,不禁触景生情,突然跪到父亲面前,声泪俱下:"大人久居相位,荆棘满途,一旦大祸临头,再想同这些百姓一样平平安安的,还能做得到吗?"

李林甫十分不悦,却又显得几分无奈。"势已至此,还能有什么办法!"他说。

"因缘椒房之亲"的聚敛之臣

吴兢在《贞观政要》里指出:"为政之要,惟在得人,用非其才,必难致治。"

实际上,用人不当,岂止难以致治,还会容易生乱。

所以《资治通鉴》卷 216,司马光与苏冕的两段评论认为,盛唐后期,唐玄宗先后任用的两个首相——李林甫与杨国忠,一个是"养成天下之乱",一个是"终成其乱"。

这个最终促成天下大乱的杨国忠(? —756 年),原名钊,蒲州永乐县(故治在今山西芮城县西)人。其父杨珣,曾任宣州司士参军,秩从七品。母亲张氏,是武则天的幸臣张易之的妹妹。

杨钊不爱读书,嗜好饮酒和赌博,放荡无行,遭到宗族乡邻的鄙视。30 岁左右,他前往蜀中(今四川)当兵,职在屯田(军垦农场)。他人品不佳,遭到上司的处罚,终因屯田业绩优秀而升任新都县尉,后又担任扶风县尉。但是在仕途上,他一直郁郁不得志。

任期满了之后,他又回到蜀中,依旧贫穷落魄。幸而得到富豪鲜于仲通的一些资助,遂与妻儿全家默默无闻地度过一生中最暗淡的时光。

杨钊与杨玉环为同一曾祖父,是四服之内的堂兄妹。杨玉环的父母在蜀州相继去世以后,杨钊曾经照顾过她的家庭,但这时年幼的杨玉环已经去了洛阳,与杨钊素未谋面。

人们常说,天上不会掉馅饼。可这个世界太复杂太奇妙了,偏偏就有一块"大馅饼"从天而降,并且恰恰掉到贫困潦倒的杨钊头上。

天宝四载(745 年)八月,杨玉环进册贵妃。这桩天大的新闻迅速传到她的出生地——蜀中,并且惊动了剑南节度使章仇兼琼。

早在开元二十七年(739 年),时任剑南团练副使的章仇兼琼奉命入朝奏事。他盛言可夺回被吐蕃强占的战略要地安戎城,因而受到唐玄宗的赏识,旋即升任剑南节度使。

可是,章仇兼琼却与中书令李林甫关系不睦,一直担心遭到中伤排挤。如今听说生于蜀中的杨玉环封为贵妃,他马上就想到不妨试试联络杨氏家族,以作为自己的政治靠山。

他打算派遣心腹部属鲜于仲通赴京联络,而后者则向他推荐了一个更合适的人选——杨钊。

章仇兼琼旋即接见了杨钊，发现他仪表丰伟，言辞敏捷，二人相见甚欢，遂上表提拔杨钊为幕府推官。

不久，章仇兼琼便委派杨钊前往长安，借进贡蜀中的春绨（丝织品）之便，联络杨氏家族。临行前，章仇兼琼又赠送杨钊价值百万钱的土特产品。

天宝四载（745年）秋末冬初，杨钊抵达长安。

他逐一拜访了杨氏兄妹，并以章仇兼琼的名义，分别赠送了蜀中的土特产品。

后来，章仇兼琼入朝担任户部尚书、御史大夫，无疑便是得到了杨家的暗中帮助。

当初在蜀川，杨玉环的三姐裴氏（即后来的虢国夫人）就和堂兄杨钊发生了不正当的两性关系，而今她刚刚守寡，依旧与杨钊关系暧昧。经她引领，杨钊入宫谒见了唐玄宗和杨贵妃。

大概认为杨钊只是贵妃的远房亲戚，又是初次见面，缺乏了解，因此唐玄宗仅仅授予杨钊一个无关紧要的八品小官——金吾兵曹参军、闲厩判官。

但杨钊毕竟与杨贵妃是从祖兄妹，以前还照顾过她的娘家，又与她的三姐关系密切，因而杨钊也能有幸参加宫中的一些宴会娱乐活动。

机会常常就在不经意间悄然而至。

有一天，唐玄宗与杨贵妃姐妹一起玩樗蒲以消遣。樗蒲大约产生于东汉末年，流行过程中几经变化，在唐代也成为流行的赌博游戏之一，类似于后世的掷色子走棋赌胜。

杨钊早年嗜好赌博，没想到这时却派上了用场。只见他站在一旁计算筹码，既快速又准确，唐玄宗顿时刮目相看，随口赞道，真是一个好度支郎。

度支郎，就是指度支郎中和度支员外郎，分别是唐朝尚书省户部度支司的正、副长官，负责核算统计全国的租赋、物产以及收支出纳等政务。

"君无戏言"。杨氏姐妹事后便多次在唐玄宗面前提及此事，又私下授意御史中丞兼财经使职的王𫓧，要他上奏让杨钊担任其使府的判官，综理日常事务。

最后，唐玄宗顺水推舟，让杨钊协助王𫓧料理天下钱财。

杨钊粉墨登场，果真出手不凡，很快就以"聚敛天下"的卓越政绩赢得唐玄宗的信任和重用，从而青云直上，迅速蹿红于政坛。天宝五载至七载（746—748年），其历任官职及兼领的诸多使职，核心职责就是执掌国家财政收支预算，成为含金量极高的财政总管、朝廷重臣。

按照社会心理学观点，杨钊精于赌博计筹所产生的"首因效应"，给唐玄宗造成良好的"第一印象"，继而他在财政管理上的精明强干又产生了"近因效应"，更强化了唐玄宗对他的良好印象。而进一步又出现了泛化倾向，产生"光环效应"（也称"晕轮效应"），就是说，使唐玄宗误认为杨钊相关的一切都能干，从而以偏概全，优点被放大，缺点却隐藏于光环的背影之中。

杨钊的飞黄腾达，虽说和杨贵妃的裙带关系就像糯米圆子滚芝麻——多少沾点儿，但奇怪的是，与贵妃的血缘关系更近得多的胞兄杨铦、从兄杨锜，却反而在官场上始终默默无闻。应该说，深层原因就在于，杨铦、杨锜远不如杨钊精明强干的理财能力以及恶劣的聚敛手段。

唐玄宗兴致勃勃地带领百官参观国库，只见钱物积如山丘。他对杨钊的政绩非常满意，面赐金紫以表彰"聚敛"之功，不久，又让杨钊兼任太府卿，兼管了国家的仓库出纳。

赐金紫，就是赐紫、金鱼袋。唐代九品以上的职事官（有实际的职权职责，也就是通常所说的官员），皆带散官（无实际的职权职责）之衔，作为反映仕宦资历的标志。而官员平时所穿的常服，也是依据其散阶（散官的品级）而分成不同的颜色。三品以上服紫，四品服深绯，五品服浅绯，六品服深绿，七品服浅绿，八品服深青，九品服浅青。

白居易《琵琶行》里有一句诗："江州司马青衫湿"。——当时，白居易所任职事官是五品的江州司马，却仍然依据其散官将仕郎的九品级

别,穿着浅青色的常服。

按照唐朝的制度,中央政府五品以上的官员又都配有鱼符,铜质鱼形,上面题写姓名,分为两半,其中一半交给本人随身佩带,以表示身份等级或应征召时与另一半合符作为凭据。鱼首有孔,可以系佩,并以袋盛之,称为鱼袋。三品以上官员的鱼袋以金饰之,谓之金鱼袋,四品、五品饰以银,谓之银鱼袋。

京官散阶未达到三品的,可以赐紫、金鱼袋,以示荣宠,就是可以穿上紫色常服,并且佩带金鱼袋。同样,散阶未及五品者,也可以赐绯、银鱼袋。

杨钊当时的散阶尚未达到三品,故而也是破格赐紫、金鱼袋,以示荣宠。

杨钊既专钱谷之任,又纡金佩紫,出入禁中,日加亲幸。天宝九载(750年)十月,在华清宫,他以名字"钊"为"金、刀"所组成因而不吉利为由,奏请改名。唐玄宗遂赐名国忠。

国忠——好一个"厚敛以怒天下"的国之"忠臣"!

政治斗争云谲波诡

盛唐后期,尤其在天宝年间,朝廷上下几乎林无静树,秋气肃杀,令人感到阵阵寒意。

右相李林甫一心想拉拢政坛新贵杨国忠作为自己的党羽。也许在李林甫看来,杨国忠身为外戚,常出入宫廷,怙宠敢言;也许在李林甫的眼里,杨国忠又是一个性格急躁轻率之辈,难成大器,易于控制。

而杨国忠,羽毛未丰,也心领神会地选边站,政治"参股",一拍即合。

于是乎,在李林甫的谋划和授意下,杨国忠便频频肆无忌惮地参与打击太子势力的争斗,无论是与太子有直接关系还是间接关系,甚或牵强附会的关系,都成为被排挤、被贬逐或被杀害的对象,前前后后竟多达数百家。这对杨国忠而言,既是协助清洗李林甫的政敌,也是"搭便

车"扫除自己的政治对手或潜在的政敌。

就这样，杨国忠伴随李林甫，疯狂地追逐权力和垄断权力，狼狈为奸，仿佛组成了一对魔鬼二重奏，在唐玄宗的默许甚或赞许下，奏响一曲又一曲派系政治斗争的恐怖乐章。

恶紫夺朱，郑声乱其雅乐。

美国心理学家马斯洛认为，人人都需要自尊，以及得到他人的尊重。从人性的角度看，差不多人人都希望具有重要性，都希望获得权威感。而权力无疑便是人类这种行为动机的重要体现和支撑。更何况，在中国古代社会，权力又与财富、地位、权威、名誉乃至光宗耀祖有着太多的关联，同时也是一种重要的稀缺资源，从而导致古代中国人几乎普遍的"恋权情结"。

随着时间的推移，杨国忠权宠日隆，羽翼渐丰，在共同的政敌和异己势力被相继清洗之后，贪得无厌的杨国忠便开始觊觎李林甫的首相权位，意欲取而代之。

他活像布袋里装满了锥子——锋芒毕露。

尽管在政治上，"没有感情，只有利害"（大仲马语），可是出于利害关系，中国古代官场的腐败或争权夺利，却又无不伴生着拉帮结派，并以结党营私或派系斗争的形式出现。派系，乃是利益上合作与冲突的产物，因而也是难以根除的政治顽疾。

京兆府法曹吉温率先背离李林甫，转而帮助杨国忠出谋划策，争夺李林甫的执政权。杨国忠的政治大棒，首先砸向李林甫派系的骨干成员。

天宝八载、九载（749年、750年），杨国忠先后抓到刑部尚书兼京兆尹萧炅、御史中丞宋浑分别贪赃受贿的证据，并先后上奏告发。两名贪官于是先后被撤职流放。

罪证确凿。李林甫眼睁睁看着自己的两个心腹党羽相继遭贬，却无可奈何。

杨国忠正是按照李林甫打击太子势力的手法，以其人之道还治其人

之身,他将矛头首先对准李林甫的外围,伺机削其羽翼,挫其权威,两战两捷。

盛唐后期的权力场上,这对黄金搭档的关系终于亮起"红灯",利益冲突已然浮出水面。杨国忠迅速成为政治中心舞台上又一个大玩家,他以公开挑战的姿态,向头号资深玩家李林甫发出明确的信号:滚开吧,老家伙,我才是后来居上者!

天宝十一载(752年)三月,安禄山欲雪去年战败之耻,又集结重兵再次讨伐契丹,并奏请调遣朔方节度副使李献忠的同罗骑兵助攻。

唐玄宗准奏。

李献忠本名阿布思,系铁勒族同罗部的首领,早先率众内附,隶属朔方军镇。唐玄宗赐姓名李献忠,封为奉信王。他曾奉旨率领同罗兵马协助哥舒翰攻夺石堡城,因功逐步升迁至朔方节度副使,主持军务,而节度使则是由李林甫遥领。

李献忠颇有才略,不甘屈居安禄山之下,故而为安所忌恨。此次有诏,命他移师幽州助战,便让他陷入两难境地:若奉诏出兵,则担心遭到安禄山的暗算甚或吞并;若不出兵,则是违抗圣旨。

进退维谷。最后,他决定率部逃往碛北。临行时,又将朔方的军械库和粮仓掳掠一空。

唐玄宗闻讯大怒。杨国忠则乘机向李林甫发难,上表弹劾要追究遥领朔方节度使李林甫的责任。

李林甫被迫引咎辞去朔方节度使一职,并推荐安禄山的堂兄弟、河西节度使安思顺兼任。

杨国忠犹如一只凶狠的豺狼,在政治丛林中嗅着下一个猎物的气息。凑巧的是,就在天宝十一载(752年)四月,果真又有一只"大猎物"自动撞到他的"利爪"下。

户部郎中王焊(銲)参与了一起涉嫌动乱的阴谋,但事情很快就败露了。杨国忠奉旨查办,案件迅速告破。

而杨国忠又一次不失时机，将打击目标锁定到李林甫派系的另一个重量级成员王铁的身上。

王铁出身于官宦家庭，具有吏干之才，为唐玄宗搜括天下财富而深得宠遇，官拜御史大夫、户部侍郎等，并兼领二十多个使职，位高权重。当初就是由他出面上奏，提议杨国忠担任财经使府的判官，协助他综理日常政务。同时，他也长期受到李林甫的倚重，彼此亲善，并曾协助李清除政治异己。

而王铁，正是王焊（銲）的胞兄。

杨国忠依据一些所谓的蛛丝马迹，一口咬定王铁也涉嫌胞弟王焊（銲）参与的动乱阴谋。

耐人寻味的是，当初由李林甫推荐入相、被看成是柔佞易制的左相陈希烈，这次居然也一反常态，公开地与杨国忠站到"街垒"同一边，极言王铁大逆当诛。

而右相李林甫，这次也是破例公开出面，极力为王铁辩护。

最后，唐玄宗决定由陈希烈和杨国忠一同审理。结局可想而知，所谓的王铁涉嫌谋反的罪名被定成铁案，遂赐自尽。

接下来，杨国忠又借此案，奏称李林甫与王铁兄弟等人有不可告人的私交，陈希烈与哥舒翰也都随声附和，共同证成其状。

唐玄宗不由得对李林甫产生反感。

仿佛雾里看花，让人看不透唐玄宗这位专制君主的心思。是不是意在扶持杨国忠以牵制和削弱李林甫势力？甚至有没有可能已将杨国忠作为李林甫的"备胎"？

杨国忠取代了王铁的职位，位列三品，权倾朝列，贵震天下。

恐怕他私下里正乐不可支，就像在玩蹦极一样，惊险，刺激，玩的就是心跳，可这又明明是一场真刀真枪的政治拼杀，而他正在全场凶狠逼抢，频频奏捷。

这又应了英国政治家本杰明·迪斯雷利的那句名言："（政治上）没有永恒的敌人，也没有永恒的朋友，只有永恒的利益。"

精明过人的李林甫，或许高估了自己，低估了杨国忠，他百密一疏，没想到杨国忠和他之间其实乃是一种"敌友"关系，并终究会演变成一场"零—总和"冲突。如今，面对自己前所未有的劲敌，他的政治生涯已然趋于"跛鸭"状态，存在着巨大的变数。

他生平第一次感到力不从心。

"妾梦不离江上水，人传郎在凤凰山。"——现实未必总是符合李林甫的想象和判断。

当初，李林甫曾梦见一个男子压到他的身上，推也推不开。从噩梦中惊醒，他清楚地记得梦里的男人，皮肤白皙，胡须浓密，身材高大，很像是户部尚书兼御史大夫裴宽。这是不是预兆裴宽与他争夺相位，要取而代之？于是他借端生事，终将裴宽贬逐。

人在睡眠中做梦，本是一个普遍的生理和心理现象，可是中国古代人却视之为神秘现象，认为梦境常常预示着某种征兆，并且总想破解梦的玄机奥秘。于是社会上便产生一种职业解梦人——占卜者，而且还陆续附会出许多关于事后证明梦境灵验的故事。

现存敦煌古代文书里便保留着《解梦书》之类的残卷，而唐代的文学作品乃至史籍中，也保存了一些关于做梦、解梦以及梦境示兆灵验的记载。不过，在对梦的神秘理解的基础上，也偶见符合客观实际的解释。

科学家的研究也表明，涉及重大关切或忧虑情绪影响较大的事件，更有可能融入梦境，会出现最剧烈的做梦活动，甚至产生噩梦。[1]

当时，杨国忠刚刚受到唐玄宗的任用，而其相貌、身材恰恰类似裴宽。——看来，政治嗅觉灵敏的李林甫，内心深处早已朦胧地感觉到一股空前强劲的潜在政治威胁。

而今残酷的现实，令他投向杨氏新贵的目光变得更加苦涩。他不得不忍辱退让，谨慎而耐心地等待着，等待着反击的机会。

天宝十一载（752 年），李林甫期盼的机会终于降临了。

就在前一年（天宝十载，751 年）四月，剑南 8 万兵马远征南诏，几乎

---

[1]《参考消息》2018 年 7 月 25 日转载英国《新科学家》周刊网站报道罗恩·胡珀文。

全军覆没。南诏乘胜扩大领地，并与吐蕃联兵抗唐，威胁西南边疆。

天宝十一载（752 年）十月，蜀中官员奏请当时已经兼领剑南节度使的杨国忠亲赴军镇，处理棘手的军务。

李林甫于是不失时机地顺水推舟，建议唐玄宗批准奏疏。

杨国忠明知来者不善，却又无法推辞。他向唐玄宗辞行时哭诉，这必定是受到李林甫的排挤陷害，杨贵妃也在一旁替杨国忠帮腔鸣不平。

唐玄宗顿时心生怜惜，安慰道："卿暂且去蜀郡处理军务，朕将屈指计日等待卿归来。"临别又御笔赋诗一首，暗示入相之意。

是时，君臣正在华清宫避寒，李林甫是扶病从幸。他很快就听到了这个坏消息，不由得又气又急，病情急剧恶化，竟至卧床不起。

"雨横风狂三月暮，门掩黄昏，无计留春住。"

巫师说，如果能再见圣人一面，病体或可小愈。

唐玄宗闻讯，不禁心生怜悯之意，打算亲临李宅探视，但却被左右劝阻。于是决定登上降圣阁，遥望李宅。

降圣阁原名朝元阁，是唐玄宗供奉和朝拜玄元皇帝（即老子）神像的场所。天宝七载（748 年），传言玄元皇帝在这里显灵，因此改名降圣阁。它和长生殿（唐玄宗与杨贵妃的寝殿）、老君殿都建在骊山上面，降圣阁在北，长生殿在南，中间隔着老君殿。

华清宫坐落在骊山北麓，坐南朝北，而位于骊山北岭的降圣阁，正是华清宫中俯视全景（包括北边的众多官署和官邸）的最高建筑物。

李林甫接旨，急忙命人搀扶着，颤巍巍走到庭院中。

唐玄宗站在降圣阁上，向北遥对李宅挥动手中的红丝巾。李林甫朝南仰望远处的降圣阁，却已病得无法下拜，只能让家人代他叩谢皇恩。

事后，唐玄宗迅即派遣中使，驰驿召回杨国忠。

杨国忠急忙返回昭应华清宫，随后便前去探望重病缠身的李林甫。

杨国忠拜于床下。李林甫老泪纵横，托付后事："林甫快要死了，公将会入相执政。今后，国事和林甫的家事让公受累了。"

杨国忠慌忙致谢，连称不敢当。他又惊又喜，激动过度，以致汗流

满面。

十一月十二日,李林甫在昭应府第撒手而去。

十七日,杨国忠接任右相。

春风得意,如愿以偿,杨国忠终于执掌政柄,位居国冠。

出人意料的是,李林甫尸骨未寒,杨国忠便迫不及待地展开政治清算,火力全开。

天宝十二载(753年)正月,杨国忠串通安禄山,旧事重提。他们指使阿布思(李献忠)部下的降将赴京,诬告李林甫曾与阿布思"约为父子",是阿布思叛逃的幕后指使者。

为了构成其罪,杨国忠又胁迫李林甫的女婿、谏议大夫杨齐宣出面,揭发李林甫所谓"淫祀厌胜"的罪行。

于是乎,李林甫"筹谋不轨"的罪名成立。

唐玄宗下诏,对已故右相李林甫严加谴责,追削生前一切官爵,废为庶民。又派人剖开李林甫尚未下葬的棺材,夺去遗体口中的宝珠,剥下身上的紫袍和金鱼袋,然后更换一口小棺材,按照庶民的标准下葬。

《削李林甫官秩诏》谴责李林甫:"外表廉慎,内怀凶险;筹谋不轨,觊觎非望;昵比庸细,潜害忠良;悖德反经,师心蕴慝。"

杨国忠对李林甫的死后清算,犹如掀起一场政治海啸,迅速造成李林甫的家人及派系灭顶之灾。李林甫的子孙凡担任官职者,一律削职为民,并没收其财产,流放岭南和黔中;李林甫的亲信高官们也受到株连,纷纷被贬职甚或流放;家属连带遭殃者不计其数。

覆巢之下无完卵。李林甫的长子李岫日夜忧惧的危机感,终于变成残酷的现实。

右相杨国忠办案有功,晋爵魏国公;左相陈希烈协助办案有功,晋爵许国公。

然而颇具讽刺意味的是,《旧唐书·李林甫传》却有这样的记载:"及国忠诬构,天下以为冤。"——如此出乎意料的舆论反应,与其说是源于朝野对李林甫的好感,倒不如说是出自人们对杨国忠更加强烈的反感。

弗朗西斯·培根在《论权势》一文里曾发出喟叹："为了取得权势，人们常常不择手段。即使达到高位也往往坐不安稳，一旦倒台便是身败名裂。因此，这真是一件可悲的事。正如古语所说，'早知今日，何必当初！'"

实际上，在这场清算李林甫的"大戏"中，君臣将相可谓不谋而合，虽然内心深处各有盘算。

"资格差谬，无复伦序"

杨国忠身材高大，皮肤白皙，胡须浓密。他胸无点墨，却善于察言观色，言辞机敏，办事精明强干。而他的性格中最严重的弱点，则是急躁和轻率，且不乏流氓习气。

主持国政，位极人臣，杨国忠如同政治上的暴发户，又好似服用了兴奋剂，精神上呈现出一种"非理性的亢奋"，踌躇满志，盛气凌人，活像一只好斗的公鸡。他说话常常强词夺理，咄咄逼人；他裁决政务果敢不疑，却未免浮躁；他缺乏宰相的风度威仪，动辄攘袂扼腕，对公卿以下官员皆颐指气使。

不过，他倒是颇为注意搜求天下之士为己所用，但他排斥异己也毫不手软。朝廷的中层主要官员，凡是有才行时名而不愿依附他的人，都先后遭到排挤而出为地方官，就连"时称吏事第一"的裴遵庆也未能幸免。

一时间，朝廷上下被杨国忠搅得几乎鸡犬不宁。

阿拉伯有一句谚语："朝过圣的驴子还是驴子。"——这恰是新任首相杨国忠的真实写照。

杨国忠出身细微，却是宠妃杨玉环的堂兄，且与太子李亨关系对立，这就让唐玄宗确信他对自己的依附和忠诚必然超过李林甫，也更加容易控制，况且他在理财方面又表现出精明干练的能力。所以，唐玄宗便放手让他兼领越来越多的使职，最多时竟破天荒地达到40多个。

使职差遣分别承担国家各项事务，乃是超越原有国家行政体制、直接对皇帝负责的一种新体制。杨国忠一身兼领数十个使职，虽说有利于唐玄宗的集权统治，但却令杨国忠不堪重负。

于是杨国忠便挑选出一些熟练行政事务、特别是精通财务的胥吏，把赋税之入、兵食之调等诸多事务统统交给他们处理，自己则仅仅在频繁送达的各类文件上签个名就算完事。

按照美国杰罗姆·凯根的心理学观点来分析，李林甫是属于思考型的个体，在认知方面和解决问题方面，常常表现出谨慎和细致的特点；杨国忠则是属于冲动型的个体，在认知方面和解决问题方面，常会表现出急躁、果断却难免草率的特点。

显然，仅就二人迥然不同的认知和处事风格而言，李林甫尚可履行守成宰相的职责，而杨国忠则并非宰相之才。

唐代选用官员的制度中，有个重要的程序和关键的环节，叫作铨选，简而言之就是量材授官。文官的铨选由吏部主持，称为文选；武官的铨选由兵部主持，称为武选。

每年五月，尚书省会将本届选人的资格范围以文件的形式下发各州府，各州府则在十月底以前，将入围的选人名单报送尚书省。各地的选人也会及时来到京城，从十一月起参加铨选，至次年三月结束。

选人，意为候选之人。其中，既有前资官，即任期已满而解任的官员，也有出身者，即具备入仕资格的人，包括科举、门荫、流外等出身。

铨选本着公正、公开的原则，具有一整套严格的程序和专业的操作方式。以文选为例，从资格审查、面试和书面考试，到综合评定、公布名单，再到拟定官职、听取选人意见并作适当调整，直到上报审批，最后是授予告身（授官文凭也即委任状）。

唐代的铨选，是继科举之外，关系到成千上万人的仕宦之途的又一重大节点。从四面八方来到京城长安的选人，大多停憩于崇仁坊，西北隔街正对着皇城东面的景风门，离尚书省的选院最近。选院亦称吏部南院，位于尚书省南边，是公布选人留放名单的地方。

崇仁坊东南隔街又紧邻东市，正处于闹市区，每年一定时期又有各

地选人聚集在这里，更是昼夜喧哗，灯光不熄，盛况为京城各坊所莫之与比。

铨选在唐代的隆重程度自不必说，然而唐代也像其他朝代一样，和平时期的官场上，平庸之辈总是远远多于才俊之士。于是，杨国忠升任右相并兼任文部（即吏部）尚书后，便重申循资用人的方式，并且强调"文部选人，无问贤不肖，选深者留之，依资据缺注官"。就是说，吏部铨选，不管选人品行好坏，只需优先选用资历深的人，再以各人的资历为序，分别授予相应的空缺官职。

这是一种典型的循资用人的选官方式。在和平时期，绝大多数的官员都是按照这种论资排辈的方式被选用或被提拔的，只有极少数的精英人士才可能获得破格提拔的机会。

这一选官方式在中国古代由来已久，至少可以追溯到北魏时期。它在唐代称作循资格，最初是在开元中期制定并开始实施的，主要目的也是为了解决"僧多粥少"、竞争激烈而选法为之紊乱的问题。

这种循资用人制度虽不尽如人意，并屡屡为才俊之士所诟病，但是按照现代管理学的观点来看，在多数情况下，资历和能力之间还是呈正相关的，也能在较大程度上减少主观因素的干扰。因而在实际运作中，循资用人，限年晋级，就成为唐代铨选的一条重要准则和相对简便有效的操作模式。

可是问题的关键在于，杨国忠为了收买更多的人心，却公开提出"无问贤不肖"（不管品行好坏）的口号，这就等于以堂堂国家最高行政长官的身份，公开宣布抛弃了官员的道德底线。

同样荒唐的是，杨国忠还奏请并获准所谓简化铨选的后阶段程序。

唐代铨选制度自有一套运行程序和划分权限的规定，且表现出较高的透明度。可是，杨国忠却抛弃既定的制度，居然将亲信胥吏们召集到自己家里，关起门来拟定选人的留放名单和官职。

接下来，他又将左相以及文部、尚书省、门下省的相关官员召集到尚书都堂，面对全体选人，唱名宣布暗箱操作的结果。

原本要经过一系列的流程，须上报尚书省、门下省审核，听取选人意

见,调整修改名单,几上几下,连续多日的工作,这时竟在一天之内就草草收场了。用杨国忠的话说,既然各部门的长官百僚今天都在场,就算是全体审核通过了。

杨国忠自鸣得意,夸耀自己办事"神速"。然而这种"神操作"的后果,却是"资格差谬,无复伦序"——就连论资排辈也差错百出了。

孟德斯鸠在《论法的精神》里指出:"一切有权力的人都容易滥用权力。"——进而言之,有权力的无知者更容易滥用权力,从而也更容易做出令人瞠目结舌的蠢事。

杨国忠秉国之钧,恩宠日隆,出京有御赐饯路(饯行),回京有御赐软脚(接风),一呼百诺,权倾天下,门庭若市,贿赂公行。他家里的财富,仅仅是缣这种质地细薄的丝织品,就多达 3000 万匹,相当于国家一年半的庸调赋税收入。

然而历史却表明,"道高益安,势高益危"(司马迁语)。杨国忠炙手可热的权势,在当时的有识之士眼里,会是怎样的一种结局呢?

盛唐诗人崔颢的《长安道》含蓄讥讽杨国忠:"日晚朝回拥宾从,路旁拜揖何纷纷。莫言炙手手可热,须臾火尽灰亦灭。"

一位名叫张象的陕郡进士,德才兼备,志气宏大。有人劝他也去投靠右相杨国忠,可图富贵。他却淡然一笑,言道:"君辈皆以为依靠杨公势力,稳如泰山,依我之见,这却是一座冰山,一旦皎日凌空,就会冰雪消融,靠得住吗?"

诚然,富贵逼人。杨国忠当初何尝料到会有荣华富贵的一天,但是富贵却逼人而来。他曾在家中对亲信宾客自白:"某家起于细微,因缘椒房之亲,以至于是。吾今未知税驾之所,念终不能致令名,要当取乐于富贵耳。"

看来,杨国忠私下里倒是有点儿自知之明。他心里明白,自己家庭出身寒微,靠着贵妃的裙带关系,才意外得到一个政治上"搭便车"的机会。如今还不知道自己将来的归宿在哪里,料想最终也不可能得到什么好名声,所以,重要的还是抓紧享受眼前的富贵生活吧。

泱泱大国的首席宰相,人生观、价值观竟然如此苟且猥劣,盛唐末年的国运该是何等哀哉可悲!

"包藏祸心,将生逆节"

早在开元后期,中书令张九龄就察觉出安禄山的"狼子野心"。不过,以安禄山当时的政治地位——东北边军的一个中级军官——而言,纵有政治野心,也未必会产生鲸吞天下的妄想。实际上,他的政治野心是随着时势和权力的变化而变化的。

按照马克思的观点,人的社会存在决定人的意识。

盛唐后期,边疆(边境)战争此起彼伏。唐玄宗任用边镇节度使,并非论资排辈,也不是论"族"排辈,因而节将连帅之中人才迭出。

是时,最著名的边镇节度使,相继有王忠嗣、安禄山、高仙芝、哥舒翰、封常清等五位。他们最大的共同点就是,能征善战,权力显赫,战功卓著。而其中,安禄山与其他四位节将的最大不同点,则是在于已往的经历以及性格品德的明显差异。

鲁迅在《华盖集·答 KS 君》里说过:"我们看历史,能够据过去以推知未来,看一个人的已往的经历,也有一样的效用。"

王忠嗣,汉族,父亲是唐军将领,战死在边疆。王忠嗣身为忠烈遗孤被收养于宫中,长大后继承父志,参军戍边。他沉稳,正直,忠勇卫国。

高仙芝,高丽族,父亲也是唐朝边军将领,立过战功。高仙芝年少时便随父亲来到安西,在军营中成长为新一代将领。他性格内向,仗义疏财,忠勇卫国。

哥舒翰,突厥族,世居安西,出生在内附唐朝的哥舒部落酋长家庭,汉化程度较深,爱读《左传》《汉书》,之后仗剑从军,深受节度使王忠嗣的器重。他豪爽仗义,知恩图报,忠勇卫国。

封常清,汉族,少年时代跟随外祖父流放安西,并由外祖父指导读书,颇有才识,之后进入节度使高仙芝的军营,深获器重。他严明,果决,勤俭奉职,忠勇卫国。

安禄山，胡族，幼年丧父，母亲是突厥巫师。他从小缺少父爱和家教，目不知书，长大后便混迹江湖，充当东北边境贸易中介，之后加入东北边防军，深得节度使张守珪的器重。他世故狡诈，唯利是图，颇有野心。

这五位盛唐后期最著名的边镇节度使，都处在大致相同的社会政治背景下，也都拥有起兵的实力，但最终却只有安禄山一人兴兵作乱。显然，一个不容忽视的重要原因，就在于安禄山与其他四人明显不同的家庭环境、社会经历，以及由此造成的性格品德，就在于安禄山从未接受过中国传统文化特别是儒家忠孝伦理道德的熏陶，缺少一个正统或正规的政治社会化过程。

相关的研究也表明，少儿时代的经历和受到的家庭、社会影响，对一个人后来的政治态度和政治选择十分重要。即便是同为安氏子弟的另一个节度使安思顺，由于其正常的家庭出身、教养和社会阅历，所以也照样表现出迥异于安禄山的个人素质，少了很多野性，也少了很多野心。

时过境迁，安禄山深受帝妃恩宠，频繁出入宫廷。皇室至高无上的尊贵和权势、不计其数的财富、奢侈浪漫的生活，无不吸引着他艳羡而贪婪的目光。

《安禄山事迹》里有这样的记载："（安禄山）每朝，常经龙尾道，未尝不南北睥睨，久而方进，即凶逆之萌，常在心矣。"

龙尾道，就是唐朝大明宫含元殿前的那条长长的大台阶。

大明宫坐落在长安东北禁苑的龙首原上，面积约 3.27 平方公里，大于北京的明清故宫。宫城的南墙有 5 个城门，中间规模最大的名叫丹凤门，也是大明宫的正门。进入此门，沿中轴线往北 610 米的地方，耸立着一座崔巍壮丽的宫殿，它就是大明宫的正殿——含元殿。

含元殿是唐朝举行盛大的庆典和朝会的场所。它位于龙首原的南沿上，高出前面平地 15.6 米。殿堂东西面阔 11 间，长 67.3 米，南北进深 4 间，宽 29.2 米，总面积近 2000 平方米，与北京故宫的太和殿相侔。

大殿为白墙黑瓦，绿色琉璃瓦的檐口，大概是红色的柱额门窗，鎏金的门钉和栏杆，赭黄色的斗拱，莲花纹的方砖地面。

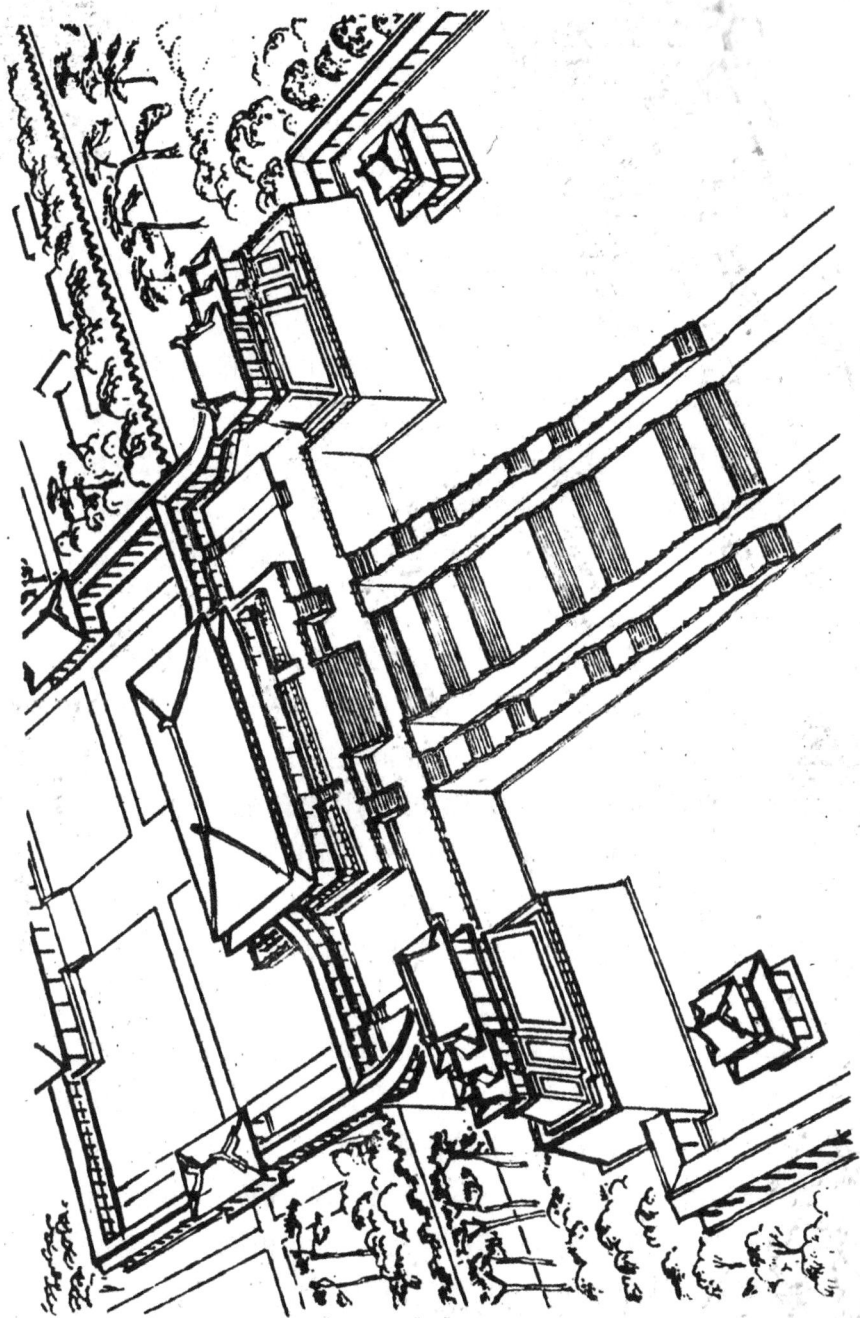

大明宫含元殿复原图（引用自萧默《隋唐建筑艺术》）

大殿左右两侧斜前方约 30 米处，各有一座巍峨耸立的阁楼，左名翔鸾，右名栖凤。两阁相距约 150 米，北面分别以回廊与大殿相连，构成凹字形的平面，类似北京故宫宫阙午门的形状，但却是后者的 1.5 倍。

大殿前面向南俯伸出三条平行的斜坡阶道，中间坡道宽 25.5 米，两侧分别间隔 8 米是左、右坡道，各宽 4.5 米。台阶均用素面和莲花纹方砖铺砌，两旁是装饰着螭首的青石栏杆。从丹凤门向北望去，这三条长达 78 米的平行斜坡阶道通向高处的含元殿，宛如龙行而垂其尾，故名龙尾道。

唐人李华在《含元殿赋》中，形容含元殿的壮丽雄伟、气势宏大，"如日之升，则曰大明"，从而构成大明宫的主题建筑。它居高临下，俯视长安城，遥望终南山，尽显李唐皇室君临天下的宏大气魄。时称登临龙尾道，仰观含元殿，"如在霄汉"（《剧谈录》）。

初唐著名诗人骆宾王在《帝京篇》中赞叹："山河千里国，城阙九重门。不睹皇居壮，安知天子尊？"

安禄山每次进京参加盛大的庆典或朝会，登临含元殿前的龙尾道，总要忍不住停下脚步，斜着眼睛久久地南北张望。——盛唐皇家富有四海、至尊至贵、威严宏大的气势，想必令他心灵震撼，垂涎欲滴。

人性多欲，最难抵挡的是诱惑，除非他胸怀崇高理想，除非他能够道德自律，除非他面对制度的约束或法律的威慑而有所胆怯收敛。

然而安禄山都不是。尤其是他手里的巨大权力，又恰似英国作家托尔金笔下的那枚"魔戒"，魔力无比，又令人欲望无边。

天宝之时，安禄山的权势越来越大：他兼领三镇节度使，辖区几乎占据唐朝北方边疆防区的半壁江山；兵力合计 18 万人，将近全国边防军总兵力的十分之四。他掌握着对河北道各郡县官吏的监察权。他拥有军事辖区内雄厚的人力、财力、物力资源乃至铸币权，还控制了西北边境庞大的国家养马场，而范阳军镇所依托的河北（太行山以东、黄河以北），又是当时经济最发达的地区之一。

安禄山多次往返于京都与东北边疆之间，并派人长驻京城刺探情

报。他随时关注和掌握着朝廷和社会的信息动态,逐渐摸清了盛唐后期帝国的软肋:全国军力布局外重内轻,边疆战争频繁而用兵过度,社会贫富悬殊而逃户屡禁不止,政治保守,官员腐败,派系对立,内斗不止——大唐盛世景象的背后,已然危机四伏,暗流涌动。

这一切,在安禄山的眼里,恰恰是他有朝一日夺取李唐江山的天赐良机,正所谓"计天下可取,逆谋日炽"(《新唐书·安禄山传》)。他手握重兵,就仿佛手持"丰裕之角"或"阿拉丁神灯",自以为能得到想要的一切。

此外,安禄山蓄谋叛乱,还在于他心中有一个难以摆脱的噩梦。

当年,他刻意迎合唐玄宗对太子李亨的防范心理,装疯卖傻地表演了一场轻慢疏远太子的闹剧,但从此也埋下了仇恨的种子。精明狡诈的安禄山比谁都清楚,一旦太子有幸继位,就将是宿怨引爆的日子。《安禄山事迹》里讲得明明白白:"(安禄山)尝以曩时不拜肃宗(即太子李亨——笔者注)之嫌,虑玄宗年高,国中事变,遂包藏祸心,将生逆节。"

避害的本能与安全需要,再加上美滋滋的"皇帝梦",便构成安禄山蓄谋叛乱的全部动机。

"沙场烽火连胡月,海畔云山拥蓟城。"就在遮天蔽月的边疆烽火的掩护下,安禄山加紧备战,迈开了通向叛乱的坚定步伐,史称"禄山精兵,天下莫及"。

但奇怪的是,安禄山却迟迟按兵不动。他在犹豫什么呢?

事实上,心腹谋士们附会天命也好,解释图谶也罢,充其量也不过是给安禄山的政治野心再打了两剂强心针而已。但他不会不知道,在盛唐时代起兵造反,也并非轻而易举,而是好比在刀尖上翻跟头——玩命的事情,必须做好充分的准备,而整军备战则需要时间。同时,兴兵南下也需要等待最佳时机,而在安禄山看来,这个最佳时机就是唐玄宗"千秋万岁之后"。

唐玄宗君临天下40年之久,权力和权威根深蒂固。他对待权力和军国事务一贯都是抓大放小,无论是年富力强之时,还是年事渐高之后,莫不如此。所谓"倦于万机",所谓"高居无为",其实都不过是进一步摆

脱"朝廷细务"的变相说法罢了,但却丝毫没有弱化其掌控最高统治权的欲望和意志。

唐玄宗时代国家行政体制的一个最显著的变化,就是初唐以来开始设置的差遣使职在盛唐达到高潮。唐玄宗推动政府体制、机制升级,力求打造改善政府机构总体运转的新框架。及至盛唐后期,唐玄宗已经构筑起一个以翰林学士院(奉旨出令)和诸差遣使职(按令执行)共同组成的内朝体制,并且完全由他直接掌控。这一套内朝体制,在很大程度上取代了唐初以来由三省六部组成的外朝体制(即中书省草诏、门下省审议、尚书省执行),致使外朝的诸多实职逐渐虚职化,呈现出"为官则轻,为使则重"的趋势。

外朝宰相的职责和职权范围被明显压缩,以致首相李林甫奏称"天下无事",可否每日提前下班,旋即获得唐玄宗的批准。

其实,若论实权范围,后来的首相杨国忠比前任李林甫大得多,而关键因素就在于杨国忠兼任的使职远远超过了李林甫。之所以会这样,主要原因恐怕是唐玄宗认为,杨国忠的政治基础薄弱,也就更容易控制。

不必说盛唐前期,即便是在盛唐后期,国家的各项重大决策,主要的高级官员以及各种使职的任免,重大政治案件的处理,重大战争行动的决定,以至于统治阶级内部矛盾斗争的潮起潮落,这方方面面,直到马嵬兵变之前,何处不见唐玄宗或明或暗的巨大身影?何时不存在唐玄宗有形或无形的至高无上的威权?

撇开误解和误传,抛弃偏见和夸张,实际上根本就不存在所谓的"大权旁落",根本就不存在所谓的"不理朝政";唐玄宗不过是进一步抓大放小而已。即使是所谓"从此君王不早朝"的千年传唱,也只是一种文学性的夸张罢了。

天宝十二载(753年),右相杨国忠之子杨暄参加明经科考试不及格,主考官、礼部侍郎达奚珣不敢轻易黜落,命其子达奚抚先私下里去探询杨国忠的态度。

其时,杨国忠正伴驾在华清宫避寒。达奚抚恰巧也在昭应县(华清宫

位于该县境内）任职。奉父亲之命，他早早就守候在杨府旁边。

凌晨五更时分，只见杨府内外灯火通明，轩盖如市，簇拥着杨国忠上马，要去华清宫上早朝。

达奚抚急忙躬身快步上前谒见。杨国忠面露笑容，以为达奚抚前来报喜，没想到达奚抚却说："奉大人之命，禀告相公，郎君所试未中，但也不敢擅自黜落。"

话音刚落，杨国忠赫然而怒："我儿何虑不富贵，竟为鼠辈所卖！"骂完，不屑一顾地策马而去。

达奚抚惶骇不安，急忙奔告父亲。达奚珣无可奈何，只得违规将杨暄列入上第。

正史上记载的这件事情，令人感兴趣的，并非杨国忠的盛气凌人和杨暄的平步青云，也不是达奚父子面对淫威的无可奈何，令人感兴趣的是：上早朝。

纵然是盛唐末年，纵然是年近古稀的唐玄宗在华清宫避寒之时，他实际上也没有中断"早朝"。

盛唐后期，唐玄宗的确迷恋浪漫奢华的生活享受，但他也同样迷恋至高无上的权力和权威。二者并行不悖，甚至相辅相成。权力和权威保障了他浪漫奢华的生活，而奢华浪漫的享受又让他更加确信权力和权威的重要性和必要性。

精明狡诈的安禄山不可能不明白，假如和一贯强势的唐玄宗公开决裂和交锋，最后的胜负则殊难预料，最稳妥的办法还是耐心等待时机，将内战推迟到"明天"。《旧唐书·杨国忠传》认为安禄山当时的想法，正是"伺上千秋万岁之后，方图叛换"。

可是，让安禄山没想到的是，后来事态的发展竟然会像砍了头的竹子——节外生枝，杨国忠继任首相之后，便迅速搅乱了他的铁血阴谋。

风云突变

当初，杨国忠渐露头角而羽毛未丰，不仅乐意靠拢李林甫，并且对安

禄山也是曲意奉承,甚至热情搀扶肥胖的安禄山上下殿堂的台阶。

李林甫死后,杨国忠依旧毫不手软地肃清其余党及其政治影响。在这场分明已经不对称的政治斗争中,安禄山也怀着不可告人的目的,与杨国忠一拍即合。

然而,纯粹的利害之交就像馅饼的外皮,最容易破碎,杨安二人的政治"蜜月"也注定只是昙花一现。

杨国忠虽贵震天下,却资历短浅,威望不高,且性格浮躁,妄自尊大,就连安禄山也对他露出鄙夷不屑的神情——"视之蔑如也"。

这样毫不掩饰的蔑视,自然会让杨国忠心里不爽,他越来越意识到,这位恩宠特深、手握重兵的家伙"终不出其下"。

于是乎,杨国忠再度先发制人,奏响了对安禄山政治攻击的"序曲",直截了当地向唐玄宗指控安禄山"悖逆之状"。

将相之间的关系迅速降到"冰点",随之而来的新的两派政治斗争也浮出水面,并上升为盛唐末年统治集团内部的主要矛盾。

剑拔弩张,暗战迭起。一方是执掌政柄,承恩用事;另一方是手握重兵,恩宠特深。但杨国忠毕竟身居朝廷,又恃椒房之亲;而安禄山却不具备杨国忠的主场优势,更要命的是,讳莫如深的叛乱阴谋反而成为"阿喀琉斯之踵"。因此,杨国忠一出手就咄咄逼人,处于攻势,而安禄山却不得不紧张盯防,暂时处于守势。

将相不和,实属盛唐的不幸,具有流氓习气的将相之争,更是盛唐的大不幸。

曾经创下 BBC 电视剧最高收视率的《狼厅》,有一句点题的台词:"人对着人,就成了狼。"

但,恐怕更准确的说法应该是:利欲熏心的人对着利欲熏心的人,就成了狼,不,简直比狼更凶狠,更具攻击性。

据说,狼很少同类相残。而有些人却不但攻击残害异类,并且攻击残害同类。

天宝十一载(752 年)十一月,新任右相兼剑南节度使杨国忠,以司

勋员外郎崔圆为剑南留后，协助主持军务，帮他经营后方军事基地。

可是，剑南的 3 万常备兵力远远无法与安禄山的 18 万精兵相抗衡。杨国忠迫切需要一位强有力的军事盟友。

他看中了陇右节度使哥舒翰。

当年，河西、陇右节度使王忠嗣遭李林甫陷害入狱，定成死罪。唐玄宗召见王的部将哥舒翰，交谈甚欢，遂命他接任陇右节度使。哥舒翰趁机替王忠嗣申冤辩护。唐玄宗拂袖而去，哥舒翰仍尾随其后，边走边磕头，言词慷慨，声泪俱下。唐玄宗终于被感动，遂改以"沮挠军功"的罪名，贬黜王忠嗣为汉阳太守。

哥舒翰知恩报恩的行为深得朝廷舆论的赞美。尔后几年，他在陇右边境指挥部队攻克石堡城，开屯田，备军实，收复黄河九曲之地，设置洮阳郡，派兵扼守要冲，迫使吐蕃军队不敢贸然侵犯。

为此，当地民谣赞道："北斗七星高，哥舒夜带刀。至今窥牧马，不敢过临洮。"

天宝十一载（752 年）冬天，哥舒翰、安禄山、安思顺三位节度使同时入朝。

安思顺（？—756 年），胡族，时任河西、朔方节度使。其防区西部与哥舒翰的防区接壤，难免发生一些矛盾纠纷，加上哥舒翰性情豪爽，脾气暴躁，原先与安思顺同在王忠嗣麾下，也曾产生一些龃龉。所以，安思顺一直厌恶哥舒翰。而安禄山与安思顺是堂兄弟，也就连带对哥舒翰产生了反感。

唐玄宗从边防大局考虑，曾几次试图缓和他们之间的矛盾。这一次又特意赐宴，命高力士出面款待三位节将，地点则选在长安城东、驸马崔惠东的私人园林。

唐代的达官显贵，在城内的住宅一般都有园林建筑，有些人还在城外郊区建造了更大规模的别墅式园林，池馆台榭，山石竹木，甚至引泉水萦回其间。这些私人园林都是主人休息宴乐的地方，有时候也是一些公卿官员游览或聚会的去处，甚或成为皇帝临时赐宴的场所。

唐代，皇帝常以宴会的形式赐予臣下或百姓，借此达到不同的政治目的。宴会的规模大小不一，地点或在皇宫，或在其他场所。这一次，唐玄宗同样以赐宴的方式，试图化解三位节将的宿怨。而刻意选在自己女婿的私人园林内举行，也是为了营造轻松的气氛和私密的空间，以便能在零距离接触中融洽感情，握手言欢。

唐代，伴随北方胡族高脚坐具的内传和逐渐流行，中原人的就餐习俗，也由席地而坐的分餐制逐步向高凳、高椅、大桌的合食制转变。但在盛唐时期，高脚坐具尚未普及，宴会大多仍实行传统的分餐制，人们盘坐或跪坐在榻上，抑或席地而坐，面前各放置一张比较低矮的几案，分餐饮食。

在这次宴席上，安禄山灵机一动，也想借机拉近与哥舒翰的关系，遂主动向哥舒伸出"橄榄枝"。

"我父亲是胡人，母亲是突厥人；公的父亲是突厥人，母亲是胡人。我与公的族类颇同，何必不相亲呢？"安禄山说。

"古人云，野狐朝自家洞窟嗥叫，是不祥之兆，说明它忘本。"哥舒翰也立刻友善应答，"兄既有善意，翰岂敢不以诚相待。"

可是没有想到，狐与胡碰巧同音，致使本已心存芥蒂的安禄山误以为哥舒翰是指桑骂槐，挖苦他这个胡人，于是勃然大怒："突厥人胆敢如此！"

出人意料的粗暴举动，真好比花架下养鸡鸭——大煞风景。

哥舒翰正要发火，却发现高力士向他瞥了一眼，他心领神会，遂强压怒火，佯装醉酒，不辞而去。

一顿御赐的"梁园宴"就这样不欢而散。

看来，"一顿佳肴或盛宴"，未必就"能使桌边所有的人都成为好朋友"。睚眦之隙竟成千钧之仇，从此，安禄山与哥舒翰结怨更深。

杨国忠却从两大连帅关系的裂缝中看到了机会，他试图拉拢哥舒翰成为自己的"战略合作伙伴"。

天宝十二载（753年）五月，杨国忠借边防需要为由，奏请以陇右节

度使哥舒翰兼任河西节度使。唐玄宗准奏。于是，杨国忠便名正言顺地把河西的兵权从安思顺手中夺过来，送给了哥舒翰。

这样一来，哥舒翰与安禄山，一个是兼领西北两镇的节度使，总兵力约15万人，封为西平郡王；另一个是兼领东北与北方三镇的节度使，总兵力约18万人，封为东平郡王。由此便俨然形成相互牵制的两大军事集团。

这种微妙的军事平衡格局，自然符合杨国忠个人利益的需求，而实际上也应符合唐玄宗的政治需要。

天宝十一载（752年）十一月，杨国忠推荐侍御史、魏郡太守吉温升任御史中丞、京畿和关内两道采访处置使。

吉温阴险残忍而又不乏政治野心。当年他与杨国忠共同追随李林甫，屡次炮制政治冤案，二人也一直保持着深交。后来，他察觉杨国忠青云直上的势头，便又暗中为杨国忠谋划取代李林甫的策略。

可是杨国忠没有料到，吉温同时还对安禄山暗送秋波，媚附其间。他离任赴京时，专程前往范阳，向兼任河北道采访使的安禄山辞行。安禄山下令河北沿途馆驿给予吉温高规格接待，又命次子安庆绪代他送行，为吉温牵马走出驿站，然后并辔而行直到范阳南界。

吉温受宠若惊。从此，他甘愿加入安禄山阵营，利用他在朝廷和京师的重要位置，搜集情报并秘密传送范阳。

杨国忠屡次奏称安禄山必反，但唐玄宗一直不动声色。杨国忠仍不甘心，干脆建议不妨召见安禄山，并且打赌似的断言，安禄山必定不会来京。

唐玄宗似乎有点将信将疑地下令召见安禄山。结果完全出乎杨国忠的预料，安禄山应召而至。

天宝十三载（754年）正月初四日，安禄山从容入朝。在华清宫，他涕泣奏言："臣本是胡人，承蒙陛下破格擢用，逐步升至三镇节度使，恩宠超越常人。杨国忠心存妒忌，必欲谋害臣，臣的死期不远了。"

声泪俱下，又一次赢得唐玄宗的怜惜，于是唐玄宗好言宽慰，又赏赐锦彩珍宝巨万。

接下来，唐玄宗竟然还打算以同平章事授予安禄山。这在当时，是除了左、右相（即侍中、中书令）以外，其他官员入相所带的头衔之一，而这就让安禄山以宰相的身份兼领三镇节度使，无疑是身价倍涨。

任命的制书已由内朝拟定。消息很快就传到杨国忠那里，着实让他大吃一惊。急中生智，他迅即想到一个作梗的理由："安禄山虽有军功，但却目不知书，怎能担任宰相？制命若行，臣恐怕朝廷会遭到周边蕃夷的轻视。"

杨国忠的反对声冠冕堂皇，却直击安禄山的软肋。委任宰相的制令被悄然叫停，转而改授尚书左仆射。这原是级别很高的实职，秩从二品，但此时已是虚职。

相隔半个月，唐玄宗又授予杨国忠司空之衔，也是一个虚职，但位尊正一品。此举，无疑是想造成一种政治平衡，也是试图对将相之间的恶性竞争"踩刹车"。

拜相"流产"的内幕也迅速传到安禄山那里。他心怀怨恨，怏怏不乐，但转念一想，何不利用这次的委屈，向唐玄宗伸手索取其他的补偿？

能要求什么补偿呢？安禄山试探着将目标锁定在国家庞大的牧场上——奏请兼领闲厩使和陇右群牧使。

岂料唐玄宗很爽快地就答应了。这究竟是真的当作一种政治补偿，还是依旧出于政治笼络？没人知道他的想法。

但安禄山见有机可乘，居然得陇望蜀，进一步请求兼领群牧总监——总管国家全部的牧场。

孰料唐玄宗又照样慷慨应允。

盛唐时期，国营牧场多达几十个，分布在西北地区。据天宝十三载（754年）官方统计数据，马、牛、驼、羊共有60.56万匹（头、只），其中，马的数量多达32.57万匹。如此庞大而重要的国家畜牧资源，竟然轻而易举地落入安禄山的掌控之中。

马在古代，既是统治者的坐骑，更是军队的强大战斗力，是战场上的

耀眼明星。随后不久，安禄山就秘密派人挑选数千匹骏马单独饲养，用于加强自己的骑兵战力。

想必，安禄山背地里会笑得如同庙里的木鱼——合不拢嘴。

紧接着他又奏请，以御史中丞吉温兼任武部（即兵部）侍郎，充闲厩等副使，协助他掌管御马及国家牧场。

杨国忠恍然大悟，开始厌恶吉温。

在京期间，安禄山还奏请，允许他不拘常规提拔部下"立功"的将士。唐玄宗同样准奏。嗣后，安禄山部下便有 500 多人晋升将军，2000 多人晋升中郎将。

针对此事，司马光在《资治通鉴》卷 217 里一针见血地指出："禄山欲反，故先以此收众心也。"

安禄山在长安小心翼翼度过了将近两个月的时间。他清醒地认识到，杨国忠已然成为影响其权势的最强政治变量。而拜相未成，更使他敏感的神经愈加紧绷，他担心滞留京城夜长梦多，恐怕会像苍蝇掉进糨糊盆里——拔不出腿来，于是瞅准机会，小心提出返回范阳的请求。

唐玄宗答应了他的请求。启程之前，唐玄宗还在禁苑望春楼与他亲切话别，甚至脱下御衣赐给他，以示恩宠。安禄山受宠若惊，又暗自庆幸，莫非这是将要君临天下的吉兆？

三月初一日，安禄山启程离京。高力士奉旨，在东郊长乐驿为安饯行。

驿是唐朝政府的交通接待站，也是政府招待来往官员的设宴之所，而长乐驿则成为皇帝赐宴迎送朝廷重臣的一个固定场所。

安禄山显得心事重重，郁郁不乐，匆匆饮了饯行酒，他便告辞而去。

仿佛惊弓之鸟、漏网之鱼，安禄山在侍从护卫下，疾驰出关，昼夜兼程，直奔范阳。

安禄山感觉到，致命的危险正在向自己步步逼近，他惴惴不安，开始打算提前行动，称兵向阙。

即使如此，他仍然没有忽略"烟幕弹"。刚刚回到范阳，他就故伎重演，又一次发起对奚族的袭击，捷报随之又一次飞快传到长安。

然而，"欲人不闻，莫若不言；欲人不知，莫若不为。"（枚乘语）安禄山阴谋叛乱的活动，可以一时蒙骗一个人或一些人，但却绝无可能长期蒙骗所有的人。

天宝末年，唐玄宗和高力士又有过一次耐人寻味的交谈。

"朕年事已高，把朝廷细务交付宰相，边防军事交付节将，岂不是悠闲自在吗？"唐玄宗说。

"臣听说，征讨云南两度惨败，而且边将拥兵太盛，陛下如何控制？"高力士委婉提醒，"臣恐怕酿成大祸，难以遏止。"

唐玄宗陷入沉默。

"风乍起，吹皱一池春水。"

良久，他才对高力士缓缓言道："卿不用说了，朕将徐图良策。"

其实，针对安禄山拥兵太盛、包藏祸心的潜在危险，向唐玄宗发出警讯的重量级人物，前后相续。继张九龄最初的担忧与忠告之后，又有名将王忠嗣、太子李亨以及宰相杨国忠、韦见素先后敲响警钟，而今，心腹内侍高力士也发出了警报。虽然各人的动机不尽相同，但都并非杞人忧天或无中生有。

然而言者谆谆，听者藐藐，似乎都未能引起或真正引起唐玄宗的警惕。

人总是难以迅速克服思维的惯性。唐玄宗长期宠信和重用安禄山，已经长时间形成了在认知、情感与行动上三者的和谐一致，以至于别人很难改变他的态度；可是在现实中，诸多重量级人物却异口同声地判断安禄山"包藏祸心，将生逆节"——这就导致唐玄宗的认知出现严重的失调。

美国心理学家利昂·费斯汀格认为，认知或心理上的失调状态，会使人感到焦虑、紧张、烦躁不安，而这种心理不适，又势必促使当事人去努力减少和消除失调状态——或改变自己的行为，或改变自己的态度，或改变对行为结果的认识，引进新的认知元素——从而能让自己的认知和

心理趋向协调稳定的状态。

当时,唐玄宗面对认知严重失调的状态,必然会产生巨大的心理压力,但他最终的选择,既不是改变自己的行为(不再宠信重用安禄山),也不是改变自己的态度(不再喜欢安禄山,也就不再宠信重用他),而是改变对行为结果的认识,并引进新的认知元素——这便集中体现在唐玄宗回答杨国忠和韦见素的一段话里:"朕真心信任和重用安禄山,他必然不会产生叛逆之心。况且东北的契丹和奚族,还要靠他来镇遏。"

当个人的行为和态度维持不变时,为了保持心理上的认知一致,人们常常倾向于为自己的行为寻找理由或借口,不管是提出辩解还是自我说服。这对于帝王之尊的唐玄宗而言,更是如此。

借用列宁的话说,政治就像高等数学,当三大于二的数字前面已经出现了一个新符号即"负号"时,唐玄宗却依旧"固执地向自己和别人担保说,'负三'大于'负二'"。

天宝十四载(755年)二月,安禄山派副将何千年进京,奏请以32名少数族将领取代一些汉族将领。

唐朝的军事将领,历来是汉、蕃并重,唯才是用,而安禄山提拔任用武将的标准,也是一贯注重才能与功劳,并不太讲究民族成分或家庭出身。因此,这一次安禄山奏请调整汉蕃将领,仍未引起唐玄宗的疑心。

于是,他便派中使宣付中书门下,令即日办理,颁发告身(授官文凭)。

正值空穴来风、流言四起的政治敏感时期,安禄山突然提出部队将领大"换血",不能不引起武部(即兵部)尚书、同平章事韦见素的疑虑。他对右相杨国忠说:"流言盛传,安禄山蓄不臣之心,今日又奏请以蕃将取代汉将,反叛之意显而易见。"

韦见素(687—762年),京兆府万年县(故治在今陕西西安市)人,字会微。出身于官宦家庭,进士登第,历任朝廷及地方官员,政绩斐然,在人们眼里是一位仁恕长者。

天宝十三载(754年),左相陈希烈因为与杨国忠难以相处,多次上

表恳辞宰相之职。唐玄宗则有意提拔爱婿张垍为相，已经私下许诺。张垍系开元名相张说之子，也颇有文才，时任翰林学士。

讵料，杨贵妃将此内幕消息吐露给了杨国忠。杨国忠担心张垍入相于己不利，遂抢先奏荐文部（即吏部）侍郎韦见素为相。在杨国忠看来，韦见素柔雅易制，恰巧，韦见素早年又曾担任相王（即唐睿宗）府的参军之职，于唐玄宗家族有旧恩，遂唐玄宗顺水推舟而准奏。

那一天，韦见素与杨国忠约定，针对安禄山的可疑行为，一同向圣上直言极谏。次日，二相入谒。唐玄宗迎面就问："卿等对禄山有怀疑吗？"

韦见素便顺势具陈安禄山谋反之意，认为切不可批准他的请求。

但他很快就发现，唐玄宗的脸上露出了不高兴的神情。

杨国忠便知趣地一言不发，留下安禄山的奏疏，与韦见素小心地退出殿堂。

事后，很快又有中使来到中书门下，传达圣旨："这次姑且容忍，待朕日后慢慢设法处置。"

无奈之下，两位宰辅只好奉旨办理。

但隔了几天，杨国忠与韦见素商量一番，又向唐玄宗提出建议，可否任命安禄山为尚书左仆射、同平章事，入朝辅政，另派他人分别担任三镇节度使。

唐玄宗觉得这个办法可行。

但就在诏书起草完毕报请唐玄宗批准时，他突然又改变了主意，临时派遣中使辅璆琳以御赐珍果为名，前往范阳面见安禄山，并暗中观察动静。

结果，辅璆琳却收受了丰厚的贿赂，回京复旨时极力称赞安禄山竭忠奉国，没有二心。

唐玄宗如释重负。他对两位宰臣说道："朕真心信任和重用安禄山，他必然不会产生叛逆之心。况且东北的契丹和奚族，还要靠他来镇遏。朕已焚烧前诏，卿等不用再担心了。"

仿佛是和唐玄宗的自圆其说遥相呼应，不久，安禄山又一次发动对奚和契丹的袭击，随之而来的捷报又一次抵达长安。

虽说，安禄山的行为颇类似于入选《牛津英语词典》2018 年度词汇的所谓"煤气灯操纵"，但问题的关键，还是在于唐玄宗的自我误导。"错误的思维一旦贯彻到底，就必然要走到和它的出发点恰恰相反的地方去。"（恩格斯语）正如奥地利小说家弗朗兹·卡夫卡说过的那样，一旦自身接纳了恶魔，也就不在乎别人相信不相信它了。

实际上，与其说唐玄宗是绝对相信安禄山"必无异志"，毋宁说唐玄宗是绝对相信自己的判断力和御臣之术。所以，但凡敢于直言安禄山谋反者，首先就是对"圣上英明"的冒犯和否定。

一时间，关于安禄山图谋不轨的话题，几乎成为政治上的"雷区"。但即使如此，仍有正直而且敢言的官员挺身踏进"雷区"，指控安禄山的祸心。唐玄宗闻言大怒，居然下令将这名官员押送范阳，交给安禄山处理。所幸他在中途被秘密囚禁于商州，尚未送往范阳，不久，便因安禄山叛乱爆发而获释。

也许是有人暗中仗义相助，也许唐玄宗只是口头威胁，并未执意要押送范阳。只可惜，史书上没有留下这位官员的姓名。

天宝十四载（755 年）三月，春暖花开，艳阳高照，在兴庆宫勤政楼，在宫廷乐团演奏的乐曲声中，唐玄宗又一次兴致勃勃地大宴群臣。

这一年是唐玄宗登基 43 周年。美酒飘香，音乐醉人，盛唐天子雅兴大发，和群臣一起联句赋诗，同声歌颂大唐帝国的太平盛世。

安禄山自从天宝十三载（754 年）三月离京返回范阳后，一直心有余悸。但凡朝廷遣使来临，他都称病不再出迎，必定盛陈武备，警卫森严，才会和使臣见面。

天宝十四载（755 年）三月，给事中、黜陟使裴士淹奉旨巡抚河北道，来到范阳，竟然备受冷遇，直到 20 多天后才见到安禄山，并且居然由武士挟引而入，毫无钦差大臣应有的尊严。

在长安，杨国忠也对"口水战"失去耐心，开始大打出手。他派人加紧搜集安禄山谋反的证据，甚至命令京兆尹（西京长安所在京兆府行政长

官）李岘包围搜查安禄山在长安的府第，并且逮捕了安的一些门客，押送御史台审讯，最后都被秘密处决。

杨国忠火力全开，仍一无所获。但他还是抓住了河东太守、河东道采访使韦陟涉嫌受贿的把柄，并以武部（即兵部）侍郎兼御史中丞、京畿道采访使吉温牵连其中为由，上奏问罪，最终一举扳倒了两个政敌，也切断了安禄山的一大情报来源。

安禄山闻讯，紧急上表替吉温辩护，但也无济于事。吉温最终还是受到贬职处罚。半年之后，吉温以往贪污受贿的罪行也东窗事发，杨国忠又乘机将他逮捕入狱，旋即秘密处决。

杨国忠一石数鸟，大获成功。与此同时，他又把亲信杨光翙安插到北京（即太原）的主要职位上，担任副留守兼太原尹，借此牵制和监视安禄山在河东道的势力。

是时，安禄山的长子安庆宗在朝中担任太仆卿一职，实际上也是安禄山被迫押在京城的一个人质。但安庆宗暗中也利用职务之便，随时将朝廷和杨国忠的动态密报范阳。

看来，各种迹象表明，杨国忠是在逼我安某提前"摊牌"。安禄山想。

这让他既愤怒又惶惧。思来想去，他决定，暂且还是先在政治上以攻为守，绝地反击。于是他上表为自己辩护，同时罗列杨国忠的罪状20多条。

将相隔空角力，相互攻讦，隐然成为引爆政治危机的"催化剂"。这倒让唐玄宗始料未及。当然，他并不介意大臣之间发生可控性的矛盾，但却不能不提防矛盾的激化失控，更不会坐视将相互相使用威胁力量而导致冲突螺旋式上升。

于是，他又迅速踩下"刹车"以缓和矛盾冲突：一面将京兆尹李岘当作替罪羊，贬为零陵太守，一面又把荣义郡主赐予安庆宗为妻，并派中使持手诏去范阳，召安禄山来京参加婚礼。

天宝十四载（755年）七月，却发生了一件颇为蹊跷的事情。

安禄山忽然上表，奏请进献300匹骏马、100副鞍辔，以及300辆马

车装载的贡物。每匹骏马配备两个马夫,每辆马车配备三个车夫,由22名蕃将带队进京。

唐玄宗仍然不假思索就批准了安的奏请,并下令沿途郡县予以接待。

河南尹(东京洛阳所在河南府行政长官)达奚珣接到敕令,第一反应便觉得其中有诈,来者不善。

他迅即回奏:顷奉上谕,安禄山所进车马物品之事,宜待冬季农闲之时,由官府差遣民夫运送,不必烦劳其军队两千将士。

达奚珣的奏疏说得委婉含蓄,但却猛然惊醒了唐玄宗的警觉。不正常的现象必有不正常的原因,这似乎就是一次盛唐版的"特洛伊木马"。恰在此时,宦官辅璆琳出使范阳受贿之事也败露了,唐玄宗不动声色地找了一个其他罪名将他处死。

紧接着,唐玄宗又遣中使冯神威持手诏去见安禄山。手诏婉拒献马之事,又以亲切的口吻写道:"朕为卿新修了一处温泉池,十月在华清宫等待卿的到来。"

安禄山盘腿坐在榻上,面对冯神威宣读手诏也不下拜,仅勉强欠了欠上身。

"圣人安稳吗?"安禄山淡淡地问了一声,又冷冷地说一句,"骏马不献也可以,十月倒确实要去京城"。

言毕,他便命人引冯神威去馆舍休息,几天后,又草草打发冯回京,也未按照规矩上呈谢表。

冯神威急急忙忙返京复命,哭诉:"臣差一点儿不能生还再见到大家(指皇帝——笔者注)。"

"天宝末,将相交隙,海内寒心。"(中唐宰相元载语)那位对右相杨国忠不看好的陕郡进士张彖,似乎预感到政局将有变化,最终还是选择到嵩山隐居去了。

天宝十三载(754年),方伎之士金梁凤大胆预测:"玄象有变,半年间有兵起。"

…… ……

空穴来风——有洞穴才招致流动之风,有政治裂缝,政治流言才可能乘隙而入。时局云谲波诡,作为舆论形式出现的政治流言不胫而走,暗示着安禄山这颗"定时炸弹"已然滴答作响。

内战灾难这个巨大的幽灵在中原上空发出一阵阵狞笑,而唐玄宗却依旧未动声色。此时的他,究竟是怎么想的,没有人知道。

天宝十四载(755年)十月,唐玄宗依旧从容不迫地携贵妃前往华清宫,共享骊山温泉之春。

两个月前,他刚刚度过70周岁生日。

在范阳,安禄山如同惊弓之鸟,武装叛乱已然提前进入倒计时。

将士们奇怪地发现,自八月以来,安禄山多次犒劳部队,并加紧秣马厉兵。几乎无人知晓背后的动机,唯有安禄山的几个核心幕僚全程参与决策。

十一月,出兵前三天,安禄山召集高级将领,宣布:奏事官胡逸从京城返回,奉密旨,遣禄山率兵入京,讨伐杨国忠以平定祸乱。

众将领面面相觑,却无人敢有异议。

安禄山设宴款待诸位将领,并一同观看作战地图,明确进军路线,掌握沿途山川地形与进攻的要点,然后,分发地图,赏赐金帛,约定:"违抗军令者,斩!"

"风雨如晦,鸡鸣不已。"图穷匕见,内战在即。

第十卷

『渔阳鼙鼓动地来』

盛唐的危机

唯物史观告诉我们，分析任何一个社会现实问题或历史问题，都要把问题提到一定的时空范围之内，并对具体情况作具体分析。

唐玄宗童年和少年时代精神上的创伤、哀伤的记忆，积淀在他潜意识中一种强烈的不安全感；而青年时代刀光剑影、祸起萧墙的经历，以及国家长期面临周边一些少数民族贵族统治者的武力侵犯，更使他产生清醒的危机意识，也更强化了他潜意识里的不安全感。

内忧外患，政治安全便赫然成为开元时期国家发展战略中的一项刚性指标。唐玄宗迫切需要打造一个全面绝对安全的政治环境，这是一种"以国家政治安全为中心"的战略理念和实践，并构成深刻影响盛唐历史发展的政治大背景。

唐玄宗贬黜政变功臣，打击太子势力，监控兄弟诸王乃至所有的皇室成员，就是为了消除内患，确保皇位、皇权的绝对安全。

唐玄宗在关中和中原地区推行重文轻武的政策，削弱武备，并严格限制民间的兵器和习武活动，也是为了消除内患，确保国家腹地的绝对安全。

唐玄宗大力加强边防建设，实施攻防兼备的积极防御战略，扩大边镇节度使的权力，则是为了消除外患，确保边疆边境的绝对安全。

许多年过去了。随着开元之治的出现，唐玄宗的绝对安全观似乎已经全面变成现实，他也开始认为已然"天下无事"，自以为只要维持现状即可长治久安。殊不知，"一切皆在不断变化之中"（赫拉克利特语），这就不幸应验了人世间一个著名的"意外后果定律"——自认为最安全之日，很可能将是最不可靠之时。

果真出现了这一天——范阳擂响的战鼓动地而来，无情地击碎了天下太平的表象。

更具讽刺意味的是，发动对盛唐王朝打击的，却并非逐渐丧失土地、生活艰辛、积怨日深的农民大众，而是深得唐玄宗宠信、拥有巨大权势的三镇节度使安禄山。

套用马克思在《印度起义》一文中的话说，这是不是也类似于一种"报应"？

"渔阳兵兴"，河北沦陷

天宝十四载(755 年)十一月初九日拂晓，蓟城(故治在今北京市西南)南郊。安禄山一身戎装，举行出征誓师大会。

蓟县父老上前劝阻。一位名叫李克的老人更是直言不讳："举兵无名必败。"

安禄山命人代为答复："我替国家分忧，并非出于私利，只要于国有利，我无所畏惧。"

礼貌送走老人们之后，安禄山传令："有扰乱军心者，诛灭三族！"

范阳、平卢、河东三镇边防军以及东北一些少数民族部队，共约 15 万人(号称 20 万)，坚甲利兵，杀气腾腾。

安禄山张榜公布杨国忠的罪状，打出"奉旨讨逆"的旗号，誓师南下。

但，"无论乌鸦怎样用孔雀的羽毛来装饰自己，乌鸦毕竟是乌鸦"。幽蓟百姓仍不免私下里议论："百岁老翁也没有见过范阳兵马南下。"——忧心忡忡，溢于言表。

起兵叛乱之前，安禄山预先派遣部将高邈、何千年率 20 名奚族士兵驰驱北京太原。他们声称，奉兼领河东节度使安禄山之命，前来进献射生手(专习弓箭的士兵)。

唐有三都——西京长安，东京(东都)洛阳，北京太原。

时任北京副留守的杨光翙是杨国忠的亲信，但他却对范阳来的一小

股人马放松了警惕，竟毫无戒备，在接见时突遭绑架。

这一天是十一月初十日，叛军誓师南下的第二天。杨光翙随即被押送河北安禄山行营，并立刻斩首示众。

高邈与何千年离开时，转交太原府一封公文，罗列了杨光翙的罪状，末尾扬言："光翙今已就擒，国忠岂能更久！"

是日，太原阴风凄惨，观者胆战心寒。

大概安禄山也想玩弄声东击西的把戏，造成进兵河东、迂回奔袭关中长安的假象。果然，太原府火速上报朝廷，紧接着，东受降城（故址在今内蒙古托克托之南、黄河东北岸）也向朝廷传来安禄山部队叛乱的消息。

讵料，正在华清宫避寒的唐玄宗却依旧不以为然。准是那些敌视安禄山的人又在危言耸听。他想。

叛军最终选定的作战线是避实击虚——放弃由河东迂回攻取关中长安的路线，以避开可能来自朔方军的侧后攻击，而是集中优势兵力，指向防卫空虚的河北、河南，正面直捣洛阳和长安。

兵贵神速，"攻其无备，出其不意"。

15 万叛军最初采取夜行军方式，偃旗息鼓向南推进。几天后，估计太原府的假情报已送达朝廷，遂转而大张旗鼓公开进军。

安禄山乘坐铁辇①，指挥大军沿着太行山东侧河北平原长驱南下，蕃汉步骑精锐，烟尘千里，鼓噪震地。

据说，"禄山"这个名字并不是汉语，而是源于古代伊朗语的音译（一说是粟特文的音译），意思是光明。②然而现实恰恰相反，安禄山给大唐带来的却并非光明而是黑暗。

斯时，中原内地弥漫着和平麻痹思想，久已缺乏尚武精神，所谓"天下承平日久，人不知战"。猛然听说安禄山引兵南犯，就仿佛是晴天霹雳，远近震骇。

---

① 辇和舆，也叫作担子，都是用人力抬着或者扛着的出行工具。辇在唐代主要为皇帝或皇族成员所用，通常是盘腿而坐。辇的种类较多，简单的类似担架，复杂的已近似后代的轿子，一般都是用木、竹制作。安禄山乘坐的铁辇，应是用铁制成，近似轿子，具有较强的防护功能。

② 参阅钱文忠：《世界背景下的中国文化》，《新华文摘》2007 年第 23 期。

安禄山也兼任河北道采访使①,首当其冲的河北(太行山以东、黄河以北)地区正属于其监察范围。诸郡守、县令或开门出迎,或弃城窜匿,或自杀殉国,几乎望风瓦解。也有极少数郡县仓促打开尘封已久的甲仗库,却发现兵器朽坏皆不可用,不得不手持棍棒登城御敌,几乎是以血肉之躯无效抵抗铁骑兵锋。

河北沦陷,中原鼎沸。一时间,南下的叛军如同决堤的洪水——势不可当。

"天下虽安,忘战必危!"

风尘之警,唐廷仓促应战

"渔阳兵兴","四海震荡"。

十一月十五日,安禄山叛乱第七天,河北郡县相继沦陷的消息传到华清宫,终于拉响了"警报",犹如石破天惊,一下子就震呆了几乎整个朝廷。

盛唐后期,朝廷千人诺诺,情报也真真假假。尽管关于安禄山"包藏祸心"的警告仍时有耳闻,但唐玄宗却充耳不闻甚至赫然而怒,总以为不过是新版的"狼来了"故事,万万没想到这一天,"狼"真的来了!

从震惊和愤怒之中定下神来,唐玄宗迅即召开紧急会议,筹划应战之策。

面对如此爆炸性的冲击,右相杨国忠却似乎幸灾乐祸,难掩扬扬得意的神色。在他看来,他的"预言"已然成为不争的事实,而安禄山也如飞蛾扑火,必将迅速灭亡。

他神气活现地又一次"预言":"如今,造反的唯独安禄山一人而已,东北边军将士都并非心甘情愿。不出十天,定会有人斩下安禄山的首级送到行在。"

---

① 道在此处指州(郡)县之上的监察区。初为10道,后又分成15道。采访使也即采访处置使,始置于开元二十年,分别监察各道所辖州(郡)县的官吏。

行在，即皇帝出行所到之处，这里是指华清宫。

大敌当前，大庭广众之间，杨国忠依旧大言不惭："即便不是这样，陛下发兵讨伐，仗大义诛暴逆，也可兵不血刃，一举平定。"

一厢情愿的速胜论，牛气冲天，在场的众大臣却相顾失色，差一点儿"惊掉下巴"。

尽管如此，御前会议还是理性地做出最初的应急部署：命特进毕思琛、右金吾卫大将军程千里，分赴东京洛阳与河东道（今山西省），各自募兵，从河南与河东两个方向实施战略防御。

毕、程二人，曾经都是守卫西域边疆的高级将领。

次日，唐玄宗接见刚从北庭入朝的节度使封常清。

封常清（？—755 年），蒲州猗氏县（故治在今山西临猗县）人。少年时代跟着外祖父流放到安西，历览群书。他身材细瘦，眼睛有点残疾，一只脚还有点跛。

外祖父去世后，他孤贫无靠，年过三十，才被安西都知兵马使高仙芝收为侍从。他颇有才学，处事果断，甚得高的器重，以军功逐步升迁，跟随高仙芝远征小勃律，既而被引拔为节度判官。

天宝末，安西节度使高仙芝调任右羽林大将军。封常清继续以军功逐级升迁，历任安西副都护、安西节度使和北庭都护、伊西节度使。他勤俭奉公，赏罚严明，数次领兵出征，抗击吐蕃，平定叛乱。

此时在华清宫，唐玄宗愤恨地向封常清谈到安禄山的忘恩负义。——原以为精酿的是一瓶上等的葡萄酒，结果却变成了一瓶苦酒，不，根本就是一瓶毒酒。

接下来，唐玄宗又不无忧虑地问及平叛方略。

封常清慷慨陈词："安禄山领凶徒 10 万径犯中原，而中原太平日久，人人素不习战，望风披靡。但事有逆顺，势有奇变，臣愿意赶赴东京，开府库出锦帛，招募骁勇，扬鞭跃马北渡黄河，计日取逆胡之首悬于阙下。"

一番豪言壮语，仿佛拨开了唐玄宗心头的乌云，透进一片阳光。

翌日，诏以封常清为范阳节度使，募兵东征。

封常清临危请缨,即日奔赴东京洛阳。10 天左右他就募兵 6 万,均是洛阳一带的民众、市井商贩之徒,戡乱热情高涨,但却素不习战。封常清下令,砍断洛阳北面黄河上的河阳桥,准备固守东京。

封常清果敢自信,忠勇可嘉。然而,"祸莫大于轻敌"(老子语),他根本没有料到,自己面对的将是一场何等凶险的恶战,又将是一幕何等悲凉的人生结局。

叛军势如破竹,军情十万火急。十一月二十一日,唐玄宗提前从华清宫返回长安兴庆宫。

他迅即下令,处决安庆宗,赐荣义郡主自尽;免去安思顺的朔方节度使之职,调任户部尚书。

接着,他又继续调兵遣将,抢占战略要地:

河东战区:任命朔方右厢兵马使郭子仪为灵武郡(即灵州)太守、朔方节度使,右羽林大将军王承业为太原尹,右金吾卫大将军程千里为潞州大都督府(故治在今山西长治市)长史。三方各自整军备战,互为掎角之势,从北边构筑屏蔽关中京帅的重要防线。

河南战区:任命卫尉卿张介然为河南节度使(内地设置的第一个节度使),领陈留等 13 个郡,募兵备战;任命右羽林大将军高仙芝为副元帅(六皇子、荣王李琬挂名元帅,不出阁),率领部分禁军和京师卫戍部队以及新招募的士兵,共计 5 万人,出潼关驻屯陕郡,抗击叛军。

陈留郡(即汴州,故治在今河南开封市)与陕郡(即陕州,故治在今河南三门峡市西)之间,另有封常清部队布防洛阳。于是,唐廷便在黄河南岸的正面战场,由东到西仓促筑起了三道防线,成为从东边保护关中京师的巨大屏障。

与此同时,唐玄宗又命令,凡是地处叛军前进方向上的要害各郡,均设置防御使一职,由郡太守兼任,负责本地区的军事防务,组建地方武装阻击叛军。

凭借盛唐强大的综合国力,凭借绝大多数官员和将领对国家的忠诚,凭借广大军民高涨的平叛热情,短短半个多月的时间,唐廷的战略

防御部署便略具轮廓。只可惜，中原"久处太平"，武备废弛，如今临时招募的新兵皆"素未训习"，纵然是高仙芝、封常清这样能征善战的名将，实际也难以指挥这些"乌合之徒"去抗击安禄山的"虎狼之师"。

"风萧萧兮易水寒，壮士一去兮不复还！"

陈留陷落！洛阳失守！陕郡弃守！

腥风血雨，烽火连天。

叛军仿佛狂风恶浪，席卷河北，仅仅 23 天就杀到了黄河北岸，剑指南岸的灵昌郡（即滑州，故治在今河南滑县东）。

时值隆冬，黄河水浅。叛军捆扎破船大树，填充草木，横贯江流并浇灌冷水，一夜间就冰冻成了浮桥。

十二月初二日，安禄山的千军万马越过黄河天险，一鼓作气攻占灵昌郡城。

叛军马不停蹄，又南下直逼陈留，车骑蹂腾，数十里烟尘蔽日。

陈留郡城，地处大运河要津，水陆交汇，邑居万家，具有重要的战略地位。但中原大地长期韬戈卷甲，以致无兵御捍，河南节度使张介然刚刚到任数日，紧急募兵仅得万人，仓促成军。

十二月初五日，叛军 10 万人马如潮水般汹涌而至，吹角鼓噪之声仿佛成群的猛兽凶恶咆哮。守城的新兵们心惊胆战，士气大落。太守郭纳见势不妙，慌忙开城投降。

叛军蜂拥而入，张介然以下万名将士尽成俘虏。

安庆绪从唐廷悬赏求购安禄山首级的布告上，获知安庆宗已被处决的消息，慌忙泣告其父。安禄山在铁舆内惊闻噩耗，抚胸痛哭，嚎叫："我有何罪，已杀我儿！"

他随即疯狂下令，将万名战俘通通杀光。顿时，血流成河，惨不忍睹。河南节度使张介然也一同遇难。

陈留沦陷，河南官军的第一道防线崩溃，唐朝由江南至关中的战略供给线也被拦腰截断。

叛军继续长驱西进,直扑荥阳(即郑州,故治在今河南郑州市)。

荥阳太守崔无诐率领刚刚招募的新兵据城抵抗。然而面对来势汹汹、杀气腾腾的叛军,守城士众惊慌失措,许多人吓得纷纷从城墙上掉下来。……

十二月初八日,荥阳失守,崔无诐壮烈殉国。

叛军气焰嚣张,犹如惊蛰后的蜈蚣——越来越凶,锋镝所向,直指东京洛阳。

驻防东京的封常清部队,已将防御纵深向东拓展到武牢关,严阵以待。

武牢关(故址在今河南荥阳汜水镇),原名虎牢关,位于洛阳与荥阳之间,西距洛阳 150 多里。关隘背临黄河,控扼冲要,自古为兵家必争之地,也是洛阳的东大门。

战火纷飞,八方风雨寇中州。早在十二月初七日,荥阳失守前一天,叛军的前锋骑兵部队就已快速扑向武牢关。他们肆无忌惮地向官军的野外阵地发起攻击,很快便打乱了官军的阵脚。

官军被迫向西败退,将领荔非守瑜率领部下邀击叛军,歼敌上百人,终因箭尽力竭,寡不敌众,投河殉国。

武牢关失守。

叛军凶威转炽,前锋迅速抵达罂子谷南面的葵园。封常清指挥部队与叛军逆战。但叛军后续部队汹涌继至,官军拒战不利,被迫退守洛阳外郭城东北面的上东门。

铁骑唐突,飞矢如雨,血流遍野。

十二月十二日,大雪纷飞,积雪盈尺。叛军也如同铺天盖地的狂风暴雪,相继攻破洛阳四座城门,鼓噪而入。他们纵兵杀掠,鲜血染红了大片大片的雪地。

封常清依然带领部队节节抵抗。激战都亭驿,失败;退守东城的宣仁门,再败;退守提象门,又败……

一直血战到十三日,已然回天无力。封常清收集余众,伐树塞路,被

迫从宫苑西边破墙突围,朝陕郡方向撤退。

洛阳保卫战,是官军在正面战场上有力抗击叛军的第一仗,历时6天,不幸屡战屡败,终以洛阳全面失守而结束。至此,官军在河南的第二道防线也被叛军突破。

最初,光禄卿、东京留守李憕与留台御史中丞卢奕、河南尹达奚珣,共同绥励将士,完缮城郭,积极备战。没料到叛军势如破竹,很快就攻到了洛阳城下。

李憕收集残兵数百人,准备与叛军决一死战。孰料军心涣散,相继弃憕而去。

大势已去。河南尹达奚珣投敌。

李憕对卢奕说道:"我们肩负国家重任,誓不避死。虽无力拒敌,仍不妨忠于职守。"

卢奕应诺。

李憕大义凛然却又异常孤独地坐在留守府里。

卢奕已预先吩咐妻儿怀揣官印,从偏僻小路逃往长安。此时的他,也身穿朝服,孤独一人,静静地坐在御史台里。

危难时刻,李憕、卢奕,还有河南采访判官蒋清,均恪尽职守,宁死不降,以文弱之驱践行了对国家的无限忠诚。

"捐躯赴国难,视死忽如归。"

"豺狼塞路人断绝,烽火照夜尸纵横。"(杜甫诗《兵车行》)

封常清率领残部向西撤到陕郡。太守窦廷芝已经逃往河东,吏民也人心惶惶,四散逃难。

陕郡是潼关东面的前沿阵地,也是河南官军的第三道防线,但无险可守;潼关险要,表里山河,为关中长安之门户,却尚未设防。

战争开局,叛军一边倒的胜利,震惊了前线官军,也令朝廷目瞪口呆。封常清终于明白了,他面对的原来是一场不对称的战争。

河南战场的形势危如累卵。封常清迅即向驻守陕城的副元帅高仙芝

进言："常清累日血战，贼军兵锋锐不可当。况且潼关尚无兵防守，倘若狂寇奔袭潼关，则京师危在旦夕。宜放弃陕郡，尽快退保潼关。"

的确，河南主战场上的交战双方，实力悬殊得几乎令人绝望，封常清对形势的分析判断，有理有据。高仙芝当机立断，弃陕守关。

临行前，他下令打开巨大的国家仓库——太原仓，把钱、绢等财物分给全军将士，然后将剩余的大量粮食物资焚烧殆尽。

没料到叛军的骑兵先头部队突然出现，顿时引起撤退中的官军惶骇骚动，自相拥挤践踏，无复队伍。……

官军仓皇向西退到潼关，高仙芝迅即指挥部队修缮工事，加强战备，士气稍稍复振。当叛军的骑兵大部队赶到潼关时，已经无隙可乘，只得悻悻而去。

叛军主力崔乾祐部旋即进驻陕郡，与潼关官军形成东西对峙的局面。

陈留陷落，洛阳失守，陕郡弃守，标志着唐廷在河南主战场上仓促部署的三道防线相继被叛军突破。于是黄河南岸，西至弘农郡（即虢州，故治在今河南灵宝），东到濮阳郡（即濮州，故治在今山东鄄城县），广大的长形地区陆续陷入敌手。

天宝十四载（755年）岁暮冬初，潼关已然成为阻挡叛军、捍卫长安的最后一道天险屏障。而它，以至于黄河下游地区，也注定要面临一个严酷的"寒冬"。

亲征与监国计划的夭折

突如其来的内战迅速逼近唐朝的统治中心，大唐帝国似乎刹那间便陷入了一个极不确定的危险期。唐玄宗与安禄山的恩仇记，恰如英国作家玛丽·雪莱笔下的"弗兰肯斯坦的魔鬼"——创造出恶人，只能反受其害。

十二月初七日，正当陈留失守、荥阳危如朝露之际，唐玄宗颁布了《亲征安禄山诏》，强烈谴责安禄山忘恩负义，"称兵向阙，杀掠无辜"，宣布将要御驾亲征，指挥平叛戡乱，命令河西、陇右、朔方诸镇兵马，限期

本月底之前赶到行营。

战局瞬息万变,前方失败的消息接踵而至,西北援兵却尚未到来,形势危急,人心惶恐。

十二月十五日,唐玄宗又一次做出新的战略部署:

任命十六皇子、永王李璘为山南节度使(不出阁),而以江陵郡(即荆州,故治在今湖北荆州市)长史源洧为副使,主持军务。主要任务是,保护新开辟的战略供给线的畅通,使江淮的租赋物资改道江汉,经过荆襄输送关中。

任命十三皇子、颍王李璬为剑南节度使(不出阁),而以蜀郡(即益州,故治在今四川成都市)长史崔圆为副使,主持军务。主要任务是,掌控剑南边防军,确保唐朝的战略后方——剑南道(今四川)——的安全。

十六日,唐玄宗再议亲征事宜,定于二十三日出征,并让太子李亨留守长安,监抚军国之事。他甚至还不同寻常地露出"欲传位太子"的意向,颇有点类似"引咎辞职"的味道。

太子监国是唐朝的一项政治制度。当皇帝因某种原因不能亲自管理国政时,就会下诏,授权皇太子临时决断军国大事。

不料这项决定却让杨国忠惊恐万状。散朝后,他就慌慌张张前去告诉韩国夫人、虢国夫人:"我等死在旦夕!如今东宫监国,我与娘子等都没命了!"三个人当即抱头痛哭。

安禄山叛乱,大敌当前。但这个世界太复杂,敌人的敌人,未必都是自己的朋友。

杨国忠率先冷静下来,他叮嘱姐妹俩火速进宫,请贵妃出面劝阻。

为了杨氏家族的利益,杨贵妃毫不犹豫地出面干政。她急匆匆跪到唐玄宗面前,衔土恳请收回成命。

旧俗,人死入殓,口中都要含一个东西,诸如珠、玉、贝、谷等物品。故而请罪的人,嘴里衔着一块土,就表示已有死罪。

杨贵妃此举,便是做出冒死劝阻的姿态。

果然如史书所言,杨玉环能"动移上意"(动辄改变唐玄宗的意愿),

有关亲征、监国以及所谓禅位等军国大事的决定，竟然不了了之。

据说，美国埃默里大学的马可教授研究发现，一个人的圈子无论多大，真正影响他的，通常也就是身边的八九个人甚至四五个人。

"出师未捷身先死"

封常清夸下海口——"计日取逆胡之首"——言犹在耳，河南主战场上的三道防线却已土崩瓦解。唐玄宗震惊，失望，气愤，焦躁不已。

封常清退守潼关后，连续三次遣使奉表，欲上奏真实敌情，并陈述应战谋略。孰料唐玄宗余怒未消，拒不接见。

封常清无奈，只好亲赴长安，打算面奏军情。行至渭南，恰逢中使骆奉先，传达口敕，削夺封常清一切官职，以白衣身份留在高仙芝军营效力。

惺惺相惜。高仙芝特意安排封常清监巡左、右厢诸军。封常清换上黑色的差役服装，仍一如既往地认真执行公务。

没想到，更有一场杀身大祸正在向两位将军悄然袭来。

这次东征，担任高仙芝部队监军使的宦官，恰巧又是边令诚。他与高已是老搭档，当年远征小勃律，曾相互关照，配合默契。

但这次东征，边令诚却变成了一个搅局者。他数次擅权干预军事，甚至假公济私，均遭到高仙芝的拒绝。

边令诚怀恨在心，伺机报复。他趁入朝奏事的机会，只字不提封常清血战洛阳、高仙芝固守潼关的功绩，却阴险地谎称，封常清危言耸听，动摇军心，高仙芝临阵畏敌，不战而退，甚至更恶毒地诬陷高仙芝克扣军饷，中饱私囊。

鲁迅说过："敌人是不足惧的，最可怕的是自己营垒里的蛀虫，许多事都败在他们手里。"[1]

果然，边令诚的进谗和诬陷，恰如火上浇油，更令唐玄宗怒不可遏。他不问青红皂白，便草率下令将高、封二将就地处决。

---

① 《鲁迅全集》第 12 册，人民文学出版社，1981 年，第 584 页。

① 《鲁迅全集》第 12 册，人民文学出版社，1981 年，第 584 页。

怒令智昏。

这一天是十二月十八日，距封常清、高仙芝相继出师东征刚刚一个月左右，距洛阳沦陷、退守潼关仅仅五六天。

边令诚兴冲冲赶回潼关。他首先在驿南西街召见封常清，宣读敕令。

封常清异常淡定，说道："常清之所以未死于战场，是不忍心玷污国家和军队的荣誉，屈辱地死在贼军手中。我讨伐逆贼无效，甘心受戮。"

言毕，他掏出一封《遗表》，托边令诚转呈唐玄宗，随即从容就戮。

这封《遗表》是封常清从渭南返回潼关之后写的。他似乎已有不祥的预感，也抱定了以死报国的决心："……昨者与羯胡接战，自今月七日交兵，至于十三日不已。臣所将之兵，皆是乌合之徒，素未训习；率周南市人之众，当渔阳突骑之师，尚犹杀敌塞路，血流满野。……臣死之后，望陛下不轻此贼（指安禄山及其叛军——笔者注），无忘臣言，则冀社稷复安，逆胡败覆，臣之所愿毕矣。"

一寸丹心，虽败犹荣。

随后，高仙芝巡视军营完毕，也回到使府的厅堂。只见边令诚带着百余名军士，手持陌刀，尾随而至。

"大夫亦有恩命——"边令诚操着尖细的嗓音阴沉地喊了一声。

高仙芝急忙下座，跪听宣旨。接着，他也被押到驿南西街。封常清的遗体正躺在一张粗糙的苇席上面。

面对周围聚集的人群，高仙芝满腔悲愤："我不战而退，的确有罪，死而无怨。但是说我克扣私吞军粮赐物，则是冤枉啊！"

他转过头来直视边令诚："上是天，下是地，兵士们也都在，足下难道不知道吗？"

当年高仙芝讨伐石国，确曾纵容部下掳掠财物，瓜分所谓"战利品"，而自己也从中掠取了许多玉石名马。但他又向来慷慨大方，对别人的困难求助，总是无偿资助，有求必应，而且他还宽容大度，爱护士卒，恪尽职守，忠诚于国家和皇帝。

人性有许多弱点，英雄也难免错误和缺点。但瑕不掩瑜，人之所以能成为英雄，原因并非在于瑕疵。

这时,越来越多的将士聚集到四周,关注着他们爱戴的副元帅。

"我在京师招募儿郎们,虽然得到国库一些物资,也未能满足装备所需。正与你们同破贼兵,期待以后获得官爵重赏。不料贼军强势进逼,于是引军至此,也是想固守潼关的缘故啊。"高仙芝大声说道,"我若确实克扣私吞军粮赐物,你们就说'是实';我若无罪,你们就说'冤枉'。"

话音刚落,将士们便齐声高喊:"冤枉——"

呼声动地。

高仙芝的目光又缓缓移向封常清的遗体,一股强烈的悲痛涌上心头:"封二,你从微贱到显贵,是我引拔你担任我的节度判官,后又代替我为节度使,今天又与你一同死在这里,莫非是命中注定吗?"

说完,高仙芝也从容就戮。

"子弹从背后来,真足令人悲愤。"(鲁迅语)

"出师未捷身先死。"——哀哉,大将军!

将星陨落。防守潼关、东征破敌的千钧重任,谁能担当?

唐玄宗想起了河西、陇右节度使哥舒翰。

这时,哥舒翰却卧病在床。他是在土门军视察时突然中风,这年二月回长安治病,正在家闭门疗养。

哥舒翰奉旨,扶病进宫。唐玄宗要让他领兵东征。病中的哥舒翰惶恐不安,再三婉言推辞。

可是唐玄宗仍然坚持自己的想法。他情急之下,只能倚重这位著名的老将,尽管哥舒翰中风后尚未痊愈。

无可奈何,哥舒翰最后只好勉强接受。

天宝十四载(755 年)十二月二十三日,哥舒翰以兵马副元帅(旋又改为皇太子先锋兵马元帅)的身份,抱病出征。他率领的军队,既有新招募的士兵,又有刚从河西、陇右、朔方调来的部分边军蕃汉将士,再加上潼关的高仙芝旧部,总共约 18 万人,号称 20 万,依旧驻扎在潼关一带。

"峰峦如聚,波涛如怒,山河表里潼关路。"(张养浩散曲)

潼关（故址在今陕西潼关县东北），始建于东汉末年，南靠秦岭，北临黄河，西接华山，东面山峰绵延。其地势高峻险要，道路狭窄之处，仅容单车通行。它是陕、晋、豫三地交汇的要冲，也是关中东面的主要门户，金城汤池，历代皆为军事要塞，号称"一夫当关，万夫莫开"。更何况，当时官军又在关外挖掘了三道平行的护城壕沟，皆宽2丈，深1丈，更加易守难攻。

然而根据随军东征的高适后来回忆，当时元帅哥舒翰仍是"疾病沉顿"，几乎"智、力俱竭"，只得把军务委托给御史中丞、行军司马田良丘，并委任部将王思礼、李承光分管骑兵和步兵。可是，田良丘身为文官，对军务不敢专断，而王思礼与李承光又争强好胜，互不相让。至于监军使、宦官李大宜，则和一些将领结拜为兄弟，赌博饮酒，以声色自娱。

于是乎，18万军队，"政令无所统一"，"颇无部伍"，"人无斗志"。士兵们有时候连饭都吃不饱，军衣破损，而御赐的军衣却被锁在仓库里。"欲其勇战，安可得乎！"——想要士兵们奋勇作战，怎么可能做得到哇！

如此涣散的部队焉能和安禄山的"虎狼之师"正面交锋？所幸，官军依托潼关，尚可据险固守，也曾数次击退叛军的进攻。然而战事胶着，仍令唐玄宗焦虑不安，急于反攻取胜。哥舒翰不得不几次上奏，反复强调要据险挫锐，迟滞叛军的正面强大攻势，耐心等待反攻的时机。

审时度势，哥舒翰的战略眼光与前任高仙芝及封常清不谋而合，这是当时唐廷在河南主战场上唯一正确的战略选择。果然，与叛军的作战开始呈现正面对峙状态，以致安禄山哀叹，大军顿兵于潼关之前，"数月不能进"。

"满川风雨看潮生"

安禄山发动叛乱，打的是一场政治上取守势、军事上取攻势的战争，其作战意图是速战速决，即快速推进，夺取两京，推翻唐朝，取而代之。而战争的开局也的确如其所愿，闪电突袭，步、骑兵共协同作战，攻城略地，所向披靡，直到受阻于潼关之前。

官军在正面战场上节节失利，而敌后战场上的抵抗运动却风起云涌。随着叛军战略正面全力推进，攻击作战线向纵深延伸得过快过长，其右侧便难以避免地完全暴露——自范阳往南，千里纵深及南北交通线，均受到朔方军与河北义军的严重威胁。

克劳塞维茨在《战争论》里指出，战争是政治的继续，是政治的工具。盛唐后期政治上的明争暗斗，选边站队，已然或明或暗地导致统治集团内部越来越大的裂痕，造成越来越严重的内耗。而安禄山的武装叛乱，更彻底撕裂了统治集团，公开形成两大敌对阵营。

唐朝从中央到地方，先后投入安禄山阵营的高、中级官员数以百计。但是大多数官员则与各族军民一道，自觉聚集到唐廷戡乱平叛的大旗之下，捍卫国家的统一与和平。

战争，使敌对双方变得泾渭分明，也使邪恶与正义变得泾渭分明。

河北、河南的土地沦陷了，可是人心却没有沦陷，安禄山能够占领千里地盘，却不能够占有一寸民心。

碧血丹心，敌后抗战波澜壮阔，"满川风雨看潮生"。

平原郡（即德州，故治在今山东陵县）太守颜真卿，早在安禄山叛乱前夕就有所察觉，他便以防御水灾为由，修城浚池，贮藏物资，储备兵源，秘密备战。

不久，叛乱果真爆发，河北郡县一时尽陷。颜真卿表面上依旧应付兼领河北道采访使的安禄山，暗中却派人将河北的军情及抗战计划驰奏朝廷。

战争之初，唐玄宗哀叹："河北二十四郡，难道就没有一个忠臣吗？"及至见到颜的使者，大喜过望。"朕不识颜真卿的模样，竟有如此忠义之举。"他感慨言道。

"报君黄金台上意，提携玉龙为君死。"忠君思想是中国地主阶级社会政治文化的核心观念，是社会成员从小就接受的主导意识形态教育的核心内容。它被标榜为最高的道德规范，近乎被塑造成一种政治信仰，而在很多人的心目中，它又等同于政治生活中的爱国主义。所以，忠君思想既是束缚人的自由意志的桎梏，也是维护国家统一与和平的稳定

器;而当国家处于分裂危难时刻,它又可能成为凝聚人心、增加勇气、焕发爱国激情的巨大精神力量。

是时,安禄山派人将李憕、卢弈、蒋清三人的首级传送河北示众。抵达平原时,颜真卿手捧忠烈之首,失声痛哭。他下令处决安禄山的使者,隆重安葬三人的首级。

在公祭大会上,颜真卿泪流满面,慷慨陈词,公开树起伐叛大旗。军民感愤,一致拥护敌后抗战。

这一举动迅速产生联动效应。周围一些郡县的官吏忠义之士也奋袂而起,纷纷诛杀安禄山任命的伪官员,各自聚集士众数千以至万人,共推颜真卿为盟主,结成正义联盟,盟誓:"身为唐臣,义为唐守!"就连叛军老巢平卢的一部分将领也杀死伪节度使,归顺朝廷,并派人南下与颜真卿联系,遥相应援。

颜真卿(708—784 年),字清臣,京兆府万年县(故治在今陕西西安市)人。开元中,进士及第;历任醴泉县尉、监察御史、殿中侍御史等职,一贯秉公执法。天宝末,也遭到宰相杨国忠的排斥,出为平原太守。他博学而有文才,书法端庄、雄健、大气,世称"颜体",是唐代大书法家之一。

就在河北正义联盟形成之前,西北劲旅朔方军也刀剑出鞘,开赴平叛战场。

朔方节度使郭子仪奉诏东讨,举兵进驻振武军城(故址在今内蒙古和林格尔县西北),击败叛军大同军使高秀岩的进攻,并乘胜东进,攻拔静边军城(故址在今山西右玉县)。继而又击败叛军大同兵马使薛忠义的进攻,进围云中(故址在今山西大同市),并派骑兵部队南下袭占马邑(故址在今山西朔州市东北),打开地势险固的战略要地——东陉关(故址在今山西代县东),解除了叛军从北边对太原乃至关中的威胁。

国家危难之际,朔方军闪亮登场,威震敌胆,叛军所向无敌的神话破灭了。

由此再向东南,朔方军便可很快到达太行山区通往河北平原的重要关隘——井陉关(又名井陉口,故址在今河北井陉县西北),兵锋所向,

直接威胁到叛军右侧翼的战略安全。

这一年，郭子仪58岁。

静边之战，叛军骑兵7000人被俘。骑兵是叛军最强悍的主力，也是官军最凶恶的敌人。朔方军怀着满腔愤恨和报复心理，竟将战俘全都活埋了。

这一天，恰巧是十二月十二日——远在东京洛阳，叛军正像洪水猛兽似地冲进城内，"纵兵杀掠"。

"以暴易暴，不知其非矣!"残酷的战争，致使成千上万素不相识的人变成了仇敌，互相厮杀，愈演愈烈，以至于都杀红了眼。

"一柱擎天，气压乾坤。"朔方军所在的西北，系多民族杂居之地，民风骁武，朔方军蕃、汉步骑精锐，挥师东进，四战四捷，"金戈铁马，气吞万里如虎"。

紧邻太行山东侧的常山郡(即恒州，故治在今河北正定县)，控扼井陉口要冲，系河北重镇。太守颜杲卿是颜真卿的堂兄。正当他与长史袁履谦等部属密谋反安之时，恰逢颜真卿秘密派人前来联络平叛之事，于是约定联合起兵，以阻断安禄山的后路。

不久，朔方军威逼井陉关的消息不胫而走，颜杲卿闻风响应。他假传安禄山之令，以商议军事为名，诱杀镇守井陉关的叛将李钦凑，智擒叛将高邈与何千年，并解散守关部队，向朔方军敞开东进河北的天险门户。

颜杲卿收兵练卒，并传檄河北各郡县，声称官军即将东出井陉，大举反攻。

河北十七郡闻讯，纷纷杀死叛军守将，归顺朝廷。他们也共推颜真卿为盟主，合兵20多万，横绝燕赵，声势大振，切断了洛阳至范阳的交通线，直接威胁叛军的后方基地。

"修我戈矛，与子同仇!"敌后抗战风起云涌，在唐朝平叛战争初期的阴暗背景上增添了一大片亮色。

是时，安禄山正率大军继续向西进犯，已经兵临陕虢，惊闻河北有

变，又匆忙返回洛阳。他旋即调遣史思明、蔡希德两路兵马，回救河北。

叛军首先进攻战略要地常山郡。

常山的守备远未完善，就已兵临城下。颜杲卿急忙向邻近的太原告急。孰料不久前颜杲卿派人押送叛将俘虏去长安时，途经太原竟遭到太原尹王承业的欺骗，暗中被他冒充己功向朝廷献俘。这时候，他做贼心虚，正希望常山陷落，故而拥兵不救。

情况紧急，远水难救近火，常山郡城苦战六天六夜，终因实力悬殊，于天宝十五载（756年）正月初八日陷落。

叛军纵兵杀戮，死者上万。颜杲卿、袁履谦等官员不幸被俘，押送洛阳。

安禄山历数往日他对颜杲卿的"提携之恩"，质问颜为何忘恩负义背叛他。

颜杲卿瞋目怒视："我世代为唐臣，常守忠义，纵然受你奏署官职，岂能因此就跟随你造反？况且你叨窃恩宠，致身高位，天子何负于你，而竟然造反啊！"

安禄山语塞，恼羞成怒。他下令，将颜杲卿等人绑到洛水中桥的柱子上，当众肢解处死。

颜杲卿、袁履谦凛然正气，大骂叛贼不止，直到气绝。

"疾风知劲草，板荡识诚臣。"颜杲卿（692—756年），字昕，京兆府万年县（故治在今陕西西安市）人，出身于文儒世家。以门荫入仕，性格刚正，有吏干之才，累迁范阳户曹参军。安禄山闻其名，奏为营田判官，代理常山郡太守。

常山陷没，史思明遂转攻河北诸郡，也相继沦陷。唯独颜真卿所在平原等三郡仍苦苦坚守，然而人心危荡，一时难以复振。

当颜杲卿在常山率众血战之际，郭子仪正在指挥朔方军围攻云中郡城（今山西大同市）。随后，他奉唐玄宗之命，从云中撤围返回朔方基地，扩充兵力，准备南下配合潼关守军，反攻洛阳。

与此同时，唐玄宗依然密切关注着河北、河东的军事形势。他命令朔

方军挑选一员良将,率领精锐部队挺进河北敌后战场。

郭子仪推荐朔方节度副使兼左兵马使李光弼。

天宝十五载(756年)二月初,48岁的李光弼调任河东节度使兼魏郡太守、河北道采访使,率领劲旅东出井陉,挺进敌后。这支劲旅,由朔方军分出的蕃、汉步骑1万余人以及太原弩手3000人所组成。

"千军易得,一将难求。"国家危难之际,唐玄宗相继重用郭子仪和李光弼统领朔方军,重视确保侧翼与后方的安全,同时迂回打击敌人的侧翼和后方。——这在他的一系列平叛部署中,堪称为数不多的决定性选择,也"是战争中一条万古不易的公理"(腓特烈大帝语)。

李光弼率部风雨兼程,逼近常山郡城。常山的团练兵(类似现在的民兵)闻风而动,生擒叛将,开城出迎。

这是官军在河北敌后战场上的首次亮相。李光弼立即释放了被关押的颜、袁等忠烈的家属,令行丧服,并以重金抚恤,又隆重安葬前死难者的遗骸,哭祭亡灵,誓平寇难。常山百姓一致感激拥护,士气大振。

常山郡九个县,七附官军,唯九门、藁城两县仍为叛军所据。史思明急忙撤除对饶阳郡的围攻,火速带领2万兵马杀向常山。

史思明(703—761年),是继安禄山之后的第二号战犯。他比同乡安禄山早一天出生,也是营州突厥人与胡人的混血儿,家庭出身贫寒。他身材瘦削,须发稀少,耸肩驼背,双眼凹陷似怒目圆睁,鼻梁还有点歪斜。他也会讲多种少数民族语言,与安禄山关系亲密,曾经同为互市牙郎,后又同入平卢边防军效力,也以骁勇闻名。本名窣干,奉命入朝奏事,获得唐玄宗的赏识,赐名思明。天宝中,他频立战功,擢为将军,参与掌管平卢军事,后又升任平卢节度都知兵马使,成为安禄山集团的一员大将。

这是李光弼与史思明的首次交锋。叛军的骑兵剽悍迅猛,锐不可当,李光弼早有准备,乃以弩手对付骑兵。

弩,大约发明于战国时期,是一种垂直安装着木臂的弓,并在木臂上设置了金属扳机,类似现代枪炮的击发装置。弩箭比弓箭射得更稳更

远,命中率也更高,但不如弓轻便,发射速度也比较慢。在冷兵器时代,二者同属军中的重要射击兵器。

当时,史思明的2万骑兵像潮水般地直抵常山城下。李光弼遣步兵部队出城迎击,并派弩手轮番射击助战。只见箭箭相继,密集如雨,叛军的骑兵人马纷纷中箭伤亡,最终被迫后撤以待步兵增援。

此时李光弼也接到了村民的情报,说叛军步兵约5000人从饶阳赶来增援,已到九门县的逢壁,正在休息做饭。

李光弼当即派出步兵、骑兵各2000人,悄悄急行军赶赴逢壁,终以迅雷不及掩耳之势,包剿袭击,全歼这股来援之敌。

史思明部队接连遭到重挫,不得不向东退入九门县,与官军遥相对垒。

三月,河东节度使李光弼又兼任范阳长史、河北节度使。自二月上旬以来,他坚守常山城,与叛军相持一个多月,终于粮草匮乏。

李光弼向郭子仪告急。郭子仪正奉诏进军雁门郡(即代州,故治在今山西代县),闻讯后立即挥师东进,千军万马出太行,于四月初九日抵达常山境内。

郭、李会师,蕃、汉步骑四五万人,军威大振。

十一日,官军对九门县发动猛烈攻击,横扫叛军。史思明收集残部,逃往赵郡(即赵州,故治在今河北赵县)。官军乘胜南拔赵郡。史思明又退守博陵郡(即定州,故治在今河北定州市)。

以朔方军为主的郭、李大军,铁血雄风,注定要成为唐朝平叛战争的中流砥柱,注定要成为安史叛军的恐怖克星。

唐朝职业边防军掳掠瓜分"战利品"的风气,早已是公开的秘密。而李光弼治军严格,他坐镇赵郡城门,悉数收回将士们掳掠的财物,归还原主。这一举动,赢得民众广泛的称赞和拥护。

与此同时,郭子仪也下令释放被俘叛兵约4000人,以瓦解敌方的军心。

其时,河北民众苦于叛军的残暴行径,分别自发组织了义军,少则万

人,多至 2 万人,抵抗叛军以自保。及至官军到来,义军纷纷主动联系,共同为平叛效力。

烽烟三尺剑,社稷两戎衣。

郭子仪(697—781 年),华州郑县(故治在今陕西渭南市华州区)人。其父郭敬之,历任绥、渭等州刺史。他体貌秀杰,宽容大度,富有谋略。始以武举高第,补左卫长史,累历诸军使。天宝八载(749 年)后,官拜左卫大将军,领横塞军(后改名天德军)使,又兼九原郡太守、朔方节度右兵马使。天宝十四载(755 年)十一月,升任卫尉卿,兼灵武郡太守,充朔方节度使,旋以东征有功,加御史大夫。

李光弼(708—764 年),契丹族,祖籍营州柳城(故治在今辽宁朝阳市),生于长安。其父李楷洛,本是一名契丹酋长,武则天时期入朝,因骁勇善战,至开元时已升任左羽林大将军、朔方节度副使,封蓟国公。天宝元年(742 年),在对吐蕃反击战胜利班师途中去世。

李光弼善于骑射,爱读《汉书》,严毅而有大略。年轻时入伍,逐步成长为边军优秀将领,深得河西、陇右节度使王忠嗣的器重,被委任河西兵马使兼赤水军使。王忠嗣常说,光弼日后必居我位。后来李光弼以反击吐蕃有功,升任河西节度副使。

天宝十三载(754 年),曾经兼任河西节度使的朔方节度使安思顺爱惜李光弼的才能,表奏为朔方节度副使,主持军中常务。但后来,李光弼不愿依附安思顺,于是称病辞职,旋经河西、陇右节度使哥舒翰主动相助,李光弼获唐玄宗恩准回长安家中休养。

安禄山叛乱,朔方右厢兵马使郭子仪升任节度使。他曾是李光弼的部下,了解李的人品和才能,遂上表推荐李光弼重返朔方。国难当头,李光弼奉诏重新担任朔方节度副使兼左厢兵马使。

历史选择了"郭、李",危机造就了"郭、李"。他们仿佛是一对伟大的双子星,闪耀在盛唐危机的黑暗夜空。他们以自己无限的忠诚和杰出的军事才能,扶危持颠,成为撬动唐朝平叛战争杠杆的重要支点。

黄河以北,敌后抗战如火燎原;黄河以南,敌后抗战也风起云涌。

天宝十四载(755年)十二月,当叛军南渡黄河、长驱西进之时,安禄山又派遣了一支蕃族骑兵部队,向东扩大地盘。一些郡县官吏也望风降附或弃城而逃。但东平郡(即恽州,故治在今山东东平县西北)太守李祗、济南郡(即齐州,故治在今山东济南市)太守李随,则相继起兵抵抗。

周围那些不愿投降的郡县官吏也纷纷举兵响应,团结到李祗的抗战旗帜之下。

单父县(故治在今山东单县)县尉贾贲,率吏民南击睢阳,斩伪太守张通晤。

真源县(故治在今河南鹿邑县)县令张巡起兵抗敌,并西至雍丘县(故治在今河南杞县),与贾贲合力击退叛军令狐潮部的进犯。不幸贾贲在战斗中壮烈殉国。时在天宝十五载(756年)二月。

雍丘地处汴水(大运河中段)之要冲,一个月后便又遭到叛军的进攻。张巡攻守并用,临敌应变,指挥部队血战60多天,迫使敌人狼狈败退。

…… ……

一时间,黄河南北,敌后抗战如火如荼,气贯长虹。

嘉山大捷

天宝十五载(756年)正月初一,是安禄山53岁生日,他在洛阳自称"雄武皇帝",国号"大燕",改元"圣武"。

唐朝的东都洛阳在安禄山的心目中,想必就是他的吉祥福地。当年他在这儿死里逃生,如今他又在这里称王称霸。

"俯视洛阳川,茫茫走胡兵。流血涂野草,豺狼尽冠缨。"(李白诗)

安禄山进入被攻陷的洛阳城,那一天正是暴雪纷飞,白茫茫大地积雪盈尺,仿佛大自然也在为洛阳的死难者缟素致哀。

有人则向安禄山献诗奉承:"马上取天下,雪中朝海神。"然而,历史终将证明,即使借助"瑞雪"的包装,也未能给"大燕王朝"带来一丝一毫的吉祥。

潼关 18 万官军，兵源复杂，政令不一，纪律涣散，缺乏斗志，反攻能力不足，但凭险固守却稍稍有余。安禄山遣其子安庆绪率兵进攻潼关，无功而返；叛军崔乾祐部驻屯陕郡，也同样进攻受挫，望关兴叹。

叛军转而企图截断唐朝经长江、汉水通往关中的新的"输血管"，以阻止江淮地区的物资供应唐廷。于是叛军一度在叶县（今属河南）以北、湍水之畔击败官军，进围南阳（即邓州，故治在今河南邓州市）。但很快，河南节度使李巨便挥师解南阳之围，稳定了江汉地区的局势，确保新的战略供给线畅通无阻。

黄河以南战事胶着，黄河以北却掀起平叛高潮。

天宝十五载（756 年）五月二十九日，嘉山。

郭、李大军把握胜机，与叛军史思明、蔡希德部展开决战。嘉山的广阔原野仿佛变成了一个巨型的绞肉机——叛军步、骑 5 万近乎全军覆灭。史思明也在混乱中被撞下了马，丢盔弃靴，拄着一根断枪，赤脚落荒而逃，直到傍晚才铩羽回归大营。

嘉山位于常山郡东北、博陵郡以西，在恒阳县（故治在今河北曲阳县）境内。

史思明心慌意乱，迅即收拢残部，退保博陵（即定州，故治在今河北定州市）。

官军又乘胜进围博陵，军声大振，并准备直捣叛军老巢——范阳。

黄河以北，除了颜真卿等人一直控制的东南诸郡以外，其他十几个郡又乘势反戈，河北叛军仅仅困守博陵、范阳数郡，形同孤岛。河南叛军通往后方基地范阳的交通线，也重新遭到官军和义军的封锁，叛军中凡是家属留在范阳的人，莫不人心动摇。

安禄山趁中原武备废弛、社会危机潜伏之机，突然兴兵南下，大有"一口吸尽西江水"的架势。开局之顺利，便让他以为毫无悬念，就像念一句"开门吧，芝麻！"于是装满金银珠宝的洞窟即会应声打开那么简

单。却没料到如今的现实，竟是前阻潼关，后断范阳，军心浮动，进退失据，真是好比南天门上种南瓜——难（南）上加难（南）！

他怒气冲冲地召见伪中书侍郎高尚、严庄，骂道："你们鼓动我举事，原先都说计出万全。而今唐军四面云集，仅有郑、汴数州尚存，西至潼关，一步不通，河北统统丧失，万全何在？"

安禄山开始意识到，夺取天下这件事，分明就如同挟泰山以超北海，分明就好像梦里娶漂亮媳妇——想得美。

"你们害了我，今后不想再看到你们！"安禄山气呼呼地撂下一句绝交的狠话。

高尚与严庄果真吓得一连好几天都不敢再见安禄山。

适逢部将田乾真从潼关前线归来，婉言劝说安禄山："自古帝王创业皆有胜败，然后方成大事，岂有一举成功的？如今四面唐军兵马虽然众多，却大多并非精锐之师，岂能与我蓟北劲旅相比。纵然大事不成，犹可收合数万之众，据守河北，也足以抵挡十年五载。"

接着话锋一转，他又帮高、严二人说情："高尚、严庄，皆是佐命元勋，陛下为何匆遽斥责绝交？若让众将领知道，内心能不感到恐惧动摇吗？"

安禄山正像斗败的公鸡——垂头丧气，经田乾真一番巧言劝解，又慢慢转忧为喜。他亲切地喊着田乾真的小名："阿浩，除了你，谁能化解我的心事！"

于是依阿浩的建议，安禄山又召见了高尚、严庄，置酒酣宴，他还亲自引吭高歌一曲《倾杯乐》，为二人压惊，复待之如初。

然而，现实情况毕竟是一场政治豪赌，任何失算都有可能血本无归。安禄山也不能不开始盘算战略退路——放弃洛阳，退保范阳。只是由于众人意见不一，他一时尚举棋不定。

潼关！潼关！

形势变化之快之大，看起来，胜利的天平已经开始向唐廷一边倾斜。

但出人意料的是，随着平叛战争出现转机，唐廷内部又一场秘而未

宣的暗战却渐次展开了。

这场新的矛盾和冲突，大概萌生于安思顺的"通敌"冤案。

当初，朔方节度使安思顺判断堂兄弟安禄山将会造反，他担心受到牵连，便以入朝述职为由，提前向唐玄宗密奏。不久渔阳兵兴，安思顺遂免于嫌疑，仅解除兵权，调任户部尚书。

这一情节，后来朝廷百官也无不知悉。岂料，天宝十五载（756年）三月，潼关方面却突然声称，截获了一封安禄山写给安思顺的密信。哥舒翰把它当作安思顺"共禄山通应"的罪证，上奏唐玄宗，并且还在奏疏中列举安思顺七条罪状，请求依法严惩。

实际上，这封"密信"来路不明，且未经证实。哥舒翰"主天下兵权，肆志公报私怨"，当即遭到朝中舆论的质疑。

可是哥舒翰驻守潼关，正深受唐玄宗的倚重，故此有诏，户部尚书安思顺及其胞弟太仆卿安元贞皆赐死，家属流放岭南。

颇为吊诡的是，这一次杨国忠居然出手营救，但终究也无能为力。这不禁令杨国忠心有余悸，开始对手握重兵的哥舒翰产生疑虑和畏惧。

恰如社会心理学研究表明的，人际冲突，不仅可能产生于客观存在的分歧，也可能根源于主观想象的矛盾。

实际上，哥舒翰挂帅东征、驻守潼关不久，便有人劝说他，既然安禄山以诛杨国忠为名，称兵向阙，公何不效仿汉朝"挫七国之计"，留兵3万守关，悉以精锐回京，诛杀杨国忠。

但哥舒翰没有答应。

骑兵都将王思礼也密语哥舒翰，建议抗表请诛杨国忠。哥舒翰同样没有应允。

王思礼是哥舒翰的心腹将领，他进而请求带领一队骑兵潜入长安，将杨国忠劫持到潼关处死。哥舒翰答道："这样做便是翰在造反，与安禄山何关？"

但他绝对没有想到的是，这些建议和私聊竟悄然传到了杨国忠那里。这更让杨国忠大惊失色，不寒而栗。

苦思对策之后，他便入见唐玄宗，奏言："兵法云，安不忘危。目前潼关兵众虽盛，可是后方空虚，万一不利，京师岂不危险！请求选择监牧小儿三千人，在御苑集中训练。"

监牧是唐朝官署之一，掌管国家群牧养殖事务。监牧小儿亦称牧子、牧人、牧丁，隶属于监牧，是世代从事国家牧养繁殖牛马等劳动的人员，工余时间则进行骑射训练，成为禁军之外的一支准军事化的骑兵部队。

杨国忠的建议看起来不无道理，也简单易行，唐玄宗当即准奏。

于是，杨国忠便委任亲信、剑南军将李福德和刘光庭，统领 3000 名监牧小儿，加强训练，以备不时之需。

接下来，杨国忠又进一步奏请并获准募兵万人，驻屯于灞上，任命其心腹杜乾运统领。

灞上位于长安东南，地势较高，附近有汉文帝的陵墓——霸陵。渭河的一条支流——灞水，自南向北流经此处。跨水作桥，名曰霸桥，也写作灞桥，初为木质，隋初改建成石桥。潼关至长安往来者，必经此地此水此桥，历来为长安东边的冲要之地。

灞水两岸，杨柳依依。唐代风俗，长安人士送客东行，至此桥便是离别之处，时人称之为"销魂桥"。当时还有折柳枝相送的习俗，"柳"与"留"谐音，含有留恋的寓意。诚所谓，"年年柳色，霸陵伤别"。

灞上驻军以增加京师的防御纵深，表面上看也合情合理。但是杨国忠提议实施的这两项举措，却不免惊动了潼关。是不是"项庄舞剑，意在沛公"？哥舒翰想。

于是他也很快做出反应，上表奏请将灞上的守军纳入潼关防御体系，统一指挥。

不知是因为朝中无良将，需要倚重哥舒翰，还是因为哥舒翰的奏请名正言顺，反正唐玄宗很爽快地就批准了。

紧接着，哥舒翰便通知杜乾运到潼关议事，并随即找个借口将他处决了。

伴随着误解和猜疑接踵而至的反制与反反制，令杨国忠与哥舒翰的准盟友关系彻底翻船。双方都出现了情绪性的反应：杨国忠更加恐惧不

安;哥舒翰的内心也隐约感到忐忑不安。

一场历史大悲剧便注定无可避免了。

恰在此时,唐廷接到一份情报,称叛军在陕郡的兵力不足4000人,而且羸弱无备。

但实际情况却是,以洛阳为中心的河南境内战云密布,而叛军主力之一的崔乾祐部在陕郡"潜锋蓄锐",正虎视眈眈,"其欲逐逐"。

兵不厌诈。

然而唐玄宗求胜心切,竟轻信了这条未经证实的情报。他迅即派遣中使赶往潼关,催促哥舒翰出关反攻。

但老将哥舒翰却没有被假象所迷惑。他立刻回奏说,安禄山久习用兵,而今刚刚叛逆,岂能无备!这必是一个阴计。况且,贼兵远道而来,利在速战,王师据险阻扼,利在坚守,若轻率出关,则正中阴计。希望继续观察形势,等待贼军丧失人心、师老兵疲、发生内乱,再乘势出击。

"要在成功,何必务速!"——哥舒翰一语中的。

正在这时候,远在河北故后战场的郭子仪、李光弼也有奏疏来京。他们请求引兵乘虚北取范阳,颠覆叛军巢穴,并以其家属为人质,招降叛军将士,必会令其内部崩溃。而潼关大军只应固守,以挫伤叛军的锐气,不可轻易出战。

名将所见略同——扼亢拊背,可制敌于死地,而固守潼关则已成为唐廷扭转战局的关键。

可悲的是,长远目标总是比短期目标更难把握,唐玄宗已然对三位主将的战略部署失去了耐心。

而杨国忠则更加绷紧了神经,视潼关大军如芒刺在背。他迫不及待地几次上奏,说目前叛军毫无防备,哥舒翰却逗留不出,将会错失良机!

平叛战争正处在大十字路口的关键阶段,当国宰相杨国忠的煽动性言论竟暗藏杀机。不过他的表面动机却恰恰符合唐玄宗急于求成的心态,从而更强化了唐玄宗出战的决心。

于是乎,中使衔命接踵赶赴潼关,越来越严厉地督责哥舒翰出关

东征。

《孙子兵法·谋攻篇》早就指出，国君危害军事行动的情况有三种，其中之一就是不了解军队不能前进而硬让军队前进，这正是自乱其军，自取败亡。

显然，唐玄宗是犯了军事冒险主义的错误，一下子就把"疾病沉顿"的哥舒翰以及"人无斗志"的潼关官军推向风口浪尖。

可是乾纲独断，君命难违啊！

老将哥舒翰不禁抚膺恸哭，近乎绝望。……

兵败西原，错失潼关

天宝十五载（756 年）六月初四日，哥舒翰扶病引师出关。

三天后，大军行进到西原。它位于灵宝县（原名桃林县，天宝元年改名，故治在今河南灵宝市）的西北边。

就在此时此地，官军遇上了叛军主力之一的崔乾佑部队。

翌日（六月初八），两军决战西原。

黄河南岸，官军列阵于战场的西边，王思礼等将领率蕃、汉步骑 5 万人为前军，庞忠等将领率步兵 10 万人为后军。

黄河北岸，哥舒翰领兵 3 万，与南岸遥相呼应。

哥舒翰和行军司马田良丘等，乘船行驶于黄河中流，观察南岸战场的形势。他们远远看见叛军出战的兵力并不多，于是下令，前军发起进攻。

叛军正面迎战的兵力的确不多，大约不过 1 万人左右，而且队伍散漫，或疏或密，或进或退。

官军望见对方如此松散无力的阵势，纷纷嘲笑不已。骑兵都将兼前军主将王思礼，论其军事才能，也仅仅长于军中的后勤管理，但却短于攻战用兵。

王思礼一声令下，官军的步兵、骑兵竟然蜂拥而上，以致争路拥挤，无复队伍。

双方开始交锋。叛军显得不堪一击，很快就偃旗败退。

官军跟踪追击，蜂拥深入一条狭长地带。

这个东西走向的狭长地带，南迫群山，北阻黄河，是一条长约 70 里的狭隘通道。

突然，靠山的一侧，伏兵蜂起。——叛军数千精兵早已埋伏在南山险要之处。

地形是用兵的重要辅助条件。官军却失于考察，而叛军则善加利用。

叛军伏兵居高临下，大量的檑木巨石仿佛从天而降，狭长的天然隘道顿时变成官军的"死亡走廊"。

官军前锋数以万计的人马惊慌失措，自相拥挤，进退两难，完全被动地暴露在敌人的攻击之下，死伤众多。……

在北岸高地观战的哥舒翰，急忙传令南岸官军，将数十辆马拉的毡车（以毡蒙其车，毡上绘以龙虎图案）调到部队前面，作为前驱冲击敌人阵地。

没想到，盛夏季节的东南风在午后越刮越猛。崔乾祐也迅速调集了数十辆草车，堵塞到毡车的前方，并顺风纵火焚烧。

霎时间，强劲的东南风裹挟着烈焰浓烟，朝着西边的毡车猛袭过来，烟焰亘天，熏得官军将士睁不开眼睛。

官军又急忙集中弓弩，朝着对面浓烟中的叛军乱箭狂射。直到矢尽烟散，才发觉自己好像在黑暗中耍拳——瞎打一气，对面根本就没有敌人的踪影。

就在混乱之际，叛军精锐的同罗骑兵部队从南山悄悄迂回到官军前锋的侧后，仿佛从天而降，突然发起猛烈攻击。

官军前锋部队腹背受敌，首尾骇乱，或遭叛军骑兵践踏砍杀，或自相推挤坠入黄河，或弃甲逃匿山谷，人喊马叫，死伤无数。……

兵败如山倒。官军后续部队发现前锋大败，顿时也惊慌失措，不战自溃。北岸的官军遥见南岸辙乱旗靡，同样也一哄而散。……

狼狈逃入潼关的官军，大约只剩下 8000 多人，犹如惊弓之鸟，遑论守城拒敌。

第十卷 〔渔阳鼙鼓动地来〕

官军 18 万之众,竟然如此不堪一击,这恐怕就连叛军也始料未及。故而崔乾佑也不敢贸然追击,等到第二天(初九日),才向潼关发起进攻。

面对叛军的攻势,官军残兵败将一触即溃,弃关作鸟兽散。

哥舒翰败退到关西驿,仍不甘心失败。他迅即张榜收合余众,准备夺回潼关。

这时,蕃将火拔归仁突然指挥部下骑兵包围了驿站。他入见哥舒翰,说:"贼军逼近,请公暂且西行避一避,再作打算。"

哥舒翰上马出驿。岂料火拔归仁却带着几名蕃将叩于马下,请求一同去见安禄山。

"公统领 20 万兵马,一战而全军覆没,如何归见天子?公不见高仙芝等人的下场吗?请公出关东行。"火拔归仁劝道。

"我宁愿效仿仙芝之死。你们放了我。"哥舒翰拒不答应。

火拔归仁不容分说,命人将哥舒翰的双腿绑在马腹上。哥舒翰气得用马鞭戳自己的咽喉,也被众人急忙夺了下来。

潼关叛军迅速将火拔归仁一行及其绑架的哥舒翰押送洛阳。

安禄山见到哥舒翰,说道:"你常常轻视我,今天打算怎么办?"

出人意料的是,哥舒翰居然俯伏在地,口称谢罪,并表示愿意修书招降李光弼等将领。

安禄山大喜,遂任命哥舒翰为司空、同平章事,让他写信招降。

颇具讽刺意味的是,安禄山竟严厉斥责火拔归仁,骂他背主忘义,喝令推出斩首。

哥舒翰写信招降诸将,招来的却是一片谴责。安禄山一看毫无成效,便将他软禁到御苑之中。

呜呼,"将军百战身名裂",哀哉!

弃京奔蜀

潼关失守,京师门户洞开。

六月初九这一天,潼关危在旦夕。哥舒翰派部将驰奔长安告急。唐玄

宗立刻召见,并遣李福德率领监牧兵火速驰援。

然而这一天,直到夜幕降临,还没有看到潼关方向传来平安火。

唐代边境镇戍及部分内地,每隔大约 30 里设置一座烽火台,若遇敌情便燃放烽火,依次传递烽火报警,并且根据敌人的数量,燃放一炬至四炬不等。开元后期,内地暂停烽火设施,安史乱起,在长安至潼关一线又予以恢复,但是改报警为报平安。

凶多吉少。唐玄宗的神经更加绷紧。第二天(初十日),他紧急召见宰相杨国忠、韦见素等主要官员,商量对策。

早在安禄山叛乱之初,杨国忠就已开始考虑退路。他以兼领剑南节度使的身份,指示亲信、剑南节度留后崔圆增修城池,建设馆宇,储备物资。所以这时候,他便胸有成竹地提出"幸蜀之策"。

杨国忠的这个计划,恰与唐玄宗的备胎方案不谋而合。就在去年底,唐玄宗已任命十三皇子颖王李璬取代杨国忠遥领剑南节度使,以崔圆为节度副使,仍主持军务。这其实就是往最坏处入手,预留退路,而且为确保蜀中大后方的安全,剑南边防军也始终未曾内调戡乱。

如今潼关难保(未见平安火),形势急转直下,平叛的前景一时变得迷雾重重。唐玄宗几乎不假思索便基本上同意了杨国忠的建议。

监察御史高适从潼关败退回京,更证实了前线一败涂地的现状。十一日,杨国忠在朝堂召开会议。他惶然流泪,通报当前的危急局势,并装模作样地征询救援之策。

衮衮诸公唯唯不答,皆一筹莫展。唯独高适慷慨提议,可动用国库财物招募壮士,协同禁军保卫长安,等待援军。

然而仿佛是站在空旷原野上的一声呐喊,高适的声音显得那么微弱,又那么孤独。

杨国忠垂泣良久,最后仍不忘推卸责任。他说:"人们举报安禄山谋反迹象,差不多已有十年,圣上总是不相信。落到如此地步,实非宰相之过。"

说罢,匆匆散会。

前线溃败的消息不胫而走。士民惊扰奔走，不知所措，街市一片萧条。

杨国忠散会后，急忙叫韩国夫人、虢国夫人（秦国夫人已去世）立刻进宫，劝说唐玄宗尽快撤往蜀中。

即将弃京幸蜀，唐玄宗情不自禁又一次登上花萼相辉楼。这里曾经是他无数次和兄弟诸王置酒为乐的地方，如今却物是人非，前途未卜。他不由得四顾悽然。

他命人取出自己珍藏多年的玉环琵琶，这是父皇生前弹奏的乐器。他让禅定寺僧段师弹奏一曲《水调》，并由宫廷女艺人演唱。

"宫楼一曲琵琶声，满眼云山是去程。"（张祜诗）——悲凉的琵琶之音伴着这伤感的歌曲，似乎预示着盛唐天子将要弃京远行。

曲终，唐玄宗欲起身离开，却又恋恋不舍。于是又派人看看楼下艺人中间是否还有人会唱《水调》。

一名宫廷少年艺人似乎心悟上意，遂应召登楼。他也伴着琵琶弹奏的《水调》，唱了一首《汾阴行》："山川满目泪沾衣，富贵荣华能几时？不见只今汾水上，唯有年年雁秋飞。"

——遥望锦绣山河不禁泪湿衣襟，人生的富贵荣华能有几天？没看见今天汾水之上，汉武帝当年游览的盛事早已消逝，只有年年秋天大雁依旧南飞。

桓伊一曲，却令唐玄宗潸然泪下。

他回过头问侍从，"是谁写的歌词？"

"是前宰相李峤。"有人回答。

"李峤真是一位才子啊！"唐玄宗发出赞叹。还没等到歌曲反复唱完，他便忍不住伤感地下楼离去。

恩格斯说："我们自己创造着我们的历史。"[1]——所以，成也自己，败也自己。

---

[1]《马克思恩格斯选集》第 4 卷，第 477 页。

十二日，唐玄宗驾临勤政务本楼。来上朝的官员已经寥寥无几。

他又一次宣布御驾东征。但在场的官员恐怕已无人相信。

接着，他做出相应的人事安排，表面上是为了"亲征"，实则是为"幸蜀"暗作准备。

散朝后，他便从兴庆宫秘密转移到禁苑的未央宫。

禁苑，是皇帝游猎和娱乐的地方，也是北面拱卫长安城的制高点。它位于太极宫北面的龙首原上，北枕渭水，南接京城，东至灞水，西及汉朝长安城故地，南北长30里，东西宽27里，苑内有树林草地花卉，有离宫别馆和亭台楼阁，还有击球场。

未央宫原是西汉京城长安的著名宫殿群之一，旧址位于唐朝禁苑西南部。唐代这里有一座通光殿，因建在未央宫旧址，习惯上仍沿用了旧名，但此时也已成荒凉寂静之处，只不过距离禁苑西南大门——延秋门——很近。

唐玄宗吩咐亲信、右龙武大将军陈玄礼，连夜秘密整顿禁军，厚赐将士钱帛，并从御厩里挑选骏马900多匹，整装待发。

"今夜无眠。"

十三日凌晨，细雨蒙蒙。71岁的唐玄宗，仅仅携带着杨贵妃以及部分亲属和几个大臣（后来又有少数朝臣闻讯追至行在），在一些贴身宦官、宫女和3000名禁军将士的簇拥护卫下，悄然出延秋门，匆匆西行。

临行时，杨国忠建议焚烧国库。唐玄宗没有同意。"还是留给贼兵吧，免得他们厚敛百姓。"他说。

这天清晨，一些官员依旧来兴庆宫上朝（注意：又是上早朝），行至宫门，仍听到计时的漏声，也看到肃立的卫兵。可是等到宫门打开，只见宫嫔们慌慌张张乱纷纷地跑了出来，才知道，皇帝失踪了。

顿时仿佛大祸临头，末日来临，京城内外扰攘，人们四处惊慌逃窜……

京兆尹、西京留守崔光远遣其子代表他去洛阳，向安禄山诈降，安禄

山命他保留原职,以维持京师的秩序。后来叛军进入长安,不久他便趁乱逃到灵武,投奔唐肃宗,并奉命返回渭北,组织民众抗战,斩获甚众。

奉命留守皇宫的宦官边令诚,倒是真的投降了叛军,并且献出皇宫的钥匙。几个月后,他发觉自己仍一无所得,便从长安逃到西北行在,但他没想到等待他的却是可耻的下场——被唐肃宗断然处决。这正义的惩罚虽然姗姗来迟,却堪可告慰高、封二将的英灵。

众多的朝廷官员,或一时来不及逃离,或故意留下不走。其中,以前宰相陈希烈为首的高、中级官员约300多人,相继投降叛军,并接受了安禄山的伪官职。

六月初九日潼关失守,距离潼关以西300里的长安,已然暴露在叛军的兵锋之前。但令人费解的是,叛军却进兵迟缓,直到六月十七日左右,安禄山的亲信将领孙孝哲才率兵进占长安。这时,距潼关陷落已经七八天,距唐玄宗弃京西逃也已过去了三四天。

真相扑朔迷离。也许,18万官军死伤之余,绝大多数似乎瞬间从人间蒸发(实际情况是四处逃散或集体败退到渭水以北),这不能不让叛军心存疑虑,何况参加西原之战、进而攻占潼关的崔乾佑部队,大约也不过两三万人,所以一时便不敢贸然深入关中重地,去进攻天子所在的京城。而叛军,就连安禄山在内,恐怕都没有料到,一贯强势的唐玄宗居然会轻易地突然弃京西逃。

但接下来更匪夷所思的是,叛军占领长安之后,竟然又没有乘胜追击正在流亡路上的唐朝君臣,以致坐失"良机"。

这难道是疏忽大意吗?

《旧唐书·史思明传》曰:"自禄山陷两京,常以骆驼运两京御府珍宝于范阳,不知纪极。"

《新唐书·李泌传》记载,李泌向唐肃宗分析平叛战争形势,也说:"贼掠金帛子女,悉送范阳,有苟得之心,渠能定中国邪?"

《资治通鉴》卷218同样指出:"贼将皆粗猛无远略,既克长安,以为得志,日夜纵酒,专以声色宝贿为事,无复西出之意。"

显然，安禄山有野心、贪心却无雄心，而整个叛乱集团也只不过是一个缺乏远大政治抱负的军阀势力和强盗群体。这就为唐朝君臣安全撤退、重整旗鼓提供了一个宝贵的契机。

马嵬兵变

六月十三日黎明，唐玄宗君臣行色匆匆，由南向北通过西渭桥。

这是咸阳境内渭河上的一座桥梁，也称作便桥，是长安往西的一处重要通道。

杨国忠随即下令，烧桥断路。

唐玄宗闻讯，急忙命高力士速去制止："怎能断绝后面逃难者的生路！"

辰时（7—9时），队伍抵达咸阳县（故治在今陕西咸阳市）的行宫——望贤宫（亦称望贤驿）。孰料，却不见先遣安排食宿的宦官，就连当地的官吏也不知去向。只见榛芜蔽路，一片兵荒马乱的景象。

"原来姹紫嫣红开遍，似这般都付与断井颓垣。"唐玄宗默默地坐在宫门前的大树下，神情沮丧。

杨国忠亲自去附近买了几个胡饼，献给唐玄宗充饥。

胡饼，又名胡麻饼，源自西域胡人的面食。饼面未经发酵，在饼子上面涂抹一些食用油（羊油或胡麻油等），再撒点胡麻（即芝麻，也是由西域传入），然后放进火炉里烘烤而成，面脆油香。当时制作出售胡饼或蒸饼（这是中原传统面食，类似今天的馒头）的店铺相当普遍。

这时，周围的一些民众闻讯，也相继前来献食，无非是粗粮麦豆之类。皇孙们饥肠辘辘，纷纷争抢着用手捧食，如同风卷残云。

唐玄宗吩咐左右，付给饭钱，慰劳百姓。民众情不自禁地悲伤哭泣，唐玄宗对之惨然。

一位名叫郭从谨的老人坦言："安禄山包藏祸心固非一日，也有举报其阴谋之人，而陛下却严加处罚，致使安禄山奸逆得逞，以至于乘舆播越。"

"所以，先王致力于延访忠良以广视听，就是为了防微杜渐啊！臣还记得宋璟为相时，屡次直言极谏，天下赖以平安。近20年来，朝廷之臣

以直言为忌讳，唯有阿谀奉承，故而宫门之外的事情，陛下都不得而知。

"草野之臣早料到会有今天的结果，但九重严邃，区区之心无路上达。事不至此，臣怎能面见陛下而倾诉肺腑之言啊！"

唐玄宗默默地听着。最后，他语气沉重地说道："这都是朕不明事理，后悔莫及。"

这个世界上，几乎99.9%的成年人都自以为是，除非碰了壁，才可能有所改变或暂时有所改变。贵为盛唐天子的唐玄宗更是这样。

古人云："知屋漏者在宇下，知政失者在草野。"然而在平常的日子里，小人物的声音，大人物总是难以听到，甚或也不想听到。

礼貌地送走民众后，尚食官也设法送来了御膳。唐玄宗命人先分赐随从官员，然后自己才用餐。

其他人员则是亲自或者派人分散到附近乡村寻求食物充饥。

未时（13—15时），队伍重新集合出发。

将近半夜，队伍来到了金城县（故治在今陕西兴平市）。

官吏及城内的百姓几乎逃散一空。仅有智藏寺的僧人闻讯给皇帝送来一些食物，其他人则是利用百姓家中留下的食物和炊具，分别做饭充饥。

前景暗淡。随从人员相继溜走了不少，就连唐玄宗宠信的另一个大宦官、内侍省长官之一的袁思艺也不知去向（后来得知他也叛变投敌了）。

驿舍已无人提供灯具，室外虽有月光，室内却一片漆黑。众人互相枕藉而眠，已经顾不上贵贱之别。

这天夜里，王思礼也从潼关辗转赶到行在。他奏明兵败西原、潼关失守、哥舒翰被俘的详情，唐玄宗当即委任他为河西、陇右节度使，命他赶赴边镇，招集兵马，等候反攻的命令。

王思礼（？—761年），营州（故治在今辽宁朝阳市）人，高丽族。其父系朔方镇军将。他年轻时入伍，先后担任王忠嗣、哥舒翰节度使府的押衙，参加攻拔石堡城有功，授右金吾卫将军，充关西兵马使兼河源军使，

能严格依法治军。安禄山造反，哥舒翰奉旨出征，奏请将王思礼从河陇调任元帅府马军都将，凡军中大事都单独与他商议决定。

六月十四日（公元 756 年 7 月 15 日），马嵬。

相传西晋人马嵬曾在此地筑城，故名马嵬，旧址在今陕西兴平市西北，位于关中平原腹地、渭河北岸，东距西安约 40 公里。唐朝在这里设置了一所馆驿，是关中通往西域、西南驿道上的一处重要的交通站。

马嵬青史留名，是因为在这里爆发了一场具有重大历史影响的兵变。

那一天，大约在中午时分，銮驾一行来到马嵬。

名曰幸蜀实为逃难的亡命之旅，仓皇而颠沛。盛夏季节，炎热、饥饿、疲劳交加，况且三千禁军将士都来不及与家人告别，就身穿盔甲，手持兵器，大多数人是步行扈从，更加饥疲劳苦。

不满情绪迅速发酵：随行官员几乎个个埋怨，禁军将士尤为愤怒，差不多人人出言不逊。——右相杨国忠已然成为众矢之的。

禁军主将陈玄礼长期在禁军任职，早年参与临淄郡王李隆基发动的政变，立了大功，深得信任。他向来是淳朴自律，统率禁军宿卫宫禁，忠心耿耿。但他目睹杨国忠弄权误国，也早已愤恨不平。

如今，“天下以杨国忠骄纵召乱，莫不切齿”，而禁军将士更是群情激愤，顿军不进。于是陈玄礼便向唐玄宗奏言：“逆胡指阙，以诛杨国忠为名，内外群情不无嫌怨。如今国步艰阻，乘舆震荡，陛下宜徇群情，为社稷大计，国忠之徒，可置之于法。”

大概，唐玄宗未置可否。

陈玄礼又迅即秘密联络东宫宦官李辅国（当时名叫李静忠），托他代向太子禀报诛杨国忠之谋。“这场祸乱既然由杨国忠引起，就理应杀他以平息众怒。”陈玄礼说。

太子李亨与杨国忠积怨很深，并未因为面对安禄山的叛乱而有所缓解。在政治上，敌人的敌人，未必都是自己的朋友。但是，擅自诛杀当朝宰相却非同小可，何况事情又来得如此仓促，而陈玄礼又是唐玄宗的心腹将领。

多年以来，李亨的太子生涯险象环生，迫使他不能不倍加小心，如履薄冰。

家人和亲信都力劝他当机立断，表态支持为国除奸。但他依旧顾虑重重，沉思良久，终究未置可否。

是默认还是默许？——情况紧急，也许在陈玄礼看来，这已足以增加其发动兵变的勇气和信心。此时无声胜有声。

陈玄礼随即召集禁军将领秘密商议。

"今日天下崩离，天子震荡，难道不是因为杨国忠割剥黎民，朝野怨恨，（促使安禄山乘机叛乱）以至如此吗？"陈玄礼慷慨陈词，"若不诛杀杨国忠以谢天下，何以平息四海怨愤！"

众将领莫不感愤，一致表示早有此意，甘愿冒死铲除奸相。

群情激愤。一场有目标、有计划、有组织的兵变就在马嵬迅猛爆发。

一群手持兵器的军士，满腔愤怒地向馆驿冲过去。

恰巧不远处，就在馆驿的西门外面，正有一些吐蕃使团的人员拦住了杨国忠的坐骑，和他交谈着什么。

军士中间发出一声呐喊："杨国忠与蕃人谋反——"随即飞出一箭，嗖的一声，射中杨国忠的马鞍。

杨国忠大惊失色，慌忙策马逃进驿门。

这正是，"祸来也何处躲？天怒也怎生饶！把旧来时威风不见了。"

愤怒的军士们紧追不舍，冲进驿门，一拥而上，一通乱刀乱枪……杨国忠当场毙命。

"多行不义，必自毙。"

军士中间有人割下杨国忠的头颅，挑在枪尖上，出驿门示众。

余怒未消。紧接着，杨国忠的长子、太常卿兼户部侍郎杨暄，杨贵妃的大姐、韩国夫人，也相继死于军士们的乱刀之下。

御史大夫兼置顿使魏方进闻讯，急忙走到室外，斥责军士们："你们怎么胆敢杀害宰相！"话音刚落，只见寒光一闪，也当即丧命。

左相韦见素同样闻讯而出，尚未开口制止，就遭到迎头打击，血流满

面。多亏军士中间有人拦阻："莫要伤害韦相公！"这才幸免于难。

事态继续扩大——三千禁军将士团团包围了马嵬驿。

户外的喧哗声终于惊动了正在休息的唐玄宗。他询问发生了什么事情？有人进来回答，听说右相杨国忠谋反。

唐玄宗大吃一惊："国忠会谋反吗？"

猛然间，脑海里闪现出一股不祥的感觉——莫非是禁军哗变?!

他急忙穿上麻鞋，拄着拐杖，走出馆驿的大门。

迎面，数以千计的禁军将士正重重围绕馆驿而立，全副武装，神情严肃。

群威群胆，众怒难犯。

唐玄宗强作镇定。他大声地好言抚慰，最后要求大家解散回营。

意想不到的是，将士们却依旧原地未动。

高力士奉命上前诘问。将士们声称，"贼本尚在！"——国贼杨国忠的后台还在！

主将陈玄礼回答得委婉，却毫不含糊："杨国忠谋反，贵妃不宜再侍奉圣上。"

斩草除根。禁军已然聚焦于唐玄宗的爱妃，锁定了杨玉环。

高力士回奏，不免又让唐玄宗大吃一惊。形同逼宫，他生气地说了一句"朕当自行处置"，便转身进入驿门。

他倚着拐杖，低着头，默默地站在驿门内的小巷里。

兵犹未解，馆驿内外的空气仿佛凝固了一般，压得人们几乎喘不过气来。

但时间却在无情地飞速流逝。

韦见素之子、京兆司录韦谔终于忍不住上前奏言："如今众怒难犯，安危就在顷刻之间，请陛下速作决断。"说完，他又焦急地不停地磕头，直磕得头破血流。

"贵妃常居深宫，怎知国忠谋反之事？"唐玄宗开了口，却仍然反问一句。

"贵妃诚然无罪,但将士们已杀国忠,而贵妃仍在陛下身边,人情恐惧,岂能安心。"站在旁边一直不动声色的高力士,这时也应声而答,话语委婉,却一针见血,"请陛下审思之。将士们心安,陛下也就平安了。"

禁军哗变,而宫廷大总管高力士却神色镇静,这的确非同寻常。40多年来,他和陈玄礼同为唐玄宗最得力的心腹,彼此之间的关系也非同一般。而且,他们都对杨国忠的弄权误国早有微词甚至愤恨不已,安禄山叛乱后,陈玄礼就想杀死杨国忠,无奈一直没有合适的机会。

马嵬兵变的背后,是否有高力士的身影,始终扑朔迷离。但是,发动兵变这样的惊天大事,如果说向来"淳朴自检"的陈玄礼没有预先征得高力士的暗中支持,则倒是不可思议,令人难以置信。

生死抉择!唐玄宗陷入极度的痛苦之中。可是,他已经没有更多犹豫的时间,也无王牌可打。

唐玄宗迟疑地走回驿舍,悲痛凄凉,寸心如割。

马嵬惊变,杨贵妃已经有所耳闻,也心领神会。她涕泣呜咽,语不胜情:"愿大家(宫内称呼皇帝——笔者注)保重。妾诚负国恩,死而无恨,请让我最后再拜一拜佛。"

唐玄宗默默地轻抚着贵妃缓缓走出厅门,来到马道北墙口,停住了脚步。"愿妃子善地受生。"他沉痛地说道。

生死诀别——这是一个"心碎时刻"。

局势严重,刻不容缓。高力士等人伴随杨贵妃前往佛堂。她虔诚地礼拜了佛像之后,便走到佛堂前的梨树下面,以罗巾自缢身亡。

杨贵妃的遗体被抬到庭中,陈玄礼等将领奉命入内验视。

验明遗体,众将领随即脱下头盔,谒见唐玄宗,叩头请罪。

"杨国忠弄权误国,招致祸乱,使黎民涂炭,乘舆播迁,此而不诛,国难未已。臣等为社稷大计,愿承担矫制之罪。"陈玄礼说道。

"朕对杨国忠认识不清,任用不当,近来已有所觉悟。本想到蜀中将他处决,而今神明启示卿等实现了朕的夙愿,理应奖赏,何言有罪!"唐

玄宗顺水推舟，尽管言不由衷。

耐人寻味的是，君臣谁都没有提及贵妃之死。

众将领高呼"万岁"，再拜而出。禁军撤围回营。一场兵变总算是"平静"地降下帷幕。

马嵬兵变之时，虢国夫人母子以及杨国忠之妻裴柔母子，于混乱之中仓皇骑着马向西逃窜（一说她们在兵变前已先行至陈仓的官店）。行至陈仓县（故治在今陕西宝鸡市东边）境内，大概是行踪暴露，遭到县令薛景先等人追捕。

虢国夫人等人慌忙弃马逃进竹林。眼见着已经陷入绝境，虢国夫人果断拔剑杀了自己的儿女。裴柔也在一旁呼喊："娘子为我尽命！"虢国夫人立即挥剑又刺死了裴柔母子，紧接着反手自刎，却重伤未死。

县吏将虢国夫人载回县城狱中。她奄奄一息，仍困惑地问道："你们是官军还是叛军？"

回答："兼而有之。"

真是绝妙的答案——这次兵变，形似叛乱，实为替国除奸。

虢国夫人依然一头雾水。俄而血凝封喉，气绝身亡。她到死也没有弄明白，逃亡之旅怎么忽然就变成了死亡之旅？

杨贵妃的遗体裹在一条紫色的锦褥中，草草葬在马嵬西郭之外一里多远、驿道北侧的土坎下。

香消玉殒，魂断马嵬。杨贵妃时年 37 岁，距她步入皇家寿王府邸已然整整 20 年。

"她那时候还太年轻，不知道所有命运赠送的礼物，早已在暗中标好了价格。"（茨威格《断头皇后》）

人生机缘，究竟是福还是祸？

"夜来风雨，葬楚宫倾国。"盖棺定论，杨玉环身为贵妃（实同皇后之尊），长期配合唐玄宗宠信安禄山，又有意无意地纵容堂兄胞姐为非作歹，甚至在国难当头之际，还为杨家一己私利而出面干扰军国大事，这些举

动，委实也对天宝之乱的酿成难辞其咎。虽然她远远不应承担主要责任，但也并非完全是一只无辜的"替罪羊"。

也许人们会有偏见，但历史本身却没有偏见。

耐人寻味的是，后来民间却开始流传关于杨贵妃死后成仙、生活在海外仙山的说法。还有传说她由替身代死而本人则秘密东渡日本，甚至现在的日本还保留着有关杨贵妃坟墓遗迹和神灵化身的传闻。①

然而这些传说终究流于荒诞，不过是寄托着中日两国的一些民众对杨贵妃的怜惜和对盛唐的怀念之情，也承载着中日两国人民在唐代结下的美好情谊。

"海外徒闻更九州，他生未卜此生休。"（李商隐《马嵬》）杨贵妃最后的身影，已然定格在马嵬兵变的那个时刻。

有意思的是，唐玄宗与杨贵妃的爱情婚姻，竟然成为千百年来流传不衰的历史故事。之所以会这样，主要原因恐怕就是在于他们的人生伴随盛唐由治转乱的最终不幸——乐极生悲，倘若始终风平浪静、花好月圆，则可能反倒没有故事了。

历史上，产生重大影响的统治集团内部之争，常常会发生在最高统治者最亲近的或最信任的人们中间。但马嵬兵变的重大意义却已超越了单纯的权力之争的范围。它在国势危殆之际，果敢地以惊尘溅血的方式，实现了对首相杨国忠弄权误国的政治清算，而本质上则反映出朝野对盛唐后期趋于保守、腐败政治的严肃批判。

马嵬兵变，是唐玄宗的权力遭受的一次重大挫折，也是唐玄宗的威信持续下降的一个结果。而作为国家的统治者（领导人）乃至于统治集团（领导集体），最重要的乃是威信，其次才是权力，他们的重要性是与他们的影响力成正比。

杜甫在《北征》这首诗里，充满感情地赞扬了陈玄礼的忠烈之举：

---

① 参阅蓝建中：《新华每日电讯：日本的"杨贵妃之墓"》，《文摘报》2013 年 5 月 25 日转载。

桓桓陈将军，

仗钺奋忠烈。

微尔人尽非，

于今国犹活。

没有陈玄礼发动马嵬兵变的丰功，就没有后来唐肃宗灵武称帝、复兴唐朝的伟绩。——这，就是当时以杜甫为代表的有识之士对这段历史的评价。

马嵬，夜深沉。但对某些人来说，这注定又是一个难眠之夜。

"重重帘幕密遮灯，风不定，人初静，明日落红应满径。"

分道扬镳

翌日（六月十五日）凌晨，队伍又准备出发。可是禁军将士却不愿意前往蜀中，认为那里是杨国忠的老地盘。

何去何从？众说纷纭。唐玄宗却一言不发。

最后，新任御史中丞、置顿使韦谔婉转地提出折中意见，说道，不妨暂且西去扶风（即岐州，故治在今陕西凤翔县），再看情势慢慢考虑以后的去向。

队伍终于启程。可又意想不到的是，路旁早已聚集了一大群父老百姓。

"陛下舍弃自家的宫阙、陵寝，打算往哪儿去呀？"父老问道。

唐玄宗让坐骑停了下来。他默默地立在原地，无言以对。

过了一会儿，他命太子暂时留一下，代他宣慰百姓，自己则继续西行。

唐朝平叛战争正处在一个重要的十字路口，太子李亨的人生也同样正处在一个重要的十字路口。

民众纷纷围着太子，声泪俱下："逆胡背恩，主上播越。臣等生于圣代，世代都是唐朝百姓，愿意戮力一心，为国讨贼，希望跟随太子收复长安。"

民众越来越多，大约已有数千人。太子仍以至尊播越、不欲违离左右为由，婉言谢绝民众的挽留。

建宁王李倓急忙上前劝阻太子。他是李亨的第三个儿子。

"逆胡犯阙，四海分崩；不顺应人心，何以复兴？今日跟随至尊入蜀，则散关以东非皇家所有，何以维系人心？殿下宜招募豪杰，暂往河西收集西北边兵，会合子仪、光弼大军，谋为兴复，乃是上策。"李倓的话语掷地有声，"凡肩负国家重任者，大孝莫如保存社稷。"

李亨的长子、广平王李俶也表示赞同，李辅国则紧紧抓住了太子的马笼头。

他们更没有忘记一致提醒太子："民心一旦失去，不可再得，纵然再想重现今日的情景，还有可能吗？"

一语破的！

实际上，昨天兵变平息之后的夜晚，万籁俱寂，可是太子的驿舍里却并未平静。

马嵬兵变，太子的亲信李辅国参与密谋，而太子本人其实也是一种默许的态度，这都不可能不使他心有余悸。更何况，唐玄宗对太子一直严加防范，早已是公开的秘密。

那么，能否趁兵变严重挫伤唐玄宗权威的机会摆脱控制，即以兴复唐室为由，请求分兵北上朔方，积聚力量发动反攻呢？

李辅国首献此策，太子良娣（太子妃妾称号之一）张氏赞同其谋，李俶和李倓也都有此意。

而此时此地，数千民众拦住太子的坐骑，请他留下来主持平叛大计，这不正是摆脱控制的天赐良机吗？

时机对一个日夜梦想摆脱困境的人而言该是何等重要！是的，时机。

而机运难邀，时不我与。

关键时刻,李亨父子以及亲信李辅国之间已然心照不宣。于是,太子命李俶速去禀报唐玄宗,就说难违百姓抗敌的意愿。

这时候,唐玄宗已在前面不远处停下来等候太子。久等不见,他便派人过去察看。很快,使者回禀,有数千百姓在挽留太子。

接着,李俶也奉命前来禀报。

霎时间,唐玄宗一下子愣住了,但立刻又惊醒过来——这不是又一次如同逼宫吗?挟民意以"逼宫"。

他不由得仰天长叹:"天啊——"

殊不知,"天视自我民视,天听自我民听"(《周书·泰誓》)——"天意"反映民意,民心所向,乃是大势所趋。

唐玄宗的心里当然很清楚,留下太子统兵讨逆,可能无异于让蛟龙入海,放猛虎归山。可是,国难当头,民心难违啊!

"青山遮不住,毕竟东流去。"

迫不得已,唐玄宗又一次明智地做出让步。他吩咐左右,将后军两千人以及上等骏马划拨给太子。

他叮嘱后军将士:"太子仁孝,可侍奉宗庙,你们要好好辅佐他。"

接着,他又派高力士与寿王李瑁,把太子的妃嫔以及服御等物送到太子那里。

高力士向太子传达口谕:"你好好去吧。百姓所望,慎勿违背,不要以我为念。西北诸胡族,我曾厚待他们,今国步艰难,必得其用。你要努力!"

太子面朝唐玄宗西去的方向,情不自禁哀号痛哭。……

流亡队伍继续西行,唐玄宗已显衰老的背影渐行渐远。

"欢乐极兮哀情多,少壮几时兮奈老何。"——汉武帝曾在《秋风辞》里发出这样的感叹。

人世间,总是会发生很多意想不到的突变。恩格斯在 1895 年 3 月 11 日《致威·桑巴特》的信中说道,复杂历史条件下产生的"重大事件"及其所引起的后果,"都是不以人的意志为转移的",而事件的结局,常常

"又引起完全不同的未预见到的后果"。①

这"后果",也就是乔治·黑格尔在《历史哲学》里所说的"附加的结果",而产生附加结果的某种进一步"伴随、隐藏在这些(人们的)活动之中"的东西,此时此地无疑便是军心民意——国难当头、政治危机之际的军心民意。

在马嵬,皇家父子终于分道扬镳。——这,似乎与马嵬兵变互不相干,却又分明是马嵬兵变的后续效应。

---

①《马克思恩格斯全集》第39卷。

第十一卷

国殇

盛唐的危机

盛唐末年,安禄山发动的旨在篡夺国家政权的武装叛乱,历时七年零两个月,践踏黄河中下游广大地区。叛乱集团的领导权先后掌握在安禄山家族和史思明家族的手中,史称"安史之乱"。

克劳塞维茨《战争论》指出:"战争无非是政治通过另一种手段的继续。"安史之乱,正是盛唐从前期开明政治转向后期保守政治的背景下发生的极其严重的政治危机。它既是安禄山势力坐大和政治野心膨胀的结果,也是统治阶级不同集团派系之间利益矛盾和政治斗争的白热化、暴力化。

盛唐后期,社会贫富差距愈益扩大,边疆边境战争此起彼伏,统治阶级高层内斗不止……全面危机已然潜伏发酵。这看似成为安史集团发动叛乱的可乘之机,然而出乎意料的是,武装叛乱却并没有引起社会的热烈响应。

殊不知,当时的唐帝国毕竟还笼罩在太平盛世的余晖之中,错综复杂的社会矛盾也尚未恶化到这样的程度,即被统治阶级已对现政权深恶痛绝、统治阶级也已对现政权灰心失望的地步。所以,安史集团的叛乱非但没有引起社会的响应,反倒因叛军"涂炭万姓""所过残灭"的暴行而导致社会普遍的恐惧,激起民众强烈的仇恨和反抗。

于是,唐王朝以及各族人民与安史集团的矛盾迅速跃升为主要的对抗性矛盾,而民众与唐王朝的矛盾则下降为次要矛盾。

人心"益思唐室"(《资治通鉴》卷218)。而这,正是推动唐朝平叛战争必将赢得最后胜利的伟大的社会动力。

诚如南宋的杨万里在《壬辰轮对第一札子》里所言:"国之命,如人之命。人之命在元气;国之命在人心。"

"以战止战。"血与火,铸就一个个顶天立地的英烈忠魂。——他们同样是万古千秋都不应忘却的国殇。

唐玄宗西入蜀郡

在扶风郡，唐玄宗君臣最终还是选择了入蜀之路。"剑南（即蜀中）虽窄，土富人繁，表里江山，内外险固。"它足以保障流亡朝廷的安全和生存，以便喘息之后部署兵力展开反攻。

途中，队伍在普安郡（即剑州，故治在今四川剑阁县）停留休整。七月十六日，唐玄宗向全国颁发了离京后的第一道制令。

他在制令中"罪己责躬"，公开向天下臣民认错道歉，声称由于自己的"不明"，致使贼臣内外为患，最终形成了滔天大祸。

在制令中，他又对平叛战争做出新的战略部署：

以太子李亨为天下兵马元帅，兼领北方战区的节度都使；

以永王李璘等三位皇子分别出任或遥领西南、东南、西北三个战区的节度都使；

各战区的节度都使有权任命所辖郡县的官员，调集人力、物力，统领武装力量，在太子的统一指挥下，对叛军形成包围的态势，并首先实施收复两京的战役。

七月二十九日，流亡队伍风尘仆仆抵达蜀郡（即益州，故治在今四川成都市）。这里是剑南节度使衙署所在地，也是西南地区的都会重镇。

八月初二日，唐玄宗又向全国颁发了一道大赦令。

在赦文中，唐玄宗再次公开检讨自己的"不明之过"，重申上次的平

叛战略部署,宣称将要大革前弊、推行新政,宣布大赦天下。

然而,八月初二的一纸赦文,连同七月十六日的制令,却成为唐玄宗在位 44 年诏令的绝唱,并且是毫无反响的绝唱。

唐玄宗绝对没有料到,就在七月十三日,当他到达普安郡的时候,远在数千里以外的灵武郡,竟发生了一场转移国家最高权力的政变。

灵武,太子称帝

那一天在马嵬,告别送行的民众,太子李亨突然发现自己又陷入近乎迷失的困境。

"雾失楼台,月迷津渡。"人生,国家,最要紧的都莫过于选准前进的方向。

然而,逆风前行,究竟何去何从?

李俶建议,还是北上朔方为宜。他说,殿下曾经遥领朔方节度大使,与朔方将士有一定的联系,如今可速往兵强马壮的朔方,再从长计议反攻大事,此为上策。

面对现实,通往胜利的道路依然迷雾重重。眼看太阳偏西,马嵬不可久留,众人最终达成共识——向朔方靠拢。

李俶有才略,善骑射,他率领禁军一路开道,护卫父亲李亨北上朔方。李亨称帝后,他直言揭露李辅国与张良娣的罪恶,却反遭李、张二人潜言中伤,不幸赐死。后来其大哥唐代宗继位,为其平反,追谥承天皇帝。

方向既定,太子遂率众以急行军速度匆匆朝西北方向转移。一连几天下来,士卒、器械竟丢失过半。行至彭原郡(即宁州,故治在今甘肃宁县),得到太守李遵等官员的支持,于是招抚流民,募集新兵,并获得国家牧场的骏马,军势稍振。

六月十九日,队伍到达平凉郡(即原州,故治在今宁夏固原市)。这里已远离关中之敌,并靠近朔方军镇,太子一行人马才稍有安全感。于是暂且在此进行休整,并观察北边朔方留守将士的动静,以决定下一步行动。

平凉方面的消息没几天就传到了北边的灵武郡（即灵州，故治在今宁夏吴忠市北）。这里是朔方节度使衙署所在地，节度使郭子仪正奉旨东征，由留后、支度副使杜鸿渐代理军政事务。他闻讯后迅速召开会议，并达成共识：平凉并非屯兵之地，若奉殿下到朔方，再西收河陇之兵，北征回纥劲骑，即可收复两京。

杜鸿渐即日草笺，由朔方盐池判官李涵奉笺赶赴平凉，迎接太子。

李涵是唐宗室成员，纯厚忠信。他的谒见太子，如同雪中送炭，令太子大喜过望。

恰逢御史中丞、前河西行军司马裴冕奉唐玄宗之命，改任左庶子，职在辅佐太子，途中在平凉遇到了太子，他同样也建议前往朔方，治兵灵武以图进取。

"方向，从未如此醒目！"——太子欣然同意，遂率众北上。

朔方将士隆重迎接太子一行人马进入灵武郡城。城内早已准备妥当，殿宇御幄如同皇宫，饮食精美而水陆兼备。

但太子却为之不悦，说："我到这里，本是为了成就平叛大事，哪儿用得上这样的排场。"立刻吩咐撤去一切奢侈之物，诸事从简。

国步艰难之际，灵武成为太子李亨的"诺亚方舟"，朔方成为唐朝讨叛戡乱的新起点。

裴冕与杜鸿渐等主要官员旋即上表，劝请太子即皇帝位。他们认为，如今寇逆乱常，主上倦勤大位，南幸蜀川，江山阻险。宗社神器须有所归，天意人事不可违背，若犹豫退让，失去人心，则大事去矣。

擅自登基称帝，实同政变，抢班夺权，非同小可。太子向来谨慎，第一反应便是推辞不允。他表示，自己南平寇逆，便奉迎銮舆，然后退回东宫。

裴冕等人则进而"提醒"太子，随从殿下的禁军将士，皆是关辅子弟，日夜思归，大军一散不可复集，不如因而抚之以满足众人的愿望。

劝进表就这样接连上呈了五次，辞情激切。李辅国也在一旁劝告太子践祚，以维系人心。

太子陷入角色间冲突的两难境地。他反复权衡利弊，最终还是松口应允。

七月十三日（甲子），太子李亨黄袍加身，在灵武城的南楼举行登基仪式。典礼简朴而庄重，群臣舞蹈叩拜，山呼"万岁"。

他就是唐朝的第九位皇帝，史称唐肃宗。

唐肃宗时年 45 岁，却已须发花白。此情此景，恍如梦境。他百感交集，泪流满面，唏嘘不已。左右无不为之动容。

典礼结束后，颁布制令，尊唐玄宗为上皇天帝，大赦天下，改元至德（天宝十五载改为至德元年，即公元 756 年），内外文武官员均加阶或赐爵。

裴冕官拜中书侍郎、同中书门下平章事（宰相），杜鸿渐、崔漪分别担任兵部郎中和吏部郎中，均兼任中书舍人，职掌参议表章、草拟诏令。另外，还分别任命了新的河西、陇右、关内诸节度使。

君主专制政体，常常成为政变或叛乱的温床，而军队——作为政治权力的首要基础——则是政变或叛乱的关键后盾。朔方留守官员将领积极拥戴太子称帝，虽不无所谓"吾门待子门而大"之嫌，然而，值此四海分崩、生灵涂炭、唐玄宗避寇出逃之际，太子在西北前线被拥戴即位，兴师靖难，领头扛起平叛的大旗，却让这场篡位夺权的政变赫然变成砥柱中流、扶危定倾的壮举。

风雨飘摇，风雨同舟。"衣冠士庶归顺于灵武者，继于道路……及闻肃宗治兵于灵武，人心益坚矣。"（《安禄山事迹》卷下）所谓"应天顺人，拨乱反正"（《旧唐书·王彦威传》）的说法，表明当时正是军心、民心抛弃了唐玄宗而选择了唐肃宗。

唐肃宗登基之后，便遣使赶赴蜀中禀报，同时遣使分赴各地，通报全国。

道路艰难，音驿不畅，直到八月十二日，唐玄宗抵达蜀郡 14 天后，灵武的使者才姗姗来迟。

太子在灵武即皇帝位，尊奉唐玄宗为太上皇。——这突如其来的爆炸性的消息，犹如晴天霹雳，震惊朝廷君臣。

文武百官面面相觑。唐玄宗则竭力控制住自己的情绪，缓缓作出一副淡定的神态，笑道："我儿应天意，顺民心，我还有什么可忧虑的。"

于是匆匆散朝。但接下来一连三四天，却未见唐玄宗有任何公开动静。

梦魇成真，防不胜防。这是继安禄山叛乱、潼关失守、马嵬兵变之后又一次更具爆炸性的冲击，令唐玄宗仿佛一直陷入一座巨大的迷宫。他孤独而又痛苦地舔舐着自己心灵深处滴血的伤口。

大概也是反复权衡利弊，他终究还是清醒地认识到，大敌当前，须以平叛为念，以国家利益为重。于是在八月十六日，他补颁了一道诏书——《命皇太子即皇帝位诏》。诏书称赞李亨"自幼仁孝"，并回顾自己早有"传位之意"云云，从而正式确认了李亨即位的合法性。

一场有可能引发皇室内部分裂和公开冲突的政变，最后还是平安地"软着陆"了。

八月十八日，唐玄宗又颁布了《命群臣辅嗣皇帝诏》，并派遣韦见素等几位宰臣，奉送传国宝和玉册北上灵武，补办册命传位的仪式。

传国宝即传国玺，以白玉制成，自秦以后专指"皇帝之印"，是皇帝行使权力的信物。武则天忌讳玺与死谐音，便改称为宝；唐中宗复辟后，复改宝为玺；唐玄宗继位之后又改称宝，遂成定制。玉册，就是《皇帝即位册文》，此指唐肃宗即位册文。

依据社会心理学的说法，如果不能改变现实，那么就改变自己的态度去面对现实，形象一点说，就是为自己找个阶梯下台。这差不多是恢复心理调和一致的唯一途径，也是唐玄宗当时应变处置得宜的心理基础。

其实，在君主专制时代，是难以用温情脉脉的亲情和理想化的伦理道德来衡量现实中的政治关系的，因为它们也不可能制约得了现实的利益矛盾和政治冲突。

家国多难。但恐怕最令唐玄宗哭笑不得的是，他昔日宠信的安禄山，最终居然不经意间成了宿敌李亨的"神助攻"。

马克思说过，历史有时候会以相似的面貌出现两次，前一次是喜剧，后一次则是悲剧。——唐代历史上，玄宗的父亲睿宗以及玄宗本人先后

均退居太上皇,这对唐玄宗而言,前一次便是喜剧,后一次却是悲剧。

"梅英疏淡,冰澌溶泄,东风暗换年华。"盛唐的天子,而今的太上皇,怅然若失,黯然神伤,他不由得想起已故前中书令张九龄而潸然泪下。至德二年(757年)三月,他下诰褒奖张九龄先见之明,追赠司徒。又遣使去韶州曲江,到张九龄坟前吊祭,并重金慰抚他的家属。其褒奖张九龄生前功绩的诰辞,就镌刻在当地白石山的崖壁上。

时局艰难。唐肃宗朝廷新立,文武官员不满30人,且朔方大部队东征未归,军容缺然。唐肃宗急令郭子仪、李光弼班师回朝,并且征调河西、安西边军入援。

不久,郭、李大军回到灵武,军声遂振。

唐肃宗提升郭子仪为兵部尚书、同中书门下平章事(宰相),仍兼任朔方节度使,率领朔方军驻留行在;提升李光弼为户部尚书、同中书门下平章事(宰相),兼任北都(太原)留守,率领河北五千子弟兵驻防太原。

"秋至山寒水冷,春来柳绿花红。"新朝廷渐入佳境,而叛军占领长安则标志着其战略进攻已经达到高潮,同时也是进入了尾声。——战争开始步入漫长的战略相持阶段。

这时,唐肃宗的宫中迎来了一位神秘的布衣之士。

他名叫李泌(722—789年),字长源,京兆府(故治在今陕西西安市)人,是西魏开国元勋之一、司徒李弼的后代。他聪敏博学,精通《周易》,善于赋诗作文,性格飘逸不羁,常游历在嵩山、华山、终南山之间,崇尚道教神仙之术。但他身在江海,却心驰魏阙,胸怀政治抱负,具备政治才干。

天宝中,李泌从嵩山上书,纵论国事世务,获唐玄宗召见,让他待诏翰林并供奉东宫。太子李亨视之为师友,尊称先生,彼此感情深厚。后来,李泌遭到杨国忠的排挤,遂又潜遁名山,隐于嵩山颍水之间。

值此国家危难之际,唐肃宗特意遣使访召李泌,而恰好李泌听说太子在灵武即位,也正主动冒难奔赴行在谒见。这一年,他34岁。

唐肃宗见到东宫故旧,犹如喜从天降,君臣二人,出则联辔而行,寝则对榻而眠,仿佛回到当年在东宫相处的美好时光。

唐肃宗欲授以官职，李泌却自称山人（即隐士），固辞不受。于是仅任以散职，官拜银青光禄大夫，但实际却执掌中枢政务，凡四方文状以至于将相的任免，皆让李泌参议，倚为股肱，权逾宰相。

诚所谓，"人生感意气，功名谁复论"。

不久，李泌又兼任元帅府行军长史，参与军事，运筹帷幄。元帅府就设在禁中，由元帅李俶（唐肃宗长子）与李泌轮流坐镇，协助唐肃宗处理军务。各地军情军务的奏报几乎日夜不断。

唐朝在灵武的军队，以朔方军为主力，总兵力大约六七万人。唐肃宗担心反攻兵力不足，于是又向北方的回纥借兵，并且征召西域拔汗那等城邦出兵，随同安西边防军入援。

灵武虽是控制西北的军事重镇，也是南下关中、东出河东、河北的战略要地，但它毕竟地处要塞，远离唐朝政治中心所在的长安与洛阳。于是李泌建议，离开灵武，南下彭原（即宁州，故治在今甘肃宁县），等待援军，然后再前往扶风（即岐州，故治在今陕西凤翔县），等待江淮的税收物资。

唐肃宗接受建议，遂于九月十七日率众由灵武南下，二十五日抵达顺化（即庆州，故治在今甘肃庆阳市）。恰巧从蜀郡赶来的韦见素等几位宰相也到了这里，便向唐肃宗献上传国宝和玉册。

唐肃宗下令重开谏诤之路，又令诸宰相轮流执政事笔（即轮流主持朝政），以避免盛唐后期首相专权误国之事重演。

十月初一日，唐肃宗继续南下，两天后抵达彭原。政局重回正轨，唐朝君臣遂聚焦两京的收复大计。

是时，叛军势力"东穷江海，南极淮汉，西抵秦塞，北尽幽都"，唐朝平叛战争陷入低谷，仍处于最艰难的阶段。唐肃宗新建朝廷，太需要尽快赢得一场鼓舞士气、振奋民心的胜利，太需要早日收复两京，还都长安。——这不仅仅具有军事上的重要意义，更具有重大的政治意义。

这时候，郭子仪正率领朔方军主力赴九原、榆林一带，讨伐叛乱的同罗及诸胡族；李光弼也已率领河北团练兵去太原驻防。但是，唐肃宗仍然急不可耐地发起一场仓促的反攻，战役的提议者和指挥者

乃是宰相房琯。

房琯（697—763 年），河南府（故治在今河南洛阳市）人。好学多才，文雅自负，以门荫入仕，政绩显著。追随唐玄宗入蜀，擢升文部（即吏部）尚书、同平章事（宰相）。受命奉送传国宝和玉册至顺化，获唐肃宗器重，参决军国大事。

房琯以天下为己任，可是用兵却非其所长，况且他又把军务交给另外几位文官儒生，也都只会纸上谈兵。

更加荒唐的是，房琯竟然采用春秋时期的车战方式，早已过时失效了，却仍用来与叛军精锐的骑兵、步兵作战，结果是作茧自缚，仓皇失据，兵败咸阳境内的陈涛（陶）斜，伤亡约 4 万余人。

"都人回面向北啼，日夜更望官军至。"（杜甫《悲陈陶》）然而，平叛却进程迟缓，依旧无奈地处于低潮。

"今敌强如此，何时可以平定？"唐肃宗不胜忧虑，询问李泌。

"臣观叛贼所掠财物及青年男女全都送往范阳，如此苟得之心，岂有雄踞四海之志呀！中原汉族唯独高尚等数人为之所用，其余皆是胁从而已。不出两年，天下便无贼寇了。"李泌回答。

"为何这样说？"

"王者之师，当务万全，图久安，不留后患。"

接下来，李泌又具体分析和建议：针对叛军战线南北漫长、右侧暴露的战略弱点，可以首先有计划地分兵袭击其首尾，使其来回救援而疲于奔命；再出兵夹攻范阳，覆其巢窟，断其后路，动摇其军心；最后集中兵力围歼盘踞两京的叛军及其元凶。

李泌纵论天下大势，高瞻远瞩，为唐肃宗谋划万全之策，勾勒出一幅平叛战争的路线图。

唐肃宗似乎增加了胜利的信心，也对平叛路线图表示赞赏。但耐人寻味的是，这幅路线图终究还是被束之高阁，唐肃宗最终选择的，依旧是另一个貌似快速、实则短视的反攻方向。

安禄山遇弑

安禄山在洛阳称帝，可谓是春风得意，迫不及待地享受起了皇家那种尊贵奢华的生活。环顾自己赢得的"辉煌"与"荣耀"，有可能让他兴奋得浑身颤抖，而这种超级的成就感，也想必使他自幼以来的自卑感获得超值的心理补偿。

当年，唐玄宗常在兴庆宫勤政楼庆祝节日，大宴群臣，并在楼下的大街上公开举行大型的综艺表演活动。

通常是先由宫廷乐团坐部伎和立部伎演奏燕乐（即俗乐），继而由教坊和梨园弟子演奏法曲，然后由京兆府万年县和长安县的艺人表演百戏。

百戏也叫作散乐，是杂技、魔术和歌舞戏的总称，也即综合性的文艺表演。

有时，还有宫廷或相邻州县奉献的百戏表演：山车、陆船在行进中奏乐（类似现在的花车、旱船游行），宫女集体表演霓裳羽衣舞，舞狮表演，以舞马、大象等动物为主角的马术和驯兽表演，戴竿、绳伎（类似现在的顶竿、走钢索）等五花八门的杂技表演。

宫廷艺人、著名女高音许和子（艺名永新），曾在这里的万人大酺联欢会上闪亮登场，高歌一曲，"响传九陌"，原本笑语喧哗的大街广场上顿时静若无人。她的歌声，能让高兴的人精神振奋，也能令忧郁的人愁肠欲绝。

想当年，盛唐真可谓是歌舞升平。然而，"歌舞升平"又恰是人们最容易放松警惕的时候。

安禄山当年也应参加过这样盛大的酺宴，也曾目睹如此精彩热闹的综艺表演。所以，占领长安之后，他便大掠公私艺人以及梨园弟子，连同乐器、舞衣、大象、犀牛、舞马等，相继送到洛阳。他要及时行乐——模仿皇家的派头享受至尊至贵的生活。

于是这一天，安禄山在洛阳的皇宫禁苑——凝碧池畔的凝碧宫——大宴群臣，并举行大型音乐歌舞表演。

叛兵露刃持戈，威逼数百名梨园弟子、教坊乐工弹奏歌舞。

这分明就是一场强盗的狂欢、背叛者的盛宴。众弟子乐工相视涕泣唏嘘，悲伤不已，琵琶演奏艺人雷海清扔下手中的乐器，忍不住朝着唐廷所在的西方放声大哭。

安禄山恼羞成怒，竟喝令将雷海清绑到戏马殿前，当众肢解处死。

…… ……

"万户伤心生野烟，百官何日更朝天？秋槐叶落空宫里，凝碧池头奏管弦。"

其时，著名诗人、官居给事中的王维，扈从车驾不及而被俘。他服药失声装病，被安禄山软禁在洛阳菩提寺（一说普施寺）内，强迫他接受伪职。

好友裴迪前来探望，并将凝碧宫宴乐的惨事告诉了他。王维不胜悲恻，于是吟成这首七言以示裴迪，寄托哀思。

安禄山总算实实在在过了一把"皇帝瘾"，但又真真切切演了一出"过把瘾就死"。

他长期超负荷肥胖，随之而来的是皮肤软组织反复感染，生疮患痈，迁延不愈。叛乱之后，他浑身的溃疡坏疽愈加严重，视力也愈益模糊，以至于双目失明。

按照现代医学推断，安禄山的主要病因大概是患了严重的糖尿病。肥胖者容易患上糖尿病，而长期且日渐加重的糖尿病，则会导致免疫功能下降和微循环障碍，容易发生皮肤软组织感染，不断患上疖痈乃至顽固的溃疡与坏疽，严重的糖尿病所引起的视网膜病变，则是造成视力下降并最终导致失明的元凶。

病痛折磨乃至双目失明，使安禄山的性情变得越来越暴躁，越来越严酷，左右侍从稍不如意就遭到殴打，稍有过错竟可能被处死。

安禄山与宠妾段氏生育一子，名叫庆恩，备受宠爱，甚至很有可能会立为"皇嗣"。这便引起安庆绪的惶恐不安。

安庆绪（？—759 年）是安禄山的次子，原配康氏所生，原名仁执，后由唐玄宗赐名庆绪。他善于骑射，最初为安禄山所偏爱，年未二十，就官

拜鸿胪卿兼广阳太守。安禄山叛乱，他担任都知兵马使，领兵征战。安禄山称帝，封他为晋王。安禄山的长子安庆宗被杀以后，安庆绪就成了继承伪皇位的第一人选。

安禄山称帝之后就深居宫中，连大将也罕见其面，军政事务几乎都是通过其心腹、伪中书侍郎严庄请示汇报。但安禄山欲废长立幼，也让严庄开始担心于己不利。

有研究表明，精神压力和情绪也具有传染性。安禄山身边已然人人自危，死神正在狞笑着向双目失明的安禄山招手。

一天夜里，严庄与安庆绪、李猪儿三人相聚密谋。

李猪儿，契丹族，10岁多一点儿就惨遭阉割，开始服侍安禄山。安禄山的腹部异常肥大，每次穿衣服，都要由三四个人合力捧起腹部，并让李猪儿跪着用头顶住，才能从腹部下面系上腰带。李猪儿谨慎得力，深获安禄山的信任，但又因为是贴身宦官，所以遭受的殴打也最多。

严庄对安庆绪说："殿下听说过大义灭亲吗？为人臣，为人子，有的事情也是不得已而为之，机不可失啊！"

安庆绪的性格怯懦，但在此忧惧之际，也顾不上犹豫了，于是答道："兄之所为，敢不从命。"

严庄又转向李猪儿："你侍奉皇帝（指安禄山——笔者注），遭受的鞭笞还数得清吗？不行大事，只怕你的死期不远了。"

李猪儿也心领神会，点头应诺。

…… ……

至德二年（757年）正月初五日，深夜，安禄山寝宫。

严庄和安庆绪手执兵器，守在帷帐外面。李猪儿手持大刀，冲进帐内，掀开被子，朝着酣睡在床的安禄山砍了下去。

左右侍从皆惊恐万状，呆若木鸡。

腹部剧烈的疼痛令安禄山从梦中惊醒。他强忍着剧痛，急忙伸手摸索床头的佩刀，但双目失明，慌乱之下竟摸索不到（或许已被李猪儿抢先拿走）。于是安禄山拼命叫喊："必是家贼严庄——"

安禄山腹部血流如注，须臾便气绝身亡。四天前，他刚刚度过54岁

生日。

一场春梦，梦未醒，人已亡。

洛阳，安禄山想必自以为是他死里逃生的"福地"，却没想到终究还是成为他自掘的"坟墓"。

众人慌忙在床下挖了一个大坑，再用毡子裹住安禄山的尸体埋入坑里。

严庄警告宫中所有人员，严禁走漏风声。

第二天，严庄对外宣称安禄山病危，诏立晋王安庆绪为"皇太子"，代为裁决一切军国事务。

随后，严庄又矫命传位于"太子"安庆绪，安禄山则退为"太上皇"。

一切安排妥当，最后才公开发表。

……　……

安庆绪虽然善于骑射，能领兵作战，但却性格懦弱，不善言谈甚至语无伦次。他对严庄以兄长相待，擢任御史大夫，封为冯翊郡王，主持军政事务。同时，又厚加诸将官爵，以固众心。而他自己则每天饮酒纵乐，不问政事。

太原保卫战

以西京长安陷落为标志，平叛战争开始进入战略相持阶段。

当时，安禄山乘郭、李大军撤往灵武之机，命令史思明等将领率兵十万反攻河北，迅速再陷各郡县，重新打开了后方交通线。

至德元年（756年）八月，李光弼奉旨率领五千河北团练兵奔赴河东，接手北都太原（故治在今山西太原市）的防务。

已无后顾之忧的叛军，一时间又"猛若燎火，冲若决防"。至德二年（757年）正月，叛军四路兵马，十万之众，杀气腾腾朝太原扑过来。主将又是史思明。

这是李光弼与史思明的第二次攻守交锋。

史思明等人研判军情认为，李光弼麾下精兵尽赴朔方，太原守军都是团练兵（类似现代民兵）之类的乌合之众，且不满万人。因此，可以屈

指而取太原,然后西进朔方、河陇,直捣唐朝大本营,已然毫无悬念。

重兵压境,事关唐廷侧翼和后方的战略安全。太原将士莫不深感忧惧。有人建议,抓紧时间修固城垣工事,以作守城的准备。

李光弼却不以为然。他说:"太原城周长40里,贼兵将至而动工兴役,这是未见敌军而先自我疲劳。"

那该怎么办?

李光弼便带领军民在城外周围挖掘壕沟,并且利用挖出的泥土制成土坯数十万块。——众人都猜不透其中的奥妙。

不久,叛军就像潮水般的汹涌而至,但是首先都被挡在了四周壕沟之外。官军以野战工事与城防工事相结合,扩大了城池的防御纵深,增加了叛军攻城的难度,同时,又利用大量土坯加固并随时修补城防工事。

深堑高垒,众志成城。

史思明紧急从河北调运攻城器械,并由胡兵三千人护送。

李光弼接到情报,及时派部将慕容溢、张奉璋领兵潜出城外,中途邀击。最终全歼这股敌兵,并摧毁了全部器械。

史思明又采取声东击西的战术,试图寻找突破口。但李光弼治军严格,怯防勇战,未尝松懈,令叛军始终无隙可乘。

强将手下无弱兵。李光弼善于发现人才和奖励人才,随能使之,人尽其用。

他起用了三个精通挖掘地道技术的人才,让他们带人挖掘地道,从城内潜通到城外。

有叛兵在城外仰面辱骂挑战,冷不防就被官军拖入地道,随即绑到城上斩首示众。吓得叛军将士走路都小心翼翼盯着地面,再也不敢横行无忌地逼城叫骂。

叛军又制作了大型的攻城梯冲(即云梯,下部安装车轮),并且在靠近城墙的地方堆筑土丘,试图相互配合,居高临下实施攻击。

李光弼随即也秘密在城墙外围挖空地道。庞大沉重的梯冲驶近城边,便立刻塌陷倾覆。这是地下与地上的特殊较量。土丘也同样塌陷而难以发挥作用。

起初,叛军突破了外围工事,靠近城边安营扎寨,气焰嚣张,咄咄逼人。李光弼于是就制造大炮对付叛军。

这是利用杠杆原理和离心力的作用、向远处抛掷石弹的大型武器,并在木制机械的下方安装了车轮,可以移动。这种大砲也就是抛车,古已有之,可攻可守,唐代称作将军炮或礧石车。

官军把大炮安放在城墙上,居高临下向城边的敌营飞抛巨石。叛军死伤众多,不得不拔寨后撤,远距离包围太原城。

古代城垒攻防,曾先后以地道战作为进攻或反击的一种强大手段。李光弼以弱抗强,也因地制宜采用了这个战术。官军预先遥测距离、方位与深度,然后从城内开挖地道,一直秘密通到城外敌人大营,并在敌营下面挖了一个较大面积的陷坑,而陷坑顶部的地表土层则利用木柱和木板支撑着。

地道作业完成后,李光弼便派人出城,约期投降。叛军大喜过望。

约定的日期到了。李光弼坐镇城楼,派遣裨将率领数千劲卒出城诈降。

叛军将士在大营列队,准备受降。他们目不转睛地盯着逐渐走近的官军队伍,却万万没想到,脚下的地面突然塌陷(应是地道内及时拉倒了全部支柱),叛军许多人纷纷掉进陷坑,顿时一片惊乱。官军乘乱攻入敌营,叛军猝不及防,伤亡惨重。

…… ……

李光弼大智大勇,太原守军神出鬼没,令叛军上下抓狂,个个神经紧绷,就好像躲雨躲进了城隍庙——尽见鬼。他们简直对李光弼敬若神明,直呼为"地藏菩萨"。

安禄山在洛阳遇弑一个月后,史思明接到安庆绪的命令,要他归守范阳,把太原前线的指挥权交给蔡希德。

叛乱集团政局突变,军心浮动,太原久攻不下,损兵折将,士气严重受挫,而主将易人,又一时造成指挥上的脱节。——太原保卫战反攻的时机成熟了。

二月十九日,李光弼带领部队,抱着敢死的决心开城出击,大破敌

军,俘斩万计,并缴获大量的军资器械。

蔡希德被迫率残部狼狈逃窜。

历时一个多月的太原保卫战大获全胜。李光弼剑走偏锋,积极防御,面对兵力十倍于己的强敌,却打出了太原军民的勇气和威风。

战神——李光弼,太原——英雄城!

太原保卫战的日日夜夜,李光弼始终住宿在城内东南隅的一座临时搭建的帐篷里,哪里有危险,那里就会出现他的身影。每次路过家门口,他都未尝回顾,直到击退叛军三天三夜之后,处理完军务,他才返回家中。

"将受命之日则忘其家。"——《史记》里这样说道。

血战睢阳

安史之乱前, 黄河中下游与长江中下游并称唐朝两大经济发达地区。叛乱爆发后,黄河中下游首当其冲,兵连祸结,一些地方几乎"人烟断绝,千里萧条",而长江中下游尚远离兵燹,"惟南方完富"。于是,"军国费用,取资江淮","赋之所出,江淮居多"。

以前,江淮财赋是经过淮河、汴水进入黄河,漕运而至关中,称为淮运。自从叛军进兵河南,"淮运于是阻隔"。江淮财赋只得"溯汉、江而上……由襄、汉越商于以输京师",或者"溯江、汉而上至洋川……陆运至扶风以助军"。

显然,江淮地区和江汉地区,已经成为唐朝的战时经济命脉。于是内战伊始,唐廷就在河南—江汉—江淮战区,陆续广置节度使,组建和部署越来越多的军队,由北向南渐次布防。

官军意在确保江汉和江淮的安全,而叛军则"志欲南侵江汉"和"南取江淮"。于是,两场重要战役便无可避免地在江汉和江淮的北面门户相继展开。

这,就是著名的南阳之战和睢阳之战。

天宝十五载(756 年)五月,叶县(故治在今河南叶县)之北,滍水之南,叛军武令珣、毕思琛部突破官军的防线,迫使鲁炅部队退守南阳(即

邓州,故治在今河南邓州市)。

鲁炅(703—759年),幽州蓟县(故治在今北京市西南)人,略通书史。天宝六载(747年),陇右节度使哥舒翰引为幕僚,多次参加对吐蕃的反击战,因功逐步升迁至右领军大将军同正员。安史乱起,他调任南阳太守,旋即兼任南阳节度使,率岭南、黔中、山南东道子弟兵5万人,驻屯叶县之北、潕水南岸,构筑防御阵地。

南阳郡为江汉地区北面之冲要,是襄阳郡(即襄州,故治在今湖北襄阳市)北面之屏障,而襄阳正是唐朝新的战略运输线上的重要枢纽。

叛军武令珣部和田承嗣部先后围攻南阳。鲁炅率领军民浴血苦战,但储粮渐尽,情况危急。

朝廷特遣中使曹日升到南阳宣慰,可是道路阻绝,难以入城。曹日升毅然决定单骑冒死闯入南阳。同为宦官的冯廷瑰也自愿协助同行。于是二人带领8名护卫,突然驰入敌阵。叛军望见这群骁锐之士,不知何故竟然没有追赶逼近。

曹日升一行十人,入城宣读圣旨以示慰问。守城官兵深受鼓舞,踊跃一心。

接下来,曹日升一行又突围(有可能是趁黑夜)驰赴襄阳,然后又领兵千人,押运粮食潜入南阳。

然而南阳遭到围攻长达一年之久,终究粮食断绝。鲁炅被迫率部血战突围,向南撤往襄阳。

而此时,在河南—江汉—江淮战区,官军的兵力大约已经达到60万人左右,超过叛军大约40万人的兵力,况且,叛军兵力中的10万人马仍被牵制在睢阳城下,而唐廷又正在西北准备发动两京战役。所以,叛军占领南阳后,已无余力继续南侵。

《旧唐书·鲁炅传》赞曰:"时贼欲南侵江汉,赖炅奋命扼其冲要,南夏所以保全。"这一年,鲁炅54岁。

至德二年(757年)正月,南阳尚在酣战之际,东北方向几百里之外,睢阳保卫战也拉开了序幕。

睢阳郡(即宋州,故治在今河南商丘市南),地处汴水(大运河中段)

要冲,时称"江淮之保障",自然也就成为叛军"南取江淮"的必争之地。

是时,安庆绪任命尹子奇为伪汴州刺史、河南节度使,于正月二十五日,统领蕃、汉大军 13 万人马杀向睢阳。

"黑云压城城欲摧。"

睢阳太守许远紧急派人前去附近宁陵(故治在今河南宁陵县),向驻守在那里的张巡求援。张巡闻讯,立即率众赶赴睢阳,与许远合兵 6800人,共谋捍守大计。

许远(709—757 年),杭州盐官(故治在今浙江海宁市西南)人。唐高宗朝宰相许敬宗的曾孙,性情宽厚,有吏干之才。起初从军河西,任支度判官,掌管军镇财务,之后仕于剑南,因得罪上司,贬为高要县尉。安史乱起,他升任睢阳太守兼防御使,与城父县令姚訚(姚崇侄孙)同守睢阳。

张巡(708—757 年),蒲州河东(故治在今山西永济市西)人,一说是邓州南阳人。身材高大,须髯若神,聪悟有才干,志气高迈,博闻强记,通晓兵法。开元末年进士及第,天宝中,历任清河、真源县令,吏治清明。为官刚正不阿,重大义尚气节,慷慨助人。

安禄山作乱,张巡在真源(故治在今河南鹿邑县)起兵抵抗。旋又转战固守雍丘,以少击众,攻守并用,出奇无穷,屡败叛军,迅速成为敌后抗战的杰出领军人物之一,有诏官拜御史中丞、河南节度副使。

克劳塞维茨在《战争论》里指出,产生高度军事天才的社会环境,不仅在于其民族的"尚武精神",亦取决于其民族的"智力发展的总的水平"。

综观盛唐,即便沉浸在和平氛围之中,也并未丧失产生军事天才的土壤。盛唐人的血脉里,依然保留着基于爱国心和荣誉感而激发勇武之气的民族基因,同时更具备了传承数千年以来中国人智力发展的高水平。因而在面对战争时,仍然能够产生出王忠嗣、高仙芝、李光弼、张巡等一个又一个军事天才。

叛军兵临睢阳,猛力攻城。官军在民众的支持下,昼夜苦战,俘斩万计。半个月后,叛军不得不乘夜远遁。

良友识于患难之时。许远对张巡说:"远懦弱,不习军事,而公智勇兼

济。远愿为公后盾,请公替远指挥作战。"

于是,许远专力负责后勤保障,张巡一心负责指挥作战,相得益彰。

战火中的生死之交。这一年,他们都是 48 岁,许远稍长,故而张巡呼之为兄。

三月中旬,叛军尹子奇部重整旗鼓,卷土重来。

张巡研判敌情,决定首先主动出击,挫败敌人的锐气。

但看着面前一个个历经血战的将士们,张巡的心情却异常沉痛。他说:"我身受国恩,此番守城正是以死报国。但念及诸君捐躯命、膏草野,而赏不酬勋,以此痛心啊!"

安史之乱期间,唐廷广泛组织力量平叛戡乱,以致官爵冗滥,绝大多数只能授以空名告身(即空头委任状),既无实职,也无赐物,即所谓"赏不酬勋",徒有虚名。

然而国家危难、生灵涂炭之际,各族军民奋力伐叛,敢于牺牲自己的生命,怎么可能还会在乎所谓"赏不酬勋"? 他们——包括张巡面前的这些将士——可都是顶天立地的男子汉!

这一点,张巡当然也心知肚明,可是战争毕竟残酷无情,他的沉痛心情也绝非矫情。

果然,守军将士闻言,莫不激励请战。

张巡于是杀牛犒劳全体将士,然后开城出战。

两军对阵。叛军望见官军只有几千人马,纷纷发出轻视的笑声。

只见张巡手执令旗,带领全体步兵、骑兵,一鼓作气冲入叛军阵地,以一当十,奋勇杀敌。叛军猝不及防,阵脚大乱,伤亡众多,溃退数十里。

第二天,叛军重整旗鼓,又汹涌而至。张巡继续以攻为守,昼夜率兵出击,屡次挫其锋芒。

怎奈叛军兵力雄厚,尽管官军屡摧其锋,叛军仍围攻不辍。

"城头铁鼓声又震,匣里金刀血未干。"

五月,尹子奇继续增加兵力,日复一日围攻睢阳。双方均已杀得人困马乏。

一天夜里,叛军忽然听到城内鸣鼓整队,好像又有要开城出击的声

势,吓得不敢入睡,但却未见官军的人影。如此间断反复,致使叛军通宵达旦处于戒备状态,直到天亮之后,城内才寝兵绝鼓,一片寂静。

叛军将飞楼推近城边,居高窥察,也一无所见。于是下令解甲休息。

没想到不一会儿,城门突然大开。只见张巡与南霁云、雷万春等将领,率领数百名骑兵冲出城门,犹如狂飙一般直捣叛军主将大营。

敌营猝不及防,顿时大乱,死伤无数。南霁云弯弓远射,一箭正中叛军主将尹子奇的左眼,差一点儿将他生擒。

尹子奇身负重伤,不敢恋战,急令收军撤退。

…… ……

然而仅仅两个月后,尹子奇又扩充了兵力,第三次围攻睢阳。

叛军新造了一架特别高大的攻城云梯,凌空伸展开来,势如半虹,能够承载约 200 名士兵,靠近城边就可跃入城墙作战,后续部队则可接连登上云梯,跃入城墙增援。

张巡又预先侦察到云梯的结构、位置,并判断其作战时的运动方向和方式,然后迅速思考对策,暗作准备。

战斗开始后,叛军的大型云梯刚刚靠近城边,就见从城墙的两个洞口伸出两根大木头,上面各有两个铁钩,同时一前一后紧紧卡住了云梯。接着又从第三个洞口伸出一只大铁笼,里面的燃烧物腾起熊熊大火,很快便烧断了木质云梯。云梯上的敌兵非死即伤。

叛军一招不成又出一招——大型钩车、木驴、磴道,攻城招数迭出。而张巡也"临敌应变",使叛军的招数一一破功。

睢阳保卫战,利用单薄的兵力、武器和装备,以城池防守结合反突击的战术,打得顽强卓绝,打得"出奇无穷"。然而不幸的是,厄运还是残酷地降临到睢阳军民的身上。

当初,睢阳城里储粮 6 万石,足以支撑一年左右。讵料河南节度使李巨强行调拨一半储粮,分给濮阳和济阴两郡。结果,济阴太守分得粮食不久便开城投敌,而睢阳城久遭围攻,却外无救援,存粮渐尽。

日复一日,睢阳守军食不果腹,死不加益,逐渐陷入绝境。

战争往往会使个人的军事潜力得到充分的发挥。但令人惋惜的是,张巡的军事指挥才能发挥到极致之日,却是他身陷绝境之时。

接战春来苦,
孤城日渐危。
合围侔月晕,
分守若鱼丽。
屡厌黄尘起,
时将白羽挥。
裹疮犹出阵,
饮血更登陴。
忠信应难敌,
坚贞谅不移。
无人报天子,
心计欲何施。

——面对叛军的长期围攻,张巡沉着指挥,分兵把守,攻守并用,屡次击败敌人的进攻。将士们忠于国家,同心协力,浴血苦战。怎奈孤立无援,睢阳城日渐危殆。

张巡这篇《守睢阳作》,真诚,悲壮,感动天地。血火忠魂,更显英雄本色。

睢阳守军血战经年,足以感天动地,但却感动不了周围众多的官军。河南战区各郡的官军,皆拥兵自保,袖手旁观,甚或钩心斗角,互相牵制。朝廷鞭长莫及,河南节度使号令不行,谁都不愿意或者顾不上救援睢阳。

"城中桃李愁风雨,春在溪头荠菜花。"

时任御史中丞、河南节度副使的张巡,紧急派遣部将南霁云出城求援。南将军率领 30 名骑兵杀出重围,直奔临淮(即泗州,故治在今江苏泗洪县东南),向现任河南节度使贺兰进明告急。

"睢阳存亡已定,出兵何益?"贺兰进明直截了当地回答。

"城池很可能没有陷落。假如已经陷落,霁云愿以死向大夫谢罪。但睢阳失守,便会祸及临淮。皮毛相依,理当援助。"南霁云慷慨陈词。

贺兰进明无言以对。他沉默无语——既不愿单独从临淮出兵，又调动不了其他各郡的部队。

于是他略表歉意似地设宴款待南霁云一行，并且有意想要挽留南霁云这位壮士。

面对丰盛的酒宴，南霁云饥肠辘辘，但却难以下咽。

"睢阳久陷重围，粮食匮乏，兵员短缺，已无计可施。霁云等冒死突围，来向大夫求援，却为何宴安自处，殊无救恤之心？睢阳将士忍饥挨饿，霁云义不忍独享美食。"南霁云声泪俱下，"霁云既然不能完成主将托付的使命，就留下一指为凭证，归报中丞。"

说完，他便"刷——"地一声拔出腰间佩刀，朝自己的左手砍了下去——一截断指横在桌上，鲜血淋漓。

举座大惊，不少人感动落泪。

南霁云愤然退席，率众离去。

别无选择，他们只能前往宁陵。与守将廉坦商量后决定，一同率领三千将士增援睢阳。他们趁着夜色闯进睢阳外围的敌营，且战且进，最后仅剩千人，仍义无反顾地冲入危城。

南霁云（712—757 年），魏州顿丘县（故治在今河南清丰县西）人。出身贫寒，年轻时替人驾船为生。安禄山叛乱，他随钜鹿县尉张沼起兵抗敌，善于骑射。之后奉命到睢阳与张巡议事，遂留在睢阳参战。

南霁云的英雄事迹受到后人的景仰，并立庙祭祀，直到清代，仍有著名诗人王士祯题壁《南将军庙行》，热情赞颂南霁云的忠义之举。

睢阳将吏获悉救兵不至，悲愤痛哭。有人建议，不如弃城突围。

张巡和许远商量后认为，睢阳乃是"江淮之保障"，若弃之而去，则叛军势必乘胜长驱南下，攻夺江淮地区，况且，守军将士饥饿羸弱，也难以突围远去，还不如继续坚守以待援兵。

唐朝仍处于冷兵器时代，在城垒攻守战中，冷兵器虽具有杀伤作用，却缺乏破坏力。进攻一方常常被迫使用围困的战法，而防守一方如果士气旺盛，兵员和粮食充足，也往往能够长期坚守。

此时，叛军已无计可施，不得不暂停强攻，转而长期围困。可惜睢阳血战经年，已经内无粮草，又外无援兵，将士们先后以茶、纸、战马、雀鼠充饥，最后食无可食，竟被迫以人肉果腹。八千将士、数万居民，最后人人皆知必死，却无一人退缩，无一人叛变。他们无疑是像鲁迅说的那样，"比因希望而战斗者更勇猛，更悲壮"。

十月初九日，蜂拥而来的叛兵终于从西南角攻上城墙。睢阳全城只剩下饥疲羸弱的四百人，已经无力再战。

在城楼上，张巡面向朝廷所在的西方，恭恭敬敬拜了两拜，悲愤言道："臣智勇俱竭，不能阻遏强寇、保守孤城。臣虽死，也要成为恶鬼，誓与叛贼为敌！"

…… ……

睢阳陷落了。

张巡、许远、南霁云、雷万春、廉坦等30多位将吏力竭被俘。

张巡忠勇报国之志以及杰出的军事指挥才能，就连叛军主将尹子奇也不得不佩服，甚至试图劝降。但这也不过是妄想而已，30名睢阳将吏铁骨铮铮，宁死不屈，全部壮烈殉国。

> 诚既勇兮又以武，终刚强兮不可凌。身既死兮神以灵，魂魄毅兮为鬼雄。
>
> ——屈原《国殇》

悲哉，睢阳！壮哉，睢阳！

中书侍郎、同平章事（宰相）张镐，奉旨取代贺兰进明，兼任河南节度使，持节都统淮南等道诸军事。当他获知睢阳危在旦夕的消息，便倍道亟进，同时紧急传檄各节度使与刺史，命令他们火速领兵驰援。

张镐（？—764年），博州（故治在今山东聊城市）人。天宝末任左拾遗，追随唐玄宗入蜀。后来奉命至凤翔，奏议多有补益，被唐肃宗提拔为谏议大夫，敢于直言切谏，旋即升任宰相。他具有文武才能，为官清廉，谦恭下士。

安史之乱形势图（引用自郭沫若主编《中国史稿地图集》下册）

令人痛惜的是,当张镐风尘仆仆赶到淮口时,睢阳已经陷落。

但睢阳之败,也恰如美国的惠特曼在《草叶集》里说的那样——它是一次伟大的失败!其时,张建封、李瀚等著名人士均仗义执言,称赞张巡率众坚守睢阳,蔽遮江淮,牵制十万叛军,使之无法南下掠夺江淮,因而虽败犹荣,功不可没。

后来,司马光也在《资治通鉴》里推断,叛军尹子奇部以重兵长期围攻睢阳,却未曾分兵南侵江淮,应是畏惧善于用兵的张巡为后患,不灭张巡,则不敢越过睢阳南下江淮。

而除此之外,睢阳守军牵制叛军十万之众长达 10 个月之久,其实也为唐朝河南—江汉—江淮战区防御体系的部署赢得了宝贵的时间。唐廷相继设置的藩镇(即节度使及其军队)迅速增加到十几个,在"河南诸郡防御固备"的基础上,进而达到"江、淮之间足兵"的有利态势。同时,还开始设置"都统"(即战区统帅)一职,选贤任能,委以方面,节制诸军,更形成了统一指挥的大规模防御体系。

叛军已然丧失南侵江汉、江淮地区的实力和机会,而官军则相继展开局部反攻:

至德二年(757 年)七月,河南节度使贺兰进明部队攻克高密、琅琊,歼敌 2 万余人;

同年十一月,河南节度使、都统淮南等道诸军事张镐,指挥鲁炅等五节度使的部队,分别在河南、河东地区发起反攻,一度收复绝大多数郡县;

上元元年(760 年)十二月,兖恽节度使能元皓部队大破叛军史思明部;

上元二年(761 年),青密节度使尚衡部队大败叛军,歼敌五千余人;

宝应元年(762 年)五月,河南副元帅、都统河南等八道行营节度李光弼,命令兖恽节度使田神功发动反攻,大破叛军,解宋州(即睢阳)二度之围;

…… ……

显然,叛军当初围攻睢阳而未分兵长驱江淮,既是"畏(张)巡为后患",也是不敢小觑河南—江汉—江淮战区防御体系日益增强的军事实力。

"问苍茫大地,谁主沉浮?"

任何一场叛乱,都是对国家的分裂,对社会的破坏,对人心的践踏。

史称安史集团"皆粗猛无远略";他们"纵兵杀掠","所过残灭","每破一城,城中衣服、财贿、妇人皆为所掠,男子壮者使之负担,羸病老幼皆以刀槊戏杀之"(《资治通鉴》卷 217、卷 219)。

《旧约·何西阿书》里说过,种风者收获风暴。当时,从河北到河南,从中原到关中,迅猛掀起一阵又一阵正义的"风暴":

"河朔之民苦贼(指安史叛军,下同——笔者注)残暴,所至屯结,多至二万人,少者万人,各为营以拒贼。"(《资治通鉴》卷 217)

著名文人元结,"举义师宛、叶(今河南南阳市、叶县——笔者注)之间,有婴城捍寇之力"(《太平广记》卷 202),而"河南义兵西向者,亦不减十万"(《资治通鉴》卷 217)。

"京畿豪杰往往杀贼官吏,遥应官军,诛而复起,相继不绝,贼不能制。"(《资治通鉴》卷 218)

…… ……

起兵戡乱者,岂止广大汉族民众,各少数民族也同样义愤填膺,纷纷"助国讨贼":

天宝十四载(755 年)十二月,哥舒翰奉旨东征,蕃、汉步骑近 20 万人,其中就包括河陇诸蕃——奴剌、契苾、沙陀、吐谷浑等——总共 13 个部落的将士(《安禄山事迹》卷中)。

天宝十五载(756 年)正月,鲁炅"以岭南、黔中、山南东道子弟五万人屯叶县北、滍水之南"(《旧唐书·鲁炅传》)。这岭南与黔中(今广东、广西与贵州),正是南方各少数民族传统聚居地区之一。

同年四月,郭子仪引兵"至常山,与(李)光弼合,蕃、汉步骑共十余万"(《资治通鉴》卷 217)。这里所说的蕃兵,便是指朔方军中的少数民族骑兵和步兵。

史称"诸蕃兵马,力战平凶"——先后参加平叛战争的"诸蕃兵马",除了朔方、河西、陇右、安西等边防军中的各少数民族将士以及岭南、黔

中子弟之外,还有于阗(今新疆和田)国王尉迟胜亲自"率兵五千赴难",还有来自"城郭诸国"的"西域之兵"(包括中亚地区的"拔汗那兵"),来自漠北的"回纥精兵",来自南诏的"云南子弟",就连吐蕃赞普也遣使入朝,表示愿意出兵,"助国讨贼"(《新唐书·尉迟胜传》,《册府元龟》卷434、卷973,《资治通鉴》卷218、卷220)。

参加平叛战争的著名将领官员,来自汉族的,除了平叛元勋之一的郭子仪,还有封常清、李嗣业、颜杲卿、颜真卿、鲁炅、张巡、许远、南霁云、王难得、郝廷玉,等等。

出自少数民族的平叛名将,则有高丽族的高仙芝、王思礼,突骑施族的哥舒翰,铁勒族的仆固怀恩、浑惟明、浑释之,羌族的荔非元礼,吐蕃族的论惟贞兄弟,安西胡族的白孝德,九姓胡后裔李抱玉(安重璋),突厥族的白元光,等等,而平叛元勋之一的李光弼则是契丹族。

其中的铁勒族名将仆固怀恩,率领亲属部众参与平叛战争,"一门之内,死王事者四十六人",可谓"阖门忠烈……九族之亲,十不存一,纵有在者,疮痍遍身"(《旧唐书·仆固怀恩传》)。

国难当头,这千千万万参加平叛戡乱的人,无论是汉族还是少数族,无论是官员将领还是士卒义兵,他们都是有血性的人,爱国之心根深蒂固,若山之坚,若地之厚。——借用鲁迅的话说:"这就是中国的脊梁。"

"问苍茫大地,谁主沉浮?"

安史乱起,各族将士和义兵,来自全国,血沃中原,摧陷廓清之功,蔚为壮观。

毛泽东在《论持久战》里指出:"战争的伟力之最深厚的根源,存在于民众之中。"交战双方"力量对比不但是军力和经济力的对比,而且是人力和人心的对比"。

显然,唐朝平叛战争不仅拥有长江流域完好的经济支持,拥有愈益庞大的军事力量,而且拥有能赢得最终胜利的"决定的因素"——人力和人心的优势。

第十二卷

光复两京

盛唐的危机

潼关失守，迫使唐玄宗弃京奔蜀，进而触发马嵬兵变，再进而导致唐廷的政治洗牌和权力重组，并形成中央二元政治格局。而这个异乎寻常的政治格局，又进而影响到唐廷战略反攻的决策。

虽然唐廷迅速赢得光复两京的胜利，但也埋下了叛乱集团卷土重来的祸根。

历史就是这样，常常在人意料之外，却又在情理之中。

平定河曲

天宝十五载(至德元年,756年)七月,太子李亨于家国危难时刻竟然"华丽转身"。他在灵武,倚朔方军为根本,建立起唐朝新的大本营,并依托朔方以及河西、陇右等边防军区,迅速形成面向关中、长安的反攻基地。

而就在这时候,叛乱集团方面也迅即发生了一连串耐人寻味的异动:

驻屯长安御苑的叛军五千同罗骑兵,在首领阿史那从礼的带领下,以"久客思归"为由,突然出塞逃归朔方故土;

关中叛军的一支小股部队,突然向西进犯战略要地——扶风郡(即岐州,故治在今陕西凤翔县);

安禄山派遣部将高嵩,带着伪敕书和丝织品赶赴河西、陇右,意欲诱降河陇边防将士。

叛乱集团的这一连串异动,集中发生在唐肃宗刚刚即位的同一个月内,恐怕并非巧合,应是围绕着同一个目标——剑指朔方。

但是叛军的异常行动最终——都遭到粉碎:

大概是试探性地进犯扶风的小股叛军部队,很快就遭到陈仓县令薛景先部队的阻击,狼狈逃窜。

前往河陇执行诱降任务的叛将高嵩,也在中途被大震关使郭英乂擒获并处决。

唯有阿史那从礼率领的五千精骑,尚在塞北兴风作浪,一时造成对唐廷的严峻挑战。

这群强悍的同罗骑兵神秘地出现在朔方防区的塞北草原上。这里位于今内蒙古西部、河套以南、长城以北地区,因黄河在此处形成大弯曲,故而唐代称之为"河曲"。

在河曲,阿史那从礼煽动诸少数民族部落,企图乘时局混乱之机,进据朔方、陇右。这些部落,包括突厥降户以及九姓胡人等,共约50万人。

唐肃宗闻讯,急忙遣使宣慰,安定了绝大多数不明真相的少数民族群众。

但阿史那从礼并不甘心失败。他仍然成功地诱骗河曲六胡州部落数万之众,集结到宁朔郡(即宥州,故治在今内蒙古鄂托克旗南)的北部一带,准备会合同罗、突厥骑兵,武力进犯朔方。

九月的河曲大草原上,战云密布。

十七日,唐肃宗离开朔方灵武郡,率众南下彭原。临行前,他命郭子仪赶赴天德军,发兵讨伐。天德军位于九原郡(即丰州)东北,故地在今内蒙古河套东北。

最初,官军与叛军互有胜负,战事陷入胶着状态。十一月,唐肃宗请漠北回纥葛勒可汗出兵驰援,与郭子仪部队会合。于是在榆林郡(即胜州,故治在今内蒙古准格尔旗东北十二连城)境内,黄河北岸,回纥骑兵与官军协同作战,大破同罗诸蕃叛军。

十二月,河曲平定。

阿史那从礼率残部侥幸逃脱,后来被安庆绪委任为左羽林大将军。

安禄山企图动摇唐朝朔方、河陇基地的行动相继失败。紧接着,他又部署兵力对河东展开进攻,企图一举夺得太原,然后向西"长驱取朔方、河陇"。于是,李光弼指挥的太原保卫战,在河东大地上"奏响"了《胜利进行曲》。

南朝——达摩克利斯之剑

郭子仪班师南下,进驻洛交郡(即鄜州,故治在今陕西富县)。

接下来郭子仪便又指挥部队,攻克冯翊郡(即同州,故治在今陕西大荔县),袭占潼关与河东郡(即蒲州,故治在今山西永济市)。

但战斗异常激烈,官军与叛军皆伤亡惨重,潼关也得而复失。

郭子仪的军事行动,实则成为官军收复两京战役的前奏。它完全符合唐肃宗的战略意图,却与李泌的平叛路线图大相径庭。

至德二年(757年)正月,唐肃宗获悉安西、北庭边防军以及拔汗那、大食诸国援兵已行进至河陇,他便继续逐步南下,于二月驻跸凤翔郡(原名扶风郡,即岐州,故治在今陕西凤翔县)。

不久,各路援兵相继到达,江淮地区的税收物资也运抵洋川、汉中(故治分别在今陕西洋县与汉中市)。

"东风北岸冰消尽。……天气氤氲,花柳精神。"

李泌建议,可派遣安西及西域援军,出塞北,大迂回,突袭范阳,颠覆叛军老巢。

讵料唐肃宗却不以为然。"如今大军已经会集,庸调物资也已运到,战必胜,攻必取,理应直捣叛贼腹心,哪有时间远征数千里而先取范阳呢?"他说。

"若定要先取两京,则叛贼势必再次强大,我军势必再陷困境。此非久安之策。"李泌仍坚持己见。

"为什么?"唐肃宗大感不解。

"若先取京师,则叛军会遁归河北及范阳老巢,厉兵秣马,必定卷土重来,战争将难以停止。朝廷所依赖的,都是防守西北边塞以及诸胡族的将士,体质耐寒而畏暑热,而潼关以东却热得早,战马会因暑热而患病,西北援军也会困乏而思归故土。"李泌回答。

唐肃宗认真倾听着,但却一言未发。过了一会儿,才委婉地说道:"朕急切于晨昏之恋(意指迫切思念太上皇——笔者注),断不能等待这一迁

缓之举。"

匪夷所思吗？——其实，局外人怎能完全理解局中人的心思。

诚然，李泌深知唐肃宗在东宫时的那种"弗保朝夕"的险恶处境，但却难以体会已然君临天下的唐肃宗内心深处仍未摆脱的焦虑和隐痛。

这位新皇帝，依然恐惧地感觉到，自己的头顶上还是高悬着一把"达摩克利斯之剑"。

在中国历史上，几乎没有哪一个专制帝王会甘心失去或轻易放弃最高统治权，更不用说向来是自尊心和权力欲都极强的盛唐天子李隆基。

唐玄宗远在蜀郡，迫于形势压力而拱手送出传国宝和玉册。但在唐肃宗看来，这也仅仅是让他稍微松了一口气，却并未让他彻底放下心来。因而在朝臣们的眼里，颇为吊诡的事情便是，唐肃宗竟然将宝、册供奉于别殿，朝夕礼拜，如同已往向父皇请安一般。——这实际上标志着，他并没有公开接受象征皇权皇位合法性的宝、册。他甚至耐人寻味地声称，自己只是在国家危难之际，暂时行使最高军政大权，岂敢乘危而匆遽接受宝、册。

宫廷政治，何其微妙而诡谲！

事实上，唐玄宗在蜀郡颁布的《命皇太子即皇帝位诏》，如果浓缩成一句话，就是：自今以后，凡天下军国大事，先由皇帝处理，然后向他报告；等到收复长安之后，他便彻底不再过问军政事务。

就这样，唐玄宗在承认既成事实的基础上，又以具有法律效力的诏令形式，确立了太上皇与皇帝两个政治中心并存的格局，双方以平叛和收复京城为共同的首要任务，暂且相容共存。

中央二元政治权力格局的设计，异乎寻常，也并非徒托空言。此后，唐玄宗在蜀郡确实以太上皇诰书的形式，署官命相，发号施令，并且直接控制着中国南方大部地区。唐肃宗朝廷的官员依然承认"上皇之命"的法统地位，而在西北的一些官员还把蜀郡的上皇朝廷直接称作"南朝"，就连唐肃宗也不敢忽视这南朝的权威。

唐玄宗先后把他任命的 5 个宰相派到唐肃宗的朝廷，名义上是辅佐

新皇帝,而真实用意想必唐肃宗也心知肚明。于是,他也不动声色地冷落并相继罢免了这些从南朝来的宰相(其中,房琯初获器重而终被罢相),同时又先后任命自己的宰相取而代之。

唐朝半公开半隐秘的最高权力之争,依然存在着很大的变数。夜长梦多,远水难救近火,唐肃宗的内心深处,必然会迫切希望尽快收复京城,迎接上皇回銮,以求早日结束这高风险的中央二元政治格局。

真实的处境和切身利益,深刻地影响着人们对事情轻重缓急的判断和选择,常常不完全关乎个人的能力。

而一场发生在长江中下游的乱中乱,更加剧了唐肃宗的危机感,并使皇家父子之间的政治矛盾几乎达到摊牌的地步。

乱中乱:永王"东巡"

当初,唐玄宗流亡途中在普安郡颁布诏书,任命太子为天下兵马元帅并都统北方官军,永王、盛王、丰王等分守重镇,招兵备战。

但一开始,诸王还是依照制度惯例,均为遥领而未出阁。直到至德元年(756年)九月,唐玄宗知道太子已在灵武称帝的讯息后,才真正派遣永王李璘赴镇,就任江陵大都督兼山南东路、岭南、黔中、江南西路等四道节度、采访等都使,坐镇江陵,控制华中、华南广大地区。

永王出阁典兵,突破了诸王遥领节制的惯例。表面上的理由是为了实现"合其兵势,以定中原"的战略目标,但其时间节点却耐人寻味。而更加耐人寻味的是,这个唯一赴镇典兵的李璘,又与唐肃宗存在着特殊亲密的兄弟关系。

李璘是唐玄宗的第十六子,顺仪郭氏所生。可是他幼年丧母,便由三哥李亨收养,夜晚常抱之以眠,感情深厚。

江陵大都督府所在地——江陵郡(即荆州,故治在今湖北荆州市),为长江中游之重镇,也是安史之乱时期江淮租税物资的中转大站。永王来到这里,便利用堆积如山的财物,募兵数万,补署官吏,迅速形成一股庞大的军事、政治势力。

这一动向不可能不引起唐肃宗的严重关注，他并没有因为特殊深厚的兄弟情谊就对潜在的威胁掉以轻心。

唐肃宗旋即下诏，命令李璘返回蜀中。李璘却拒不从命。

事态的发展正在滑向危险边缘。这也让唐肃宗与太上皇之间本已十分微妙的关系，又迅速蒙上一片巨大的阴影。

永王李璘，眼睛先天缺陷，视物不正，其貌不扬，聪敏好学，却缺乏政治智慧和社会历练。他的儿子、襄城王李偒有勇无谋，而谋士薛镠等人则是心术不正。他们认为，当今天下大乱，唯有南方安定富庶，以永王的实力，应该挥师东进，占据江东。

显然，这样的图谋已不是单纯意义上的兄弟阋于墙，而是妄图割据江南的叛乱分裂行为。

江陵大都督府长史兼山南东路等四道节度都副大使李岘，是唐玄宗委任辅佐李璘的副手，他预感到事态发展的严重后果，便托病辞职，前往彭原投奔唐肃宗去了。永王幕府内也有个别有识之士，针对"幕府移镇江宁"的计划持有异议，但却无力回天。

至德元年（756年）十二月二十五日，永王李璘擅自率领舰队沿江而下。

水师浩浩荡荡，途经浔阳郡（即江州，故治在今江西九江市）的时候，李璘盛情邀请本想隐居庐山的李白进入幕府，辟为僚佐。

当年，李白政治失意，辞职离京，先后漫游黄河下游和长江下游。他高声吟唱："安能摧眉折腰事权贵，使我不得开心颜！"然而却又"拔剑四顾心茫然"，感叹"行路难，行路难！多歧路，今安在？"实际上，在他的心里，并没有放弃"思欲解世纷"的政治抱负，他依旧梦想着、期待着——"长风破浪会有时，直挂云帆济沧海"。

而此时此地，意外地出任永王的幕僚，着实让56岁的李白异常兴奋。他热情讴歌"永王东巡"的盛况，豪迈地抒发自己将要辅佐永王讨伐安史叛军的爱国情怀："三川北虏乱如麻，四海南奔似永嘉。但用东山谢安石，为君谈笑静胡沙。"

豪放，浪漫，激情四溢，甚至单纯得可爱。浪漫主义的大诗人做梦都

不会想到,自己竟然是明珠暗投,误上贼船。

永王"东巡"——乱中乱。这顿时吸引了各方的视线,也牵动唐廷和南朝的神经。

至德二年(757年)正月①,吴郡(即苏州,故治在今江苏苏州市)太守兼江南东道采访使李希言,以平牒(平级公文)致永王,诘问擅自引兵东下的目的。

李璘大怒,当即分兵出击:一路进攻吴郡,一路进攻广陵郡(即扬州,故治在今江苏扬州市)。

李希言与广陵大都督府长史兼淮南道采访使李成式,分别出兵迎战,但均被击败。李璘进至丹阳郡(即润州)衙署所在地——丹徒县(故地在今江苏镇江市)②,杀丹阳太守阎敬之示众。

消息传出,江淮震动。

唐肃宗紧急派遣中使啖庭瑶到广陵,会同广陵长史李成式以及正在此地的河北招讨判官李铣,齐心协力讨伐李璘。

李铣带领麾下步兵、骑兵千余人马驻屯扬子(故地在今江苏扬州南),李成式则命判官评事裴茂率广陵三千步兵,在瓜步(故地在今江苏六合南)布防。双方互为掎角,广张旗帜,耀于江津,夜晚则多列火炬,以虚张声势。

李璘父子登上丹徒城楼,遥望长江北岸,只见讨伐军的兵营声势浩大,二人开始露出恐惧的神色。

李璘的部将季广琛发觉大势不妙,便暗中召集几位将领商议,大家均表示不愿继续追随叛逆,于是割臂而盟,分别率领所部兵马归顺朝廷。

四面楚歌——永王"东巡"的结局已几无悬念。

李璘忧惧而无计可施。至德二年(757年)二月,他仓皇率领余众由

水陆两路向西撤退。

江北官军趁势渡江追击。叛逆部队战败溃散；李玚中箭，死于乱军之中……

"万里夕阳垂地、大江流。"

李璘收集残兵，打算逃往岭南。途中，他们又被江西采访使皇甫侁的追兵击溃，李璘也中箭负伤被捕，不治身亡。

永王东巡突然变成谋乱之举，的确让满怀平叛救国热情的李白一头雾水。他莫名其妙地卷入一场乱中乱，又稀里糊涂地随着李璘叛兵的溃败仓皇西逃。

大概逃到彭泽境内时，李白不幸被捕，并以"附逆"重罪下狱，几乎难逃一死。

然而善有善报，李白意外获得"贵人"搭救，终究大难不死——有诏从轻发落，流放夜郎（故地在今贵州桐梓北）。

这位贵人是谁？他就是平叛元勋郭子仪。

原来，许多年以前，李白游历并州（故治在今山西太原市）时偶然见到了郭子仪，惊异于这位将领仪表堂堂，气度不凡。而恰逢郭子仪不慎触犯军法获罪，李白便凭借自己的盛名出手相救，终于使郭免于重罚（甚或死罪）。

若干年后，郭子仪听说李白无意中"附逆"获罪，便急忙上奏，请求用自己的官职救赎李白。于是才有诏从轻处罚。

一次偶然相遇，竟然挽救了未来的平叛元勋，日后又反过来挽救了伟大的诗人。

李白不幸中之大幸，免死长流夜郎。而中途，竟然又欣逢大赦，他意外获释。

重获自由的李白，从白帝城（在今重庆奉节东）乘船东返江陵，他的心情一路放飞："朝辞白帝彩云间，千里江陵一日还。两岸猿声啼不住，轻舟已过万重山。"

之后李白又继续他的漂泊生活。后来，他听说李光弼出镇临淮，于是又毅然前往，仍打算参与平叛以报效国家但中途不幸因病折返。

李白客居族叔李阳冰住处。李阳冰是著名的篆书家，时任当涂县令。

唐代宗宝应元年（762年），伟大的浪漫主义诗人李白在当涂县（故治在今安徽当涂县）与世长辞，享年61岁。

不久，唐代宗慕名征召李白入京，欲官以左拾遗（从八品上，供奉左右，职在讽谏，为士人清选）。然而，征召令下达之时，斯人已逝矣。

杜甫曾在《梦李白》一诗中叹息："冠盖满京华，斯人独憔悴。……千秋万岁名，寂寞身后事。"——达官显贵春风得意，充斥于京都，唯独李白困顿而不得志。他定会声名不朽，而这却是寂寞之身去世以后的事情了。

就在李璘"东巡"之时，耐人寻味的是，唐玄宗在蜀郡的政治活动也异常活跃，仿佛内外呼应。

他颁发诰令，任命襄阳太守李峘为蜀郡长史、剑南节度使，将作少监魏仲犀为襄阳、山南节度使，永王傅（李璘王府重要官员）刘汇为丹阳太守兼防御使。同时，他还任命宪部（即刑部）尚书李麟同中书门下平章事（宰相），总理南朝百司，并派遣宰相崔圆奉诰前往彭原，加入唐肃宗朝廷。

然而，李璘"东巡"败不旋踵，却让唐玄宗骤然陷入尴尬的境地。

他急忙下诰，谴责李璘"擅越淮海，公行暴乱，违君父之命"，可降为庶民，于房陵郡安置。

岂料李璘终究还是死在南逃的途中。皇甫侁便派人将李璘的家属送往蜀郡。

李璘的死讯传到朝廷。唐肃宗声称，"以璘爱弟，不宣其罪"。他又对左右说道："皇甫侁活捉了我的弟弟，却不送往蜀中，而是擅自杀害了他，是何道理？"于是宣布，对皇甫侁废而不用。

唐玄宗获悉李璘的死讯，"伤悼久之"。

但李璘之乱却无疑是再一次向唐肃宗敲响了警钟——相比于安史之乱这个"外患"，南朝这一"内忧"显然更加紧迫，也更加危险。

夜长梦多，必须当机立断。

至德二年（757年）二月，就在李璘之乱进入尾声之际，唐肃宗遂不顾李泌的前瞻性建议，决定尽快发动正面进攻，收复两京，以便早日摧

毁悬在自己头顶上的"达摩克利斯之剑"。

两京战役

唐肃宗驻跸凤翔(故治在今陕西凤翔县),关内节度使王思礼率部向东前移,驻防武功(故治在今陕西武功县西北)以及两翼的东原、西原,威逼长安。

至德二年(757年)三月,诏令郭子仪率部从潼关、河东西赴凤翔。五月,新任司空(秩正一品)兼关内、河东副元帅郭子仪,奉诏东征以收复京师。

郭子仪进军途中,击垮叛军的邀击,与王思礼部队会师于西渭桥(位于长安北、咸阳西南),进屯潏水(在长安西边由南向北流入渭水)西岸,直逼长安。

驻屯长安的叛军骁将安守忠等部队出城迎战。

由于官军战役纵深浅,两翼无掩护,既缺少骑兵,又没有预备队,因而面对叛军大量精锐骑兵的夹攻,迅速溃败。……

郭子仪收集余众,被迫退保武功,继而又收缩防线,退守凤翔大本营。他诣阙请罪自贬。唐肃宗并未追究,仅象征性地由司空降为左仆射(秩从二品)。

房琯、郭子仪先后挥师东征,继战不利,叛军兵锋方锐,屡来寇袭。但这一切都阻挡不了唐肃宗逆风前行的脚步。新朝廷迅速包扎"创伤",稳住阵脚,继续厉兵秣马,待机而动。

"秋风萧瑟,洪波涌起。"至德二年(757年)闰八月,两京战役不无悲壮地又一次拉开大幕。

二十三日,唐肃宗犒劳出征将领。他语重心长地对副元帅郭子仪说:"事情的成败与否,在此一举!"

郭子仪慨然应允:"此行不捷,臣必以死报国!"这一年,郭子仪60岁。

郭子仪遂率领前锋部队从凤翔出发,进屯扶风。

340

去年底，郭子仪曾会同回纥骑兵征战河曲，平定同罗诸胡之乱，深知回纥骑兵"勇冠诸蕃"。这次临行前，他建议再度借助回纥骁骑东征。

九月，回纥葛勒可汗应唐肃宗之请，派遣太子叶护与将军帝德，率精锐骑兵四千人马从漠北赶赴凤翔，助国伐叛。

十二日，天下兵马元帅、广平王李俶统领蕃、汉大军——朔方、河陇、安西、拔汗那、大食、云南、回纥等兵马——15万之众，从凤翔出征。

大军抵达扶风，与郭子仪的前锋部队会师。郭子仪欲设宴三日，款待回纥援兵。叶护婉言推辞，说："国家多难，我远来助国讨逆，怎敢连日宴饮。"初宴结束，他便率部随大军奔向前线。

作为助国平叛的精锐之师，回纥骑兵在关中、中原战场首次亮相。

回纥，后改称回鹘，系中国古代北方铁勒部族的一支，也是今天中国维吾尔族的祖先。其民风骁强，善于骑射，辗转游牧于色楞格河、土拉河、鄂尔浑河等流域之间（故地大致在今蒙古北部）。

唐太宗时期，回纥归附唐朝，列为瀚海都督府，归燕然都护府（后改名安北都护府）管辖。唐玄宗天宝三载（744年），回纥汗国建立，据有漠北广大地区，其历代可汗相继接受唐朝册封，双方经常进行绢马等实物贸易。

九月二十七日，官军抵达长安西南郊外，陈兵于沣水东岸、香积寺之北。

沣水，源于终南山，由南向北流入渭水。长安香积寺，建于唐中宗神龙二年（706年），是中国佛教净土宗的祖庭。它北邻风景秀丽的樊川，南望巍巍苍山，故址在今陕西西安的西南方。

晨钟暮鼓，将要淹没在惊天动地的厮杀声中，沣水、香积寺，将会见证唐朝蕃、汉将士正义之剑的万钧雷霆。

"正西风落叶下长安，飞鸣镝。"

十万叛军出城迎战，在官军东北面相距数里，摆开阵势。

郭子仪汲取上次反攻失败的教训，这次便利用地势向北倾斜的特

点,面向东北列阵,并且扩大纵深部署,加强侧翼掩护。

李嗣业所率安西、北庭等部队为前军,李俶与郭子仪所率朔方、河西、陇右等部队为中军,王思礼所率关内等部队为后军,形成三大梯队的战役纵深,横亘 30 里,戈铤鼓鞞,震耀山野。

叛军悍将李归仁首先率领劲骑出阵挑战。官军万箭齐发,击退叛军骑兵,紧接着,官军的骑兵呼啸而出,追击逃敌,迅速接近敌方阵地。

突然,叛军前锋部队全线出击,来势凶猛,官军骑兵被迫后撤。叛军则乘势尾追冲入官军阵地,造成官军一片嚣乱。……

情势异常危急。前军主将,镇西·北庭行营兵马使李嗣业大声吼道:"今日不拼死迎战,必定全军覆没!"

说着,他便断然脱掉上身甲胄,手执长柄双刃陌刀,冲到阵前,大呼奋击;叛军当其刀者,人马俱碎。

"勇斗则生,不勇则死。"大将李嗣业,又一次犹如中流砥柱,巍然屹立于惊涛骇浪之中。

前军将士们一个个抖擞精神,各持陌刀,紧随其后,雷霆般地呐喊着,杀入敌群,血战前行,仿佛狂飙巨澜,势不可当。……

"相看白刃血纷纷,死节从来岂顾勋!"

凤翔都知兵马使兼兴平节度使王难得,亦是骁勇无比。他在交战中驰救麾下裨将,却不幸被敌箭射中眉骨,以致眼皮受伤耷拉下来挡住了视线。他大喝一声,忍痛拔出箭头,断然扯掉破损的眼皮,血流满面,依旧殊死战斗。

元帅李俶接到侦察情报,称叛军阵地一侧潜伏着一支骑兵部队,正准备迂回偷袭官军左侧后。李俶紧急命令朔方左厢兵马使仆固怀恩,迅速引领回纥骑兵主动袭击。

很快,这支叛军骑兵就被歼灭殆尽。叛军正面主攻部队闻讯,气焰顿时低落。

李嗣业的前军已从正面突破叛军阵地,恰好与抄袭叛军侧后的回纥骑兵形成夹击之势,并且截断了叛军的后路。

战斗正酣,仆固怀恩也索性脱掉盔甲,手持长矛驰入敌群,连续刺杀

叛军十余人,众皆惊靡。

正面跟进的中军和后军也全线出击,表里夹攻。

"旌蔽日兮敌若云,矢交坠兮士争先。"

双方共 25 万兵力的大决战,从中午一直厮杀到傍晚,叛军全线崩溃,尸横遍野,残众逃入长安城内。

入夜,城里仿佛惊弓之鸟,喧嚣不止。仆固怀恩判断残敌要弃城东逃,几次建议率骑兵追击,以免后患。

李俶素以"仁孝温恭"而著称,考虑到将士作战疲劳,说道,还是暂且休息,待明日天亮后再行动吧。

或许,在李俶的心里,主要目标乃是收复长安,假如穷寇弃城而逃,则是不战而达到了目标,也就不必在意连夜追击,以免节外生枝。

次日清晨,情报证实,叛军残部果然趁夜色弃城遁逃。

仆固怀恩(? —765 年),漠北铁勒族仆固(又作仆骨)部人。仆固部众南迁归附唐朝,其家族世袭酋长和都督。天宝年间,他率部众加入朔方军,成为一支主力劲旅,其本人也以骁勇善战、通晓蕃语,深受历任节度使的器重。安史乱起,他率部随郭子仪出征伐叛,勇冠三军,屡建战功。这次,他又奉旨引领回纥骑兵,随大军反攻两京。

九月二十八日,李俶大军隆重进入西京长安。耆老百姓夹道欢迎,人们喜极而泣:"没想到今天又见到官军!"

全军休整三日。有情报称,叛军残部犹退保陕郡。于是官军继续挥师东进。

郭子仪率领的前锋及其王难得部,分别相继攻克华阴、潼关、弘农、上洛,势如破竹。

安庆绪在洛阳,急忙派遣严庄统领十万兵马倾巢而出,会合从长安败退的部队,企图在陕郡(即陕州,故治在今河南三门峡市西)一线阻击官军。

十月十五日,李俶大军抵达陕城西南,在曲沃(故地在今河南三门峡

市西南)扎下大营。回纥骑兵部队沿着南山向东搜索,歼灭了潜伏在山谷里的叛军部队,遂驻扎于山北。

郭子仪与李嗣业指挥前锋部队东进至新店(位于陕城西南、曲沃东北),发现叛军已经依托山势,列阵以待。

叛军骑兵出阵挑战,均被官军击退。于是,郭子仪指挥前锋部队全面出击,冲入敌人阵地。但意想不到的事情发生了——叛军后续大部队突然从两翼包抄过来。双方兵力悬殊,官军急忙后撤以免陷入包围,士气便骤然动摇。……

正当危急之时,只见回纥骑兵已从南山快速运动过来,抄袭叛军侧后。仿佛从天而降,数千匹战马腾起漫天黄尘。尘埃中,嗖-嗖-嗖,射来一支支利箭。

叛军阵地西北角迅速被回纥骑兵冲垮踏破。叛兵惊呼:"回纥兵来啦——",霎时间"秒怂",溃不成军。

李嗣业正在指挥部队且战且退,猛然间发现敌营出现骚乱,回纥铁骑势如破竹。他急忙稳住阵脚,并乘势率领本部骑兵反攻前击,与回纥骑兵表里夹攻。……

兵败如山倒。叛军横尸蔽野,弃甲如山,严庄带领残众弃陕东逃。

官军收复陕郡,继续分道追击残敌。

新店之役,安庆绪的直辖部队伤亡逃散过半,亦如惊弓之鸟。西距陕城不足 300 里的洛阳城,形同裸露在官军的铁拳之下。

严庄逃回洛阳,便与安庆绪仓皇放弃洛城,连夜逃往河北。临行时,他们还不忘杀害在押的唐朝被俘官员 30 余人,其中包括哥舒翰和程千里。

十月十八日,官军收复东都洛阳。

二十一日,郭子仪又派兵北渡黄河,攻克河阳、河内(故治分别在今河南孟州市、沁阳市),从而夺取了洛阳北面屏障和进军河北的桥头堡。

至此,两京战役胜利结束。继而,官军又连续收复河东、河南各郡县。

唐朝平叛战争开始走出低谷,然而危机却远未消失。

銮舆返京

九月二十九日,王师光复长安的捷报传到凤翔。百官入觐祝贺,唐肃宗喜极而泣,泪流满面。

"秋与云平",满天秋色,而唐廷内外却洋溢着浓浓的春意,仿佛春回大地。

当天,唐肃宗就迫不及待地派中使奉表入蜀,传递佳音,并迎接太上皇返京。同时,他又急召正随大军行动的李泌回朝议事。

李泌急忙回到凤翔。唐肃宗告诉他:"朕已派人奉表入蜀,恭请上皇东归,而朕当回东宫,复尽臣子之职。"

"此表可以追回吗?"没想到李泌却问了这样一句话。

"已经去远了。"唐肃宗说。

"上皇不会回来了。"李泌摇摇头。

唐肃宗大吃一惊,忙问何故?

"理势自然。"李泌答道。

一句看似简单的回答,却含蓄道破了皇室父子二十年来恩恩怨怨所造成的相互牵连却又彼此猜忌戒备的心结。

接着,李泌坦诚奏言。他认为,唐肃宗即皇帝位,乃是顺应人心之举,而且平叛有功,大可不必心虚。人臣尚且七十而传子,何况上皇已经年逾古稀,何必再烦劳他躬亲天下大事呢。

唐肃宗恍然大悟。

"那该怎么办呢?"他焦急地又问。

李泌建议亡羊补牢。他说,再以群臣的名义上一道贺表给上皇,讲明四层意思:第一,当初是马嵬百姓极力恳请太子留下来抗战;第二,后来是灵武群臣再三劝进即位;第三,如今皇帝领导官军浴血奋战,已经光复京师;第四,表明皇帝朝夕思念上皇,急盼早日还京,以成全奉养之孝心。

唐肃宗立即让李泌草拟此表,再遣中使奉表入蜀。

就这样,李泌以"群臣通奏"的名义,为皇家父子缓解疑虑、体面下台

搭建了一个平稳的阶梯。

果然不出李泌所料,唐玄宗接到初奏,便回复,当与我剑南一道奉养自己,不再回京了。

唐肃宗弄巧成拙,忧惧而不知所措。

不久,后一位中使则带回了喜讯,说:"上皇最初看到陛下想要回归东宫的奏表,便寝食不安,彷徨不定,不愿返京。及至群臣贺表送达,上皇才转忧为喜,命进食作乐,并下诰选定还京的日期。"

云开雾散,唐肃宗如释重负。他急忙召见李泌,说:"这都是先生的功劳啊!"

斯时,两京光复,而李泌却一再请求挂冠归山。

"细看涛生云灭",身处权力中心的李泌,不愿陷入今后权力斗争的漩涡,他继续以淡泊之心看待进退沉浮。

唐肃宗也一再挽留,但终无效果,只得同意李泌归隐衡山。他敕令当地官府为李泌修筑山中居所,并且供给三品俸禄。

5年后,李俶即位,是为唐代宗。李泌应召重新入朝参政,同样颇承恩遇。但他却累遭权幸忌妒,几度沉浮,直到唐德宗(代宗之子)践祚,才最终致位宰辅。

史称李泌放旷敏辩,颇有谠直之风,历经三朝,皆能言人所难言者,于国事多有匡救。

至德二年(757年)十月十九日,唐肃宗从凤翔起驾东行,同时派太子太师韦见素入蜀,奉迎太上皇。

二十三日,唐肃宗君臣重返西京长安。百姓纷纷出城迎接,人群长达20里。

唐肃宗入居大明宫。

众多叛变投敌的前官员都成了阶下囚,此时,他们均被押解到含元殿前,敞头赤足素服,不停地捶胸磕头请罪。

十月二十三日,大概是一个黄道吉日。这一天,远在千里之外的蜀

郡,唐玄宗一行千人也启程东归。

十一月二十二日,队伍来到凤翔。三千精骑已经在此"迎卫"。他们奉旨要解除扈从上皇的禁军武装。 唐玄宗心领神会。他说:"临近王城,何用此物!"随即下令,扈从禁军刀枪入库。

唐玄宗的队伍在三千精骑的"护卫"下继续东进。几天后,再次途经马嵬驿。

马嵬,唐玄宗的伤心之地,往事历历在目。他情不自禁地踌躇止步,君臣相顾落泪。

但,一抔黄土毕竟牵涉到敏感的话题,唐玄宗只能派宦官前去贵妃墓略事祭奠,而自己则无限惆怅地任马前行。……

十二月初三日,队伍抵达咸阳。唐肃宗已提前来到望贤宫奉迎,车驾仪仗簇拥着唐玄宗进入望贤宫南楼。

不一会儿,唐肃宗也骑着马走过来。他望见南楼便下了马,脱掉黄袍(皇帝服饰),换上紫袍(三品以上高官服饰),快步走到楼前,再拜蹈舞,称庆祝贺。

唐玄宗立即走下南楼,来到唐肃宗面前。

战乱之中久别重逢,恍若隔世,父子俩悲喜交织。唐肃宗匍匐在地,两手抱住父亲的双脚,呜咽流涕。唐玄宗弯下腰,抚摸着儿子的身体,也老泪纵横。

人们常说,人生如戏。——有时候,人生确是虚情假意的表演,但有时,人生却又是真情实意的流露。

唐玄宗索取黄袍,并亲手替唐肃宗换上,说道:"天意人心皆归向于你,使朕得以保养余齿,是你的孝心啊!"

…… ……

第二天,离开行宫,唐肃宗服侍太上皇骑上马背,并徒步为上皇牵马而行。唐玄宗迅即抚其背予以阻止,唐肃宗方才骑上马,在上皇侧前方前导徐行。

人马浩浩荡荡由长安西北边的开远门入城。沿街张灯结彩,百姓夹道欢迎。——这,既是对皇家父子的欢迎,也是对平叛战争阶段性胜利

的欢庆。

队伍抵达大明宫。文武百官早已列班于含元殿庭。太上皇与皇帝一同进入殿内，接受百僚拜舞称贺。唐玄宗亲切抚问，众皆感动哽咽。……

礼毕，唐玄宗又到长安殿拜谒祖宗神主。

祖先崇拜属于中国人的传统文化，其重要内容之一，就是设立祖庙并按时举行祭祀活动。皇帝的祖庙称作太庙，也是供奉着直系祖宗的牌位和图像，称为神主。太庙的祭祀活动是古代国家政治生活中的一件大事，甚至连太庙本身也成为国家政权的一个象征。

是时，太庙已被叛军焚毁，因而神主暂时供奉在大明宫的长安殿内。

谒庙请罪，痛定思痛，彻底唤醒了唐玄宗的创伤性记忆。面对列祖列宗的神主，他百感交集，老泪纵横，最后，终于忍不住放声大哭，就像冲破闸门的洪水，狂泻千里。……

恐怕左右都从未见过，这位昔日的盛唐天子而今的太上皇，竟会如此恸哭不止，哭得这样伤心。

第十三卷

危机重重

盛唐的危机

　　唐肃宗朝廷逆风前行，平叛战争重回正轨。然而，事变多故，危机远未结束。

　　安史之乱，突然引爆唐朝的政治危机，继而又导致一连串相关的危机——边防危机、经济危机、社会危机——接踵爆发。

　　"潘多拉的盒子"终于被完全打开了。

　　重重危机，危机重重，大唐帝国，怎一个乱字了得！

两京光复之后

伪燕朝皇帝安庆绪逃到黄河以北的邺郡（即相州，故治在今河南安阳市），随后，叛将蔡希德等也分别率部撤退过来，兵力6万，声势稍振，并控制着周围7个郡的地盘。

当初，史思明奉安禄山之命，经略河北，转战河东，势力逐渐壮大。安庆绪弑父篡位之后，便任命史思明为范阳节度使，封妫川王。史思明骁勇善战，如今又盘踞范阳老巢，手握重兵，拥有从两京掠夺来的大量珍宝财物，并占据13个郡的地盘，实力强劲，称霸一方，拒不听从安庆绪的命令。

至德二年（757年）十二月，安庆绪便遣骁将阿史那承庆等率5000劲骑前往范阳，"商议"征调史思明的部队，并且寻机清除史思明。结果弄巧成拙，这些人反而被史思明设计生擒，或拘或杀。

于是乎，史思明就与安庆绪公开反目为仇。但从所谓的"君臣"名分上讲，却于史思明不利的。

权衡利弊，史思明便向唐廷伸出了"橄榄枝"——自愿以所辖8万兵马与13个郡归顺朝廷。

唐肃宗大悦，封史思明为归义王，任范阳长史、御史大夫、河北节度使，依旧统辖原有的地盘和军队。

安庆绪龟缩河北一隅，内部争权恶斗，大势已去。于是就连严庄也明智地选择了归顺朝廷之路，获得唐肃宗接见，官拜司农卿。

唐廷怀柔分化之举,迅疾产生示范效应,促使一些伪节度使和伪太守也相继投诚。

看起来,战争的天平已再度朝着有利于唐廷的一方倾斜。

唐肃宗乾元元年(758 年)春,长安大明宫早朝:

"鸡鸣紫陌曙光寒,莺啭皇州春色阑。金阙晓钟开万户,玉阶仙仗拥千宫。"(岑参诗)

"九天阊阖开宫殿,万国衣冠拜冕旒。日色才临仙掌动,香烟欲傍衮龙浮。"(王维诗)

巍峨宏大、富丽堂皇的大明宫,仿佛已恢复昔日的荣光,文武百官、各族各国的使臣隆重参加早朝,似乎也折射出大唐王朝的中兴气象。

刚刚走出"耻辱之谷"的唐朝廷,便利用相对平静的战役间歇期,集中精力相继处理了一系列军政要务,借此安抚人心,稳定政局,调整权力机构和军力部署,准备继续反攻以消灭"大燕王朝"。

相州会战

平叛战争的形势恰如李泌所料:唐廷虽然迅速攻克两京,但叛军位于黄河以北的后方基地依旧存在,并且保持着庞大的武装力量,依托邺郡(相州)和范阳(幽州)两个中心城市及其周围地区,明里暗里与唐廷相抗衡。

中原战场沉寂了近一年时间后,又迎来一场新的战役。

乾元元年(758 年)七月、八月,郭子仪、李光弼先后由洛阳和太原入朝。唐肃宗分别加授郭子仪、李光弼为中书令和侍中,均为使相(出使在外而挂职宰相的大臣)。然而,这两位深受恩宠的元勋重臣,恐怕不会仅仅是为了接受相职来到长安,他们极有可能是应召前来共商平叛大计。

果然,九月二十一日,唐肃宗发布作战命令:朔方节度使郭子仪、河东节度使李光弼等九位节度使,各率所部兵马,共计 20 万,讨伐安庆绪。

郭子仪率先挥师北渡黄河,抵达获嘉(故治在今河南获嘉县),击溃

叛军安太清部,进围卫州(故治在今河南卫辉市),与鲁炅等四节度使会师城下。

安庆绪亲自率兵从相州赶来增援,结果大败而逃。

官军攻拔卫州,并乘胜追击,在相州城西的愁思冈,会合另几位节度使部队,再次大破叛军。安庆绪带领残部仓皇逃入城中。

官军诸节度使部队遂连营包围邺城。

安庆绪窘急无奈,只得派部将赍厚礼向史思明求救,甚至承诺禅让"皇位"。

史思明与安禄山是同乡,年轻时就关系密切。可是,他却并非安禄山集团的核心成员,而是依靠能征善战、积累军功,逐步建立自己的军事势力,以至于能和安庆绪分庭抗礼。

史思明不得已归顺朝廷后,唐肃宗遣使宣慰,并命他讨伐安庆绪。

史思明奉旨出兵,乘机挤占了安庆绪的一些次要地盘,但却一直没有大动干戈地讨伐。

当初,宰相兼河南节度使张镐听说史思明投诚,就曾密奏,称史思明狡诈凶狠,"可以计取,难以义招",决不可轻信和重用。

的确,史思明有勇有谋,骄横难制。他盘踞黄河以北、太行山以东约半数以上的州县,兵精粮足,企图河山带砺,建王侯之国,故而借归顺之名,行独立之实。

而李光弼也认定,招降史思明无异于与狐谋皮,"终当叛乱"。因此,他暗中策反了史思明的亲信乌承恩,并建议唐肃宗任命乌为范阳节度副使,密令其组织力量,伺机谋杀史思明。

唐肃宗采用了李光弼的建议。但意想不到的是,乌承恩的谋杀行动不幸泄露,乌父子及相关成员两百余人尽遭杀害,就连朝廷使臣也被囚禁。

这一事件发生在乾元元年(758年)六月。

史思明迅即上表控诉。唐肃宗急忙又派中使慰谕,否认国家和李光弼参与其事,而是乌承恩独自所为,"杀之甚好"。

但无论如何,唐廷与史思明的潜在矛盾冲突已然浮出水面。如今,面对安庆绪的求救信,不管是从"皇位"的角度还是从唇亡齿寒的角度来看,想必史思明都不会无动于衷。

可是官军九节度使军威之盛,却令史思明不敢轻举妄动。于是,他就先试探性地派遣步、骑兵 1 万多人马进驻滏阳(故治在今河北磁县),南距邺城 60 里,隔漳水牵制官军,遥助安庆绪的声势。

乾元元年(758 年)十一月,驻扎魏州的叛军归顺朝廷。魏州(故治在今河北大名县东北)乃是控制相州东面的战略要地,可以掩护围邺官军的侧翼安全,并对邻近的博州和贝州(也均被史思明占据)构成直接威胁。

史思明再也沉不住气了。他迅速兵分三路南下,中路军直扑魏州。官军崔光远部在魏州立足未稳,连战不利,又误中敌人的离间计,挫伤士气。十二月二十九日,他被迫弃城退往汴州。

史思明攻陷魏州,疯狂报复,杀人 3 万,血流遍地。

乾元二年(759 年)正月初一日,就在魏州百姓的血泊上,史思明登坛僭称"大圣燕王"。

相州之战,官军突遭逆风来袭,史思明军队的大举南犯,骤然牵动了各方的视线和神经。

但又出乎意料的是,史思明大军攻占魏州后,气焰嚣张,已然逼近西边的相州,却突然对其"狂飙进行曲"按下了"暂停键"。

李光弼分析,史思明是在盘算着以逸待劳,等待围攻相州的官军疲惫松懈,再以精锐之师突袭官军。因此他建议官军兵分两路,围城打援。

这项卓有远见的建议,不料却横遭观军容使鱼朝恩的否决。

当时,颇为吊诡的是,官军九节度使、一兵马使,20 余万兵力,四面云集,联合作战,却居然破天荒的没有任命军事统帅。

唐肃宗公开的理由是,郭子仪与李光弼俱为元勋,难相统属,故而不便设置元帅。

然而,唐肃宗的真实动机却远非如此简单。

早在至德二年(757年)十一月,天下兵马元帅李俶与副元帅郭子仪从洛阳凯旋,唐肃宗在长安慰劳郭子仪,不无动情地说道:"虽是朕的家国,实际由卿再造。"

郭子仪慌忙顿首辞谢。

在唐肃宗的眼里,郭子仪的平叛功劳可谓盖世,论功行赏理当首屈一指。可是处在帝制时代,功高往往震主,权重常常难制,即便郭子仪为人处事一贯谨慎低调,而且对皇帝乃至对上级都是忠心耿耿。

于是,唐肃宗便对另一位平叛大功臣李光弼同等重用,借此起到相互牵制的作用。而在这次重大战役中,因李俶已立为太子,不宜再出任元帅亲临前线,所以唐肃宗就让郭、李同往相州参战,从而造成不设军事统帅的借口。

但问题又在于,按照唐朝的军事体制,各节度使之间是互不统属的,即使同在前线的各节度行营的军队,也都具有相当大的独立性。因而凡是调发诸道节度使部队联合作战,都要由皇帝任命一位元帅或副元帅,授权在前线统一指挥军事行动。

显然,会师攻邺的20多万大军,分属九位节度使和一位兵马使,也绝对不可缺少统一的指挥。于是唐肃宗便特意设置了一个名叫"观军容、宣慰、处置使"的差遣使职,简称观军容使,俨然成为此次战役的变相统帅。而奉旨担任这一职务的人,则是唐肃宗的亲信宦官鱼朝恩。

鱼朝恩时年36岁,狡猾聪慧。虽奉旨操控大军,但他却不懂军事,且专横跋扈,故而难以服众,致使众将领斗志涣散。九节度、一兵马使大军的会战,也就注定要陷入一种窘境,就像《克雷洛夫寓言》里的"天鹅、梭子鱼和虾"的故事那样。

在官军激战于愁思冈时,镇西·北庭行营节度使李嗣业不幸被流矢击中,终因伤口大出血医治无效,在军营中为国捐躯。

当年怛逻斯之战,李嗣业于危急关头挺身挽救了部队。高仙芝表奏其功,晋升右金吾大将军,充疏勒镇使,后又加骠骑大将军。

唐肃宗即位,李嗣业奉诏,率领步、骑兵五千人马自安西驰援,所过

郡县秋毫不犯，风尘仆仆赶到凤翔谒见。唐肃宗高兴地说："今日得到卿，胜过数万之众。"

李嗣业常任先锋将，身当矢石，出生入死。他不计财产，就连自己的70匹骏马以及所获赏赐都捐献国家以助军用。

他不仅忠勇卫国，也是平叛战争期间阵亡的最高级别的将领。唐肃宗闻讯震悼，嗟惜久之，随即下诏褒奖，给予高度评价。

相州战役开打不久，诸节度使部队就因军无统帅，号令不一，"进退相顾望而无所承禀"，致使战争进程迟缓，旷日持久，最后干脆围而不攻。

相州城内存粮告罄，百姓饥饿困苦不堪。但安庆绪集团依然负隅顽抗，期待史思明救援。官军长期顿兵于城下，终究师老兵疲。

果如李光弼所料，史思明见有机可乘，便终止作壁上观，于乾元二年（759年）二月，率兵自魏州汹汹而来。

他们在官军外围离城50里处分散扎营，遥相呼应，击鼓助威。史思明还派出众多骑兵小队，昼夜袭扰官军；又遣精兵，频频袭击官军的后勤人员和粮食运输线。

官军围邺日久，而今又困于叛军的袭扰破坏，几乎财竭粮尽，于是"人思自溃"。

至此，史思明认为战机已经成熟，遂下战书与官军择日决战。

三月初六日，相州安阳城下，安阳河畔。

洹水东流，经过相州治所所在安阳县城的北面，谓之安阳河。官军步、骑兵20余万人马（号称60万），列阵于安阳河北岸。

史思明指挥5万步、骑兵主力，从正面向官军阵地发起攻击。李光弼、鲁炅等节度使指挥前军各部队奋勇迎敌。战斗激烈，双方伤亡不相上下，鲁炅也中箭负伤。郭子仪等节度使则指挥后军各部队，正准备投入战斗。

突然间，战场上狂风大作，飞沙走石，遮天蔽日，跬步难辨物色，小树都被连根拔起。……

一场猛烈的沙尘暴不期而至,就好像世界末日来临。神经紧绷的交战双方猝不及防,大惊失色,几乎所有的人都不约而同地拼命逃离战场——叛军向北,官军向南,犹如惊弓之鸟,溃不成军。

官军群龙无首,战事旷日持久,将士们早已无心恋战,恰好顺势各自溃归本镇。唯有李光弼和王思礼分别收合部众,沉着有序地撤回驻地。

"精神状态对军事力量具有决定性的影响。"(《战争论》)——轰轰烈烈的相州战役,正是在官军精神涣散状态下,进展迟缓并最终一哄而散。

军无统帅,法难罚众,况且戡乱伐叛任重道远,唐肃宗也只能既往不咎,不了了之。

面对硬碰硬的交锋,叛军也无心恋战,一路向北狂奔,直到确定官军已经散去才惊魂稍定。史思明于是收整士众,重新南下,屯兵于邺城之南。

邺城之围既解,安庆绪又喜获官军遗弃的粮食,便开始反悔承诺,并与亲信商议,欲拒史思明于邺城之外。

然而,安庆绪们却严重忽视了一个道理——"你得明白,你是在和谁闹着玩儿。"(《克雷洛夫寓言》)

史思明手握重兵,南面称"孤",他挥师南下,既是来解相州之围,也是来趁火打劫。邺城危急之时,安庆绪已经派人把所谓的"皇帝玺绶"送到史思明的军营,而军中也都齐声高呼"万岁"。如今安庆绪竟然过河拆桥,这势必让史思明恼羞成怒。

接下来,史思明却不动声色地设下圈套,终于诱杀了安庆绪及其亲信高尚等人,并且轻松兼并了安的兵众和地盘。

史思明志得意满。他留下儿子史朝义驻守相州,自己则引兵北上,返回幽州(范阳),急于圆自己的"皇帝梦"。

四月,史思明自称"大燕国"的"应天皇帝",建元"顺天",以幽州为"燕京"。这一年,他56岁。

叛乱集团死灰复燃,开启"大燕王朝"2.0时代。

河阳鏖兵

一时间，战场似乎又归于平静。然而，这却是新的鏖战前夜的短暂"平静"。

郭子仪带领朔方军及回纥骑兵由相州退保洛阳，并分兵防守北边屏障——河阳。

郭子仪素来宽容大度，治军却未免失于宽松。相州决战风云突变，朔方军作为后续部队，尚未投入战斗居然就率先溃退，战马仅存十分之三，甲仗更是遗弃殆尽。这个严重的过错，正好成为观军容使鱼朝恩事后推卸责任的口实。

这年七月，唐肃宗便召郭子仪回京，以李光弼接替他出任诸道兵马元帅兼朔方节度使，坐镇洛阳。李光弼奏请以亲王为元帅，自己则任副元帅。唐肃宗准奏，由亲王遥领，仍由李光弼主持军务。

李光弼时年51岁。唐肃宗的任命制书中评价他："器识宏远，志怀沉毅，蕴孙、吴之略，有文武之材。"——李光弼，似乎命运也总是安排他在平叛战争最艰难的时刻，去承担最危险的重任。

长期战乱，促使诸节度使军队的作用和地位迅速上升，并逐渐养成骄悍的风气。朔方军作为唐朝的王牌劲旅，功劳卓著，更是不乏骄兵悍将，以至于胆敢从相州战场率先溃退。

李光弼曾任朔方节度副使，也曾率其一部征战河北，深知朔方军能征善战，也了解朔方军的骄兵悍将。他奉旨便立即带领河东军500名骑兵驰赴洛阳，乘夜色悄然进入朔方节度行营。

上任后，李光弼首先召张用济将军来洛阳议事。

张用济时任朔方左厢兵马使。当初，他力排众议，反对放弃洛阳退保蒲、陕二州，主张固守洛阳与河阳，形成掎角之势。郭子仪采纳了他的建议，并派他带兵驻守河阳。他增修加固城防工事，严阵以待，令前来争夺河阳的叛军望而却步。

朔方军久已习惯郭子仪的宽松，畏惧前朔方节度副使李光弼的严厉，因而诸将领私底下颇有异议。张用济更是不满李光弼夜入朔方行营的举动，公开抱怨李光弼对朔方军的猜疑太过分。他甚至和一些将领密谋，主张以精兵突袭洛阳，驱逐立足未稳的李光弼，再请求（实为要挟）朝廷重新起用郭子仪。

突袭洛阳的部队已经奉命披甲上马，衔枚以待。兵变一触即发。

朔方节度副使兼都知兵马使仆固怀恩当即劝阻，说道："邺城之溃，是郭公所统朔方军先退，朝廷追究主将责任，故而罢其兵权。今驱逐李公而强行请回郭公，违抗朝廷的命令，是在造反，能这样做吗？"

右武锋使康元宝也表示反对，认为发动兵变势必殃及郭公，构成灭门之祸。"郭公全家何负于君啊！"他对张用济说。

箭在弦上的兵变，终于悬崖勒马。

李光弼治军向来严格严厉。张用济也许怨气未消，也许是心里发虚，居然迁延未至。

于是，李光弼率领数千骑兵东出洛阳，来到汜水县（故治在今河南荥阳市汜水镇）巡视。

张用济闻讯，再也无法躲避，不得不匆忙单骑迎谒。——为避嫌疑，他未带一兵一卒。

李光弼怒斥张用济目无军纪，藐视上司（是否获得张用济阴谋兵变的密报，史无记载），当即喝令，推出辕门斩首。

接下来，李光弼又下令召见仆固怀恩。仆固怀恩诚惶诚恐，提前赶到。

李光弼对他优礼有加，入座叙谈。

俄而门卫报告，有数百名蕃族、浑族骑兵来到这里。

李光弼心中一惊，顿时沉下脸来，面带怒色。

仆固怀恩慌忙走出营帐，大声对部将喊道："叫你不要来，为何违抗命令！"

李光弼想必明白了，仆固怀恩带来卫队是意欲防身而非作乱。于是他缓和了怒容，说道："士卒随将，何罪之有！"吩咐以牛肉、美酒犒劳这群骑兵卫士。

事后不久，唐肃宗下诏，殿中监、朔方节度副使仆固怀恩兼任太常卿，晋爵大宁郡王。殿中监，秩从三品，而太常卿，秩正三品，且在卿、监中的地位最高。

仆固怀恩长期在郭子仪麾下担任前锋，勇冠三军，战功居多。唐肃宗提升奖赏他，也是对朔方军将士的一种安抚，而按照唐朝的制度惯例，此时这一举措，也应与李光弼的奏请建议有关。

李光弼一扫朔方军骄悍之风而又稳定了军心，众将领莫不慑服。他素以从严治军著名，史称"号令一施，士卒、壁垒、旌旗及精采（即军中精神风采——笔者注）皆变"。

拿破仑似曾说过，一支由驯鹿统率的狮军，绝不可能再是狮军。——换言之，由雄狮统率的狮军，才会是真正的狮军。

相州会战的结局，令唐朝平叛战争一时"搁浅"，而叛乱集团的最高权力则从安氏家族转移到史氏家族的手里。史思明重兵盘踞黄河以北地区，仍是一股不容小觑的分裂势力，并且随时有可能卷土重来。

乾元二年（759年）八月二十九日，唐肃宗又任命天下兵马副元帅、朔方节度使李光弼兼领幽州长史、河北节度等使。这项不同寻常的人事任命，透露出一个重要信息——唐廷正在筹划收复河北的新战役，并将由李光弼统一指挥。

似乎巧合的是，紧接着在九月份，史思明也突然兵分四路，向黄河以南推进，其中，三路会攻汴州，一路直扑滑州。

看来，史思明是想抢在官军北伐之前，以攻为守，先发制人。

河南的天空，再度战云翻滚。

李光弼正在巡视黄河沿岸各军营垒，接到叛军南下逼近汴州的情报，便迅速来到汴州城（故治在今河南开封市）。他对汴州刺史、汴滑节度使许叔冀说："大夫能坚守此城15日，我必定率兵来救。"

许叔冀慨然应诺。

李光弼随即带领卫队踏上归程。

叛军开始大举围攻汴州城。许叔冀接战不利，意志动摇，很快便率部投降，防区内的汴、滑、濮诸州随之相继陷落。

叛军又乘胜西攻郑州（故治在今河南郑州市），战争的阴霾也再一次涌向东都，笼罩洛阳。

东部前线失利的消息迅疾传来，而李光弼尚在返回洛阳的路上。但他依旧神色镇静，整众徐行。……

"暮色苍茫看劲松，乱云飞渡仍从容。"

进入洛城，李光弼立刻邀请东都留守韦陟等官员，共商御敌之策。

"贼军乘邺城之胜，再犯王畿，我军应当按兵以挫其锋，不利于速战。"李光弼开门见山，直入主题。紧接着，他转向韦陟："洛阳存粮不足，且不利于防守，公作何打算？"

韦陟认为，"增兵陕州，退守潼关，据险以待贼军，足以自固而挫其锋芒"。

"此盖兵家常势，非用奇之策。"李光弼回答，"两军交战，贵进忌退，今若无故放弃五白里地盘，则是助长贼军的声势。若移军河阳，北阻泽、潞，有利则出击，不利则退守，表里相应，使贼军不敢西侵，这便是猿臂之势。"①

李光弼冷静分析形势和对策，最后又坦率直言："谈论朝廷礼仪，光弼不如公，议论军旅之事，公不如光弼。"

韦陟无言以对。但判官韦损仍然质疑："东京乃是帝宅，侍中（尊称光弼官衔——笔者注）为何不守？"

"今若守洛城，则汜水、嶓岭（分别是洛阳东面和东南面的外围要塞——笔者注）皆须分兵防守，你是兵马判官，能领兵扼守吗？"李光弼答道。

韦损也默然无语。

当日，李光弼便分别移牒东都留守韦陟与河南尹李若幽，通知他们，一边率官员西入潼关，一边率吏民出城躲避。

与此同时，李光弼又督促部队，把油、铁等军需物资运往河阳。

---

① 《资治通鉴》胡三省注。猿臂之势，如同猿臂可伸而长，可缩而短。

斯时，郑州也已失陷，叛军前锋推进到了偃师，与洛阳城几乎近在咫尺。

李光弼命令全军移师洛阳东北面的河阳城，而他自己则带领五百骑兵断后。

侦察情报称，叛军前锋骑兵部队已进抵洛阳东北石桥镇。诸将请示，是避开敌人北上，还是继续朝石桥方向前进？

"继续朝石桥方向前进！"李光弼的回答斩钉截铁。

夜幕低垂。李光弼命令点燃火把。他依旧从容策马前行，部伍严整，气势逼人。

部队经过石桥镇附近，叛军骑兵一路尾随，但却始终不敢靠近。

入夜，官军全部进驻河阳。

李光弼连夜检查防御工事、器械设备，分兵守卫，号令严明。

李光弼时任天下兵马副元帅，兼领朔方节度使，有权调遣指挥各节度使的部队。此次参加河阳保卫战的官军，蕃、汉步骑兵共有四支部队——朔方军、镇西·北庭军、郑陈军以及回纥骑兵，总兵力大约6万人，其中，吐火罗与西域九国也于乾元初发兵协助伐叛，奉诏隶属朔方行营。

乾元二年（759年）九月二十七日，史思明进入洛阳，发现竟是一座空城。他明白了，官军是有备而撤，而李光弼屯兵河阳，则是直接威胁到他的后路。

史思明不敢入宫居住，他退屯洛阳东北郊、北马寺之南，隔着北邙山与河阳城对峙，并修筑月城，挖掘壕沟，加强守备。

河阳县（故治在今河南孟州市南）隶属河南府（东都所在地，故治在今河南洛阳市），位于洛阳城的东北面。县城横跨黄河，自北向南由三个城区连接而成。主城区——北中城（以下简称北城）坐落在黄河北岸，故址在今河南孟州市西南；中潬城（以下简称中城）坐落在黄河中间的沙洲上；南城则坐落在黄河南岸，故址在今河南孟津县东面。

河阳三城，凭河设险，以河阳桥连通，辅车相依。相州大溃退时，郭子仪下令毁断河阳桥以保洛阳安全，之后分兵驻守河阳，又临时架设了浮桥以连贯南北交通。

官军的兵力部署是:朔方军与回纥骑兵防守北城,节度使是李光弼兼任,副使是仆固怀恩;镇西·北庭军防守中城,荔非元礼代理节度使;郑陈军防守南城,节度使是李抱玉。三城互为掎角,守军相互策应,由副元帅李光弼统一指挥。

十月初,史思明率大军向北进抵黄河之滨,面对河阳县城扎下大营。

这是史思明与李光弼第三次单独正面交锋。

史思明引兵逼近河阳南城,指名要见一见老对手。

李光弼出现在城楼上,气宇轩昂。他大声遥对史思明说道:"我家三代无固定葬地,一身必与国家共患难而死。你是逆虏,我为王臣,义不两全,我若不死于你手,你必死于我手!"

义正词严,掷地有声。官军将士无不激励。

…… ……

史思明理屈词穷,便命骁将刘龙仙带领 50 名骑兵到城下挑战。刘龙仙恃勇傲慢,居然跷起右脚架在马鬃上,大声肆意辱骂李光弼。

李光弼环顾众将,问:"谁能取此贼?"

仆固怀恩请战。李光弼说:"此非大将所为。"

左右推荐镇西·北庭军裨将白孝德。李光弼立即召见。

白孝德时年 44 岁,有勇有谋。他表示愿意独自应战。李光弼赏识其勇气,但仍坚持问他需要带多少士兵出战。白孝德最终回答,希望挑选 50 名骑兵为后援,并请大军适时鼓噪以增加气势。

李光弼允诺,抚其背而遣之。

白孝德挟着双矛,神色镇定地策马出城,横涉黄河浅水区,缓缓向刘龙仙走过去。

刘龙仙看见来将仅单独一人,根本就没有放在眼里,依旧傲慢地把右脚架在马鬃上。

白孝德渐渐逼近,才让刘龙仙警惕起来。刘弯弓搭箭准备射击,但白孝德却向他轻轻摇手示意。刘龙仙莫名其妙,不知不觉放下了弓箭。

白孝德走到离刘大约十步开外,就与刘攀谈起来,声称侍中命他前来传达几句话,别无他意。刘龙仙依旧谩骂不止,但却不经意间放松了警惕。

突然，白孝德怒目圆睁，直视对方："逆贼认识我吗？"

"你是谁？"刘龙仙在谩骂中猛然一愣。

"我是国之大将白孝德！"

"是什么猪狗！"刘龙仙似乎还没有缓过神来，随口又骂了一句。

谁知骂声刚落，就见白孝德大喝一声，手执双矛，跃马冲了上去。南城上的官军随之擂鼓呐喊，50名接应的骁骑也呼啸而来。

刘龙仙措手不及，慌忙挟着弓箭掉转马头，沿南岸河堤逃跑，叛军骑兵也随之惊慌逃窜。白孝德快马追了上去，挥动双矛便将刘龙仙挑下马来，斩首而归。

叛军阵地上的士卒望见这一幕情景，俱大惊失色。

"当场只手，毕竟还我万夫雄。"白孝德（715—780年），安西胡人，随安西（镇西）·北庭行营赴中原戡乱，在节度使李嗣业麾下任先锋将。后来，官军败于邙山，镇西·北庭军内乱，杀害代理节度使荔非元礼，众将士推举白孝德为节度使，遂使军心稍定。

在河阳，史思明自恃兵强马壮，发起大规模进攻。

李光弼对防守南城的郑陈节度使李抱玉说："将军能为我坚守南城两天吗？"

"期限过后怎么办？"李抱玉问。

"过期而救兵不至，听任弃城。"

李抱玉禀命应诺。

是时，伪宰相周挚领兵向南城发动猛烈攻击，城池损毁越来越严重，眼看快要失守。李抱玉便急忙派人告诉周挚，称自己粮食已尽，明日定当投降。

周挚大喜，于是停止攻城，撤回营地以待明日受降。

李抱玉趁机连夜抢修城防工事。第二天，守军重新登城交战。

周挚大怒，下令强攻。

李抱玉一边坚守南城，一边分兵袭击叛军侧后，杀伤甚众，终于迫使周挚暂时领军撤退。

李抱玉（704—777 年），凉州（故治在今甘肃武威市）人，原名安重璋，系昭武九姓的安国胡人后裔，唐初功臣安兴贵的曾孙。他善于骑射，早年从军，沉毅有谋，忠诚谨慎。天宝末，在河西作战有功，赐名抱玉。安禄山作乱，他耻与逆贼同姓，又赐姓李。李光弼引为裨将，屡建勋绩，晋升右羽林大将军，充郑·陈·颍·亳节度使。郑州失守后，他便率部参加了保卫河阳的战役。

南城鏖战之际，中城的战斗也在激烈进行。

中潭城是在黄河水中的沙洲（即中潭）上修筑的城堡，并在城外环列木栅栏，又在栅栏外围挖掘了既宽且深的壕沟，扩大了防御纵深。

周挚进攻南城不利，便移师加入对中城的围攻。

中城受到的压力陡然增大。李光弼坐镇中城，命令代理镇西·北庭行营节度使荔非元礼率领劲卒进入羊马城以靠前拒敌。

羊马城是建在主城墙之外、护城壕之内的小隔城，既可作为障碍，又可派兵防守，借以迟滞和消耗来犯之敌。

李光弼在中城东北角居高临下，监视敌军动向，并树立一杆小红旗指挥作战。

黄河正值枯水期。叛军涉过浅水区，向中城猛扑过来。他们运土填堑，从三个方向填平了 8 条通道，蜂拥而入，又动手拆毁木栅栏，意欲打开缺口直抵城下。

李光弼急忙派人质问荔非元礼："中丞（荔非元礼官居御史中丞——笔者注）眼看贼兵填堑开栅过兵，居然按兵不动，是何道理？"

荔非元礼反问："司空（同样尊称李光弼官职——笔者注）是想防守还是想出战？"

"意欲出战。"李光弼又传话答复。

"既然意欲出战，那么贼兵替我填堑开栅，何必阻止！"

"是我考虑不周，公勉力为之！"

等到栅栏被叛兵费力地拆开后，荔非元礼便带领精兵突然冲出羊马城，奋勇杀敌。叛军措手不及，慌忙后退至数百步开外。

荔非元礼也主动引兵后撤。

李光弼在城上不禁勃然大怒。他派人急召荔非元礼。

荔非元礼回答使者："战斗正酣,来不及去!请求破贼之后再见。"

叛军突然尝到西域边军将士的厉害,一时不敢再贸然逼近,遂形成暂时对峙。

渐渐地,荔非元礼察觉叛军已出现懈怠的迹象,于是他下令击鼓呐喊,并率领部队再次突然出击,冲锋陷阵,一鼓作气大破叛军。

荔非元礼,羌族,以战功逐步升至御史中丞、镇西·北庭兵马使。节度使李嗣业阵亡,将士共推荔非元礼代领其众。相州大溃退时,他收集兵众,与怀州长史、镇西·北庭行营留后段秀实等人会合,在紧邻河阳县西境的河清县暂驻待命。当天下兵马副元帅李光弼移师河阳时,他们遂率领镇西·北庭军前来参战。

周挚进攻中城又遭挫败,于是调集更多的兵马,精锐尽出。他们涉水过河,扑向北城,摆开决战的架势。

北城是河阳县的主城,由主力朔方军和回纥骑兵防守。李光弼登上城楼,观察叛军的阵势。他鼓励众将领说:"贼兵虽多,嚣张而混乱,并不可怕,不过中午,定能打败他们。"

凭借精锐的朔方军和回纥骑兵,李光弼决定以攻为守,依托坚城,决战城下。

出乎意料的是,战斗到中午仍未决出胜负。

李光弼的主力部队是能征善战的"狮军",而史思明的主力部队也是凶狠惯战的"虎狼之师"。

李光弼于是把众将领召回到城楼上。

"贼兵众多而可以被击败,是因为其混乱,但我军却以乱击乱,故而不能成功。"李光弼分析说。

接着他问道:"敌人阵地何处最坚固难犯?"

"西北角。"有人回答。

李光弼遂命骁将郝廷玉率部攻击西北角。郝廷玉请求配备500名骑

兵助攻。李光弼拨给 300 名轻骑兵。

"还有哪处阵地坚固？"李光弼又问。

"东南角。"

李光弼又命另一员骁将论惟贞率部攻击东南角。论惟贞请求配备 300 名重装骑兵。李光弼拨给 200 名。

随后,李光弼命令众将领:"你们望着我的红旗作战。若红旗缓缓挥动,则任由你们择利而战;若连续向下挥旗三次触地,便要万众齐入,殊死战斗,稍退者斩!"

"打仗是危险的事情,关系到胜负存亡。"李光弼指着自己短靴内的一把匕首,慷慨陈词:"我位列三公大臣,不可死于贼兵之手,万一交战不利,我当与诸君相继赴死!"

言毕,他面向朝廷所在的西方,拜舞致敬,庄严表达为国决死的意志。

将领们无不感动,士气振奋而又悲壮。

形势严峻。按照新的部署,诸位将军迅速返回阵地,继续指挥战斗。

过了一会儿,突然,李光弼望见郝廷玉掉转马头奔跑回来。他不由得人吃一惊:"廷玉败退,我的大事危险了!"

郝廷玉骁勇善战,是李光弼的爱将。但李光弼仍断然命令左右,速取郝的人头。

郝廷玉急忙对使者解释说:"是战马中了毒箭,并非败退。"

李光弼轻轻舒了一口气,命换马再战。

郝廷玉重新驰往阵前。他捕捉战机,带领精锐步、骑向强敌发起三四次攻击——"决死而前"。

骁将论惟贞率领锐卒铁骑,也对叛军的另一处坚固阵地频频发动进攻——"苦战破敌"。

论惟贞出身吐蕃名门。其高祖就是吐蕃著名国相禄(论)东赞,在贞观年间奉赞普松赞干布之命,入京迎娶文成公主。武则天时期,其祖父论弓仁以所统吐谷浑民众归附朝廷,并以战功逐步升迁左骁卫大将军,充朔方节度副使。安史乱起,论惟贞在灵武奉唐肃宗之命,募兵数万,兄弟数人都参加了平叛战争。

此时,李光弼在城楼上,居高临下注视着敌情。他缓缓挥动着手中的小红旗,指挥部队各自捕捉战机,灵活实施攻击。

良久,大概是发现敌人阵地上已产生松动涣散的迹象,李光弼于是果断向下挥动红旗,三次触地。

全军立刻响应,抖擞精神,全线出击,拼死搏杀,声动天地。……

叛军伤亡惨重,终于全面崩溃。

"雄狮"指挥的"狮军",果然是真正的"狮军"。

这时,史思明也正在指挥部队进攻南城。猛然间,望见北城的官军押解着大批叛兵俘虏临河示众,他顿时明白了,大势已去,于是仓皇下令撤退。

…… ……

乾元三年(760年)春,李光弼挥师北上,进围邻近的怀州(故治在今河南沁阳市),两度击败史思明亲自率领的援军,最终攻占怀州,解除了后顾之忧。

河阳保卫战的胜利,再次扭转了官军一溃千里的被动局面。李光弼让开正面,坚守河阳,依托晋南,虎视洛阳,威胁叛军侧背,令史思明不敢贸然继续西进。

战争重新回归相持阶段。

邙山之败

乾元三年(760年)正月,唐肃宗重新起用郭子仪,任命他为邠宁、鄜坊两道节度使,担负京畿以北的防务。

九月,唐肃宗又下制,命令郭子仪统率禁军和潼关以西诸道7万兵马,自朔方东征,直捣幽州(范阳),平定河北,截断史思明的退路,并与李光弼部队共同对盘踞河南的叛军主力形成夹击之势。

讵料,制令颁发才十天左右,就被驻陕州部队的观军容使鱼朝恩上疏拦阻。

原来,史思明进攻河阳受挫,又受到河阳官军的牵制,一直僵持了很

久，于是他便开始散布虚假消息，说叛军南下部队人人思归幽燕，已然军心浮动。史思明是企图以此为诱饵，引诱官军出城野战。

鱼朝恩果然首先上钩。他不懂军事却专横自负，居然接连上奏，声称歼灭叛军主力的时机已经成熟。

鱼朝恩是唐肃宗最信任的宦官之一。他从陕州前线连续发来的奏疏，连同这似是而非的情报，恰好又一次点燃了唐肃宗胸中求胜心切的火焰。于是乎，郭子仪东征行动被骤然叫停，唐肃宗转而命令副元帅李光弼，立即对盘踞河南的史思明主力部队展开反攻，并收复东都洛阳。

但实际上，在洛阳、河阳、陕州的方圆几百里地区，叛军的兵力与官军相比，仍然占据优势。官军当时的总兵力虽然众多，但能征惯战的部队却不多，并且过于分散，大多"仍各于境上守捉防御"。

形格势禁。李光弼连续上表奏称，叛军兵锋尚锐，不可贸然正面反攻。

料想不到的是，新任朔方节度使仆固怀恩却附和鱼朝恩的意见，竟然也轻言叛军可灭。

仆固怀恩勇冠三军，战功显赫，沉毅寡言，大义灭亲，敢于顶撞上司，麾下皆是番、汉劲卒，大多居功自傲乃至违法乱纪。以前郭子仪为帅，宽厚容众，行军作战也一直倚重仆固怀恩。而后李光弼则治军严格，凡违抗军令或违犯军纪者，必严惩不贷，上任伊始，虽然处决张用济而善待仆固怀恩，但仆固怀恩仍心有余悸，时常郁郁不乐。河阳北城激战之时，仆固怀恩、仆固玚父子稍有退却，李光弼便毫不留情派人要取其首级，仆固父子望见使者提刀驰来，慌忙跃马重新杀入敌阵。

上元元年（760 年）十一月，李光弼攻拔怀州，并生擒守将、伪刺史安太清。安的妻子颇有姿色，被仆固玚夺为己有。李光弼闻讯，立即命令仆固玚释放安妻，但却遭到拒绝。李光弼断然派遣骑兵夺回安妻，送还安太清。冲突中，不幸有 7 名卫兵被射杀。仆固怀恩勃然大怒，出面袒护其子并质问李光弼："公是为贼将而杀官卒吗?！"

仆固怀恩对李光弼怀恨在心。如今面对反攻洛阳决策上的意见不一，也许他正是为了报复李光弼，遂罔顾实情而刻意附和鱼朝恩。

当然，还有可能是仆固怀恩立功心切，并且自信凭借朔方军和回纥

骑兵，足以野战击垮叛军主力，再克东都。

河阳保卫战胜利之后，王牌主力朔方军的统辖权再度转移，仆固怀恩奉旨接替李光弼担任朔方行营节度使，一如当年诏令李光弼接替郭子仪。这乃是唐廷削弱功臣兵权的故伎重演。

但朔方节度使的意见却举足轻重。仆固怀恩的表态，更坚定了唐肃宗急于摧毁叛军主力、收复东都的决心和信心。

于是，唐肃宗干脆派遣中使到前线督战，催促李光弼出兵。

迫不得已，李光弼遂命郑陈节度使李抱玉率部据守河阳（镇西·北庭节度使荔非元礼已兼任怀州刺史，驻军于怀州），他自己则与仆固怀恩率领朔方军，会合鱼朝恩以及驻陕州部队——卫伯玉的神策军，向洛阳发起反攻。

史思明早已闻风而动，在洛阳之北、邙山南麓，悉精锐来战。

邙山亦称北邙，自古为洛阳北面之要冲。李光弼以天下兵马副元帅的身份，奉旨指挥这次战役。他下令，部队在邙山依凭险要地形列阵。可是仆固怀恩却指挥朔方军在邙山南面的平原列阵。

李光弼急忙派人督促朔方军转移到地势险要之处，并且告诫仆固怀恩："依托山势险阻列阵，可攻可守；若在平原，作战不利将会无险可守，有可能全军覆灭。对史思明不可轻视。"

但仆固怀恩依旧固执己见。他强调："我是使用骑兵作战，若依托山势险阻列阵，则不利于骑兵运动，还是请允许在平原布阵。"

地形与战争密切相关，有时候甚至具有决定性的影响。而此时，将帅失和，意见不一，排兵布阵尚未完成，叛军就已开始发动攻击。

按照唐朝的制度，对节度使的任免处置之权是掌握在皇帝的手里，即使是身为天下兵马副元帅的李光弼，对诸节度使也只有指挥协调之权，却没有生杀予夺的权力。

交战未久，叛军忽然败退，丢弃的物资装备遍地都是。官军竟然故态复萌，争抢剽获，一片混乱。……

突然间，叛军的伏兵从邙山一侧冲了出来，杀得官军措手不及。

官军士卒仓皇逃散,伤亡数以千计,军资器械丢失殆尽。……

这一天,是上元二年(761年)二月二十三日,简直就像当年哥舒翰兵败西原的翻版。

有人说过,第一次胜利的果实,常常因第二次胜利而巩固,也往往由于第二次失败而丧失。

果然,邙山之败就如同推倒了多米诺骨牌,迫使官军相继退却:朔方军退守闻喜县(故治在今山西闻喜县东北);神策军退保陕州;郑陈军和镇西·北庭军也分别撤离河阳与怀州。京师震恐,长安戒严。唐肃宗急忙增调兵力,协助神策军防守陕州(故治在今河南三门峡市西)。

邙山之败过错不在李光弼,但他还是上表请罪,主动承担责任。唐肃宗优诏免予追究。而李光弼仍固求自贬,恳让太尉(秩正一品)之职。于是改授开府仪同三司(秩从一品),调任晋、绛等州节度、观察使。时在上元二年(761年)三月。

五月,李光弼便又奉诏自河中府(故治在今山西永济市西南)入朝,重新恢复了太尉兼侍中的官职,并改任河南(此指黄河以南及长江中下游)兵马副元帅,都统河南道、淮南东道、淮南西道等八道行营节度,防区涵盖黄河以南及长江中下游地区,出镇临淮(即泗州,故治在今江苏盱眙县西北)。这一年,他53岁。

李光弼开始淡出平叛战争的第一线,但仍肩负起全面捍卫江淮经济区和江汉运输线的重任。后来,旧、新《唐书·李光弼传》高度评价他:"与郭子仪齐名,世称'李郭',而战功推为中兴第一。"

邙山之战史思明侥幸扳平一局,并乘胜进据河阳、怀州。接下来,他又企图乘胜攻入潼关,于是命令长子史朝义为前锋,领兵由北道袭击陕州(故治在今河南三门峡市西),而他自己则统帅大军由南道西进。

战争重又升级,一时间,"黑云压城城欲摧"。

上元二年(761年)三月,史朝义进军至姜子坂(即礓子岭,位于陕城东南),向陕州发动进攻。神策军等部队奋起反击,最终迫使史朝义部队

退守永宁(故治在今河南洛宁县东北)。

史思明闻讯大怒,气得想要杀掉史朝义及其部将骆悦等人。他认定史朝义懦弱怯战,终究成不了大事,甚至打算改立史朝清为接班人。

史朝清是史朝义的异母弟弟,留守范阳。他从小备受宠爱,养成嗜酒好色、凶犷顽戾的性格习惯,而残忍好杀的作风更类似其父史思明。

史朝义身为长子,自幼并未受到娇惯,长大后又跟随父亲带兵打仗,长期处于淫威之下,反而造成他谦谨宽厚的性格,爱护士卒,颇得部下的拥护。

此时此地,史思明的愤怒似乎是动了杀机,再加上更换"储君"的说法,就令史朝义与其父之间产生了恐怖的嫌隙。而紧接着,在二月十三日发生的一场风波,更迅速激化了父子间的矛盾冲突。

在永宁,史思明吩咐史朝义负责修筑一座小型三角城,用于储存军粮,命令他一天之内完工。士兵们整整干了一天的重活,个个疲惫不堪,史朝义不忍心再催逼他们,故而最后一道工序——泥墙的活儿——没来得及干完。

史思明来到施工现场检查,不由得勃然大怒,斥责史朝义:"你爱惜部下士兵,却违抗我的命令!"

他向来性情急躁,立刻命令全体随身人员动手泥墙,须臾而毕。

离开工地时,他仍然余怒未消,气呼呼地撂下一句狠话:"待我收复陕州之后,再杀了此贼!"

他万万没有想到,这一句狠话,竟然成了自己的"催命符"。

史朝义忧惧而不知所措。心腹部将骆悦等人趁机撺掇,说,与其大家一同等死,不如先下手为强。

史朝义犹豫未决。……

但时间紧迫,感觉好像死神正在发出阵阵狞笑。最终,他们还是达成了共识。

骆悦等人迅即威逼策反了史思明的卫队长,随后夜袭驿舍,抓获并缢杀了史思明。

史思明终年58岁。临死前他不由得哀叹:"我白天说错了话,活该招来这样的下场。可是你们杀我也太早了,何不待我收复长安之后再动手

呢？看来终究大事不成了！"

安史叛乱集团内讧重演，似曾相识。而史思明临死抛出的这句冷幽默，倒是一语成谶——叛乱最终必败。

"剧情"大翻转。史朝义放弃西进行动，匆忙撤军返回洛阳，登上伪皇位，改年号为"显圣"。

他随即密令在幽州（范阳）的张通儒等人，袭杀史朝清及其党羽，清除异己势力。于是城内互相攻杀持续两个多月，死者数千人。

李怀仙被史朝义委任为范阳尹、燕京留守、范阳节度使，最终控制了局势。

史朝义虚怀礼下，却无经略之才。驻屯洛阳以及黄河南、北的伪节度使们，除了他的老部下以外，都是安禄山的旧将，在军中的级别只比史思明稍低甚至平级，故而对史朝义的命令大多阳奉阴违，甚或置之不理，仅仅在表面上维持着"君臣"关系而已。

叛乱集团经第三次内讧，已经陷入四分五裂的状态，虽然还有能力发动小规模的军事行动，但却再也无法组织强大的攻势。

边患又起

原发的政治危机有所缓解，而并发的危机却此起彼伏。

大唐帝国广袤的边疆，民族众多，利益关系错综复杂，一直存在着不安定的因素。安史乱起，唐廷陆续从西北各边防军区抽调大部分兵力进入内地（称作行营），长期参与平叛战争，导致边防力量前所未有的空虚化，而且唐廷也无暇顾及边防事务。于是，周边一些少数民族的贵族统治者便又乘机侵扰边境，扩张势力范围，掠夺财物乃至残杀无辜。

大唐王朝的边疆，骤然出现空前严重的安全危机。

至德元年（756 年），吐蕃军攻占陇右威戎军等 7 个边防部队的大片防区，并攻陷石堡城等 3 座边防要塞（以上故地相当于今青海东部与甘

肃西南等地区）。

同年，南诏与吐蕃联军攻占越嶲郡（即嶲州，故治在今四川西昌市）境内会同军的防地，并攻陷清溪关。

至德二年（757年），吐蕃军攻陷西平郡（即鄯州，故治在今青海海东市）。

乾元元年（758年），吐蕃军攻占陇右河源军防地（故地在今青海西宁市）。

上元元年（760年），吐蕃军攻占陇右神策军防地（故地在今甘肃临潭县西），并且攻陷廓州（故治在今青海化隆县西南）。

……　……

在陇右道东南部和关内道中部（故地分别在今甘肃东南地区与河套以南的陕甘宁地区），散居着以党项诸部落为主体的羌族，其贵族统治者也频频武力袭击关内道南部与京畿道（故地在今陕西南部），大肆抢掠民众的财物。

在西南地区，南诏军队又曾单独北上，攻城略地，一些州县的蛮族部落也接连发生叛乱。

……　……

就这样，中原金革之患未息，边城战祸又起，且有愈演愈烈之势。

官军乱事叠起

安史叛乱未平，边患复起，而官军内部也乱事迭出，更加剧了唐王朝的政治、安全危机。

如果说，马嵬兵变，朔方留守部队拥戴太子称帝的政变，客观上尚顺应了当时的军心和民心，那么，这之后陆续发生的兵变乃至武装叛乱，则纯属统治集团内部争权夺利的产物。

乾元元年（758年）十二月，平卢节度使王玄志去世。裨将李怀玉杀害王玄志之子，推举侯希逸为平卢军使。唐肃宗顾及平叛大局，不得不顺势任命侯希逸为平卢节度副使，主持军务。

由此便开了一个恶劣的先例。一些部队的将士遂擅自废立节度使，仅

在上元三年(762年)二月,驻屯河东(今山西)各地的官军就乱事纷起:

河东军作乱,杀害节度使邓景山,推举辛云京为节度使。朝廷遣使慰谕,并予以委任。

朔方等诸道行营内乱,杀害都统李国贞。

镇西·北庭行营兵变,杀害节度使荔非元礼,推举白孝德为节度使。朝廷同样顺势追认。

而在此一年多以前,江淮地区的官军更是因利益冲突而导致武装叛乱:

淮西节度使王仲昇因与节度副使刘展之间矛盾尖锐,便联合监军使密谋清除刘展,并且骗取了唐肃宗的支持。刘展被逼而公然造反,于上元元年(760年)末,率部攻陷扬、润等州县,横行江淮之间。

以平卢兵马使田神功部为主力的官军奉诏讨逆。讵料一波未平,一波又起。田神功竟然趁机在扬州城内,纵容部下大肆抢掠商人百姓的财物,几乎掘地三尺,并导致许多胡商死于浩劫。随后,田神功部队又乘渡江继续伐叛之机,在江南大掠十余日。

最终,刘展被击毙,叛乱平息。但安史叛军未曾践踏到的江淮富庶之地,却惨遭官军内乱的蹂躏。

…… ……

安史之乱期间,官军的一些骄兵悍将便是这样动辄作乱,此起彼伏,就连唐朝的后院——蜀中,也不时发生兵变动乱。

经济危机

安史叛乱"所过残灭",让民众遭受了太多的苦难,而旷日持久的平叛战争,也让民众付出了太多的代价。

天宝十五载(756年)五月,杜甫从奉先县携家眷移居潼关以北的白水县。六月,潼关失守,唐玄宗弃京奔蜀。杜甫又被迫携家属北行,迁居鄜州的羌村(故址在今陕西富县南)。他听说唐肃宗在灵武即位,遂离家前去投奔,不料途中遇到叛兵,竟然被俘而押送长安。所幸后来并未受

到伤害,但他却困居京城长达八九个月。

"国破山河在,城春草木深。感时花溅泪,恨别鸟惊心。……"

至德二年(757年)三月,杜甫羁居长安,日坐愁城。他目睹山河破碎,城垣荒芜,纵然春光明媚,鸟语花香,也难以排遣忧国思家的愁肠。

终于熬到了这么一天。大约是在四五月间,杜甫得以脱身离京,匆匆奔赴凤翔行在,谒见唐肃宗。——"麻鞋见天子,衣袖露两肘。""喜心翻倒极,呜咽泪沾巾。"

唐肃宗慰问这位忧国忧民的大诗人,并授以左拾遗(秩从八品上),职掌供奉谏诤,为士人清要之职。

至德二年(757年)十月,杜甫随唐肃宗返京。但不久,他就因为上疏援救房琯而遭谴谪,出为华州(故治在今陕西渭南市华州区)司功参军。

乾元二年(759年),杜甫往返鄜州、华州、洛阳等地,并将沿途所见所闻概括提炼成了两组诗歌。这就是感人至深的现实主义杰作——"三吏"与"三别"。

《石壕吏》:"暮投石壕村,有吏夜捉人。老翁逾墙走,老妇出看门。吏呼一何怒!妇啼一何苦!……"—— 一户普通的贫穷家庭,三个儿子均应征入伍,其中两个儿子刚刚战死在相州前线,家里仅剩下祖孙婆媳老幼四人,衣不遮体,却仍然难逃官府小吏抓人应役的魔掌。

《无家别》:"寂寞天宝后,园庐但蒿藜。我里百余家,世乱各东西。……"—— 一座原有百余户居民的普通村庄,自天宝末年安史之乱以后,死的死,逃的逃,几乎空空荡荡,杂草丛生,野兽出没。一个从相州战场溃败中逃回家乡的士兵,很快又被县吏征调到本州去服兵役。他说母亲病逝五年,尚无能力妥善安葬,已成为心中永远的伤痛,故乡如此残破,孤苦伶仃也无家可别。这过的日子,怎能谈得上是人的生活!

…… ……

早在盛唐末年安史之乱前夕,北方的农业在现实主义大诗人杜甫的眼中,就已显露出大面积衰退的迹象。安史乱起,北方社会经济在杜甫

的笔下，更是呈现出断崖式下降的危机景象。黄河中下游地区长期沦为战场，以至于"淮河之北，千里荒草"（元结语）。

北方存在经济危机，唐朝财政军饷告急。于是，战时成倍增长的财赋军饷便转而仰赖江淮，从而又导致长江中下游地区的社会危机。

社会危机

"中原大乱，江淮多盗。"——多"盗"的起因，便是官府为筹措军费而对江淮地区的横征暴敛。

萧颖士致函肃宗朝的宰相崔圆，痛陈时势之艰危，其中就提到，"兵食所资，独江南两道耳！"（《全唐文》卷323）

江淮地区民众的税负成倍加重。他们不仅要缴纳法定赋税——租庸调，还要承受各种名目的"税外横取"，既有十收其二的"率贷"，又有中分民财甚至十取八九的"白著"，就连全家去世的绝户也不放过，居然强迫亲邻代为纳税。

如此横征暴敛，在常衮起草的皇帝诏令中也惊呼："耕夫困于军旅，蚕妇病于馈饷。""靡室靡家，皆籍其谷；无衣无褐，亦调其庸。"（《全唐文》卷414）

上元二年（761年）九月，"江淮大饥，人相食"。租庸使元载却依旧认为，江淮地区虽也经历兵荒，但居民仍比其他地方富裕。于是乎，就在宝应元年（762年）初下令，按照原有的户籍总数，统计前八年拖欠的租调总额，然后向现有的居民（除了逃户和绝户以外）督征。

官府既不问是否拖欠过租调，也不管实际资产的多少，凡是有粮食或布帛的人家，一律上门强征，少则夺取一半，多则十取八九。若有不服从者，便以严刑威逼。时人谓之"白著"，意指正税之外毫无名目的征敛。

竭泽而渔，官逼民反。肃、代之际，江淮地区农民武装反抗活动此起彼伏，大大小小不下十余次，令官府穷于应付。

当时规模最大的一次农民反抗斗争，就是历史上著名的袁晁起义。

袁晁，台州（故治在今浙江临海市）人。他本是官府的小吏，因为不忍心抓捕反抗横征暴敛的乡亲百姓而遭到处罚，于是愤而聚众起义。时在唐代宗宝应元年（762年）八月。

苦于官府赋敛的农民相继汇聚到义旗之下，众至20万人，尽有浙江之地（相当今浙江省大部及江苏省苏锡常地区），并且建立了政权，改元宝胜。

袁晁起义声势浩大，震动朝廷，于是官军各路兵马分进合击。农民军顽强抵抗，甚或连日十余战，但最终，还是于广德元年（763年）四月彻底失败。袁晁被俘遇害。

重重危机，危机重重，唐朝的平叛与中兴，由此增添了更多的变数、更大的难度。

国家或社会的巨变，总是伴随着一个或若干个重大事件，而事件有时又会以"危机"的面貌出现。

当统治者（当政者）不作为，或乱作为，甚或胡作非为之时，历史就会以"危机"的方式作出强烈反应，并继续为自己开辟前进的道路。

第十四卷

大反攻：平定安史之乱

毛泽东在《论持久战》里指出:"历史上的战争分为两类,一类是正义的,一类是非正义的。"

安史集团的武装叛乱就是非正义的,是"阻碍历史进步的战争",它势必遭到全国各族人民的仇恨和反抗,最终必败。

唐朝的平叛战争则是正义的,是"进步的战争",它势必得到全国各族人民的同情和支持,最终必胜。

正所谓,"得道者,多助;失道者,寡助"(孟子语)。

不过,从复杂的现实情况来看,结束战争远比发动战争要困难得多。但是,时间最终还是站在了唐廷这一边,在叛乱集团第三次内讧和唐朝历经多年艰苦卓绝的平叛战争之后,大唐帝国的地平线上已然露出全面胜利的曙光。

"还似人生一梦中"

至德二年（757年）十二月，唐玄宗返回长安，依旧居住南内——兴庆宫。

唐肃宗连续几次上表，请求退位归还东宫。唐玄宗心领神会，一直不允许，并遣高力士再三慰譬而止。

十二月二十二日（甲子），唐玄宗驾临大明宫宣政殿，隆重举行传国玉玺的正式交接仪式。唐肃宗于殿下涕泣而受之。

皇室两代天子就这样以公开"禅让"的形式，为政权平稳过渡画上了圆满的句号，也让中央二元政治权力的"游戏"平静地落下帷幕。

政治上仿佛云开雾散，上皇的生活却犹如落寞夕阳。

顺境或逆境，本是人生常态，而耐人寻味的是，顺境却往往比逆境更让人难以正确把握自己，也更让人难以正确对待处境。四十五年的政治生涯黯然落幕，反而令唐玄宗的头脑清醒了许多，言行也低调了许多。他完全淡出了大唐王朝的政治活动，在兴庆宫内开始了清静而寂寞的生活。

"上皇西幸却归秦，花木依然满禁春。唯有贵妃歌舞地，月明宫殿锁香尘。"（罗邺诗）

唐玄宗追思贵妃不已，便向唐肃宗提出，打算派中使去马嵬坡吊祭并改葬杨贵妃。唐肃宗表示同意，遂下诏改葬。

孰料，礼部侍郎李揆却出面反对，言词直指政治敏感问题：当初禁军

诛杀杨国忠,是因为他负国兆乱,而今却改葬故妃,恐怕会引起将士们的疑惧。

史称李揆对大宦官李辅国"执子弟之礼",尊称"五父",而李辅国正是现任禁军总管。

看来事关重大,于是唐肃宗便取消了官方正式葬礼。

唐玄宗无奈,只得密令中使前去马嵬,改用棺椁盛殓贵妃尸骨,并悄悄迁葬到一处向阳的坡地上。

改葬完毕,中使带回来一件丝织香囊。这是杨贵妃胸前长年佩带的香囊,内有防腐性很强的珍贵香料,故而未随遗体腐烂。

唐玄宗手捧着完好无损的香囊,久久注视,凄婉落泪。——"明眸皓齿今何在?血污游魂归不得。"

随后,他命画师王文郁画了一幅杨贵妃的图像,并且御笔题写了一段赞语,悬挂于别殿。赞语称颂杨贵妃的美貌和美德,但对贵妃之死而又不能举行葬礼的情节却讳莫如深,故作豁达之语。——以如今太上皇的落寞处境,他只能把自己的不满情绪藏在心底。

唐玄宗几乎每天都会去别殿凭吊一次,黯然神伤,屡次哽咽唏嘘。难忘岁月啊!他深切怀念杨贵妃,更是怀念与贵妃朝夕相伴的美好时光,怀念大权在手、意气风发的年代,也是怀念已然远逝的煌煌盛唐气象。

昔日的盛唐天子而今的太上皇,既无法删除昨日辉煌的记忆,也难以面对今日失落的心境,更无力设置明日幸福的愿景。

"春花秋月何时了?往事知多少。"断断续续40年居住和听政于此的兴庆宫,有太多太多的往事梦寐萦怀。

一个月明之夜,唐玄宗登上勤政务本楼。凭栏南望,烟月满目,他情不自禁唱了一段忧伤的歌曲。接着,身边的梨园旧人又唱起一首《凉州词》,唐玄宗亲自吹笛伴奏。

《凉州》曲,开元时期来自凉州(故治在今甘肃武威市),是凉州人以龟兹(今新疆库车县)音乐融入中原旧乐,改编而成的(也有一种说法,

称是由杨贵妃改编）。

但改编者无论是谁，这首"怨切动人"的乐曲，当年毕竟成为唐玄宗和杨贵妃的一个共同喜爱。而如今，已然物是人非，曲罢相视，无不掩面而泣。

生活就像一杯个人与环境共同调制的鸡尾酒，各人各时所品尝到的滋味各不相同。

清闲无聊，唐玄宗也时常会听一听讲经议论、转变与说话。

讲经议论，大概就是讲解儒、释、道的经典，讨论经典的含义。

转变，简称变，是一种通俗的说唱艺术，大概是受到古代南亚传入中国的梵剧的影响而形成的。它本是唐代佛教徒为普及佛经、宣传教义、吸引信众而采取的一种形式，常在寺院内举行，后来又称作俗讲。主讲者一边说唱故事，一边展示图画，其文辞称作变文，图画称作变相。转变俗讲的题材多是佛经故事，而后又拓展到历史故事、民间传说甚或当时的社会生活，深受社会各阶层的喜爱。

说话，亦称市人小说，就是民间艺人讲故事，类似后代的说书或评书。其文字底本称作话本，以散文为主。

唐玄宗年事已高，但身体依旧健康。内侍监高力士和龙武大将军陈玄礼仍然侍奉侍卫在侧，数十年如一日。另有玉真公主（唐玄宗胞妹），旧宫女如仙媛，内侍王承恩、魏悦以及一些旧梨园弟子等，也经常娱侍左右。

唐肃宗也会时常经过夹城来兴庆宫，恭问上皇起居；唐玄宗也间或前往大明宫，看望唐肃宗。唐肃宗敬献金灶，以供上皇烧炼长生丹药；唐玄宗也即时下诰，表彰天子之孝。唐肃宗为上皇庆祝寿辰；唐玄宗也特意在兴庆宫南边的金明门城楼举行生日宴会。乾元元年（758年）十月至十一月，唐玄宗又前往阔别三年的华清宫避寒；唐肃宗也先后到长安城外的灞上送行和迎接。

这是皇家父子难得的一段相安无事的美好时光。

兴庆宫位于长安外郭城的东垣，处在闹市区，与旁边的居民区隔

街相邻,与东市也隔街相望。皇宫南墙偏东的明义门内,有一座楼式建筑——长庆楼(即长庆殿),隔着宫墙和宫门,面对繁华的春明门大街。

"闲愁最苦。"于是唐玄宗便时常登上长庆楼,俯视宫外的风光,徘徊眺望繁华的街景。有时候,路过这里的一些父老也会停下脚步,遥对长庆楼上的唐玄宗瞻仰礼拜,高呼"万岁";唐玄宗则会临时吩咐在楼下摆些酒食,命侍从去招待这些父老。

偶尔,一些从蜀川入京奏事的官员路过这里,也会特意进宫谒见。唐玄宗则在长庆楼赐以酒宴,命玉真公主和如仙媛出面接待。

当时,唐肃宗的警卫部队由左右羽林军、左右龙武军、左右神武军所组成,合称北衙六军,也就是通常简称的禁军。其中的左、右神武军,则是由当初跟随他到西北地区的禁军将士和扈从官员的子弟组建而成的。

禁军的主要将领之一 ——现任羽林大将军郭英乂,是唐玄宗当年任命的陇右节度使郭知运的儿子,对唐玄宗而言有一种亲近感。于是唐玄宗便亲切召见了郭英乂,并在长庆楼设宴款待,赏赐颇厚。

…… ……

意想不到的是,唐玄宗在兴庆宫的一举一动,竟然都处在李辅国的暗中监视之下。

当年唐玄宗避难奔蜀,宦官李辅国侍从太子李亨随行,有拥戴定策之功,深受李亨的信任。李亨称帝之后,就任命李辅国为元帅府行军司马,辅佐天下兵马元帅李俶处理军务,并掌管四方奏事以及御前符印军号。

唐肃宗还京,又任命李辅国为殿中监,领闲厩诸使,并专典禁军,加开府仪同三司(秩从一品),进封郕国公。宰臣百司上疏奏事,均须通过李辅国呈送唐肃宗。李辅国甚至有权秘密监察文武官员,操纵司法,随意处分而皆称皇帝制敕,无人敢有异议。

宦官擅权干政,唐代之前就有先例。唐代宦官干政则始于唐玄宗时期:或掌管四方进奏文表,参与国家行政事务;或出任监军使,随军监

察。高力士成为唐玄宗最信任的宦官,曾经权位显赫;而今李辅国则倍受唐肃宗的宠信,专擅大权。

当然,皇帝与宦官之间,本质上还是主仆关系,宦官不过是皇帝用来制衡或分割外朝宰相权力、监督军队将帅的工具而已。尽管宦官擅权干政也满足了其一己之私利,甚至还可能会有势大欺主之嫌,可是归根结底,他们仍是依附于皇权并为之服务的皇家奴才。

树欲静而风不止。虽然唐玄宗在兴庆宫的生活并无大惊小怪之处,可是皇室父子之间的相互防范,从来就没有真正消失过。前后不同之处,只是主客易位,强弱之势已经颠倒过来了。

唐肃宗与李辅国主仆二人似乎越来越担心,太上皇是否在笼络人心、积聚力量、伺机复辟?特别是上皇召见禁军高级将领,更刺痛了唐肃宗、李辅国最敏感的那根神经。

但事态尚在可控范围,或许又顾及自己"仁孝"的名声和朝野的舆论,唐肃宗迟迟没有采取或未同意采取预防性的非常举动。

然而风云突变。自乾元二年(759年)三月起,国内局势再度惊天逆转,以至于"黑云压城",前线危急,京师戒严⋯⋯

如此非常时期,素以强势作风著称、不甘寂寞的太上皇,是否有可能趁机复辟?这便陡然构成了一个惊心动魄的悬念。

唐肃宗再也无法泰然处之。

恰巧,羽林大将军郭英义因家中丧事离职。不久,他就被调离禁军,于上元元年(760年)四月出任淮南节度使,旋又改任陕州刺史、陕西节度使兼潼关防御使。

但事情并未到此结束。李辅国又奏称:"上皇住在兴庆宫,靠近繁华闹市,经常与外人交往,陈玄礼、高力士等人,则对陛下图谋不利。六军(即禁军——笔者注)将士身为护卫陛下的功臣,都疑惧不安,希望迁徙太上皇入西内。"

不论是否危言耸听,假如唐玄宗果真复辟,那么对于唐肃宗和李辅国来说,就无异于灭顶之灾。然而,这毕竟只是一种臆测,如果仅凭臆测就下令将太上皇强行迁往西内(实同幽禁),则又明显是严重违背社会

伦理的不孝行为。

向来以"仁孝恭谨"著称的唐肃宗,又一次陷入两难境地。李辅国指使禁军将士向唐肃宗叩头号哭,请求奉迎上皇迁居太极宫。但唐肃宗却流泪不应。

主子犹豫不决,却令奴才更加焦躁和恐惧。夜长梦多,李辅国决定抢先下手。

兴庆宫中长年配备了骏马300匹。这时,李辅国便矫诏调走绝大多数,仅留下10匹。骏马在当时乃是重要的军事装备和快速行动的载具。

从中,唐玄宗立刻敏锐地意识到处境的不妙。他对高力士说道:"我儿为李辅国所惑,孝心难以善终了。"语气忧伤却仍然委婉含蓄。

果然,就在上元元年(760年)七月,唐肃宗生病的时候,李辅国便又趁机假传圣旨,声称奉迎上皇游幸太极宫。

唐玄宗一行出门,走到兴庆宫睿武门时,猛然发现,有数百名殿前射生手,一个个手持明晃晃的腰刀,威风凛凛地拦住了道路。又见几十个骑兵簇拥着李辅国驰驱上前,改口说:"陛下因兴庆宫低洼狭小,特意奉迎乘舆迁居大内。"

年迈的唐玄宗大惊失色,差一点儿从马背上摔下来。

这是一支由宦官直接掌握的编外禁军,号曰英武军,其现任长官——内射生使、宦官郭元振,正是李辅国的党羽。

这时,紧随唐玄宗身后的高力士厉声喝斥:"五十年太平天子,辅国意欲何事!"当即叱令下马。

李辅国迫不得已滚鞍下马,仍不服气地骂了一句:"翁好不懂事!"

李辅国原名李静忠,早年在御马厩服杂役,后又服侍高力士。他相貌丑陋,却粗识文字算术,高力士便安排他掌管御厩的文书簿籍。天宝中,闲厩使王鉷赏识其能力,又推荐他进入东宫,服侍太子李亨。

这时,高力士又趁势向射生手队伍喊道:"上皇问将士们都好吗?"

将士们纷纷收起腰刀,急忙向唐玄宗跪拜,齐呼"万岁——"。

高力士又转向李辅国,说:"辅国可以为上皇牵马!"

李辅国犹如泄了气的皮球，只得与高力士一同牵着唐玄宗的马笼头，缓步走向太极宫的甘露殿。

甘露殿，是太极宫南北中轴线上的第三座宫殿。唐中宗时期，它曾是诸学士入侍之所，殿内陈列着书籍，放置着笔墨纸砚。而今这座久已荒废冷清的旧殿，就成为唐玄宗新的日常生活场所，寝殿则是位于东侧的神龙殿。

李辅国仅给唐玄宗安排了几十个老弱的侍从和卫兵，却矫诏撤走了原兴庆宫的全部宦官、宫女和梨园弟子，就连高力士和陈玄礼也不能再继续留在唐玄宗的身边。

事毕，李辅国便带领武士们扬长而去。

唐玄宗紧紧握着高力士的手，悲伤地说："今天没有将军（玄宗在公开场所对高的称呼——笔者注），阿瞒（玄宗在宫中的一种自称——笔者注）已成为刀下之鬼了。"

左右闻言，莫不伤感落泪。

高力士、陈玄礼——唐玄宗身边的两位老臣，忠诚侍奉和护卫长达50年，而今，他们却被强行拆散，从此天各一方。君臣三人，依依难舍，老泪纵横。

如同落寞夕阳，又被逼迁西内，还逼走近侍老臣，这对唐玄宗而言，无异于往伤口上撒盐。虽然一直肚里泪下，但他却依然装作若无其事的样子，当众自我解嘲："兴庆宫是我当年藩邸所在地，已经几次想让给皇帝，但都未接受，今天迁徙，正符合我的心愿。"

……　……

可悲的是，一而再地违心地自我解嘲，终究会导致严重的认知失调，必然对暮年的唐玄宗造成巨大的心理伤害。

当天事后，李辅国便又带着禁军将领们，身穿素服，来到唐肃宗的病榻前，伏地请罪。

唐肃宗则安慰众人："南内、西内有何区别！卿等担心小人荧惑上皇，

防微杜渐以安社稷,有什么可害怕的呀。"

马克·吐温在《赤道环游记》里说过:"每个人都是一个月亮,他有一个阴暗面,从来不让任何人看见。"——而心腹奴才却最了解主子的心思。李辅国又一次做了唐肃宗想做而又不便做的事情。

唐肃宗李亨长期韬光养晦,但却并非懦弱无能之辈。像他的父亲唐玄宗一样,他对自己的政敌同样毫不原谅,打击那些威胁到自己皇位皇权的阴谋与叛乱,也同样毫不手软。

早在西北行在的时候,他就曾对心腹大臣李泌愤恨地说,要掘开宿敌李林甫的坟墓,焚尸扬灰以报仇雪恨。李泌则劝解说,这样做可能会让身在蜀郡的上皇内心不安。唐肃宗恍然大悟,才放弃了这场报复。

后来,永王作乱,尽管他从小就和唐肃宗的关系特别亲密,但唐肃宗以武力镇压乃至借刀杀人,仍然毫未手软。

上元二年(761年),嗣岐王李珍(唐玄宗胞侄)密谋政变,事泄被捕,立即就被废为庶民并赐死。同党主要成员(包括蔚州将领、禁军将领、官员及宦官等)16人,也均被处决或赐死。而那位被动参与谋反、旋即密奏告发的金吾将军邢济,虽然当时因功升职,但不久便也调离京城,出任南方边地的官职。

面对政治权力的生死予夺,所谓"血浓于水"的亲情,也会变得苍白无力或荡然无存。

唐玄宗迁往西内几天后,高力士等一些宦官内侍就因侍奉唐玄宗登上长庆楼的罪名,分别流放边远地区。陈玄礼则被勒令退休(可能是念及发动马嵬兵变并提前请示李亨有功,免予处罚);如仙媛被送往归州安置;玉真公主重新返回玉真观。

但意想不到的是,以刑部尚书颜真卿为首的众多官员,却上表请问太上皇的起居。——逼迁和幽禁唐玄宗的举动,果然引起朝廷舆论的严重关切和变相的批评。

李辅国应声反扑,立即奏请贬逐颜真卿。结果,颜真卿左迁蓬州长史。

唐玄宗风烛残年，却被迫迁居大内深宫，形同软禁。

太极宫即大内，也称西内，位于长安外郭城北部，远离闹市区，四周城墙高达 10 米，宫禁森严，与兴庆宫形成鲜明对比和巨大的反差。自从唐高宗常住大明宫之后，太极宫便开始冷清荒凉。

作为补救措施，唐肃宗下令，挑选百余名年轻的宫女调入太极宫，为上皇提供生活服务，并且命万安公主和咸宜公主（均为玄宗之女、肃宗之妹）负责管理上皇的饮食起居。

凡是各地贡献的珍异物品，唐肃宗依旧先送给上皇分享。他本人也仍然不时前来西内，向上皇请安，即使生病卧床，也会派人代自己前来请安。上元二年（761 年）十一月，冬至第二天，体弱多病的唐肃宗又一次来到太极宫，向多日未见的上皇请安。却万万没有想到，这一次竟是父子俩的最后一面。

人生的乐趣，是和自己的成就或希望成正比的。唐玄宗几乎是一生叱咤风云，暮年却无限落寞地幽居深宫大内，形影相吊。抚今追昔，他能不深感人生幻灭的悲哀吗？

"西宫南苑多秋草，宫叶满阶红不扫。……夕殿萤飞思悄然，孤灯挑尽未成眠。"（《长恨歌》）

外界强加且永无止境的孤独，是世上最难以忍受的孤独，而身处逆境的人，又对孤独尤其敏感。

唐玄宗不由得常常吟诵一首诗："刻木牵丝作老翁，鸡皮鹤发与真同。须臾弄罢寂无事，还似人生一梦中。"[1]

傀儡戏也即木偶戏，是用机关或提线操纵木偶表演的歌舞戏，在唐代称作窟磊子或魁垒子。它起源很早，本属于丧葬祭祀之乐，到了汉末始用于嘉会娱乐。唐代民间盛行此戏，而唐玄宗也在教坊中设置，并在宫内非正式场合表演。

---

[1] 见《全唐诗》卷 3、卷 202，作者分别题为唐明皇、梁锽。

大概是萧伯纳说过，人生有两种悲剧：一个是万念俱灰，另一个是踌躇满志。——耐人寻味的是，唐玄宗一生中竟然先后经历了这两场悲剧。他的人生，仿佛就是从噩梦到美梦再到噩梦的跌宕轮回。

不难想象，唐玄宗应是多么闷闷不乐，越来越抑郁。最终，他不再食荤，甚至开始辟谷。

辟谷，原是中国古代一种养生方法，就是不吃五谷食品，仅食用营养药物，兼作导引、行气（二者是古代的保健操和保健气功）。后来，辟谷又成为道教的修炼方法之一。

然而此时此地，唐玄宗可能已经万念俱灰。与其说他还有心情去辟谷，还有兴趣去修炼养生，毋宁说他是在变相地绝食，在慢性自杀。——或许，这既是无声的抗议，也是维护尊严的最后手段。

精神坍塌，又兼营养不良，唐玄宗一天天地衰弱下去，终于一病不起。

宝应元年（762 年）四月初五日，在神龙殿，唐玄宗与世长辞，享年77 岁。

翌日，灵柩从寝殿移到正殿——太极殿。文武群臣、诸少数族及外国的官员使臣，络绎不绝地前来吊唁。唐肃宗正卧病在床，只能发哀于自己的寝殿——大明宫长生殿。

唐玄宗《遗诰》："艰难之际，万国事殷。其葬送之仪，尤须俭省。"

人们常说"人生如戏"。但实际上，人生却远非如戏——没有现成的剧本，难得有预先的排练，并且充满着偶然和变数，更无法修改剧本再从头演出。

安而忘危，治而忘乱，唐玄宗因自己所犯的战略性错误，最终付出高昂的代价，而国家和民众也被连累导致更为惨重的牺牲。

《遗诰》自称："常惧有悔，以羞先灵。"——这份沉甸甸的忏悔，委实来得太迟了。不过，痛定思痛，这位犯了严重错误的杰出的地主阶级政治家，毕竟还是怀着后怕、后悔与羞愧的沉痛心情，走完悲喜交替人生的最后一段路程。

拉罗什富科的《道德箴言录》说道："只有伟人才会犯重大的过失。"

的确，"鹰有时飞得比鸡还要低，但它还是鹰。"（《克雷诺夫寓言》）

毕竟，历史不能简单地以成败论英雄。

太上皇驾崩，令卧病在床的唐肃宗不胜哀伤，病势也随之加重。他下诏，由皇太子李豫（原广平王李俶）代理国政。岂料一场血腥的权力之争，却在唐肃宗的两个亲信，也是最有权势的两个人之间激烈展开。他们一个是张皇后（原太子良娣张氏），另一个就是李辅国，两个人早已暗中较劲。

四月十六日，夜色沉沉，大明宫内，杀气腾腾。两派势力争夺对太子李豫的控制权，兵戎相见。最后，张皇后派系全军覆灭，李辅国指挥禁军，居然在唐肃宗的病榻旁边将张皇后强行拘捕，幽禁于别殿。

病势垂危的唐肃宗受到惊吓，两天后便也在长生殿驾崩，享年51 岁。

李辅国下令，杀死张皇后与越王李系等政敌。接着，他便引导太子李豫，素服来到大明宫九仙门，会见群臣，以监国的身份处理国政。

四月二十日，太子李豫即皇帝位，时年 35 岁，史称唐代宗。

宝应二年（763 年）三月，唐玄宗和唐肃宗的陵墓均修建完成。唐代宗分别为祖父和父亲举行了葬礼。唐玄宗葬在金粟山，名曰泰陵（在今陕西蒲城县北）。唐肃宗葬在武将山，名曰建陵（在今陕西礼泉县东北）。

李辅国被唐代宗尊称为尚父，官拜司空、中书令，位尊正一品，政无巨细皆参与决策。但他却恃功愈加恣横，公然对唐代宗说："大家（宫中对皇帝的称呼——笔者注）只管端坐宫中，外朝之事听凭老奴处置。"

唐代宗登基半年后，十月十八日夜，一名刺客潜入李辅国的府第，刺杀了李辅国，并且割去他的头颅和右臂，终年 58 岁。

唐代宗敕令追捕刺客，遣中使慰问李辅国的亲属，并以木雕头颅与尸体合葬，追尊太傅。

刺客一直都没有被抓到。事后有人发现，李辅国的脑袋被扔进了一处粪坑，右臂则被供奉到唐玄宗的陵前。

《新唐书·元载传》透露："盗杀李辅国，（元）载阴与其谋。"这位元载，乃是代宗朝的一位宰相。他起初曾与李辅国亲近并获得提携，李辅国死后，他则受到唐代宗的信任和重用。

宝应元年（762 年）四月十五日，唐肃宗逝世前三天，曾下令大赦天下，流放于巫州（故治在今湖南洪江市）的高力士，也遇赦放还。七月，高力士北上行至朗州（故治在今湖南常德市），惊悉唐玄宗与唐肃宗相继病逝的噩耗。他北望号泣，悲痛欲绝。

在朗州开元寺的西院，78 岁的高力士，风烛残年，哀伤不已，以至于卧床不起，病势渐危。及至八月，竟呕血而卒。

高力士悲痛去世，闻者莫不伤叹。唐代宗颁诏：高力士护卫先帝有功，可恢复原有官爵，追赠扬州大都督，丧事费用由官府支付，陪葬泰陵。

"老奴"高力士，死后终于又回到了唐玄宗的身边。

再克东都

"历史的发展是曲折的，迂回的。"（列宁语）唐朝平叛之路何其漫长坎坷，谁也"无法事先绝对准确地估计胜利机会"（列宁语）。但量变终究引起质变；全面胜利姗姗来迟，却似乎又来得有点突然。

安史叛乱集团的第四任元首史朝义，一如当年安庆绪那样，优柔寡断，缺乏掌控局势的能力，也自必失去大多数部属的敬畏和信任。而更关键的变化是，叛乱集团中间，类似安禄山、史思明这样老资格和强有力的核心人物已不复存在。于是南风不竞，叛乱集团四分五裂，已然日薄西山。

这正如马克思所言："极为相似的事情，但在不同的历史环境中出现

就引起了完全不同的结果。"①

　　驻守河南的官军各部，频频发动局部反攻，连续获胜。尽管史朝义也纠集嫡系部队反扑，但终究还是左支右绌，力不从心。

　　历史已经注定史朝义没有未来。

　　宝应元年（762 年）十月，唐朝平叛战争艰难进入第八个年头，终于吹响了战略反攻的号角。

　　"一年一度秋风劲，不似春光。胜似春光，寥廓江天万里霜。"

　　唐代宗长子、雍王李适出任天下兵马元帅，时年 20 岁。朔方节度使仆固怀恩担任副元帅。奉旨参战的诸节度使军队，会同回纥骑兵，共 10 万人马，分道并进。

　　十月二十七日，官军进抵洛阳北郊。仆固怀恩迅即分兵北上，占领怀州（故治在今河南沁阳市），解除了后顾之忧，并对河北叛军警戒监视。

　　三十日，在洛阳西北郊外的横水（亦称黄水），摆开战场。

　　叛军数万之众，已经构筑了防御工事，严阵以待。官军则列阵于西原，正面威逼叛军阵地，同时又遣骁骑配合回纥骑兵，悄悄沿着南山迂回到叛军阵地的东北侧后。

　　官军部署完毕，举旗为号，突然发起进攻。步、骑兵前后夹击，一鼓作气大破叛军。

　　史朝义闻讯，急忙率领 10 万兵马列阵于洛城郊外的昭觉寺一带。

　　官军乘胜前进，再次发动攻击。一波接一波的冲击，短兵相接，殊死搏斗，导致双方巨大的伤亡，但却一直未能彻底撼动叛军的阵地。

　　"犯阵而不能陷，引退必败。"情急之下，镇西节度使马璘援旗而进，单骑奔击，带头杀入叛军万众之中。官军振奋精神，全线出击，以排山倒海之势，终于压垮叛军的气势，击溃叛军防线。

　　叛军节节败退，官军连战连胜。史朝义的嫡系部队伤亡惨重，最后土崩瓦解，史朝义及其家属在数百名骑兵的护卫下，弃城向东逃窜。

　　官军再度收复东都洛阳。

---

　　①《马克思恩格斯全集》第 19 卷，第 131 页。

峰回路转，柳暗花明，唐廷已然锁定平叛战争的最终胜局。

"宜将剩勇追穷寇"

仿佛多米诺骨牌效应，原本就已经四分五裂的叛乱集团，迅速出现反水潮。历史之手，终于敲响了邪恶短命的"大燕王朝"的丧钟。

"宜将剩勇追穷寇。"官军乘胜转入战略反攻的"下半场"——千里追击，收复河南、河北。

擒贼先擒王。仆固怀恩命令其子、朔方右厢兵马使仆固玚，以及朔方兵马使高辅成，率领 1 万多名精锐步、骑兵追击史朝义。他自己则统率大军攻城略地，收复黄河南北失地。

仆固玚长期跟随父亲南征北战，每每深入敌阵，勇猛顽强，军中号称"斗将"。

史朝义沿途纠合一些部队拒战，怎奈军心涣散，屡战屡败。仆固玚部队紧追不舍，并在回纥骑兵的配合下，数战数捷。

史朝义向东，再向北，渡过黄河，且战且退，身后的叛军各部则相继望风而降。

接下来，官军各部也奉仆固怀恩之命，兼程渡河北上，与仆固玚的前锋部队以及回纥骑兵会师于冀州下博县（故治在今河北深州市东南），继而挥师北上，包围莫州（故治在今河北任丘市北）。

史朝义在莫州继续调动部队，多次出战，但仍连遭失败。

死神已然盘旋在莫州的上空。

广德元年（763 年）正月，在莫州，伪睢阳节度使田承嗣劝说史朝义亲往幽州（即范阳郡，故治在今北京西南），调集李怀仙部队南下救援，并自告奋勇愿留守莫州。

史朝义喘息的时间和空间已所剩无几，他便听从田的建议，带领 5000 名骑兵，乘夜色悄然出城北上。临行时，他紧握田承嗣的手说："阖家百口、老母稚子，今天就托付于公了。"

让史朝义做梦都没有想到的是,他刚刚离开莫州,田承嗣便开城出降,并把史朝义的老母妻儿执送官军大营。

事不宜迟。仆固玚等将领迅即领兵 3 万,继续北上追击史朝义。

追至幽州归义县(故治在今河北雄县西北)境内,终于发现史朝义。史朝义部队与官军交战不利,继续向北飞快逃窜。

但此时,群凶瓦解,国威方振,伪范阳节度使李怀仙,也已秘密向朝廷表示投诚。

史朝义率残部逃到幽州范阳县(故治在今河北涿州市),守城将领、兵马使李抱忠,正是李怀仙的部下。他已经接到命令,拒绝史朝义入城。

史朝义急忙派人去见李抱忠,传达从莫州突围前来调发援兵之意,并责备他违背"君臣大义"。

"上天不佑'燕朝',唐室已经复兴。我们也已归顺唐廷,岂可再有反复而愧对三军将士。"李抱忠答道,"大丈夫耻于以诡计相害,但愿你们尽早选择去向,保全自己。况且田承嗣必已背叛,不然,官军为何能迅速赶到这里?"

史朝义无可奈何。他恳求能否供应一顿饮食,李抱忠答应了他的请求。

在县城东门外吃完饭后,史朝义麾下的幽州籍将士,也纷纷拜辞而去。史朝义泪流满面,大骂田承嗣:"老奴才害了我!"

此时已是冬末春初,却仍然能感到阵阵寒流。近乎绝望的史朝义,带着几百名胡族骑兵匆匆赶到梁乡,拜辞其父史思明的墓茔。然后,他们便朝东北方向逃窜,可能是打算逃到奚和契丹境内避难。来到广阳县城时(即檀州燕乐县,故治在今北京密云水库北),守将也同样奉命闭门不纳。

史朝义一行人马只得忍受饥饿疲劳,继续往东逃窜。当他们精疲力尽逃到平州石城县(故治在今河北唐山市东北陡河水库北)东北边的温泉栅时,猛然发现,身后不远处扬起了滚滚黄尘——追杀的骑兵部队(系

李怀仙奉仆固场之命派遣），正呼啸而来。

众叛亲离，走投无路。史朝义终于绝望地逃进路边的树林，上吊自尽。

广德元年（763 年）正月三十日，大地回春。李怀仙派人随中使骆奉先来到长安，奉献史朝义的首级。

西京长安，生机盎然，景色如画：

"天街小雨润如酥，草色遥看近却无。最是一年春好处，绝胜烟柳满皇都。"（韩愈《早春呈水部张十八员外》）

尾声

盛唐的危机，以安史之乱为主要标志，从爆发到平息，历时七年零两个月。

盛唐的危机却并非历史的宿命。

"'历史'并不是把人当作达到自己目的的工具来利用的某种特殊的人格。历史不过是追求着自己目的的人的活动而已。"①

所以，盛唐的危机，归根结底，还是因为以唐玄宗为首的统治集团安而忘危，治而忘乱，治国理政发生了方向性的重大战略失误。

历史的教训昭示后世：对一个伟大的文明国家、一个强盛的大国而言，最大的危险莫过于来自本身内部，内忧比外患更危险。

鲁迅曾在《今春的两种感想》一文中慨叹："许多历史的教训，都是用极大的牺牲换来的。"

然而，最糟糕的结果却又莫过于像黑格尔所说的，历史给人们的教训就是，人们从来都不知道汲取历史的教训。

因此，《左传·襄公十一年》里的这句箴言——"《书》曰：'居安思危。'思则有备，有备无患。"——仿若警钟长鸣，具有永恒的现实意义。

烽烟散尽，举国欢庆，唐朝犹存，盛世不再。

"无可奈何花落去。"

安史乱起，西北边军入靖国难，吐蕃军队卷土重来，党项、南诏军队也趁机侵扰。他们攻城略地，剽掠人口、财物，蚕食西北、西南边疆，成为唐朝长期严重的边患。

---

① 《马克思恩格斯全集》第 2 卷，第 118—119 页。

尾
声

"往昔安西万里疆，而今边防在凤翔。"——白居易痛心地感叹，大唐帝国的西北边防线，竟然一直退缩到了凤翔府地界（故治在今陕西凤翔县）。

安史作乱，唐廷在中原紧急广置节度使，募兵以扼冲要，并授权各自在防区内汇集军权、财权和行政监督权于一身，以遂行作战任务。

这一战时体制，便意外地开启了唐代藩镇的新篇章。

藩镇也称方镇，意指屏藩朝廷、镇守一方的军政机构。它们分别统领数州，兼理军民，拥有土地、人民、军队和财赋。

唐代中晚期，藩镇大体上保持在四五十个左右。它们或长期割据（政治上仍尊奉唐廷），或成为防御吐蕃、南诏的盾牌，或守护赋税重地，以财力、物力支持朝廷，或发挥镇定一方、保护漕路、遏制河北割据势力、讨伐骄藩叛镇的作用。

藩镇林立而又相互制约，居然维持了唐帝国中晚期一百多年的统治。劫后余生的唐朝廷，被迫付出高度分权的代价而得以幸存。

安史叛乱期间，宦官的权势开始急剧膨胀。唐肃宗大力扶植宦官集团，主要是作为牵制抗衡节度使势力的政治力量。

后危机时代，宦官又担任内枢密使之职，掌管机要，出纳王命，形成对外朝宰相势力的牵制，乃至分割宰相权力的作用。

宦官还出任监军使，并常驻各地藩镇，监督军政事务。同时，宦官专典禁军也成为定制。

强势的宦官集团，对于维护中央权力和统一局面的延续，产生了不可忽视的正能量，但一些宦官作威作福，欺压百姓，甚至任意废立皇帝，又常会加剧社会矛盾和政治混乱。

安史之乱中，黄河中、下游沦为战场，安史乱后，藩镇林立，中原依然局部兵连祸结。于是，全国的经济重心加快向长江中下游转移的步伐，国家赋税的重心也随之南移。而军费激增，税负不公，愈益加重江南民

众的经济负担,以致相继发生武装反抗。

危机倒逼改革,迫使唐廷实施两税法以取代早已过时的租庸调法。

可是,影响社会公平的原因,并不仅仅在于制度法令的安排,还在于制度法令的执行。而吏治腐败,税上加税,税外有税,加之钱重物轻、物价波动等老弊端和新问题,终究又直接或间接加重了民众的经济负担。

…… ……

平定安史之乱大约三四十年后,一个秋天的日子,诗人戎昱来到兴庆宫凭吊。秋风萧瑟,满目凄凉,令他伤感万端,遂作《秋望兴庆宫》一诗:

先皇歌舞地,
今日未游巡。
幽咽龙池水,
凄凉御榻尘。
随风秋树叶,
对月老宫人。
万事如桑海,
悲来欲恸神。

——龙池的水声幽咽低诉,凄凉的御榻落满尘埃,唐的政治中心——兴庆宫——已然寂寞冷落。

安史之乱平息大约一百年后,诗人崔橹也以两首《华清宫》诗,描绘出他眼中的皇家温泉园林的凄凉景象:

草遮回磴绝鸣鸾,
云树深深碧殿寒。
明月自来还自去,

尾
声

更无人倚玉阑杆。

门横金锁悄无人，
落日秋声渭水滨。
红叶下山寒寂寂，
湿云如梦雨如尘。

——野草遮住了骊山的台阶，白云环绕着树荫深处的宫殿。明月依旧，却再也不见玄宗与贵妃的身影。

秋风萧瑟，夕阳西下，渭水南边的华清池，宫门紧锁，悄无声息。骊山云雾缭绕，红叶飘落，秋雨淅沥，寒气袭人。满目萧飒的骊山华清宫，让人仿佛置身于历史的梦幻泡影之中。

"舞榭歌台，风流总被、雨打风吹去。"

唐肃宗乾元二年（759年）秋冬之交，杜甫弃官，携家眷辗转漂泊来到成都。他在浣花溪畔构筑茅屋——"成都草堂"，定居下来。

唐代宗广德元年（763年）春，杜甫一家躲避兵乱，暂居梓州（故治在今四川三台县）。忽然听说官军收复河南、河北的消息，杜甫止不住热泪滚滚，全家人也惊喜若狂。

"漫卷诗书喜欲狂"，"青春作伴好还乡"。

尚未成行，杜甫又被成都尹、剑南节度使严武延入幕府，担任节度参谋，表荐为检校工部员外郎，秩从六品上（因此后人又称之为"杜工部"）。

唐代宗永泰元年（765年）正月，杜甫又因老病辞去参谋之职。四月，严武也突然病逝，蜀中一时大乱。

杜甫遂于这年夏天携家眷离蜀东下，打算重返洛阳故园。岂料又因蜀川兵戈未息，全家辗转滞留夔州（故治在今重庆奉节县东），大约两年之久。

唐代宗大历三年（768年），衰老多病的杜甫，从夔州乘船出三峡，举

家北归。没想到又闻北方兵乱而受阻,遂转赴南方,漂泊于荆湘一带。

在潭州(故治在今湖南长沙市),暮春季节,杜甫与李龟年不期邂逅。

李龟年,这位盛唐著名的音乐家、歌唱家,曾经出入王侯公卿府第,供职于皇家乐团,特承唐玄宗顾遇。杜甫少年时代在洛阳,适逢唐玄宗率亲属群臣东巡暂居此地。借助前辈援引,他也曾进入岐王李范和殿中监崔涤(在家族中排行第九)的宅邸,聆听过李龟年的歌声。

安禄山叛乱,玄宗幸蜀,李龟年也避难流落江南。偶逢良辰胜景,他也会应邀在酒宴上唱几首怀旧歌曲,常令座中宾客伤感唏嘘。

劫后余生,往事如烟,故人重逢,不胜欣慰而又感慨系之。

杜甫因而赠诗一首,题为《江南逢李龟年》:

> 岐王宅里寻常见,
> 崔九堂前几度闻。
> 正值江南好风景,
> 落花时节又逢君。

杜甫颠沛流离,贫病交加。大历五年(770年),举家前往郴州(故治在今湖南郴州市)途中,他竟在湘江船上与世长辞,享年58岁。

国家危难,"生民涂炭,读书人一声长叹"。

但历史总是螺旋式地发展或波浪式地前进的。恩格斯以历史发展的眼光说过:"没有哪一次巨大的历史灾难不是以历史的进步为补偿的。"[①]

翻开中晚唐的历史,就可以发现,新式曲辕犁,新式水车,新的有机肥料,新的水利工程,中国经济重心的南移,海上丝绸之路的开辟,夜市,草市,墟市,飞钱(便换),柜坊,两税法,《通典》,古文运动,道统观与复性说,传奇小说和词的发展,科举制成为入仕的主要途径,社会更注重才

---

① 《马克思恩格斯全集》第39卷,第149页。

尾声

403

能的风气,等等——所有这一切,难道不正是中晚唐时期的中国,在"以历史的进步"作为对盛唐末年那场"巨大的历史灾难"的"补偿"吗?

中国的历史多灾多难,但中国人却自强不息。

大概是在大历二年(767年)秋天,杜甫在夔州作《登高》一诗,留下千古名句——"无边落木萧萧下,不尽长江滚滚来"。

杜甫无奈地见证了盛唐末年的内乱和衰落,就如同这萧萧而下的无边落木;但杜甫似乎又欣慰地看到了,中国人的历史,就像这滚滚而来的万里长江,依旧奔腾不息,一往无前!

参考文献

一、著作

（一）古籍

〔唐〕王定保：《唐摭言》，古典文学出版社，1957年。

〔唐〕封演：《封氏闻见记》，赵贞信校注，中华书局，1958年。

〔唐〕李昉等：《太平广记》，人民文学出版社，1961年。

〔唐〕刘昫等：《旧唐书》（点校本），中华书局，1975年。

〔唐〕李肇：《唐国史补》，上海古籍出版社，1979年。

〔唐〕张鷟：《朝野佥载》，中华书局，1979年。

〔唐〕段成式：《酉阳杂俎》，方南生点校，中华书局，1981年。

〔唐〕姚汝能：《安禄山事迹》，曾贻芬校点，上海古籍出版社，1983年。

〔唐〕刘肃：《大唐新语》，许德楠、李鼎霞点校，中华书局，1984年。

〔唐〕杜佑：《通典》，中华书局，1984年。

〔唐〕崔令钦：《教坊记》，中国戏剧出版社，1984年。

〔唐〕王仁裕等：《开元天宝遗事十种》，丁如明辑校，上海古籍出版社，1985年。

〔唐〕玄奘：《大唐西域记》，季羡林校注，中华书局，1985年。

〔唐〕李林甫等：《大唐六典》（影印宋本），中华书局，1991年。

〔宋〕司马光：《资治通鉴》，胡三省音注，标点资治通鉴小组校点，附司马光《通鉴考异》，中华书局，1956年。

〔宋〕宋敏求：《唐大诏令集》，商务印书馆，1959年。

〔宋〕王钦若等：《册府元龟》，中华书局（影印本），1960年。

〔宋〕欧阳修、宋祁：《新唐书》（点校本），中华书局，1975年。

〔宋〕宋敏求：《长安志》，中华书局，1990年。

〔宋〕王溥：《唐会要》，上海古籍出版社，1991年。

〔清〕彭定求等：《全唐诗》，中华书局，1960年。

〔清〕董浩等：《全唐文》，中华书局（影印本），1983年；上海古籍出版社

（缩印本），1990年。

冯惠民：《通鉴严补辑要》，齐鲁书社，1983年。

（二）今著

唐长孺：《唐书兵志笺正》，科学出版社，1957年。

岑仲勉：《唐史余沈》，上海古籍出版社，1960年。

谷霁光：《府兵制度考释》，上海人民出版社，1962年。

陈垣：《二十史朔闰表》，中华书局，1962年。

范文澜：《中国通史简编》（修订本），第三编，第一册，第二册，人民出版社，1965年。

翦伯赞、郑天挺等：《中国通史参考资料》，古代部分，第四册，中华书局，1965年。

《马克思恩格斯选集》，中共中央马克思、恩格斯、列宁、斯大林著作编译局编，人民出版社，1972年。

《马克思恩格斯全集》，中共中央马克思、恩格斯、列宁、斯大林著作编译局编，人民出版社，1973年。

中国历史地图集编辑组：《中国历史地图集》，第五册，中华地图学社，1975年。

中国社会科学院文学研究所：《唐诗选》，上册，人民文学出版社，1978年。

武伯纶：《西安历史述略》，陕西人民出版社，1979年。

韩国磐：《隋唐五代史纲》（修订本），人民出版社，1979年。

武汉大学中文系古典文学教研室：《新选唐诗三百首》，人民文学出版社，1980年。

栗斯：《唐诗故事》，第一集，地质出版社，1981年。

杜石然等：《中国科学技术史稿》，上册，科学出版社，1982年。

岑仲勉：《隋唐史》（全二册），中华书局，1982年。

陈寅恪：《唐代政治史述论稿》，上海古籍出版社，1982年。

中国军事史编写组：《中国军事史》，第一卷《兵器》，解放军出版社，1983年。

军事科学院战争理论研究部编写组：《中国古代战争战例选编》，第二册，中华书局，1983年。

周锡保：《中国古代服饰史》，中国戏剧出版社，1984年。

时蓉华：《社会心理学》，上海人民出版社，1986年。

牛志平、姚兆女：《唐人称谓》，三秦出版社，1987年。

张国刚：《唐代官制》，三秦出版社，1987年。

张国刚：《唐代藩镇研究》，湖南教育出版社，1987年。

袁英光、王界云：《唐明皇传》，天津人民出版社，1987年。

王仲荦：《隋唐五代史》上、下册，上海人民出版社，1988年、1990年。

郭沫若等：《中国史稿地图集》下册，中国地图出版社，1990年。

中国军事史编写组：《中国军事史》，第六卷，《兵垒》，解放军出版社，1991年。

阴法鲁、许树安等：《中国古代文化史》，北京大学出版社，1991年。

陈明光：《唐代财政史新编》，中国财政经济出版社，1991年。

杨际平：《均田制新探》，厦门大学出版社，1991年。

谭其骧等：《简明中国历史地图集》，中国地图出版社，1991年。

王小甫：《唐、吐蕃、大食政治关系史》，北京大学出版社，1992年。

李季平等：《全唐文政治经济资料汇编》，三秦出版社，1992年。

秦浩：《隋唐考古》，南京大学出版社，1992年。

许道勋、赵克尧：《唐玄宗传》，人民出版社，1993年。

奚从清、沈赓方等：《社会学原理》（第三版），浙江大学出版社，1994年。

郑国平、沈赓方、何妙刚等：《行政管理学简明教程》（修订版），浙江大学出版社，1995年。

马驰：《李光弼》，陕西师范大学出版社，1996年。

黄新亚：《消逝的太阳——唐代城市生活长卷》，湖南出版社，1996年。

萧默：《隋唐建筑艺术》，西北大学出版社，1996年。

程蔷、董乃斌：《唐帝国的精神文明》，中国社会科学出版社，1996年。

吴增基、吴鹏森、苏振芳等：《现代社会学》，上海人民出版社，1997年。

周晓虹：《现代社会心理学》，上海人民出版社，1997年。

郑全全：《社会心理学》，浙江大学出版社，1998年。

毛蕾：《唐代翰林学士》，社会科学文献出版社，2000年。

许锋：《社会心理学》，经济日报出版社，2001年。

吴玉贵：《中国风俗通史·隋唐五代卷》，上海文艺出版社，2001年。

中国军事史编写组：《中国历代军事战略》下册，解放军出版社，2002年。

沙莲香等：《社会心理学》，中国人民大学出版社，2002年。

黄朴民、孙建民、高瑞浩：《〈孙子兵法〉解读》，解放军文艺出版社，

参考文献

2003 年。

杨光斌等：《政治学导论》（第二版），中国人民大学出版社，2004 年。

阎守诚、吴宗国：《唐玄宗的真相》，北京大学出版社，2009 年。

黄正建：《唐代衣食住行》，中华书局，2013 年。

陆威仪：《世界性的帝国：唐朝》（哈佛中国史），张晓东、冯世明译，中信出版社，2016 年。

《中国地图册》，成都地图出版社，2018 年。

［德］克劳塞维茨：《战争论》（全三卷），中国人民解放军军事科学院译，商务印书馆，1978 年。

［瑞士］A.H.若米尼：《战争艺术概论》，刘聪、袁坚译，解放军出版社，1986 年。

［英］崔瑞德等：《剑桥中国隋唐史》，中国社会科学院历史研究所西方汉学研究课题组译，中国社会科学出版社，1990 年。

［日］平冈武夫：《唐代的长安与洛阳（地图）》，上海古籍出版社，1991 年。

［美］谢弗：《唐代的外来文明》，吴玉贵译，中国社会科学出版社，1995 年。

［南］米拉·马尔科维奇：《社会学》，徐坤明、夏士华译，中国社会科学出版社，1997 年。

二、论文

韩国磐：《唐天宝时农民生活之一瞥》，《隋唐五代史论集》，生活·读书·新知三联书店，1979 年。

韩国磐：《唐朝时汉族和少数民族的经济文化交流》，《隋唐五代史论集》，生活·读书·新知三联书店，1979 年。

汪篯：《唐玄宗时期吏治与文学之争》，《汪篯隋唐史论稿》，中国社会科学出版社，1981 年。

汪篯：《唐玄宗安定皇位的政策和姚崇的关系》，《汪篯隋唐史论稿》，中国社会科学出版社，1981 年。

唐耕耦：《唐代前期的兵募》，《历史研究》1981 年第 5 期。

林超民：《羁縻府州与唐代民族关系》，《思想战线》1985 年第 5 期。

赵鸿昌：《论南诏天宝之战与安史之乱的关系》，《云南社会科学》1985 年第 2 期。

徐兴祥：《西洱河战争起因辨析》，《云南民族学院学报》1985 年第 4 期。

高世瑜：《唐玄宗崇道浅论》，《历史研究》1985年第4期。

潘孝伟：《安史之乱与各民族联合平叛》，《中学历史教学》1985年第6期。

卢华语：《略论李泌》，《西南师范学院学报》1986年第1期。

吴宗国：《唐代进士考试科目和录取标准的变化》，《历史研究》1986年第4期。

林超民：《安西、北庭都护府与唐代西部边疆》，《文献》1986年第3期。

袁英光、王界云：《关于唐玄宗李隆基的几个问题》，《中国唐史学会论文集》，陕西人民出版社，1986年。

杨志玖：《安禄山、史思明生年考辨》，《南开学报》1987年第2期。

杨建新：《唐代吐蕃在新疆地区的扩张》，《西北史地》1987年第1期。

何汝泉：《唐代使职的产生》，《西南师范大学学报》1987年第1期。

潘孝伟：《唐代马球风靡之谜》，《未定稿》1987年第24期。

张国刚：《关于唐代兵募制度的几个问题》，《南开学报》1988年第1期。

潘孝伟：《唐王朝阻遏安史南下江淮和江汉获胜的原因》，《安庆师范学院学报》1988年第2期。

薛宗正：《波斯萨珊王裔联合吐火罗抗击大食始末》，《新疆社会科学》1988年第6期。

江戍疆、宋建伟：《唐与吐蕃在西域的斗争》，《喀什师范学院学报》1989年第1期。

张国刚：《唐代府兵渊源与番役》，《历史研究》1989年第6期。

张国刚：《唐代的健儿制》，《敦煌研究》1990年第4期。

袁英光、王界云：《略论有关"安史之乱"的几个问题》，《新疆大学学报》1990年第3期。

曹旅宁：《昭武九姓与安史之乱关系辨证》，《青海社会科学》1990年第3期。

宁欣：《唐代铨选制度的完善及流弊》，《北京师范学院学报》1991年第4期。

贾二强：《唐永王李璘起兵事发微》，《陕西师范大学学报》1991年第1期。

钱伯泉：《从〈张无价告身〉论高仙芝征讨石国和突骑施》，《民族研究》1991年第3期。

唐华全：《试论安禄山势力的发展壮大》，《中国史研究》1991年第3期。

崔明德：《唐与契丹战争起因新探》，《社会科学辑刊》1991年第2期。

王赛时：《唐代马球综考》，《中国唐史学会论文集》，三秦出版社，1993年。

朱迪光：《论安史叛军对唐西北的争夺》，《青海社会科学》1993年第2期。

孙继民：《吐鲁番文书所见唐代府兵的征行制度》，《中国唐史学会论文集》，三秦出版社，1993年。

薛宗正：《唐碛西节度使的置废》，《历史研究》1993年第6期。

卞孝萱：《唐玄宗杨贵妃五题》，《烟台师范学院学报》1994年第1期。

崔明德：《论隋唐时期的"以夷攻夷"、"以夷制夷"和"以夷治夷"》，《中央民族大学学报》，1994年第3期。

程遂营：《唐代文人的入仕途径》，《河南教育学院学报》1994年第3期。

陈国灿：《唐开元西州诸曹符帖目中的西域"警固"事》，《西域研究》1995年第1期。

任士英：《唐肃宗时期中央政治的二元格局》，《中国史研究》1996年第4期。

樊文礼：《唐代的安姓胡人》，《内蒙古大学学报》1998年第2期。

李鸿宾：《羁縻府州与唐朝朔方军的设立》，《中央民族大学学报》1998年第3期。

宁志新：《唐朝使职若干问题研究》，《历史研究》1999年第2期。

薛宗正：《论高仙芝伐石国与怛逻斯之战》，《新疆大学学报》1999年第3期。

崔明德：《试论安史乱军的民族构成及其民族关系》，《中国边疆史地研究》2001年第3期。

黄永年：《唐玄宗朝姚宋李杨诸宰相的真实面貌》，《中国史研究》2003年第2期。

张国刚：《唐代中央军事决策与军队领导体制论略》，《南开学报》2004年第1期。

钟焓：《安禄山等杂胡的内亚文化背景——兼论粟特人的"内亚化"问题》，《中国史研究》2005年第1期。

王敏：《唐代开元天宝时期十道节度使与中央的关系研究》，厦门大学硕

士学位论文,2006年。

毕波:《怛逻斯之战和天威健儿赴碎叶》,《历史研究》2007年第2期。

张国刚:《唐玄宗之路》,《新华文摘》2007年第15期。

刘国正、常法亮:《唐代王维〈过香积寺〉考辨》,《新华文摘》2008年第19期。

张国刚、宁欣、勾利军、杜文玉:《唐代对外开放的回视与审思(专题讨论)》,《河北学刊》2008年第3期。

葛承雍:《曹野那姬考》,《新华文摘》2008年第7期。

王昱:《石堡城唐蕃争夺战及其方位》,《青海社会科学》2010年第6期。

赵心愚:《南诏、吐蕃关系的加强与张虔陀事件的发生》,《新华文摘》2010年第10期。

姜维公、姜维东:《唐代宫女生活述略》,《新华文摘》2010年第10期。

赵心愚:《南诏、吐蕃结盟后发生武装冲突的时间》,《历史研究》2011年第4期。

荣新江、文欣:《"西域"概念的变化与唐朝"边境"的西移——兼谈安西都护府在唐政治体系中的地位》,《北京大学学报》2012年第4期。

林梅村:《怛逻斯城与唐代丝绸之路》,《浙江大学学报》2016年第5期。

任士英:《唐代洗儿礼考略》,中国唐史学会年会论文,打印稿。

李斌城:《唐人的神仙信仰》,中国唐史学会年会论文,打印稿。

杨剑虹:《大唐乐舞》,中国唐史学会年会论文,打印稿。

赵雨乐:《唐代宫廷防卫与宦官权力渊源》,中国唐史学会年会论文,打印稿。

胡戟:《唐代储君》,中国唐史学会年会论文,打印稿。

唐华全:《唐肃宗时期宰相政治探微》,中国唐史学会年会论文,打印稿。

黄永年:《唐肃代两朝中枢政局剖析》,中国唐史学会年会论文,打印稿。

三、各卷史料来源

第一卷史料来源:

《资治通鉴》卷214/旧、新《唐书·玄宗纪》/旧、新《唐书·张守珪传》/旧、新《唐书·张九龄传》/旧、新《唐书·李林甫传》/旧、新《唐书·牛仙客传》/《旧唐书·严挺之传》/《新唐书·崔群传》/《新唐书·食货志》/《旧唐书·裴耀卿传》/《旧唐书·刑法志》/《安禄山事迹》/《开天传信记》(《开元天宝遗事十种》)/《明

参考文献

皇杂录》及补遗(同上书)/《开元天宝遗事》(同上书)/《次柳氏旧闻》(同上书)/《唐摭言》/《大唐新语》/《封氏闻见记》/《因话录》/《南部新书》/《通典》卷165/《太平广记》卷19/《全唐文》卷440。

第二卷史料来源：

《资治通鉴》卷211—215/旧、新《唐书·玄宗纪》/《旧唐书·睿宗诸子传》/《新唐书·三宗诸子传》/《旧唐书·玄宗废后王氏传》/《旧唐书·玄宗贞顺皇后武氏传》/《新唐书·后妃传上》/《新唐书·王仁皎传附王守一传》/《旧唐书·姜晈传附姜皎传》/《旧唐书·玄宗诸子传》/《新唐书·十一宗诸子传》/《新唐书·睿宗、玄宗公主传》/旧、新《唐书·肃宗纪》/旧、新《唐书·高力士传》/《新唐书·姚崇传》/旧、新《唐书·李林甫传》/旧、新《唐书·韦坚传》/旧、新《唐书·王忠嗣传》/《旧唐书·肃宗韦妃传》/《明皇杂录》补遗(《开元天宝遗事十种》)/《开元天宝遗事》(同上书)/《开天传信记》(同上书)/《高力士外传》(同上书)/《次柳氏旧闻》(同上书)/《酉阳杂俎》/《唐语林》/《大唐新语》/《朝野金载》/《通典》卷70/《唐会要》卷3、卷4、卷49/《册府元龟》卷2、卷40、卷47/《全唐文》卷279,潘好礼《谏立武惠妃为皇后疏》/《大唐故开府仪同三司赠扬州大都督高公神道碑》(《考古与文物》1983年第2期)。

第三卷史料来源：

《资治通鉴》卷202、卷211-217/旧、新《唐书·玄宗纪》/《旧唐书·张说传》/《旧唐书·韦思谦附韦嗣立传》/《旧唐书·职官志》/旧、新《唐书·地理志》/《新唐书·兵志》/旧、新《唐书·突厥传》/旧、新《唐书·吐蕃传》/《新唐书·方镇表》/《唐六典》卷3、卷5、卷7/《通典》卷2、卷28、卷32、卷148、卷172/《唐会要》卷72、卷78、卷83、卷85、卷97/《册府元龟》卷124、卷135、卷495/《唐律疏议》卷16/《全唐文》卷467,陆贽《论关中事宜状》。

第四卷史料来源：

《资治通鉴》卷203—212/旧、新《唐书·玄宗纪》/旧、新《唐书·姚崇传》/旧、新《唐书·宋璟传》/《旧唐书·郭元振传》/《旧唐书·张说传》/《旧唐书·韦思谦附韦嗣立传》/旧、新《唐书·韩休传》/《旧唐书·僧一行传》/《旧唐书·马怀素、褚无量、元行冲传》/《旧唐书·刑法志》/《旧唐书·天文志》/《旧唐书·方伎传》/《旧唐书·音乐志》/《新唐书·礼乐志》/《开元升平源》(《开元天宝遗事十种》)/《开天传信记》(同上书)/《明皇杂录》及补遗、逸文(同上书)/《开元天宝遗事》(同上书)/《次柳氏旧闻》(同上书)/《朝野金载》/《封氏闻见记(校注)》/

《大唐新语》《历代名画记》《教坊记》/旧、新《唐书·地理志》《长安图志》/《长安志》/《太平广记》卷 285、卷 495/《唐六典》卷 5/《通典》卷 7、卷 12、卷 165/《册府元龟》卷 18、卷 20、卷 53、卷 54、卷 70、卷 105、卷 523、卷 533、卷 612/《唐大诏令集》卷 100、卷 104、卷 108/《唐会要》卷 25、卷 33、卷 35、卷 36、卷 39、卷 72、卷 83、卷 85/《全唐文》卷 20、卷 23、卷 24、卷 27、卷 29、卷 30、卷 31、卷 41、卷 268/《金石萃编》卷 102。

第五卷史料来源：

《资治通鉴》卷 212—217/旧、新《唐书·玄宗纪》/《旧唐书·崔日用传》/《旧唐书·张说传》/旧、新《唐书·杨贵妃传》/旧、新《唐书·李白传》/旧、新《唐书·后妃传上》/《旧唐书·玄宗诸子传》/《新唐书·宰相世系表》/《旧唐书·礼仪志》/《旧唐书·音乐志》/《新唐书·礼乐志》/旧、新《唐书·地理志》/《明皇杂录》及补遗、逸文（《开元天宝遗事十种》）/《开元天宝遗事》（同上书）/《开天传信记》（同上书）/《次柳氏旧闻》补遗（同上书）/《杨太真外传》（同上书）/《长恨歌传》（同上书）/《唐国史补》/《羯鼓录》/《封氏闻见记（校注）》/《西阳杂俎》/《松窗杂录》/《太平广记》卷 22/《通典》卷 54、卷 129/《唐大诏令集》卷 9、卷 40/《册府元龟》卷 35、卷 36、卷 53、卷 54/《全唐文》卷 29、卷 38、卷 221、卷 268、卷 468/《全唐诗》卷 75、卷 310、卷 333、卷 440、卷 804。

第六卷史料来源：

《资治通鉴》卷 214—217/旧、新《唐书·玄宗纪》/旧、新《唐书·李林甫传》/旧、新《唐书·安禄山传》/《旧唐书·张守珪传》/《新唐书·礼乐志》/《安禄山事迹》/《开天传信记》（《开元天宝遗事十种》）/《因话录》/《唐语林》/《全唐文》卷 25、卷 452。

第七卷史料来源：

《资治通鉴》卷 193、卷 195、卷 198—201、卷 211—217/旧、新《唐书·玄宗纪》/旧、新《唐书·吐蕃传》/《旧唐书·太宗诸子附李祎传》/旧、新《唐书·王忠嗣传》/旧、新《唐书·哥舒翰传》/旧、新《唐书·突厥传》/旧、新《唐书·地理志》/《旧唐书·职官志》/《新唐书·兵志》/《新唐书·西域传》/《旧唐书·西戎传》/《旧唐书·龟兹国传》/旧、新《唐书·高仙芝传》/旧、新《唐书·李嗣业传》/旧、新《唐书·段秀实传》/《隋书·西突厥传》/《隋书·裴矩传》/《旧唐书·南蛮西南蛮传》/《新唐书·南蛮传》/旧、新《唐书·杨国忠传》/《大唐西域记》/《杜环经行记（笺证）》/《元和郡县图志》卷 39/《通典》卷 6、卷 148、卷 172/《唐会要》卷 72、卷 87/《唐大诏令集》卷 64、卷 73、卷 107/《册府元龟》卷 85、卷 124、卷

135、卷 157、卷 170、卷 961、卷 964、卷 973/《全唐文》卷 39、卷 200、卷 219、卷 999/《全唐诗》。

第八卷史料来源：

《资治通鉴》卷 215—217/旧、新《唐书·玄宗纪》/旧、新《唐书·杨慎矜传》/《旧唐书·陆贽传》/旧、新《唐书·韦坚传》/《新唐书·地理志》/旧、新《唐书·王铁传》/旧、新《唐书·杨国忠传》/《新唐书·食货志》/《新唐书·让皇帝宪传》/《新唐书·卢从愿传》/《旧唐书·李憕传》/旧、新《唐书·李林甫传》/《旧唐书·李义琰传》/旧、新《唐书·高力士传》/《旧唐书·王缙传》/《旧唐书·杜甫传》/《新唐书·杜审言附杜甫传》/旧、新《唐书·杨贵妃传》/《旧唐书·舆服志》/《新唐书·车服志》/《新唐书·五行志》/《明皇杂录》及补遗（《开元天宝遗事》十种本）/《开天传信记》（同上书）/《开元天宝遗事》（同上书）/《杨太真外传》（同上书）/《唐国史补》/《大唐新语》/《唐语林》/《安禄山事迹》/《酉阳杂俎·续集》/《云仙杂记》/《太平广记》卷 165/《通典》卷 6/《唐大诏令集》卷 80、卷 110/《全唐文》卷 24、卷 30、卷 33、卷 380、卷 469、卷 612、卷 720/《全唐诗》。

第九卷史料来源：

《资治通鉴》卷 214—217/旧、新《唐书·玄宗纪》/旧、新《唐书·李林甫传》/《旧唐书·颜真卿传》/《旧唐书·严挺之传》/旧、新《唐书·李适之传》/旧、新《唐书·杨国忠传》/《新唐书·宰相世系表》/《旧唐书·程千里传》/旧、新《唐书·王铁传》/《新唐书·张镐传》/《旧唐书·裴遵庆传》/《新唐书·选举志》/《魏书·崔亮传》/《新唐书·百官志》/旧、新《唐书·安禄山传》/旧、新《唐书·哥舒翰传》/《新唐书·地理志》/《新唐书·兵志》/旧、新《唐书·吉温传》/旧、新《唐书·高尚传》/旧、新《唐书·张说附张垍传》/旧、新《唐书·高力士传》/《旧唐书·韦见素传》/《旧唐书·方伎传》/《通典》卷 6/《唐会要》卷 54/《唐大诏令集》卷 60/《册府元龟》卷 335、卷 510/《全唐文》卷 33/《大唐新语》/《明皇杂录》（《开元天宝遗事十种》本）/《开天传信记》（同上书）/《开元天宝遗事》（同上书）/《高力士外传》（同上书）/《安禄山事迹》/《剧谈录》/《长安志》。

第十卷史料来源：

《资治通鉴》卷 217—218/旧、新《唐书·玄宗纪》/旧、新《唐书·安禄山传》/旧、新《唐书·封常清传》/旧、新《唐书·高仙芝传》/《旧唐书·张介然传》/《旧唐书·崔无诐传》/旧、新《唐书·李憕传》/旧、新《唐书·卢奕传》/旧、新《唐书·颜真卿传》/旧、新《唐书·颜杲卿传》/旧、新《唐书·刘全谅传》/旧、新《唐书·郭子仪传》/旧、新《唐书·李光弼传》/旧、新《唐书·史思明传》/旧、新

《唐书·哥舒翰传》/《旧唐书·高适传》/《旧唐书·高尚传》/旧、新《唐书·王思礼传》/旧、新《唐书·杨国忠传》/《旧唐书·地理志》/旧、新《唐书·崔光远传》/旧、新《唐书·王毛仲附陈玄礼传》/旧、新《唐书·李辅国传》/《旧唐书·肃宗纪》/《旧唐书·韦见素传》/旧、新《唐书·杨贵妃传》/《旧唐书·崔圆传》/《旧唐书·肃宗诸子传》/《旧唐书·肃宗张皇后传》/《新唐书·兵志》/《安禄山事迹》/《次柳氏旧闻》(《开元天宝遗事十种》本)/《高力士外传》(同上书)/《杨太真外传》(同上书)/《册府元龟》卷315、卷336、卷668/《全唐文》卷33、357、372、452。

第十一卷史料来源：

《资治通鉴》卷218—220/旧、新《唐书·玄宗纪》/旧、新《唐书·肃宗纪》/旧、新《唐书·代宗纪》/旧、新《唐书·安禄山传》/旧、新《唐书·安禄山附安庆绪传》/《旧唐书·裴冕传》/《旧唐书·杜鸿渐传》/《旧唐书·魏少游传》/《旧唐书·李涵传》/旧、新《唐书·李辅国传》/旧、新《唐书·李泌传》/旧、新《唐书·房琯传》/旧、新《唐书·张九龄传》/《旧唐书·王维传》/旧、新《唐书·郭子仪传》/旧、新《唐书·李光弼传》/《旧唐书·史思明传》/旧、新《唐书·鲁炅传》/旧、新《唐书·张巡传》/旧、新《唐书·许远传》/《新唐书·南霁云传》/《新唐书·雷万春传》/《新唐书·姚訚传》/旧、新《唐书·张镐传》/《新唐书·食货志》/《安禄山事迹》/《明皇杂录》补遗(《开元天宝遗事十种》本)/《唐国史补》/《册府元龟》卷358、卷400、卷417、卷434、卷973/《全唐文》卷33、卷40、卷366、卷367、卷378、卷391、卷430。

第十二卷史料来源：

《资治通鉴》卷218—220/旧、新《唐书·肃宗纪》/旧、新《唐书·代宗纪》/旧、新《唐书·玄宗纪》/旧、新《唐书·安禄山附安庆绪传》/旧、新《唐书·郭子仪传》/旧、新《唐书·永王李璘传》/旧、新《唐书·李白传》/旧、新《唐书·李嗣业传》/《新唐书·王难得传》/旧、新《唐书·仆固怀恩传》/旧、新《唐书·李泌传》/《旧唐书·回纥传》/《新唐书·回鹘传》/《安禄山事迹》/《高力士外传》(《开元天宝遗事十种》本)/《杨太真外传》(同上书)/《唐会要》卷98/《册府元龟》卷973、卷976/《唐大诏令集》卷39/《全唐文》卷33、卷409。

第十三卷史料来源：

《资治通鉴》卷217—222/旧、新《唐书·肃宗纪》/旧、新《唐书·代宗纪》/旧、新《唐书·安禄山附安庆绪传》/旧、新《唐书·史思明传》/旧、新《唐书·史思明附史朝义传》/旧、新《唐书·郭子仪传》/旧、新《唐书·李光弼传》/旧、新

《唐书·李嗣业传》/旧、新《唐书·鱼朝恩传》/旧、新《唐书·张镐传》/旧、新《唐书·仆固怀恩传》/《旧唐书·白孝德传》/《新唐书·李光弼附白孝德传》/旧、新《唐书·李抱玉传》/《新唐书·李光弼附荔非元礼传》/《旧唐书·郝廷玉传》/《新唐书·李光弼附郝廷玉传》/《新唐书·论弓仁附论惟贞传》/《旧唐书·杜甫传》/《新唐书·杜审言附杜甫传》/《新唐书·西域传》/《旧唐书·吐蕃传》/《安禄山事迹》/《陆宣公集》卷11《论关中事宜状》/《通典》卷12《食货·轻重》/《册府元龟》卷366、卷393、396、卷443、卷456/《全唐文》卷42、卷44、卷45、卷48、卷323、卷342、卷414、卷432、卷507、卷508、卷684/《全唐诗》。

第十四卷史料来源：

《资治通鉴》卷220—222/旧、新《唐书·玄宗纪》/旧、新《唐书·肃宗纪》/旧、新《唐书·代宗纪》/旧、新《唐书·杨贵妃传》/旧、新《唐书·高力士传》/旧、新《唐书·李辅国传》/旧、新《唐书·程元振传》/《旧唐书·郭英义传》/《新唐书·郭知运附郭英义传》/《旧唐书·颜真卿传》/《旧唐书·肃宗张皇后传》/《旧唐书·睿宗诸子传》/旧、新《唐书·仆固怀恩传》/旧、新《唐书·史思明附史朝义传》/旧、新《唐书·田承嗣传》/旧、新《唐书·李怀仙传》/《明皇杂录》及补遗、逸文（《开元天宝遗事十种》本）/《次柳氏旧闻》补遗（同上书）/《开天传信记》（同上书）/《杨太真外传》（同上书）/《高力士外传》（同上书）/《杜阳杂编》/《全唐文》卷38、卷41。

《盛唐的危机》是一本叙事体的历史著作。

在运用唯物史观、借鉴我国古代纪事本末体史书和外国相关史学名著的基础上，我尝试着扩大多学科的视角，广泛利用学术界的相关研究成果，并且适当运用文学的笔调，力求尽量准确地描述和解释真实的历史过程，说明历史的发展，而又尽可能不乏知识性与可读性。

历史是观照现实的一面镜子，所以历史不应该被遗忘，尤其是那些让我们自豪和感动的历史、令我们痛惜与悲愤的历史，更不能被忘记。

当然，历史工作者也应该关心现实。这不仅因为自身就是现实社会的一分子，而且现实也是反思历史的一把钥匙。

早在上世纪七十年代末、八十年代初，我在读研究生期间，就对盛唐的历史、特别是对后期由治转乱的历史，以及活跃于其中的形形色色的历史人物，产生了浓厚的兴趣。之后便陆陆续续阅读和收集相关的资料，并思考这段不同凡响的历史过程。但是直到 2007 年初，临近退休，才开始酝酿撰写这段历史的体裁、体例、总体思路和框架结构，并最终确定了书名和写作风格。

六月份动笔，写写改改，以勤补拙，各卷少则三易其稿，多则五易其稿（手写稿），断断续续历时 12 年，总算完成了这本小书的写作。

我撰写的这段历史，辉煌浪漫，波澜壮阔，而又悲壮惨烈。在漫长的写作过程中，我曾心潮澎湃，也曾扼腕长叹，又曾潸然泪下。

我始终怀着敬畏之心——敬畏历史，敬畏读者，敬畏良心。最终结果，虽然仍未尽如人意，但无奈已是江郎才尽。

毫无疑问，这本小书的写作和出版，是借助了众人之力。为此，我要

后记

衷心表示感激之情：

感谢拙著的主要参考文献的作者们；

感谢天津人民出版社和李佩俊编辑；

感谢其他所有关心、鼓励和帮助我的人们。

此时此刻，对史学界的同人和未来的读者朋友们，该如何表达我的心情呢？

我想，一则借用一首唐诗："洞房昨夜停花烛，待晓堂前拜舅姑。妆罢低声问夫婿，画眉深浅入时无？"一则借用歌剧《江姐》里的一句歌词："蜂儿酿就百花蜜，只愿香甜满人间。"

潘孝伟

2019 年 12 月 15 日于上海